The Yiddish
Sailing Alone
Around the World

Joshua Slocum

Illustrations by
Thomas Fogarty
and
George Varian

Yiddish translation by
Barry Goldstein

דער איבערזעצער ערגעץ ווּ אין אַ וואַלד

בעריש גאָלדשטיין איז אַ פּענסיאָנירטער קאָמפּיוטער־פּראָגראַמירער, וואָס פֿאַרבראַכט גוט די צײַט איצט מיט ייִדיש, מיט שרײַבן, מיט פֿאָרן אין צפֿונדיקע לענדער, און מיט די אייניקלעך, אַוודאי. ער וווינט אין ניוטאָן, מאַס. אַ טייל פֿון זײַן שרײַבעכץ קען מען געפֿינען דאָ:
http://www.bgoldstein.org/

איבערזעצערס בילד: דזשעסיקאַ קעלשטיין

ISBN 978-0-9980497-3-1

13 December 2019

דער ספּריי

פֿון אַ בילד אַראָפּגענומען אין די וואַסערן בײַ **אויסטראַליע**

זעגלען אײנער אַלײן
אַרום דער װעלט

יהושע סלאָקום

גענמעלן פֿון
טהאָמאַס פֿאָגאַרטי
און
דזשאָרדזש װאַריאַן

איבערגעזעצט פֿון
בעריש גאָלדשטײן

פֿאַר דזשאַק סוויני
וואָס האָט מיך געבראַכט צו זעגלעריי

אָריגינעלע ווידמונג

צו יענעם וואָס האָט געזאָגט
"דער ספּריי וועט קומען צוריק"

ISBN 978-0-9980497-3-1

אינהאַלט

קאַפּיטל אײנס

אַ בלאָ־נאָזער[א] אָפּשטאַם מיט יענקי נטיות – יוגנטלעכע ליבשאַפֿט פֿאַר דעם ים – מײַסטער פֿון דער שיף *צפֿונדיקע ליכט* – אָנװוער פֿון דעם *אַקװידנעק* – צוריק אַהײם פֿון בראַזיל אין דעם קאַנו *ליבערדאַדע* – די מתּנה פֿון אַ "שיף" – דאָס איבערבױען פֿון דעם *ספּרײ* – רעטענישן אין שײַכות מיט פֿינאַנץ און פֿאַרקיטעװען – אַראָפּלאָזן דעם *ספּרײ* אױפֿן װאַסער

אין דעם שײנעם לאַנד פֿון נײַ־שאָטלאַנד, אַ ים־פּראָװינץ, איז אַ קאַם װאָס מען רופֿט אים אָן צפֿון־באַרג, קוקנדיק אַרױס אױף דער פֿונדי־בוכטע אױף אײן זײַט און דעם פּרוכטיקן אַנאַפּאָליס־טאָל אױף דער צװײטער. אױף דער צפֿונדיקער שיפּוע פֿון דער קײט װאַקסט דער פֿאַרהאַרטעװעטער טענענבױם, גוט צוגעפּאַסט פֿאַר שיף־באַלקנס, װאָס דערמיט זײַנען אַ סך שיפֿן פֿון אַלע מדרגות אױסגעבױט געװאָרן. די לײַט פֿון דעם דאָזיקן ברעג, פֿאַרהאַרטעװעטע, פֿעסט געבױטע, און שטאַרקע, האָבן אַ נטיה צו קאָנקורירן אין דער װעלטס געשעפֿט, און עס איז ניט קײן שלעכטע זאַך װאָס דער געבױרן־אָרט אױף זײַן אַטעסטאַט איז נײַ־שאָטלאַנד. איך בין געבױרן געװאָרן אין אַ קאַלטן אָרט, אױף דעם קעלטסטן צפֿון־באַרג, אױף אײנעם אַ קאַלטן 20סטן פֿעברואַר, כאָטש איך בין אַ בירגער פֿון די פֿאַראײניקטע שטאַטן – אַן אײַנגעבירגערטער יענקי, אױב מע מעג זאָגן אַז נײַ־שאָטלאַנדער זײַנען ניט יענקיס אין דעם אמתדיקסטן טײַטש פֿון דעם װאָרט. אױף בײדע צדדים פֿון מײַן משפּחה זײַנען געװען ים־לײַט, און אױב איר זאָלט געפֿינען אַ סלאָקום װאָס פֿאָרט ניט אױפֿן ים, װעט ער פֿונדעסטװעגן באַװײַזן אַ נטיה אױסצושניצן מאַקעטן פֿון שיפֿלעך און צו באַקלערן נסיעות. מײַן פֿאָטער איז געװען דער מין מענטש װאָס, איבערגעלאָזט דורך שיפֿבראָך אױף אַ װיסטן אינדזל, װאָלט געפֿינען דעם װעג אַהײם, אױב ער האָט געהאַט אַ מעסערל און האָט געקענט געפֿינען אַ בױם. ער איז געװען אַ גוטער קענער מיט שיפֿלעך, אָבער דער אַלטע לײמען־פֿערמע װאָס איז צו אים געקומען דורך עפּעס אַן אומגליק איז פֿאַר אים געװען אַן אַנקער. ער האָט ניט קײן מורא געהאַט פֿאַר אַ שטיקל װינט, און פֿלעגט קײן מאָל ניט זיצן אױף הינטן בײַ אַ צוזאַמענטרעף אָדער אַ גוטער, אַלטפֿרענקיש אמונה־פֿאַרזאַמלונג.

װאָס שײך מיר אַלײן, האָט דער װוּנדערלעכער ים מיך פֿאַרכּישופֿט פֿון דעם אָנהײב. שױן אין דער עלטער אַכט יאָר האָב איך זיך געטראָגן אױפֿן װאַסער מיט אַנדערע בחורים אױף דער בוכטע, מיט אַ סך געלעגנהײטן דערטרונקען צו װערן. װי אַ בחור האָב איך געהאַלטן די װיכטיקע שטעלע פֿון קוכער אױף אַ פֿישערשיפֿל, נאָר איך בין ניט לאַנג געבליבן אין דער קאַמבוז, װאָרן די מאַנשאַפֿט האָט זיך געבונטעװעט מיטן באַװײַזן פֿון

[א] אַזױ רופֿט מען אָן די אײַנװױנער פֿון נײַ־שאָטלאַנד – איבערזעצערס הערה

מײַן ערשטן דאָף[א], און מיך "אָפּגעזאָגט" איידער איך האָב געקענט זיך אויסצייכענען ווי אַ קאָך־קינסטלער. דער קומעדיקער עטאַפּ צו דעם ציל פֿון גליקלעכקייט האָט מיך געפֿונען ווי אַ מאַטראָס[ב] אויף אַ פֿול־געשטריקטער[ג] שיף אויף אַן אויסלענדישער נסיעה. אַזוי איז עס אַז איך בין געקומען "איבערן פֿאָדערבאָרט"[ד] און ניט דורך די קאַבינע־פֿענצטער, צו דער קאָמאַנדע פֿון אַ שיף.

די בעסטע קאָמאַנדע מײַנע איז געווען אויף דער פּראַקטיקער שיף **צ**פֿון־**ל**יכט, וואָס פֿון איר בין איך געווען צום טייל אַ בעל־הבית. איך האָב יושרדיק שטאָלצירט מיט איר, וואָרן דעמאָלט – אין די אַכציקער יאָרן – איז זי געווען די פֿײַנסטע אַמעריקאַנער זעגל־שיף אויפֿן ים. דערנאָך האָב איך פֿאַרמאָגט און געזעגלט דעם **א**_קווידנעק_, אַ קליינעם באַרק[ה] וואָס צווישן די אַלע מלאָכות פֿון מענטשן האָט מיר אויסגעזען ווי שיִער ניט שלמותדיק אין שיינקייט, און וואָס, ווען עס בלאָזט אַ ווינט, האָט געקענט זיך מיטהאַלטן מיט די דאַמפּשיפֿן. איך בין געווען אַ שיפֿסמײַסטער כמעט צוואַנציק יאָר ווען איך האָב איבערגעלאָזט איר דעק בײַ דעם ברעג פֿון **ב**ראַזיל, ווו זי איז צעשעדיקט געוואָרן. דאָס פֿאָרן אַהיים קיין **נ**יו־יאָרק מיט מײַן משפּחה האָבן מיר בשלום געמאַכט אין דער קאַנו **ל**_יבערדאַדע_.

געצייכנט פֿון וו. טאַבער

די **צ**_פֿון־_**ל**_יכט_, קאַפּיטאַן יהושע **ס**לאָקום, קיין **ל**יווערפּול, 1885

אַלע מײַנע נסיעות זײַנען געווען אין פֿרעמדע לענדער. איך האָב אָנגעפֿירט אַ פֿראַכטשיף האַנדלענדיק בפֿרט מיט **כ**ינע, **א**ויסטראַליע, און **י**אַפּאַן, און צווישן די **ג**עווירץ־**א**ינדזלען[ו]. מײַנס איז ניט געווען דער מין לעבן וואָס גיט אַ מענטש דעם חשק אויפֿצודרייען די שטריק אויף דער יבשה, וועמענס מינהגים און שטייגערס האָב איך סוף־כּל־סוף שיִער ניט פֿאַרגעסן. און אַזוי, ווען די צײַטן פֿאַר פֿראַכטשיפֿן זײַנען שלעכט געוואָרן, ווי צום סוף האָט פּאַסירט, און איך האָב געפּרוּווט אָפּגעבן דעם ים, איז געווען

[א] duff: אַ מין פּודינג מיט חלבֿ, ראָזשינקעס, אואַ"וו – אי'ה
[ב] before the mast – אי'ה
[ג] full-rigged ship – אי'ה
[ד] over the bows: דאָס הייסט, ער האָט אָנגעהויבן ווי אַ פּראָסטער מאַטראָס, ניט קיין אָפֿיציר – אי'ה
[ה] bark: אַ נאָמען פֿאַר אַ מין שיף מיט דרײַ מאַסטן – אי'ה
[ו] The Spice Islands – אי'ה

וואָס פֿאַר אַן אַלטער מאַטראָס צו טאָן? איך בין געבוירן געוואָרן אין די ווינטעלעך, און איך האָב שטודירט דעם ים ווי אפֿשר נאָר ווייניקע אַנדערע, אָפּלאָזן אַלץ אַנדערש. דערנאָך אין צוציִונג, נאָך פֿאָרן אויפֿן ים, איז געווען שיפֿבויערײַ. עס האָט מיר שטאַרק געוואָלט ווערן אַ מײַסטער אין ביידע פֿאַכן, און אין אַ קליינעם אופֿן מיט דער צײַט איז דאָס מיר געלונגען. אויף די דעקן פֿון קרעפקע שיפֿן אין די ערגסטע בורעס האָב איך אויסגערעכנט די גרייס און דעם מין שיף וואָס זאָל זײַן די זיכערסטע אין אַלע וועטערן און אויף אַלע ימים. אַזוי איז עס אַז די נסיעה וואָס איך וועל איצט דערציילן איז געווען אַ נאַטירלעכע פּעולה ניט נאָר פֿון מײַן האָבן ליב אַוואַנטורע, נאָר אויך פֿון מײַנע איבערלעבונגען דאָס גאַנצע לעבן.

אויף איינעם אַ טאָג אין מיטן ווינטער אין 1892, אין **ב**אָסטאָן, וווּ דער ים האָט מיך אַרויפֿגעוואָרפֿן, אַזוי צו זאָגן, מיט אַ יאָר צוויי פֿריִער, האָב איך איבערגעטראַכט צי איך זאָל אָנגעבן אויף אַ קאָמאַנדע און נאָך אַ מאָל עסן מײַן ברויט מיט פּוטער אויפֿן ים, צי גיין אַרבעטן אין דער שיפֿבויערײַ, ווען איך האָב באַגעגנט אַן אַלטן באַקאַנטן, קאַפּיטאַן פֿון אַ וואַלפֿיששיף, וואָס האָט געזאָגט: "קום צו **ש**יינהאַוון[א], וועל איך דיר געבן אַ שיף. אָבער," האָט ער צוגעגעבן, "זי דאַרף אַ ביסל אַרבעט." דעם קאַפּיטאַנס תּנאָים, גאַנץ דערקלערט, זײַנען מיר געווען שטאַרק צופֿרידנשטעליק. זיי האָבן אַרײַנגערעכנט די אַלע הילף וואָס איך וועל דאַרפֿן בײַם אויסריכטן די שיף פֿאַרן ים. איך בין געווען גאַנץ גרייט זיי אָנצונעמען, וואָרן איך האָב זיך שוין דערוווּסט אַז איך קען ניט קריגן קיין אַרבעט אין דער שיפֿבויערײַ אָן ערשט באַצאָלן פֿופֿציק דאָלאַרן צו אַ געזעלשאַפֿט, און וואָס שייך דער קאָמאַנדע פֿון אַ שיף, זײַנען ניט פֿאַראַן גענוג שיפֿן פֿאַר די אַלע זוכערס. שיִער ניט אַלע אונדזערע הויכע שיפֿן האָט מען פֿאַרקלענערט פֿאַר קוילנשיפֿן, וואָס מע בוקסירט בושהדיק מיט דער נאָז פֿון פּאָרט צו פּאָרט, בעת אַ סך ווערדיקע קאַפּיטאַנען האָבן זיך געווענדט צו דעם ים־לײַטס **ה**יימלעכן **ה**אַוון[ב].

אויף מאָרגן האָב איך געלאַנדט אין **ש**יינהאַוון, אַנטקעגן **ניו־ב**עדפֿאָרד, און געפֿונען אַז מײַן פֿרײַנד האָט מיר אָפּגעטאָן עפּעס אַ וויצל. שוין זיבן יאָר איז דאָס וויצל אויף אים געלעגן. די "שיף" האָט זיך באַוויזן פֿאַר אַ שטאַרק פֿאַרעלטערטער שליופּקע מיטן נאָמען **ספּריי**, וואָס די שכנים האָבן געטענהט איז געבויט געוואָרן אין דעם יאָר 1. מע האָט זי צערטלעך אונטערגעהאַלטן אין אַ פֿעלד, אַ ביסל ווײַט פֿון זאַלצוואַסער, און זי באַדעקט מיט לײַוונט. די לײַט פֿון **ש**יינהאַוון, דאַרף איך ניט זאָגן, זײַנען שפּאָרעוודיק און האָבן שאַרפֿע אויגן. שוין זיבן יאָר האָבן זיי געפֿרעגט, "איך וווּנדער זיך וואָס **ק**אַפּיטאַן **ע**בען **פּ**ירס וועט טאָן מיט דעם אַלטן **ספּריי**?" דעם טאָג ווען איך האָב זיך באַוויזן איז געקומען אַ זשומען אויף דער פּליאָטקע־בערזע: צום סוף איז עמעצער געקומען און האָט באמת אָנגעהויבן אַרבעטן אויף דעם אַלטן **ספּריי**. "צעברעכט זי, נעם איך אָן?" "ניין, כ'וועל זי איבערבויען." גרויס איז געווען די דערשטוינונג. "ס'וועט זײַן כדאַי?" איז די פֿראַגע וואָס במשך פֿון אַ יאָר און לענגער האָב איך געענטפֿערט אַז איך וועל עס מאַכן כדאַי.

מײַן האַק האָט אַראָפּגעהאַקט אַ דערבײַיִקן קרעפקען דעמב פֿאַר אַ קיל[ג], און **פֿ**אַרמער **ה**אַוואַרד, פֿאַר אַ קליינעם סכום געלט, האָט דאָס אַרײַנגעשלעפּט מיט גענוג געהילץ פֿאַר

[א] Fairhaven, אַ שטאָט אין **מ**אַסאַטשוסעטס – אי'ה

[ב] Sailors' Snug Harbor: ד"ה, פּענסיאָנירט (אָדער געשטאָרבן) – אי'ה

[ג] keel – אי'ה

דעם ראַם פֿון דער נײַער שיף. איך האָב אויסגעטראַכט אַ דאַמף־קאַסטן און אַ טאָפּ פֿאַר אַ קעסל. דאָס געהילץ פֿאַר די ריפּן, גלײַכע ביימעלעך, האָב איך צוגעגרייט און געפּאַרעט ביז בייגעוודיק, דעמאָלט זיי געבויגן איבער אַ קלאָץ, זיי צוגעפֿעסטיקט ביז זיי זעצן זיך. עפּעס ממשותדיקס האָט זיך באַוויזן יעדן טאָג ווי אַ דערווײַז פֿון מײַן טירחה, און די שכנים האָבן די אַרבעט געמאַכט געזעלשאַפֿטלעך. עס איז געווען אַ גרויסער טאָג אין דער **ספּריי** שיפֿבויערײַ ווען מע האָט צוגעשטעלט איר נײַעם פֿאָדערבאָרט[א] און אים צוגעפֿעסטיקט צו דעם נײַעם קיל. קאַפּיטאַנען פֿון וואַלפֿיששיפֿן זײַנען געקומען פֿון דער ווײַטנס דאָס צו באַטראַכטן. מיט איין קול האָבן זיי דאָס דערקלערט פֿאַר "א־1," און לויט זייער מיינונג "פֿעיִק צו שלאָגן אײַז." דער עלטסטער קאַפּיטאַן האָט מיך וואַרעם געדריקט די האַנט ווען די ברוסט־קרוקעס[ב] זײַנען אַרײַנגעשטעלט געוואָרן, און קאָנסטאַטירט אַז ער האָט ניט געקענט זען קיין סיבה פֿאַר וואָס דער **ספּריי** זאָל ניט קענען שוין "אָפּשנײַדן וואַלפֿישן" בײַ דעם ברעג פֿון גרינלאַנד. דער שטאַרק רעספּעקטירטער פֿאָדערבאָרט־קלאָץ איז געקומען פֿון דעם פֿונדאַמענט פֿונעם געשײַטסטן מין לאָנקע־דעמב. שפּעטער האָט דאָס צעשפּאַלטן אַ שטח קאָראַל אין צווייען אין די קילינג־אינדזלען[ג], אָן אַ פּגם. בעסער בויהאָלץ פֿאַר אַ שיף ווי ווײַסע דעמבן פֿון אַ לאָנקע איז קיין מאָל ניט געוואַקסן. די ברוסט־קרוקעס, און אויך די אַלע ריפּן, זײַנען געווען פֿון דעם דאָזיקן האָלץ, געפּאַרעט און געבויגן אין די נייטיקע פֿאָרמען. עס איז געווען שוין מאַרץ ווען איך האָב אָנגעהויבן ערנסט אַרבעטן; דער וועטער איז געווען קאַלט. נאָר פֿאָרט זײַנען געווען אַ סך אינספּעקטאָרן מיך אונטערצושטיצן מיט עצות. ווען אַ וואַלפֿיש־קאַפּיטאַן לאָזט זיך דערזען, האָב איך זיך נאָר אָנגעלענט אין מײַן קוווער־האַק אַ ווײַלע און געשמועסט מיט אים.

ניו־בעדפֿאָרד, די היים פֿון וואַלפֿיש־קאַפּיטאַנען, איז פֿאַרבונדן מיט שיינהאַוון מיט אַ בריק, און דאָס גיין איז גוט. זיי האָבן ניט "אַהערגעאַרבעט" צו אָפֿט פֿאַר מיר. עס זײַנען געווען די חנעוודיקע מעשׂיות וועגן דער וואַלפֿישערײַ אינעם אַרקטיק וואָס האָט מיך געמאַכט אײַנשטעלן פֿאַרטאָפּלטע ברוסט־קרוקעס אין דעם **ספּריי**, טאָמער זי זאָל זיך אָנשטויסן אויף אײַז.

די צײַטן פֿון יאָר זײַנען געקומען גיך בעת איך האָב געאַרבעט. באַלד נאָכדעם וואָס די ריפּן פֿון דער שליופּקע זײַנען אײַנגעשטעלט געווען האָבן די עפּלביימער געבליִט.

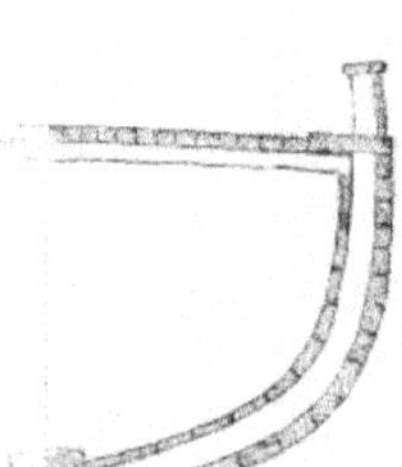
קווערשניט פֿון דעם **ספּריי**

דעמאָלט זײַנען באַלד דערנאָך געקומען די מאַרגאַריטקעס און קאַרשן. נאָענט צו דעם אָרט ווו דער אַלטער **ספּריי** איז איצט צעגאַנגען זײַנען געלעגן די אַשן פֿון **דזשאָן קוק**, אַ בכּבֿודיקער פּילגרים־פֿאָטער. האָט דער נײַער **ספּריי** דערפֿאַר זיך אויפֿגעהויבן פֿון הייליקער ערד. פֿון דעם דעק פֿון דער נײַער שיף האָב איך געקענט אויסשטרעקן אַ האַנט און קלײַבן קאַרשן וואָס וואַקסן איבער דעם קליינעם קבֿר. די ברעטער פֿאַר דער נײַער שיף, וואָס איך האַלט בײַ זיי צופֿעסטיקן, זײַנען געווען פֿון דזשאָרדזשע־סאָסנעס, אָנדערטהאַלבן צאָלן אין דער געדיכטקייט. די טירחה פֿון צופֿעסטיקן זיי איז נודנע

[א] stem – אי"ה

[ב] breast-hooks – אי"ה

[ג] The Keeling (Cocos) Islands – אי"ה

געוועזן, נאָר ווען שוין צוגעפֿעסטיקט איז דאָס פֿאַרקיטעוועזן געוועזן גרינג. די דרויסנדיקע קאַנטן זײַנען געשטאַנען אַ ביסל אָפֿן, צו באַקומען דעם קיט, נאָר די אינעווייניקע קאַנטן זײַנען אַזוי ענג געווען, אַז איך האָב ניט געקענט זען קיין טאָגליכט צווישן זיי. די אַלע עקן זײַנען צוגעפֿעסטיקט מיט דורכבאָלצן, מיט שרויפֿמוטערקעס זיי ענג צו האַלטן צו די באַלקנס, אַזוי אַז עס זאָל ניט קומען פֿון זיי קיין קלאָגעניש. אַ סך באָלצן מיט שרויפֿמוטערקעס זײַנען גענוצט געווען אין אַנדערע טיילן פֿון דעם אויפֿבוי, סך־הכּל אַ טויזנט. עס איז מײַן ציל געווען אַז מײַן שיף זאָל זײַן קרעפֿקע און שטאַרק.

איז, עס איז אַ געזעץ בײַ **לוידס**[א] אַז די *דזשיין*, פֿאַרריכט ביז אַלץ פֿון פֿריִער איז אַוועק און זי איז גאַנץ נײַ, איז נאָך אַלץ די *דזשיין*. דער **ספּריי** האָט געביטן זײַן קערן אַזוי ביסלעכווײַז אַז עס איז געווען שווער צו זאָגן ווען דער אַלטער איז געשטאָרבן צי דער נײַער איז געבוירן געוואָרן, און דאָס איז געווען אַלץ איינס. די שיצוואַלן[ב] האָב איך אויסגעבויט פֿון סטויפֿן[ג] פֿון ווײַסן דעמב, פֿערצן צאָלן אין דער הייך, און באַדעקט מיט ווײַסער סאָסנע, זיבן אַכטלעך צאָל אין דער געדיכטקייט. די דאָזיקע סטויפֿן, דורך צאַפּנלעכער אין אַ צוויי־צאָל באַדעקן־ברעט, האָב איך פֿאַרקיטעוועט מיט דינע צעדערנע קלינען. זיי זײַנען זינט דעמאָלט פֿעסט געבליבן. דעם דעק האָב איך געמאַכט פֿון ווײַסער סאָסנע, אָנדערטהאַלבן צאָל אויף דרײַ צאָל, צוגענאָגלט צו באַלקן זעקס אויף זעקס צאָלן, פֿון געלער־ צי דזשאָרדזשע־סאָסנע, אײַנגעשטעלט אַלע דרײַ פֿוס. די דעק־אָפּצאַמונגען זײַנען געווען איינע איבער דער עפֿענונג פֿון דער הויפּטפּאַלטיר, זעקס אויף זעקס פֿוס, ווי אַ קאָמבוז, און אַ צימערל ווײַטער אויף הינטן, אַ צען אויף צוועלף פֿוס, ווי אַ קאַבינע.ביידע פֿון זיי זײַנען געווען אַ דרײַ פֿוס איבערן דעק און גענוג טיף אַרײַן אין דעם טריום צו געבן אינעווייניקסטע הייך. אין דעם שטח לענג־אויס די זײַטן פֿון דער קאַבינע, אונטערן דעק, האָב איך אויסגעאַרבעט אַ געלעגער פֿאַר שלאָפֿן, און פּאָליצעס פֿאַר קליינע זאַכן, ניט פֿאַרגעסנדיק אַן אָרט פֿאַר דעם אַפּטייקל. אין דעם טריום אין דער מיט, דאָס הייסט, צווישן קאַבינע און קאָמבוז, אונטערן דעק, איז געווען אָרט פֿאַר זאַפּאַסן וואַסער, געזאַלצט רינדערנס, און אַזוי ווײַטער, וואָס זאָל קלעקן אויף אַ סך חדשים.

"ס'וועט קריכן!"

[א] Lloyd's of London – אי'ה

[ב] Bulwarks – אי'ה

[ג] Stanchions – אי'ה

דער קאָרפּוס פֿון מײַן שיף איצט צוזאַמענגעשטעלט אַזוי שטאַרק װי האָלץ און אײַזן קענען מאַכן, און די פֿאַרשײדענע צימערן צעטײלט, האָב איך זיך גענומען צו "פֿאַרקיטעװען די שיף." עטלעכע האָבן ערנסטע מורא געהאַט אַז דערמיט װעל איך דורכפֿאַלן. איך אַלײן האָב אַ ביסל געטראַכט פֿון דינגען אַ "פֿאַכמענישן פֿאַרקיטעװעטער." דעם ערשטן שלאָג מײַנעם אױף דעם באַװל מיט דעם קיט־אײַזן, װאָס איך האָב געהאַלטן פֿאַר אַ גוטער, האָבן אַ סך אַנדערע געהאַלטן אַנדערש. "ס'װעט קריכן!" האָט געשריגן אַ מענטש פֿון מאַריאָן, אַ פֿאַרבײַגײער מיט אַ קויש קלאַמען אויפֿן רוקן. "ס'װעט קריכן!" האָט געשריגן אַ צװײטער פֿון מערבֿ־אינדזל, װען ער האָט מיך געזען טרײַבן באַװל אַרײַן אין די נעט. ברונאָ האָט פּשוט געמאַכט מיטן עק. אַפֿילו מ"ר בען דזשײ—, אַ באַרימטער קענער פֿון װאַלפֿיששיפֿן, װעמענס מוח אָבער, זאָגט מען, איז װאַקלדיק, האָט מיך געפֿרעגט מיט בטחון, צי מײנט איך ניט אַז "עס װעט קריכן." "װי גיך װעט עס קריכן?" האָט אויסגעשריגן מײַן אַלטער פֿרײַנד דער קאַפּיטאַן, װאָס איז בוקסירט געװאָרן פֿון אַ סך לעבעדיקע קאַשאַלאָטן. "זאָגט אונדז װי גיך," האָט ער געשריגן, "כּדי מיר זאָלן אָנקומען אין האַװן בײַ צײַטנס."

אָבער איך האָב אַרײַנגעטריבן אַ פֿאָדעם קליאָטשע[א] איבער דעם באַװל, װי איך האָב בדעה געהאַט צו טאָן פֿונעם אָנהײב. און ברונאָ האָט נאָך אַ מאָל געמאַכט מיט זײַן עק. דער באַװל איז קײן מאָל ניט "געקראָכן." װען דאָס פֿאַרקיטעװען איז פֿאַרטיק, האָב איך באַשמירט צװײ שיכטן מיט קופּערנע פֿאַרב אויפֿן אונטן, צװײ מיט װײַס בלײַ אויפֿן אויבן און אויף די שיצװאַלן. די קערמע איז דעמאָלט אײַנגעשטעלט און אויסגעפֿאַרבט, און אויפֿן קומעדיקן טאָג איז דער ספּרײ געװען אַראָפּגעלאָזט אויפֿן װאַסער. בעת זי שװימט פֿון איר פֿאַרצײַטיקן פֿאַרזשאַװערטן אַנקער, איז זי געזעסן אויף דעם װאַסער װי אַ שװאַן.

דעם ספּרײס געמעסטן זײַנען געװען, װען זי איז פֿאַרטיק, זעקס און דרײַסיק פֿוס מיט נײַן צאָלן אין דער לענג סך־הכּל, פֿערצן פֿוס מיט צװײ צאָלן אין דער ברײט, און פֿיר פֿוס מיט צװײ צאָלן טיף אין דעם טריום, איר טאָנאַזש נײַן טאָנען רײן און צװעלף מיט אײן און זיבעציק הונדערטסטלעך טאָנען גראָס.

דער מאַסטבוים, אַ געשײַטער טענענבוים פֿון ניו־האַמפּשיר, איז דעמאָלט אויפֿגעשטעלט געװאָרן, און אויך דאָס גאַנצע קלײנע געשלידער נײטיק פֿאַר אַ קורצן קרײס. מיט אויפֿגעשלאָגענע זעגלען, איז זי אָפּגעפֿלויגן מיט מײַן פֿרײַנד קאַפּיטאַן פּירס און מיר, אַריבער בוסאַרד־בוכטע[ב] אויף אַ פּרוּװ־פֿאָר – אַלץ אין אָרדענונג. די אײנציקע זאַך װאָס איצט האָט באַזאָרגט מײַנע פֿרײַנד אויף דער פּלאַזשע איז געװען ,"װעט זי זיך לוינען?" די קאָסטן פֿון מײַן נײַער שיף זײַנען געװען $553.62 פֿאַר בויװאַרג, און דרײַצן חדשים פֿון דער אײגענער אַרבעט. איך האָב פֿאַרבראַכט נאָך עטלעכע חדשים מער אין שײנהאַװן, װאָרן איך האָב געקראָגן אַרבעט פֿון צײַט צו צײַט אויף אַ צומאָליקער װאַלפֿיששיף װאָס מע פֿאַרריכט װײַטער אַראָפּ אין דעם האַװן, און דאָס האָט מיך אָפּגעהאַלטן די איבעריקע צײַט.

[א] Oakum – אי'ה

[ב] Buzzard's Bay – אי'ה

קאַפּיטל צוויי

דורכפֿאַל ווי אַ פֿישער – אַ נסיעה אַרום דער וועלט אין זינען – פֿון **ב**אָסטאָן קיין **ג**לאָסטער – אויסריכטן פֿאַר דער ים־נסיעה – אַ העלפֿט פֿון אַ דאָרי ווי אַ שיפֿס שיפֿל – דער לויף פֿון **ג**לאָסטער קיין **נ**ײַ־**ש**אָטלאַנד – אַ צעטרייסלונג אין היים־וואַסערן – צווישן אַלטע פֿרײַנד

איך האָב פֿאַרבראַכט אַ סעזאָן אין דער נײַער שיף, מיט פֿישערײַ לעבן דעם ברעג, נאָר צו געפֿינען אַז איך האָב ניט געהאַט די געהעריקע כיטרעקייט צוצוטשעפּען ציִשפּײַז. נאָר סוף־כּל־סוף איז געקומען די צײַט אויפֿצוהייבן דעם אַנקער און גיין ערנסט אויפֿן ים. איך האָב געהאַט באַשלאָסן בײַ זיך אויף אַ נסיעה אַרום דער וועלט, און ווײַל דער ווינט דעם אינדערפֿרי, דעם 24סטן אַפּריל, 1895, איז געווען גינציק, האָב איך אָפּגעאַנקערט, אויפֿגעשלאָגן די זעגלען, און מיט דעם ווינט אָפּגעזעגלט פֿון **ב**אָסטאָן, וווּ דער **ס**פּריי איז צוגעפּעסטיקט געווען באַקוועם דעם גאַנצן ווינטער. די פֿײַפֿן פֿון האַלבן טאָג האָבן געבלאָזן פּונקט ווען די שליופּקע האָט געשאָסן פֿאָרויס אונטער די אַלע זעגלען. מיר האָבן געמאַכט אַ קורצן עטאַפּ אַרויף דורך דער האַוון אויף דעם לינקן גאַנג[א], און דעמאָלט האָט זי זיך אַרומגעדרייט און איז אַרויס אויפֿן ים, מיט דעם הייבשטאַנג[ב] פֿול אויף לינקס, געפֿאָרן מיט לעבעדיקע פּיאַטעס פֿאַרבײַ די פּראָמען. אַ פֿאָטאָגראַף אויף דער דרויסנדיקער צושיפֿשטעל[ג] האָט אַראָפּגענומען אַ בילד פֿון איר בעת זי שוועבט פֿאַרבײַ, מיט די פֿאָן אויפֿן שפּיץ, גאַנץ אויפֿגעוויקלט. אַ שפּאַנענדיקער האַרצקלאַפּ איז געווען שטאַרק אין מיר. מײַן טריט איז לײַכט געווען אויפֿן דעק אין דער פֿרישער לופֿט. איך האָב געפֿילט אַז עס איז מער ניט פֿאַראַן קיין צוריקקער, און אַז איך בין אין דער מיט פֿון אַן אַוואַנטורע וואָס איך האָב גאַנץ גוט פֿאַרשטאַנען. איך האָב קוים געהאַט געפֿרעגט קיין עצות פֿון אַנדערע, וואָרן איך האָב געהאַט דעם רעכט צו די אייגענע מיינונגען איז ים־ענינים. אַז די בעסטע פֿון ים־לײַט קענען ערגער טאָן ווי איך אַליין איז מיר געמאַכט קלאָר ניט אַ דרײַ מײַלן פֿון די **ב**אָסטאָנער דאָקן, וווּ אַ גרויסע דאַמפּשיף, מיט דער גאַנצער מאַנשאַפֿט, אָפֿיצירן, און אַ פּילאָט איז געלעגן שטעכן געבליבן און צעבראָכן. דאָס איז געווען דער *ווענעציאַנער*. זי איז געווען צעבראָכן גאַנץ אין צווייען איבער אַ ים־גזימס. איז, אין דער ערשטער שעה פֿון מײַן עלנטער נסיעה האָב איך באַקומען דערווײַז אַז דער **ס**פּריי קען ווייניקסטנס בעסער טאָן ווי די דאָזיקע דאַמפּשיף מיט אַ פֿולער מאַנשאַפֿט, וואָרן איך בין שוין ווײַטער אויף מײַן נסיעה ווי זי. "זײַ באַוואָרנט, **ס**פּריי, און בלײַב אָפּגעהיט," האָב איך געזאָגט אויף אַ קול צו מײַן באַרק, פֿעעיש פֿאַרבײַ שטילערהייט אַראָפּ דורך דער בוכטע.

דער ווינט האָט זיך פֿאַרשטאַרקט און דער **ס**פּריי איז אַרום די ליכט אויף **ה**ירש־**א**ינדזל מיט אַ גיכקייט פֿון זיבן קנופּן.

פֿאָרן פֿאַרבײַ איר, האָט זי זיך געשטעלט אין וועג אַרײַן קיין **ג**לאָסטער[ד], כּדי צו קריגן דאָרט אַ ביסל פֿישערײַ־געצײַג. כוואַליעס טאַנצנדיק פֿריילעך איבער **מ**אַסאַטשוסעטס־**ב**וכטע האָבן זי געטראָפֿן קומענדיק אַרויס פֿון האַוון און זיך

[א] port tack – אי'ה

[ב] boom – אי'ה

[ג] pier – אי'ה

[ד] Gloucester – אי'ה

צעשמעטערט אין טויזנטער פֿינקלענדיקע בריליאַנטן וואָס הענגען אַרום איר בײַ יעדן אָנפּלייץ. דער טאָג איז געווען שלמותדיק, די זונענליכט קלאָר און שטאַרק. יעדעס שטיקל וואַסער געוואָרפֿן אין דער לופֿטן איז געוואָרן אַ בריליאַנט, און דער *ספּריי*, שפּרינגענדיק פֿאָרויס, האָט געכאַפּט האַלדזבאַנד נאָך האַלדזבאַנד און גלײַך אַזוי אָפֿט זיי אַוועקגעוואָרפֿן. מיר האָבן אַלע געזען פּיצלדיקע רעגנבויגנס בײַם פֿאָדערבאָרט פֿון אַ שיף, נאָר דער *ספּריי* האָט געוואָרפֿן איר אייגענעם בויגן יענעם טאָג, האָב איך פֿריִער ניט געזען דאָס גלײַכן. איר גוטער מלאך איז געווען אויפֿן באָרט פֿאַר דער נסיעה, אַזוי האָב איך געלייענט אין דעם ים.

דרייסטער **נ**אַהאַנט איז באַלד געווען אויף דער זײַט, און דעמאָלט איז **מ**אַרמערקאָפּ איבערגעלאָזט אויף הינטן. אַנדערע שיפֿן זײַנען אין וועג אַרויס, נאָר קיינע פֿון זיי זײַנען ניט געפֿאָרן פֿאַרבײַ דעם *ספּריי* פֿליִענדיק אויף איר גאַנג. איך האָב געהערט דאָס קלינגען פֿון דעם טרויעריקן גלאָק אויף **נ**אָרמאַנס **ו**ויי בעת מיר זײַנען פֿאַרבײַ; און איך בין נאָענט פֿאַרבײַ דעם ריף ווו די שקונע ***העספּערוס*** האָט זיך אָנגעשלאָגן. די אַרויפֿגעוואָרפֿענע "ביינער" פֿון אַ שיפֿבראָך זײַנען געלעגן אויסבליאַקירן אויף דעם ברעג אויף דער זײַט. דער ווינט האָט זיך פֿאַרשטאַרקט, האָב איך אַראָפּגעלאָזט דעם האַלדז פֿון דעם הויפּטזעגל צו פֿאַרלײַכטערן דער שליופּקעס קערעווען, וואָרן עס איז מיר געווען שווער זי צו האַלטן פֿאַר דעם ווינט מיט דעם גאַנצן הויפּטזעגל אויפֿגעשלאָגן. אַ שקונע פֿאַר מיר האָט אַראָפּגענומען די אַלע זעגלען און איז געלאָפֿן אין האַוון אַרײַן אונטער נאַקעטע סלופּעס מיט אַ גינציקן ווינט. בעת דער *ספּריי* איז ענג פֿאַרבײַ דער פֿרעמדער, האָב איך געזען אַז עטלעכע פֿון זײַנע זעגלען זײַנען אַוועק, און אַ סך צעבראָכענע לײַוונט איז געהאַנגען אין דעם געשטריק, די פּעולות פֿון אַ שקוואַל.

איך האָב זיך געלאָזט צו דעם בוכטעלע, אַ שיינער צווײַג פֿון **ג**לאָסטערס פֿײַנער האַוון, צו באַקוקן דעם *ספּריי* נאָך אַ מאָל און נאָך אַ מאָל אימערצוקלערן די נסיעה און מײַנע געפֿילן, און דאָס אַלץ. די בוכטע איז געווען פֿעדער־ווײַס בעת מײַן קליינע שיף פֿליט אַרײַן, אין אַ שפּריץ שוים. עס איז געווען מײַן ערשטער פּרווו קומען אַרײַן אין האַוון איינער אַליין, מיט אַ שיף פֿון אַבי דער גרייס, און צווישן אַ סך שיפֿן. אַ סך פֿישער זײַנען געלאָפֿן אַראָפּ צו דער ווערף וווּהין פֿאָרט דער *ספּריי*, אַ פּנים מיט דער בדעה דאָרט זיך אָנצושלאָגן. איך ווייס קוים ווי דאָס אומגליק איז פֿאַרהיטן געוואָרן, נאָר מיט דעם האַרץ שיִער ניט אין מויל, האָב איך אָפּגעלאָזט דאָס רעדל, געטראָטן גיך פֿאָרויס, און אַראָפּגעצויגן דעם דזשיב. די שליופּקע האָט זיך נאַטירלעך געדרייט ווינט־אַרויף, און פֿאָרן נאָר לײַכט פֿאָרויס האָט זי געלייגט איר באַק אויף אַ צופֿעסטיקן־פּאַליע בײַ דעם ווינט־אַרויפֿיקן ווינקל פֿונעם ווערף, אַזוי לינד, נאָך אַלעמען, אַז זי וואָלט ניט צעבראָכן קיין איי. גאַנץ געלאַסן האָב איך געשטעלט אַ שטריק אַרום דער פּאַליע, און זי איז פֿאַרפֿעסטיקט געוואָרן. דעמאָלט איז אַ הוראַ אַרויס פֿון דעם קליינעם רעדל אויף דעם ווערף. "דו האָסט דאָס ניט בעסער געקענט טאָן," האָט אויסגעשריגן אַן אַלטער קאַפּיטאַן, "אויב דו וואָלסט געוויגן אַ טאָן!" נו, איז מײַן וואָג ווייניקער ווי אַ פֿופֿצנטל פֿון אַ טאָן, נאָר איך האָב גאָרנישט ניט געזאָגט, נאָר אָנגעטאָן אַ מינע פֿון גלײַכגילטיקייט, אַזוי צו זאָגן, "אָ, ס'איז גאָרנישט." וואָרן עטלעכע פֿון די פֿעיִקסטע ים־לײַט אויף דער וועלט האָבן געקוקט אויף מיר, און איך האָב געוואָלט ניט אויסצוזען ווי קיין גרינער, וואָרן איך האָב בדעה געהאַט בלײַבן אין **ג**לאָסטער עטלעכע טעג. אויב איך וואָלט אַרויסגערעדט

אײן אײנציק װאָרט, װאָלט דאָס מיר זיכער פֿאַרראָטן, װאָרן איך בין נאָך אַלץ געװען גאָר נערװעז און אױס אָטעם.

איך בין געבליבן אין גלאָסטער אַ צװײ װאָכן, אײַנקױפֿן די פֿאַרשײדענע חפֿצים פֿאַר דער נסיעה װאָס זײַנען דאָ גרינג צו דער האַנט. די בעלי־בתּים פֿון דעם װערף װוּ איך בין געלעגן, און פֿון אַ סך פֿיששיפֿן, האָבן אַװעקגעשטעלט אױפֿן באָרט אױסגעטריקנטע דאָרשן אָן אַ שיעור, אױך אַ פֿאַס אײל צו באַרויִקן די כװאַליעס. זײ זײַנען אַלע אַלײן געװען אַלטע קאַפּיטאַנען, האָבן זײ זיך שטאַרק פֿאַראינטערעסירט אין דער נסיעה. זײ האָבן אױך געגעבן ספּרײ אַ מתּנה, אַ "פֿישערס אײגענער" לאַמטערן, װאָס איך האָב געפֿונען װאַרפֿט אַ ליכט היפּש װײַט אַרום. באמת, אַ שיף װאָס װאָלט זיך צונױפֿשטױסן אױף אַן אַנדערער מיט אַזאַ גוטער ליכט אױפֿן באָרט װאָלט געקענט זיך צונױפֿשטױסן אױף אַ ליכט־שיף. אַ האָק מיט אַ הענטל[א], אַ פֿיש־שפּיז, און אַ נעץ אױף אַ שטעקן, װאָס מע טאָר ניט אָפּזעגלען אָן זײ, לױט אַן אַלטער פֿישער, האָט מען אױך אַװעקגעשטעלט אױפֿן באָרט. דעמאָלט איז אױך געקומען פֿון איבער דעם בוכטעלע אַ קעסטל קופּערנע פֿאַרב, אַ באַרימט מיטל אַנטקעגן געװיקס אױפֿן קאָרפּוס, װאָס האָט מיך גוט פֿאַרדינט שױן לאַנג דערנאָך. איך האָב געפּאַטשקעט צװײ שיכטן פֿון אָט דער פֿאַרב אױפֿן אונטן פֿון דעם ספּרײ בעת זי ליגט במשך פֿון אַ ים־פֿלײץ צװײ אױף דער האַרטער פּלאַזשע.

װי אַ שיפּל מיטצוברענגען האָב איך אָפּגעקומען מיט שנײַדן אין צװײען אין דער קװער אַן אָפּגעװאָרפֿענע דאָרי[ב], און פֿאַרמאַכט דעם אָפֿענעם עק מיט ברעטער. אָט די האַלב־דאָרי האָב איך געקענט אַרױס־ און אַרײַנהײבן מיט דער נאָז גענוג גרינג, מיט פֿאַרטשעפּען די האַלדז־צישטריק[ג] אין אַ רינג[ד] אײַנגעשטעלט צו דעם צװעק. אַ גאַנצע דאָרי װאָלט געװען צו שװער און אומגעלומפּערט צו האַנדלען אײנער אַלײן. עס איז גאַנץ קלאָר געװען אַז עס איז ניט געװען קײן אָרט אױפֿן דעק פֿאַר מער װי אַ העלפֿט פֿון אַ שיפּל, װאָס, נאָך אַלעמען, איז געװען בעסער װי לגמרי ניט קײן שיפּל, און עס איז גענוג גרױס פֿאַר אײן מענטש. איך האָב אױך אײַנגעזען אַז דאָס איבערגעמאַכטע שיפּל װעט טױגן פֿאַר אַ װאַשמאַשין געשטעלט אין דער קװער, און אױך פֿאַר אַ װאַנע. באמת, אין דער ערשטער פֿונקציע האָט מײַן אונטערגעשניטענע דאָרי באַקומען אַזאַ שם אױף דער אָ נסיעה, אַז מײַן װעשערין אין סאַמאָאַ האָט ניט אָנגענומען קײן נײן. זי האָט געקענט זען מיט אײן אױג אַז דאָס איז אַ נײַ אױסגעפֿינס װאָס צעקלאַפּט אַבי אַ יענקי־המצאה װענס געבראַכט צו די אינדזלען פֿון די מיסיאָנערן, און זי האָט דאָס געמוזט פֿאַרמאָגן.

דאָס פֿעלן פֿון אַ כראָנאָמעטער איז איצט געװען די אײנציקע זאַך װאָס באַזאָרגט מיך. לױט די נײַמאָדישע אידעעס פֿון שיפֿערײַ, האַלט מען אַז אַ ים־מאַן קען ניט געפֿינען דעם װעג אָן אײנעם, און איך אַלײן האָב געקומען אַזױ צו גלײבן. מײַן אַלטער כראָנאָמעטער, אַ גוטער, איז שױן לאַנג געזעסן אַרױס פֿון באַניץ. עס װאָלט געקאָסט פֿופֿצן דאָלאַר אים אױסצורײניקן און צוצופּאַסן דעם טעמפּ. פֿופֿצן דאָלאַר! מיט גענוגיקע סיבות האָב איך איבערגעלאָזט דעם דאָזיקן זײגער אין דער הײם, װוּ דער האָלענדער האָט איבערגעלאָזט זײַן אַנקער. איך האָב געהאַט דעם גרױסן לאַמטערן, און אַ דאַמע אין

[א] gaff or pew – א׳ה

[ב] dory – א׳ה

[ג] throat-halyards – א׳ה

[ד] strop – א׳ה

באָסטאָן האָט מיר אָפּגעשיקט דאָס געלט פֿאַר אַ גרויסן קאַבינע־לאָמפּ מיט צוויי ברענערס, וואָס האָט באַלויכטן די קאַבינע בײַ נאַכט און מיט אַ ביסל כיטרעקייט האָט אויך געדינט ווי אַ אויוון בײַ טאָג.

אַזוי אויסגעריכט בין איך נאָך אַ מאָל גרייט פֿאַרן ים, און דעם 7טן מײַ האָב איך אויפֿגעשלאָגן די זעגלען. מיט קנאַפּן אָרט זיך אַרומצודרייען האָט דער *ספּריי*, גייענדיק אַלץ גיכער, אַוועקגעקראַצט די פֿאַרב פֿון אַן אַלטער, מילד־וועטערדיקער שיף אין דעם פּאַסאַזש, וואָס מע האַלט אין זי פֿאַרקיטעווען און אויסמאָלן אויף אַ נסיעה דעם זומער. "ווער וועט באַצאָלן פֿאַר דעם?" האָט די פֿאַרבערס געקנורעט. "איך וועל," האָב איך געזאָגט. "מיט דעם הויפּטשטריק[א]," האָט צוגעגעבן דער קאַפּיטאַן פֿון דער *בלאָפּויגל*, נאָענט צו דער האַנט, וואָס איז געוועזן זײַן שטייגער צו זאָגן אַז איך זעגל אָפּ. עס איז ניט געוועזן פֿאַר וואָס צו באַצאָלן, אַחוץ אפֿשר אַ ניקלס ווערט פֿאַרב, נאָר עס איז געווען אַזאַ ליאַרעם צווישן דעם אַלטן "פֿאַרהעקלער" און דער *בלאָפּויגל*, וואָס האָט אָנגענומען מײַן קריוודע, אַז די ערשטע סיבה פֿון דאָס אַלץ איז גאַנץ פֿאַרגעסן געוואָרן. ווי ניט איז, האָב איך ניט באַקומען קיין חשבון.

דער וועטער איז געווען מילד דעם טאָג פֿון מײַן אָפּפֿאָר פֿון גלאָסטער. אויף דעם שפּיץ פֿאָרויס, בעת דער *ספּריי* פֿאָרט אַרויס פֿון דעם בוכטעלע, איז געווען אַ לעבעדיק בילד, וואָרן דער פֿאָרנט פֿון אַ הויכן פֿאַבריק איז געווען אַ פֿאָכע מיט טיכלעך און מיצלעך. שיינע פּנימער האָבן געקוקט דורך די פֿענצטער פֿונעם אונטן ביזן אויבן פֿון דעם בנין, אַלע שמייכלענדיק "פֿאָרט געזונט." עטלעכע האָבן מיך צוגערופֿן, געפֿרעגט ווּהין און פֿאַר וואָס איינער אַליין. פֿאַר וואָס? ווען איך האָב אַן אָפּווענד געטאָן נעענטער צו קומען האָבן זיך אויסגעשטרעקט אַ הונדערט פּאָר אָרעמס און געזאָגט קום, נאָר דער ברעג איז געווען סכּנהדיק! די שליופּקע האָט געאַרבעט אַרויס פֿון דער בוכטע קעגן אַ לײַכטן ווינט פֿון דרום־מערבֿ, און אום האַלבן טאָג זיך אויסגעגליכן בײַ מיזרח־פּונקט, און אין דער זעלבער רגע באַקומען אַ האַרציקן סאַלוט – די לעצטע פֿון אַ סך גוטסקייטן צו איר אין גלאָסטער. דער ווינט איז שטאַרקער געוואָרן פֿאַרבײַ דעם שפּיץ, און האָפּקענדיק גלאַט ווײַטער איז דער *ספּריי* באַלד לעבן די ליכט אויף טאַטשערס־אינדזל. פֿון דאָרט אויף אַ גאַנג מיזרח צו לויט דעם קאָמפּאַס, כּדי צו פֿאָרן אויף צפֿון פֿון קאַשעס גזימס און די אַמך־פּעלדזן, בין איך געזעסן און דעם ענין איבערגעטראַכט אויף ס'נײַ, און געפֿרעגט בײַ זיך נאָך אַ מאָל צי ס'איז עפּעס גוטס בכּלל זעגלען ווײַטער ווי דעם גזימס און די שטיינער. איך האָב נאָר געזאָגט אַז איך וואָלט זעגלען אַרום דער וועלט אין דער *ספּריי*, "די סכּנות פֿון ים אויסגעשלאָסן," נאָר איך האָב דאָס געמוזט זאָגן גאַנץ ערנסט. די כאַרטיע מיט זיך אַליין האָט זיך מיר געדאַכט מחייבֿ, איז, איך האָב געזעגלט ווײַטער. פֿאַרנאַכט האָב איך געדרייט די שליופּקע ווינט־אַרויף, און אָנטועענדיק ציפּלייש אויף אַ האָק, געמאָסטן די טיפֿקייט זוכן דנאָ־פֿיש, אין דרײַסיק קלאַפֿטער וואַסער בײַם קאַנט פֿון קאַשעס גזימס. מיט נישקשהדיקער הצלחה האָב איך געשלעפּט ביז ס'איז פֿינצטער געוואָרן, געלאַנדט אויפֿן דעק דרײַ שטאָקפֿיש און צוויי שעלפֿיש, איין כעק, און, דאָס בעסטע, אַ קליינעם האַליבוט, אַלע פֿליישיק און לעבעדיק. דאָ, האָב איך געטראַכט, וואָלט זײַן דער אָרט צונויפֿצוקלײַבן אַ גוטן זאַפּאַס פּראָוויאַנט ווי אַ צוגאָב צו וואָס איך האָב שוין געהאַט. האָב איך אויסגעשטעלט אַ ים־אַנקער צו האַלטן איר קאָפּ ווינט־אַרויף. ווײַל דער שטראָם

[א] mainsheet – אי'ה

טרײַבט זיך דרום־מערבֿ צו, אַנטקעגן דעם ווינט, האָב איך זיך זיכער געפֿילט אַז איך וועל געפֿינען דעם ספּריי נאָך אויף דער באַנק אָדער נאָענט דערצו אויף צו מאָרגנס. דעמאָלט "רײַטנדיק" אויף דעם קאַנאַט, מיט מײַן גרויסן לאַמטערן אַוועקגעשטעלט אין דעם געשטריק, האָב איך זיך אַוועקגעלייגט, דאָס ערשטע מאָל איינער אַליין אויפֿן ים, ניט צו שלאָפֿן, נאָר צו דרעמלען און צו חלומען.

איך האָב אין ערגעץ געלייענט פֿון אַ פֿיש־שקונע וואָס האָט פֿאַרטשעפּעט זײַן אַנקער אין אַ וואַלפֿיש און איז בוקסירט געוואָרן אַ גרויסן מהלך און גאָר גיך. דאָס האָט פּונקט אַזוי געשען מיט דעם ספּריי – אין מײַן חלום! איך האָב דאָס ניט געקענט גאַנץ אָפּטרייסלען ווען איך האָב זיך אויפֿגעכאַפּט און געפֿונען אַז דאָס בלאָזנדיקער ווינט און די שווערע כוואַליעס וואָס לויפֿן איצט האָבן געשטערט מײַן קורצע רו. דינע וואָלקנס זײַנען געפֿלויגן איבער דער לבֿנה. אַ שטורעם האָט זיך געהאַלטן בײַ זיך אויפֿקאָכן; דעם אמת זאָגנדיק איז עס שוין געווען שטורמיש. איך האָב אַ ריף גענומען אין די זעגלען און אַרײַנגעשלעפּט דעם ים־אַנקער, און מיט נאָר דער קאַנווע וואָס די שליופּקע האָט געקענט טראָגן, זי געקערעוועט קיין מאָנהיגאַן־ליכט, ווו זי איז אָנגעקומען פֿאַר טאָג דעם אינדערפֿרי, דעם 8טן. ווײַל דער ווינט איז געווען גינציק, בין איך געלאָפֿן אַרײַן אין דעם האַוון אין קײַלעד־סאַזשלקע, וואָס איז אַ קליינער פּאָרט אויף מיזרח פֿון פּעמאַקוויד. דאָ האָב איך זיך אָפּגערוט אַ טאָג, בעת דער ווינט האָט געגראַגערט דורך די סאָסנעס אויף דער יבשה. נאָר אויף מאָרגן איז געווען גענוג שיין, און איך האָב זיך געשטעלט אויפֿן ים, ערשט אָנשרײַבן מײַן שיפֿזשורנאַל זינט קאַפּ־אַן, ניט איבערהיפּנדיק די גאַנצע מעשׂה פֿון מײַן אַוואַנטורע מיט דעם וואַלפֿיש.

"ניט קאַ הונט און ניט קאַ קאַץ"

דער ספּריי, אויף אַ גאַנג מיזרח צו, האָט זיך אויסגעצויגן פּאַזע דעם ברעג צווישן אַ סך אינדזלען און איבער אַ רויִקן ים. אינעם אָוונט דעם טאָג, דעם 10טן מײַ, איז זי געקומען בײַ אַ היפּש גרויסן אינדזל, וואָס איך וועל אים שטענדיק האַלטן פֿאַר דעם אינדזל פֿון זשאַבעס, וואָרן דער ספּריי איז פֿאַרכּישופֿט געוואָרן פֿון אַ מיליאָנען קולער. פֿון דעם אינדזל פֿון זשאַבעס האָבן מיר זיך געשטעלט אין וועג אַרײַן קיין דעם אינדזל פֿון פֿייגל, אָנגערופֿן טעלפֿער־אינדזל, און אַ מאָל טעלפֿער־פֿעלדז, וואָס דערויף איז אַ העלע, פּעריאָדישע ליכט, וואָס האָט אומרויִק געבליצט איבער דעם ספּרייס דעק בעת זי איז פֿאַרבײַ דעם ברעג אונטער איר ליכט און שאָטן. פֿון דאָרט פֿורעמענדיק אַ גאַנג קיין דאָרן־אינדזל, בין איך געקומען צווישן שיפֿן דעם קומעדיקן נאָכמיטאָג אויף דעם מערבֿדיקן פֿישער־שטח, און נאָך אַ שמועס מיט אַ געאַנקערטן פֿישער, וואָס האָט מיר געגעבן אַ פֿאַלשן גאַנג, האָט דער ספּריי געזעגלט גלײַך איבער דעם דרום־מערבֿדיקן גזימס דורך דעם ערגסטן פֿלייץ־לויף אין דער פֿונדי־בוכטע, און איז אָנגעקומען אין מערבֿפּאָרט האַוון אין נײַ־שאָטלאַנד, ווו איך האָב פֿאַרבראַכט אַכט יאָר ווי אַ קינד.

דעם דיאַקאָנס חלום

דער פֿישער האָט אפֿשר געזאָגט "מיזרח־דרוממיזרח," מײַן גאַנג ווען איך האָב אים צוגערופֿן, נאָר איך האָב געמיינט אַז ער האָט געזאָגט "מיזרח־צפֿונמיזרח," און דערפֿאַר האָב איך זיך אַזוי געדרייט. איידער ער האָט באַשלאָסן מיך צו ענטפֿערן לחלוטין, האָט ער פֿאַרבעסערט די געלעגנהייט פֿון דער אייגענער נײַגעריקייט צו פֿרעגן פֿון וואַנען איך שטאַם, און אויב איך בין איינער אַליין, און צי איך האָב געהאַט "ניט קאַ הונט און ניט קאַ קאַץ." דאָס איז געווען דאָס ערשטע מאָל אויפֿן ים ווען אַ רוף נאָך ידיעות איז געענטפֿערט געוואָרן מיט אַ פֿראַגע. איך מיין אַז דער יאַט געהערט צו די פֿרעמדע אינדזלען. עס איז געווען איין זאַך וואָס איך האָב געוווּסט אויף זיכער, און דאָס איז אַז ער געהערט ניט אויף דאָרן־אינדזל, וואָרן ער האָט אויסגעמיטן אַ כוואַליע וואָס האָט געפּליושקעט איבערן פֿאַרענטש, און ווען ער האָט זיך אָפּגעשטעלט אָפּצווישן דאָס וואַסער פֿונעם פּנים, האָט ער פֿאַרלוירן אַ פֿײַנעם שטאָקפֿיש וואָס ער האָט געהאַלטן אין ציִען אויפֿן באָרט. מײַן אינדזליאַנער וואָלט דאָס ניט געטאָן. מע ווייסט אַז אַ דאָרן־אינדזליאַנער, מיט אַ פֿיש צי אָן אַ פֿיש אויפֿן האָק, וועט קיין מאָל ניט אָפּשפּרינגען פֿון אַ כוואַליע. ער האַלט בײַם

צוזען די שטריקן און ציִען אָדער "זעגן[א]." ניין, האָב איך ניט געזען ווי מײַן אַלטער פֿרײַנד **ד**יאַקאָן **וו. ד**–, אַ גוטן מענטש פֿונעם אינדזל, בעת ער הערט זיך צו צו אַ דרשה אין דער קליינער קירך אויף דעם בערגל, דערלאַנגט די האַנט איבער דער טיר פֿון זײַן באַנק און "געצוקט" אויסגעטראַכטע טינטפֿיש אין דעם דורכגאַנג, וואָס האָט שטאַרק דערפֿרייט די יונגע לײַט, וואָס האָבן ניט פֿאַרשטאַנען אַז צו כאַפּן גוטע פֿיש דאַרף מען גוטע צישפּײַז, וואָס איז געווען די הויפּטזאַך אין דעם דיאַקאָנס מוח.

עס האָט מיך שטאַרק דערפֿרייט צו דערגרייכן **מ**ערבֿפּאָרט. אַבי אַ פּאָרט וואָלט געווען אַ מחיה נאָך דעם שמײַסן וואָס איך האָב געהאַט אין דעם רציחהדיקן דרוממערבֿ־ריס, און זיך צו געפֿינען צווישן אַלטע שולע־חבֿרים איצט איז געווען חנעוודיק. עס איז געווען דעם 13טן פֿונעם חודש, און דרײַצן איז מײַן מזלדיקע צאָל – אַ פֿאַקט אָנערקענט לאַנג איידער **ד**"ר **נ**אַנסען איז אָפּגעפֿאָרן זוכן דעם צפֿון־פּאָלוס מיט אַ מאַנשאַפֿט פֿון דרײַצן. אפֿשר האָט ער געהערט וועגן מײַן הצלחה ברענגען אַ גאָר אויסערגעוויינטלעכע שיף קיין **ב**ראַזיל מיט אַזאַ מאַנשאַפֿט. די סאַמע שטיינער פֿון **ד**אָרן־**א**ינדזל האָבן מיך דערפֿרייט זיי צו זען נאָך אַ מאָל און איך האָב זיי אַלע דערקענט. די קליינע קראָם אַרום ראָג, וואָס איך האָב זי ניט געזען שוין פֿינף־און־דרײַסיק יאָר, איז געווען די זעלבע, כאָטש זי האָט אויסגעזען פֿיל קלענער. זי האָט געטראָגן די זעלבע דאַכלקעס – דאָס ווייס איך אויף געוויס, ווײַל האָב איך ניט געקענט דעם דאַך ווו מיר בחורים, נאַכט נאָך נאַכט, האָבן זיך געיאָגט נאָך דער פֿעל פֿון אַ שוואַרצער קאַץ, געכאַפּט אויף אַ פֿינצטערער נאַכט, ווי אַ פֿלאַסטער פֿאַר אַ נעבעכדיקן הינקעדיקן מענטש? **ל**אָוורי דער שנײַדער האָט דאָרט געוווינט ווען קינדער זײַנען קינדער געווען. אין זײַן צײַט האָט ער ליב די ביקס. ער פֿלעגט שטענדיק טראָגן דעם פולווער לויז אין דער הינטער־קעשענע פֿונעם מאַנטל. אין מויל האָט ער געוויינלעך אַ קורצער ליולקע, נאָר אין אַ בייזן מאָמענט האָט ער אַוועקגעשטעקט די ליולקע, אָנגעצונדן, אין דער קעשענע מיטן פולווער. **מ**"ר **ל**אָוורי איז געווען אַ טשודנער מענטש.

קאַפּיטאַן **ס**לאָקומס כראָנאָמעטער

בײַ **ד**אָרן־**א**ינדזל האָב איך נאָך אַ מאָל רעמאָנטירט דעם **ס**פּריי און קאָנטראָלירט אירע נעט, אָבער איך האָב געפֿונען אַז אַפֿילו דער פּראָבע דורך דעם דרוממערבֿ־ריס האָט גאָרנישט ניט געעפֿנט. צוליב דעם שלעכטן וועטער און פֿראָנטאַלע ווינטן האָב איך זיך ניט געאײַלט פֿאָרן אַרום **ק**אַפּ־**ס**ויבל. איך בין געווען אויף אַ קורצער עקסקורסיע מיט עטלעכע פֿרײַנד צו **ס**אַנקט־**מ**אַריע־**ב**וכטע, אַן אַלט קרייסירן־פֿעלד, און צוריק צו דעם

[א]"saws": איך ווייס ניט – אי'ה

אינדזל. דערנאָך האָב איך אָפּגעזעגלט, אָנגעקומען אין יאַרמוט אויף מאָרגן צוליב טומאַן און אַ פֿראָנטאַלןווינט. איך האָב גענוג אײַנגענעם פֿאַרבראַכט עטלעכע טעג אין יאַרמוט, געקראָגן אַ ביסל פּוטער פֿאַר דער נסיעה, און אַ פֿאַס בולבעס, אָנגעפּילט זעקס פֿעסער מיט וואַסער, און אַלץ אַװעקגעלייגט אונטערן דעק. אין יאַרמוט האָב איך אויך באַקומען מײַן באַרימטן צינערנעם זייגער, דעם איינציקן זייגער וואָס איך האָב געטראָגן אויף דער גאַנצער נסיעה. דער פּרײַז פֿון אים איז געווען איין דאָלאַר מיט אַ האַלב, נאָר ווײַל דער ציפֿערבלאַט איז צעשמעטערט געווען האָט דער סוחר אים מיר געגעבן פֿאַר איין דאָלאַר.

קאַפּיטל דריי

געזעגענונג מיטן אַמעריקאַנישן ברעג – ביי סויבל־אינדזל אין אַ טומאַן – אין דעם אָפֿענעם ים – דער לבֿנה־מענטש פֿאַראינטערעסירט זיך אין דער נסיעה – דער ערשטער אָנפֿאַל פֿון עלנטקייט – דער ספּריי טרעפֿט זיך מיט לאַ *וואַגויִסאַ* – אַ פֿלאַש ווייַן פֿון דעם שפּאַניער – אַ געראַנגל מיט ווערטער מיט דעם קאַפּיטאַן פֿון דעם *דזשאַוואַ* – אַ שמועס מיט דער דאַמפֿשיף *אָלימפּיאַ* – אָנקום אין די אַזאָרעס

איך האָב איצט גוט פֿאַרפֿעסטיקט דאָס גאַנצע געצייַג, ווייַל דער טומלדיקער אַטלאַנטיק איז געשטאַנען פֿאַר מיר, און איך האָב אַראָפּגעשיקט דעם אויבנמאַסט, האָב איך געוווּסט אַז דער ספּריי וועט זייַן אַלץ געזונטער מיט אים אויפֿן דעק. האָב איך געגעבן די שטיצשטריקן[א] אַ צי און זיי אויף ס'נייַ צוגעבונדן, און צוגעזען אַז דער גאַמאָן[ב] איז זיכער, און אַז דאָס שיפֿל איז צוגעבונדן, וואָרן אַפֿילו אין זומער זאָל מען זיך ריכטן אָנטרעפֿן שלעכטן וועטער בייַם איבערפֿאָרן.

אין דער אמתן האָט דעמאָלט געהערשט אויף עטלעכע וואָכן שלעכטער וועטער. דעם 1טן יולי, אָבער, נאָך אַן אומהעפֿלעכער בורע, איז דער ווינט אַרום פֿון דעם צפֿון־מערבֿ און לויטער, גינציק אויף אַ גוטן לויף. אויף מאָרגן, ווען די אַנטקעגנדיקע כוואַליעס האָבן אָפּגעשטאָרבן, האָב איך אָפּגעזעגלט פֿון יאַרמוט, אָפּגעגעבן מייַן לעצטן כאַפּ אויף אַמעריקע. מייַן שיפֿזשורנאַל דעם ערשטן טאָג אויף דעם אַטלאַנטיק אין דעם ספּריי זאָגט בקיצור: "9:30 פֿ"מ: אָפּגעזעגלט פֿון יאַרמוט. 4:30 נ"מ: פֿאַרבייַ קאַפּ־סויבל, ווייַט דרייַ הונדערט קלאַפֿטער פֿון דער יבשה. די שליופּקע מאַכט אַכט קנופּן. פֿרישער ווינט פֿון צ־מע." איידער די זון איז אַראָפּ האָב איך געגעסן מייַן וועטשערע פֿון טרוסקאַפֿקעס און טיי אין גלאַטן וואַסער אונטערן אָפּדאַך פֿון דער יבשה אויף דעם מיזרח־ברעג, וואָס פֿאַזע דעם פֿאָרט גרינג דער ספּריי.

האַלבן טאָג דעם 3טן יולי איז אייַזנגעבונדן־אינדזל אויף דער זייַט. דער ספּריי איז נאָך אַ מאָל געווען גאַנץ גוט געפֿאָרן. אַ גרויסע שקונע איז אַרויס פֿון ליווערפּול, ניי־שאָטלאַנד דעם אינדערפֿרי, געקערעוועט מיזרח צו. דער ספּריי האָט זי איבערגעלאָזט קאָרפּוס־אַראָפּ[ג] נאָך פֿינף שעה. 6:45 נ"מ בין איך געווען נאָענט אונטער דער ליכט אויף טשעבוקטאָ־קאָפּ, נאָענט צו דעם האַוון פֿון האַליפֿאַקס. איך האָב אויפֿגעשטעלט מייַן פֿאָן און אַלץ געשטעלט אין אָרדענונג, גענומען דעם אָפּפֿאָר־פּונקט פֿון דזשאָרדזשס־אינדזל פֿאַרן פֿאַרנאַכט כדי צו זעגלען אויף מיזרח פֿון סויבל־אינדזל. עס זייַנען פֿאַראַן אַ סך ליכטטורעמס פֿאַזע ברעג. סאַמבראָ, דער שטיין פֿון איכה, טראָגט אַן איידעלע ליכט, וואָס אָבער די פּאַסאַזשיר־שיף *אַטלאַנטיק*, אויף דער נאַכט פֿון איר שרעקלעכן אומגליק, האָט ניט דערזען. איך האָב געקוקט בעת ליכט נאָך ליכט איז אַראָפּ אויף הינטן בעת איך האָב געזעגלט אַרייַן אין דעם אומבאַגרענעצטן ים, ביז סאַמבראָ, די לעצטע פֿון אַלע, איז געווען אונטערן האָריזאָנט. דער ספּריי איז דעמאָלט געווען איינער אַליין, זעגלען ווייַטער און האַלטן איר גאַנג. דעם 4טן יולי, 6 אַ זייגער אינדערפֿרי, האָב איך גענומען אַ פֿאַרטאָפּלטן ריף, און 8:30 פֿ"מ, אָפּגעלאָזט אַלע ריפֿן. 9:40 נ"מ האָט זיך אויפֿגעהויבן נאָר דעם

[א] lanyards – אי'ה

[ב] gammon – אי'ה

[ג] hull down – אי'ה

גלאַנץ פֿון דער ליכט אויף דעם מערבֿדיקן עק פֿון **ס**ויבל־**א**ינדזל, וואָס מע מעג אים אויך אָנרופֿן דעם **א**ינדזל פֿון **ט**ראַגעדיעס. דער טומאַן, וואָס ביז איצט האָט זיך אָוועקגעהאַלטן, איז איצט אַראָפּ אויפֿן ים ווי אַ שאָטן. איך בין געווען אין אַ וועלט פֿון טומאַן, אָפּגעזונדערט פֿון דעם אוניווערס. איך האָב מער ניט געזען די ליכט. מיט דעם טיף־בלײַ[א], וואָס איך האָב אָפֿט געוואָרפֿן, האָב איך געפֿונען אַז אַ ביסל נאָך האַלבער נאַכט בין איך פֿאַרבײַ דעם מיזרחדיקן פּונקט פֿונעם אינדזל, און אַז איך זאָל באַלד זײַן פֿרײַ פֿון די סכּנות פֿון יבשה און פֿלאַכוואַסער. דער ווינט האָט זיך געהאַלטן פֿאַר גינציק, כאָטש ער קומט פֿון דעם נעפּלדיקן פּונקט, דרום־דרוםמערבֿ. מע זאָגט אַז במשך פֿון עטלעכע יאָרן איז **ס**ויבל־**א**ינדזל פֿאַרמינערט געוואָרן פֿון פֿערציק מײַל אין דער לענג ביז צוואַנציק, און אַז פֿון די דרײַ ליכטטורעמס אויפֿגעבויט אויף אים זינט 1880, זײַנען צוויי שוין אַוועקגעוואַשן געוואָרן און דער דריטער וועט באַלד אַוועקגיין אַזוי.

"אַ גוטן־אָוונט, סער"

דעם אָוונט פֿון 5טן יולי, האָט דער **ס**פּריי, נאָך פֿאָרן אַ גאַנצן טאָג אויף אַן אומרויִקן ים, באַשלאָסן צו פֿאָרן אָן דער הילף פֿון דעם קערעוווער. איך האָב געקערעוועט דרוםמיזרח בײַ דרום, אָבער דער ווינט האָט זיך געשלעפּט אַ ביסל פֿאָרויס, איז זי געפֿאַלן אַרײַן אין אַ גלאַטן גאַנג, דרום־מיזרח צו, און מיט אַ גיכקייט פֿון אַכט קנופּן, איר סאַמע בעסטע אַרבעט. איך האָב אויפֿגעשטעלט מער זעגל כּדי אַריבערצופֿאָרן וואָס גיכער די אים־וועגן פֿון די לײַנערס, און אָנצוקומען וואָס באַלדער אין דעם פֿרײַנדלעכן

[א] leadline – אי'ה

גאָלפֿשטראָם. דער טומאַן האָט זיך אויפֿגעהויבן פֿאַר נאַכט, האָב איך באַקומען אַ קוק אויף דער זון פּונקט ווען זי האָט אָנגערירט דעם ים. איך האָב געקוקט אויף איר אונטערגאַנג, אַראָפּ און אַרויס פֿון אויגנגרייך. דעמאָלט האָב איך דאָס פּנים געדרייט־אויף מיזרח, און דאָרט, ווי אויף דעם סאַמע עק פֿונעם פֿאָדערבאָרט־מאַסט[א], איז געווען די שמייכלענדיקע פֿולע לבֿנה, אַרויף פֿונעם ים. **נ**עפּטון אַליין קומענדיק איבערן פֿאָדערבאָרט וואָלט מיר ניט געווען אַזאַ חידוש. "גוטן־אָוונט, סער," האָב איך אויסגעשריגן; "ס'פֿרייט מיך אײַך צו זען." אַ סך לאַנגע שמועסן האָב איך געהאַט זינט דעמאָלט מיט דעם מענטש אין דער לבֿנה; ער האָט מײַן נאמנות אויף דער נסיעה.

אַן ערך האַלבער נאַכט איז דער טומאַן אַראָפּ נאָך אַ מאָל נאָך געדיכטער ווי פֿריִער. מע האָט געקענט שיִער ניט "שטיין אויף אים." עס איז ווײַטער אַזוי געגאַנגען עטלעכע טעג, האָט דער ווינט זיך פֿאַרגרעסערט ביז אַ בורע. די כוואַליעס האָבן זיך הויך אויפֿגעהויבן, אָבער איך האָב געהאַט אַ גוטע שיף. פֿונדעסטוועגן, אין דעם וויסטן טומאַן, האָב איך זיך געפֿילט דרייפֿן אַרײַן אין עלנטקייט, אַן אינסעקט אויף אַ שטרוי אין מיטן דער סטיכיע. איך האָב צוגעבונדן די קערמע, האָט מײַן שיף געהאַלטן אויף איר גאַנג, און בעת זי זעגלט זיך האָב איך געשלאָפֿן.

במשך פֿון די טעג איז אַ געפֿיל פֿון אָפּשײַ איבער מיר געקראָכן. מײַן זכּרון האָט געאַרבעט מיט דערשטוינענדיקער שליטה. די בייז־סימנדיקע, די קליייניקייטן, די גרויסע, די קליינע, די ווונדערלעכע, די וואָכעדיקע – אַלע האָבן זיך באַוויזן פֿאַר דעם מוחס אויגן אין אַ כּישופֿדיקער ריי. בלעטער פֿון מײַן געשיכטע זײַנען צוריק אין מוח וואָס זײַנען געווען פֿאַרגעסן אַזוי לאַנג אַז זיי פֿילן מיר ווי אַ טייל פֿון אַ פֿריִערדיק לעבן. איך האָב געהערט די אַלע קולער פֿון דער פֿאַרגאַנגענהייט, לאַכן, וויינען, דערציילן וואָס איך האָב געהאַט געהערט פֿון זיי אין אַ סך ווינקלען אויף דער ערד.

די עלנטקייט אין מײַן מצבֿ האָט זיך אויסגעוועפּט ווען די בורע איז שטאַרק געווען און איך האָב געפֿונען אַ סך אַרבעט צו טאָן. ווען דער לויטערער וועטער איז צוריק, איז דעמאָלט געקומען דאָס געפֿיל פֿון דעם איינזײַן, וואָס איך האָב ניט געקענט אָפּטרייסלען. איך האָב אָפֿט געניצט דאָס קול, תּחילת אַרויסזאָגן באַפֿעלן וועגן דער שיפֿס עסקים, וואָרן מע האָט מיך געזאָגט אַז אָן ניצן עס וואָלט איך פֿאַרלירן דאָס קול. בײַם אויסמעסטן די מיטאָג־הייך פֿון דער זון, האָב איך אויסגערופֿן אויף אַ קול, "אַכט גלעקלעך," לויט דעם שטייגער אויף אַ שיף אויפֿן ים. אויך פֿון דער קאַבינע האָב איך אויסגערופֿן צו אַן אויסגעטראַכטן מענטש בײַ דער קערמע, "ווי פֿאָרט זי, דאָרט?" און אויך, "צי האַלט זי נאָך אויפֿן גאַנג?" נאָר ווען איך האָב ניט באַקומען קיין ענטפֿער, בין איך נאָך שטאַרקער דערמאָנט אין מײַן מצבֿ. דאָס קול האָט הויל געקלונגען אין דער ליידיקער לופֿט, און איך האָב אָפּגעלאָזט דעם מינהג. נאָר באַלד איז מיר אײַנגעפֿאַלן אַז ווי אַ קינד פֿלעג איך זינגען; פֿאַר וואָס ניט דאָס איצט פּרוּוון, ווו עס איז ניט פֿאַראַן וועמען צו שטערן? מײַן מוזיקאַלישער טאַלאַנט האָט קיין מאָל ניט געבראַכט קינאה פֿון אַנדערע, נאָר אויף דעם **אַ**טלאַנטיק, צו פֿאַרשטיין וואָס דאָס מיינט, האָט איר מיך געזאָלט הערן זינגען. איר האָט געזאָלט זען ווי די ים־חזירים שפּרינגען ווען איך האָב געצילט דאָס קול אויף די כוואַליעס און דעם ים און אַלץ דערין. אַלטע טשערעפּאַכעס, מיט גרויסע אויגן, האָבן געשטעקט די קעפּ אַרויס פֿון ים ווען איך האָב געזונגען "**ד**זשאָני **ב**אָקער," און "**מ**יר **וו**עלן **ב**אַצאָלן

[א] bowsprit – אי'ה

דאַרבי דויל פֿאַר זײַנע שטיוול," און דאָס גלײַכן. נאָר בסך־הכּל איז דאָס געפֿעלן די ים־חזירים ווײַט מער ווי די טשערעפּאַכעס; זיי זײַנען געשפּרונגען אַ היפּש ביסל העכער. אויף איינעם אַ טאָג, ווען איך האָב געזשומעט אַ באַליבט געזאַנג, איך מיין אַז ס'איז געווען "בבֿל פֿאַלט אַראָפּ," איז אַ ים־חזיר געשפּרונגען העכער ווי דער פֿאָדערבאָרט־מאַסט. וואָלט דער ספּריי געפֿאָרן אַ ביסל גיכער, וואָלט זי אים אַרײַנגעשעפּט. די ים־פֿייגל זײַנען שעמעוודיק אַרומגעפֿלויגן.

דעם 10טן יולי, נאָך אַכט טעג אויפֿן ים, איז דער ספּריי צוועלף הונדערט מײַלן אויף מיזרח פֿון קאַפּ־סויבל. איין הונדערט מיט פֿופֿציק מײַלן צו אַ טאָג, פֿאַר אַזאַ קליינער שיף, מוז מען האַלטן פֿאַר גוט זעגלען. דאָס איז געווען דער גרעסטער לויף וואָס דער ספּריי האָט געמאַכט פֿריִער צי שפּעטער אין אַזוי ווייניקע טעג. דעם אָוונט, דעם 14טן יולי, אין אַ בעסער געמיט ווי אַ מאָל פֿריִער, האָט די גאַנצע מאַנשאַפֿט געשריגן, "זעגל דאָרט!" דער זעגל איז געווען אַ באַרקענטין, דרײַ פּונקטן אויף דעם וועטער־פֿאָדערבאָרט, קאָרפּוס אַראָפּ. דעמאָלט איז געקומען די נאַכט. מײַן שיף האָט געזעגלט ווײַטער איצט אָן קיין אַכט אויף דער קערמע. דער ווינט איז געווען פֿון דעם דרום; זי קערעוועט זיך מיזרח צו. אירע זעגלען זײַנען צוגעפּאַסט געווען צו דעם ווינט ווי די זעגלען פֿון דעם נאָטילוס. זיי האָבן פֿעסט געצויגן די גאַנצע נאַכט. איך בין אָפֿט געגאַנגען אויפֿן דעק, נאָר געפֿונען אַלץ אין אָרדענונג. אַ פֿריילעך ווינטל האָט געהאַלטן פֿון דעם דרום. פֿרי אין דער פֿרי דעם 15טן איז דער ספּריי געווען נאָענט בײַ דעם פֿרעמדן, וואָס האָט זיך אויסגעוויזן פֿאַר לאַ וואַגויִסאַ פֿון וויגאָ, דרײַ־און־צוואַנציק טעג אַרויס פֿון פֿילאַדעלפֿיע, קיין וויגאָ. אַ וועכטער פֿונעם אויבן פֿון זײַן מאַסט האָט דערזען דעם ספּריי נעכטן אין אָוונט. דער קאַפּיטאַן, ווען איך בין גענוג נאָענט געקומען, האָט מיר געוואָרפֿן אַ שטריק און איבערגעשיקט אַ פֿלאַש ווײַן, געהאַנגען פֿון דעם העלדזל, און זייער אַ גוטער ווײַן איז דאָס געווען. ער האָט אויך איבערגעשיקט זײַן קאַרטל, וואָס טראָגט דעם נאָמען יואַן גאַנטעס. איך האַלט אַז ער איז געווען אַ גוטער מענטש, צווישן שפּאַניער[א]. אָבער ווען איך האָב אים געבעטן מיך צו באַריכטעווען "אַלץ גוט" (דער ספּריי איז אים פֿאַרבײַגעפֿאָרן אין אַ לעבעדיקן שטייגער), האָט ער געשלעפּט די אַקסלען ווײַט איבערן קאָפּ, און ווען זײַן געהילף, וואָס איז געווען באַקאַנט מיט מײַן עקספּעדיציע, האָט אים געזאָגט אַז איך בין איינער אַליין, האָט ער זיך געצלמט און זיך גענומען צו זײַן קאַבינע. איך האָב אים נאָך אַ מאָל ניט געזען. ביז זונפֿאַרגאַנג איז ער געווען אַזוי ווײַט אויף הינטן ווי ער איז געווען פֿאָרויס נעכטן אין אָוונט.

ער האָט אויך איבערגעשיקט זײַן קאַרטל

[א] איך ווייס ניט צי ער איז דאָ אַ ביסל אַ פֿאַרגלייבטער צי נאָר רעדט ער געשליפֿן – אי'ה

עס איז איצט געווען אַלץ וויניקער און וויניקער מאָנאָטאָנקייט. דעם 16טן יולי איז דער ווינט געווען פֿון דעם צפֿון־מערבֿ און קלאָר, די ים גלאַט, און אַ גרויסער באַרק, קאָרפּוס אַראָפּ, האָט זיך געלאָזט זען אויף דעם ווינט־אַראָפּיקן פֿאָדערבאָרט, און 2:30 נ"מ האָב איך גערעדט מיט דיים פֿרעמדן. זי איז געווען דער באַרק *דזשאַוואַ* פֿון **גלאַזגאָו**, אַרויס פֿון **פּ**ערו קיין **ק**יניגין־**ש**טאָט נאָך באַפֿעלן. איר אַלטער קאַפּיטאַן איז געווען בעריש, נאָר אַ מאָל האָב איך באַגעגנט אַ בער אין **אַ**לאַסקע וואָס האָט מער איינגענעם אויסגעזען. וויניקסטנס האָט דער בער אויסגעזען ווי דערפֿרייט מיך צו זען, אָבער דער דאָזיקער באַשנייטער אַלטער מענטש! נו, איך רעכן אַז מײַן רוף האָט געשטערט זײַן דרעמלען, און מײַן קליינע שליופּקע פֿאָרן פֿאַרבײַ זײַן גרויסע שיף האָט אויף אים געהאַט די זעלבע פּעולה ווי אַ רויטע שמאַטע אויף אַ ביק. איך האָב געהאַט די פֿאָרהאַנט איבער שווערע שיפֿן, ווײַט אַזוי, אין די לײַכטע ווינטן פֿון הײַנט און די צוויי פֿאַרגאַנגענע טעג. דער ווינט איז לײַכט געווען, זײַן שיף איז שווער געווען און באַוואַקסן, געפֿאָרן נאָר שלעכט פֿאָרויס, בעת דער *ספּריי*, מיט אַ גרויסן הויפּטזעגל אַרויסגעפּוישט אַפֿילו אין לײַכטע ווינטן, האָט געהאַלטן אין שפּרינגען פֿאָרויס אַזוי פֿלינק ווי מע זאָל ווינטשן. "ווי לאַנג האָט דאָ געדויערט די שטילקייט?" האָט געברעוועט דער קאַפּיטאַן פֿון דעם *דזשאַוואַ* ווען איך בין אַרײַן אין אויערגרייך. "כ'ווייסט ניט, קאַפּיטאַן," האָב איך געברעוועט צוריק אַזוי הויך אויף אַ קול ווי איך האָב געקענט שרײַען. "איך בין ניט לאַנג דאָ געווען." דערמיט האָט דער געהילף אויף דער פֿאָדערשיף[א] ברייט אונטערגעשמייכלט. "איך האָב איבערגעלאָזט **ק**אַפּ־**ס**ויבל מיט פֿערצן טעג צוריק," האָב איך צוגעגעבן. (איך בין שוין ווײַט אַריבער צו די **אַ**זאָרעס צו.) "געהילף," האָט ער געברעוועט צו דעם הויפּטאָפֿיציר – "געהילף, קום אַהער און הער זיך צו צו דעם יענקיס מעשׂה. צי אַראָפּ די פֿאָן, געהילף, צי אַראָפּ די פֿאָן!" מיט דעם בעסטן געמיט נאָך אַלעמען האָט דער *דזשאַוואַ* זיך אונטערגעגעבן צו דעם *ספּריי*.

קאַרטע פֿון דעם *ספּרייס* גאַנג אַרום דער וועלט – 24סטן אַפּריל, 1895, ביז 3טן יולי, 1896

דער שאַרפֿער וויטיק פֿון דער עלנטקייט פֿון דעם אָנהייב איז קיין מאָל ניט צוריקגעקומען. איך בין אַרײַנגעדרונגען אין אַ רעטעניש, און אַגבֿ, האָב איך געזעגלט דורך אַ טומאַן. איך האָב זיך אָנגעטראָפֿן מיט **נ**עפּטון אין זײַן גרימצאָרן, נאָר ער האָט געפֿונען אַז איך האָב זיך מיט אים אויפֿגעפֿירט מיט דרך־ערץ, און אַזוי האָט ער מיך דערלויבט גיין ווײַטער און אויספֿאָרשן.

[א] forecastle – אי'ה

אין דעם שיפֿזשורנאַל דעם 18טן יולי איז דער דאָזיקער פֿאַרשרײַב: "לויטערער וועטער, ווינט פֿון דרום־דרוממערבֿ. ים־חזירים שפּילן אומעטום אַרום. די דאַמפֿשיף *אָלימפּיאַ* פֿאַרבײַ 11:30 פֿ"מ, די לענג, 34° 50´ מערבֿ."

"עס פֿעלט איצט דרײַ מינוטן פֿון דער האַלבער שעה," האָט געשריגן דער קאַפּיטאַן, ווען ער האָט מיר געגעבן די לענג און די צײַט. איך האָב באַוווּנדערט דעם פֿעיִקן אופֿן פֿון דעם *אָלימפּיאַ*, נאָר איך האָב נאָך אַלץ דאָס געפֿיל אַז דער קאַפּיטאַן איז געווען אַ ביסל איבערגעננוי אין זײַן רעכענונג. וואָס איז אפֿשר גוט און וווּיל, ווו עס איז דאָ אַ סך רוים אויפֿן ים. נאָר דאָס זײַן צו זיכער בײַ זיך, מיין איך, איז געווען די סיבה פֿאַרן אומגליק מיט דעם לײַנער *אַטלאַנטיק*, און אַ סך אַנדערע ווי זי. דער קאַפּיטאַן האָט צו גוט געוווּסט ווו ער איז געווען. עס זײַנען ניט געווען קיין איינציק ים־חזיר שפּרינגענדיק מיט דעם *אָלימפּיאַ*! ים־חזירים האַלטן בעסער פֿון זעגל־שיפֿן. דער קאַפּיטאַן איז געווען אַ יונגער מאַן, האָב איך באַמערקט, און האָט פֿאַר זיך, האָף איך, אַ גוטן רעקאָרד.

לאַנד דאָרט! דעם אינדערפֿרי, דעם 19טן יולי, איז אַ מיסטישער קופּאָל, ווי אַ באַרג זילבער, געשטאַנען איינער אַליין אין דעם ים פֿאָרויס. כאָטש דאָס לאַנד איז גאַנץ פֿאַרשטעלט געווען פֿון דעם ווײַסן, גלאַנצנדיקן נעפּל וואָס שײַנט אין דער זון ווי פּאָלירט זילבער, בין איך גאַנץ זיכער געווען אַז דאָס איז **פֿלאָרעס־אינדזל**. האַלב פֿינף נ"מ איז ער געווען אויף דער זײַט. דער נעפּל דערוווײַל איז פֿאַרשוווּנדן געוואָרן. **פֿלאָרעס** איז איין הונדערט מיט פֿיר־און־זיבעציק מײַלן פֿון **פֿאַיאַל**, און כאָטש עס איז אַ הויכער אינדזל, איז עס געבליבן ניט־געפֿונען אַ סך יאָרן נאָך דער באַפֿעלקערונג פֿון דער הויפּטגרופּע אינדזלען.

פֿרי אין דער פֿרי דעם 20סטן יולי האָב איך דערזען **פּיקאָ** הויך איבער די וואָלקנס אויף דעם רעכטן פֿאָדערבאָרט. נידעריקערע לענדער האָבן זיך געוואָרפֿן פֿאַר די אויגן בעת די זון האָט אָפּגעברענט דעם פֿרימאָרגן־טומאַן, און אינדזל נאָך אינדזל האָבן זיך געלאָזט זען. בעת איך בין נעענטער געקומען האָב איך געקענט זען געאַקערטע פֿעלדער, "און אָ, ווי גרין איז די תּבֿואה!" נאָר די וואָס האָבן געזען די **אַזאָרעס** פֿונעם דעק פֿון אַ שיף פֿאַרשטייען די שיינקייט פֿון אָט דעם בילד אין מיטן אָקעאַן.

פּיקאָ־אינדזל

האַלב פֿינף נ"מ האָב איך אַראָפּגעלאָזט דעם אַנקער בײַ **פֿאַיאַל**, פּונקט אַכצן טעג אַרויס פֿון **קאַפּ־סייבל**. דער אַמעריקאַנישער קאָנסול, אין אַן עלעגאַנט שיפֿל, איז געקומען בײַנאַנד איידער דער **ספּריי** האָט דערגרייכט דעם כוואַליע־ברעכער, און אַ יונגער פֿלאָטאָפֿיציר, וואָס האָט מורא וועגן דער זיכערקייט פֿון מײַן שיף, איז געקומען אויפֿן באָרט, און זיך אָנגעבאָטן פֿאַר אַ פּילאָט. דער צוציק, האָב איך ניט קיין ספֿקות, האָט זיך געקענט באַגיין מיט אַ קריגשיף, אָבער דער **ספּריי** איז צו קליין געווען פֿאַר דעם סכום מונדיר וואָס ער האָט געטראָגן. נאָר, נאָכן אָנשטויסן אויף די אַלע שיפֿן אין פּאָרט און זינקען אַ באַרקע, איז זי צוגעפֿעסטיקט געוואָרן נאָר מיט ווייניקן שאָדן צו זיך אַליין. דער

דאָזיקער ווונדערלעכער פּילאָט האָט זיך גערירכט אויף אַ "באַפֿרידיקונג," האָב איך פֿאַרשטאַנען, נאָר צי דאָס איז צוליב דעם וואָס זײַן רעגירונג און ניט איך וועט דאַרפֿן באַצאָלן אויפֿהייבן די באַרקע, צי צוליב דעם וואָס ער האָט ניט געזונקען דעם **ספּ**ריי, איז מיר קיין מאָל ניט קלאָר געווען. נאָר איך בין אים מוחל.

עס איז געווען דער סעזאָן פֿאַר פֿרוכט ווען איך בין אָנגעקומען אין די **אַ**זאָרעס, און באַלד זײַנען מער מינים דערפֿון אַוועקגעשטעלט געוואָרן אויפֿן באָרט ווי איך האָב געוווּסט וואָס צו טאָן מיט זיי. אינדזליאַנערס זײַנען שטענדיק די פֿרײַנדלעכסטע לײַט אויף דער וועלט, און איך האָב ניט געטראָפֿן אין ערגעץ ניט פֿרײַנדלעכערע ווי די גוטע הערצער אין אָט דעם אָרט. די אײַנוווינער פֿון די **אַ**זאָרעס זײַנען ניט קיין רײַכע קהילה. די לאַסט פֿון די שטײַערן איז שווער, מיט קנאַפּן באַלוין דערפֿאַר, די לופֿט וואָס זיי אָטעמען איז שיִער ניט די איינציקע זאַך וואָס איז ניט באַשטײַערט. די מוטערלאַנד דערלויבט זיי ניט קיין אײַנשיפֿפּאָרט פֿאַר פֿרעמדן פּאָסט. אַ פּאָסט־שיף וואָס פֿאָרט האַרט בײַ מיט פּאָסט פֿאַר **ה**אָרטאַ האָט זיי ערשט געדאַרפֿט ברענגען קיין **ל**יסבאָן, כּלומרשט צוליב אויסרייכערונג, נאָר אין דער אמתן צוליב דעם אָפּצאָל פֿון דער פּאָסט־שיף. די בריוו מײַנע, אָפּגעשיקט פֿון **ה**אָרטאַ האָבן דערגרייכט די **פֿ**אַראייניקטע **ש**טאַטן שפּעטער מיט זעקס טעג ווי מײַן בריוו פֿון **ג**יבראַלטאַר, אָפּגעשיקט דרײַצן טעג שפּעטער.

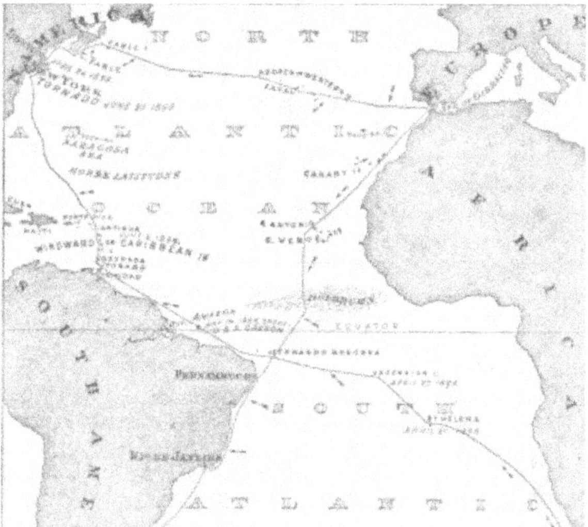

קאַרטע פֿון דעם **ספּ**רייס אַטלאַנטיק נסיעות פֿון **ב**אָסטאָן קיין **ג**יבראַלטאַר, פֿון דאָרט קיין דעם **מ**אַדזשעלען־**ד**ורכגאָס, אין 1895, און צום סוף אַהיים פֿון דעם **ק**אַפּ **ג**וטע **ה**אָפֿענונג אין 1898

דער טאָג פֿון מײַן אָנקום אין האָרטאַ איז געװען די סעודה פֿון אַ גרויסן הייליקן. שיפֿלעך אָנגעלאָדן מיט מענטשן זײַנען געקומען פֿון אַנדערע אינדזלען פֿאַר דער שׂימחה אין האָרטאַ, די הויפּטשטאָט, אָדער דאָס ירושלים, פֿון די אַזאָרעס. דער דעק פֿון דעם ספּריי איז געװען אָנגעפּאַקט פֿון אין דער פֿרי ביז דער נאַכט מיט מענער, פֿרויען, און קינדער. אויף דעם טאָג נאָך דער סעודה האָט אַ גוטהאַרציקער היגער אײַנגעשפּאַנט אַ געשפּאַן און האָט מיך געפֿירט דעם טאָג איבער די שײנע װעגן אומעטום אַרום פֿאַיאַל, "װאָרן," האָט ער געזאָגט אין צעבראָכן ענגליש, "װען איך בין געװען אין אַמעריקע און האָט ניט געקענט קײן װאָרט ענגליש, איז מיר געװען שװער ביז איך האָב באַגעגנט עמעצן װאָס האָט יאָ געהאַט צײַט זיך צוצוהערן צו מײַן מעשׂה, און איך האָב דעמאָלט צוגעזאָגט מײַן גוטן הייליקן אַז זאָל אַ פֿרעמדער קומען אַ מאָל אין מײַן לאַנד, װאָלט איך פּרוּװן אים גליקלעך צו מאַכן." צו באַדויערן, האָט דער דאָזיקער הער מיטגעבראַכט אַן איבערזעצער, אַזוי אַז איך זאָל קענען "זיך לערנען מער װעגן דעם לאַנד." דער חבֿר האָט מיך שיִער ניט דערהרגעט, מיט זײַן רעדן פֿון שיפֿן און נסיעות, און פֿון די שיפֿלעך װאָס ער האָט אַ מאָל געקערעװעט, די לעצטע זאַך אויף דער װעלט װאָס איך האָב געװאָלט הערן. ער האָט געזעגלט אַרויס פֿון ניו־בעדפֿאָרד, װי ער האָט געזאָגט, פֿאַר "יענעם דזשאָ װינג װאָס מע רופֿט אים אָן 'דזשאָן.'" מײַן פֿרײַנד און גאַסטגעבער האָט קוים געהאַט קײן געלעגנהייט אַרײַנצושטעקן קײן װאָרט. אײדער מיר האָבן זיך געזעגנט האָט ער מיר דערלאַנגט װאַרמעס מיט אַ מונטערקייט װאָס װאָלט דערפֿרייט דאָס האַרץ פֿון אַ פּריץ, נאָר ער איז געװען אײנער אַלײן אינעם הויז. "דאָס װײַב און די קינדער מײַנע רוען זיך דאָרט אָפּ," האָט ער געזאָגט, טײַטלענדיק אויף דעם צװינטער איבערן װעג. "איך האָב זיך איבערגעצויגן צו אָט דעם הויז פֿון װײַט אַװעק," האָט ער צוגעגעבן, "כּדי צו זײַן נאָענט צו דעם אָרט, װוּ איך מאָליע זיך יעדן אינדערפֿרי."

איך בין געבליבן פֿיר טעג אין פֿאַיאַל, װאָס איז צװיי טעג לענגער װי איך האָב ערשט געהאַט אין זינען. עס איז געװען די גוטהאַרציקייט פֿון די אינדזליאַנערס און זײער רירנדיק פּשטות װאָס האָט מיך דאָרט געהאַלטן. אַ מײדל, אַזוי ריין װי אַ מלאכטע, איז געקומען בײַנאַנד אין אײנעם אַ טאָג, און האָט געזאָגט אַז זי װעט מיטזעגלען אויף דעם ספּריי אויב איך װעל זי לאָזן אָפּגיין אין ליסבאָן. זי קען קאָכן פֿליפֿיש, האָט זי געמיינט, נאָר איר בעסטע איז צוגרייטן געזאַלצטע שטאָקפֿיש. איר ברודער, אַנטאָניאָ, װאָס האָט געדינט װי אַן איבערזעצער, האָט געגעבן אָנצוהערן אַז, סײַ װי סײַ װילט ער מיטקומען אויף דער נסיעה. אַנטאָניאָס האַרץ האָט זיך מיטגעפֿילט מיט אײנעם אַ דזשאָן װילסאָן, און ער איז גרייט געװען צו זעגלען קײן אַמעריקע פֿאַרבײַ די צװיי קאַפּן זיך צו זען מיטן פֿרײַנד. "צי קענט איר דזשאָן װילסאָן פֿון באָסטאָן? האָט ער אויסגעשריגן. "איך האָב געקענט אַ דזשאָן װילסאָן," האָב איך געזאָגט, "נאָר ניט פֿון באָסטאָן." "ער האָט געהאַט אײן טאָכטער און אײן זון," האָט אַנטאָניאָ געזאָגט, צו אידענטיפֿיצירן דעם פֿרײַנד. אויב דאָס קומט אָן בײַ דעם ריכטיקן דזשאָן װילסאָן, זאָל איך אים זאָגן אַז "אַנטאָניאָ פֿון פּיקאָ געדענקט אים."

קאַפּיטל פֿיר

שקוואַלן אין די אַזאָרעס – לעבן הויך – שווינדלדיק פֿון קעז און פֿלוימען – דער פּילאָט פֿון דעם פּינטאַ – אין גיבראַלטאַר – שבֿחים אָפּגעגעבן מיט דער בריטישער פֿלאָט – אַ פּיקניק אויף דעם מאַראָקאָ ברעג

איך האָב אָפּגעזעגלט פֿון האָרטאַ פֿרי דעם 24סטן יולי. דער ווינט פֿון דעם דרום־מערבֿ איז געווען לײַכט, נאָר שקוואַלן זײַנען געקומען מיט דער זון, און עס איז מיר היפּש לײַכטער געווען נעמען ריפֿן אין די זעגלען איידער איך בין געפֿאָרן איין מײַל. איך האָב נאָר וואָס אויפֿגעשלאָגן דעם הויפּטזעגל, מיט צוויי ריפֿן, ווען אַ שקוואַל ווינט אַראָפּ פֿון די בערג האָט אָנגעשלאָגן די שליופּקע מיט אַזאַ כּוח אַז איך האָב געמיינט איר מאַסט וועט פֿאַלן. אָבער אַ גיכער דריי האָט זי געבראַכט ווינט־אַרויף. ווי עס איז געווען, איז איינער פֿון די וועטער־שיצשטריקן[א] אַוועקגעבלאָזן געוואָרן און דער צווייטער האָט זיך אויפֿגעלאָזן. מײַן צינערנער באַסיין, געכאַפּט פֿון דעם ווינט, איז געפֿלויגן פֿאַרבײַ אַ פֿראַנצייזישער שול־שיף ווינט־אַראָפּ. עס זײַנען שקוואַלן געקומען מער־ווייניקער דעם גאַנצן טאָג, זעגלענדיק ווײַטער אונטער הויך לאַנד. אָבער קומענדיק נאָענט אַרום אונטער אַן אָפּריס, האָב איך געפֿונען אַ געלעגנהייט צו פֿאַרריכטן די שיצשטריקן צעבראָכן אין דעם שקוואַל. באַלד ווי איך האָב אַראָפּגעצויגן די זעגלען האָט אַ שיפֿל מיט פֿיר רודערערס געשאָסן אַרויס פֿון עפּעס אַ פּאַסאַזש צווישן די שטיינער, מיט אַ צאָלאַגענט אויפֿן באָרט, וואָס האָט געמיינט אַז ער האָט זיך אָנגעטראָפֿן אויף אַ שמוגלער. עס איז געווען נאָר מיט צרות וואָס איך האָב אים געגעבן צו פֿאַרשטיין דעם אמתדיקן ענין. אָבער איינער פֿון זײַן מאַנשאַפֿט, אַ בחור מעשׂה מאַטראָס, וואָס האָט פֿאַרשטאַנען ווי דאָס אַלץ שטייט, בעת מיר שמועסן, איז געשפּרונגען אויפֿן באָרט און אויפֿגעצויגן די נײַע שטריקן וואָס איך האָב שוין געגרייט, און מיט אַ פֿרײַנדלעכער האַנט האָט מיך געהאָלפֿן "אײַנאָרדענען דאָס געשטריק." די דאָזיקע פּאַסירונג איז געווען מיר לטובֿה. מײַן מעשׂה איז געווען דעמאָלט קלאָר צו אַלע. איך האָב געפֿונען אַז אַזוי איז די טבֿע פֿון דער וועלט. לאָז מען זײַן אָן פֿרײַנד און זע וואָס וועט געשען!

פֿאַרבײַ פּיקאָ־אינדזל נאָך פֿאַרריכטן דאָס געשטריק, האָט דער ספּריי זיך געצויגן אַריבער ווינט־אַראָפּ פֿון דעם אינדזל פֿון סאַנקט־מיכאַל, ווו זי איז אָנגעקומען פֿרי אין דער פֿרי דעם 26סטן יולי, אין אַ שטאַרקן ווינט. שפּעטער דעם טאָג איז זי פֿאַרבײַ דעם פּרינץ פֿון מאָנאַקאָס פֿײַנעם דאַמף־יאַכט אויפֿן וועג קיין פֿאַיאַל, ווו במשך פֿון אַ פֿריִערדיקער נסיעה, האָט דער פּרינץ איבערגעלאָזט זײַנע קאַבלען "אויסצומײַדן אַן אויפֿנעם" וואָס די גײַסטלעכע פֿונעם אינדזל האָט געפּלאַנעוועט פֿאַר אים. פֿאַר וואָס ער האָט זיך אַזוי שטאַרק געשראָקן פֿאַר דער "אָוואַציע" האָב איך זיך ניט געקענט דערוויסן. אין האָרטאַ האָט מען ניט געוווּסט. זינד מײַן אָנקום אין די אינדזלען האָב איך זיך געשפּײַזט גאָר ווויל אויף פֿריש ברויט, פּוטער, גרינסן, און אַלערליי מינים פֿרוכט. פֿלוימען זײַנען געווען די שפּעדיקסטע אויף דעם ספּריי, און זיי האָב איך געגעסן אָן אויפֿהער. איך האָב אויך געהאַט אַ ווײַסן קעז פֿון פּיקאָ, וואָס גענעראַל מאַנינג, דער אַמעריקאַנער גענעראַל־קאָנסול, האָט מיר געגעבן, כּדי, האָב איך אָנגענומען, מע זאָל אים עסן, און אַזוי האָב איך געטאָן, מיט די פֿלוימען. אָך און וויי! יענע נאַכט האָב איך זיך אײַנגעקאָרטשעט מיט

[א] weather lanyards – אי״ה

גרימעניש. דער ווינט, וואָס איז שוין געווען אַ געשטיט ווינטל, איז שטאַרקער געוואָרן, מיט אַ שווערן הימל אויף דרום־מערבֿ. ריפֿן זײַנען געהאַט געווען אויפֿגעוויקלט, און איך מוז זיי נאָך אַ מאָל אײַנציִען ווי ניט איז. צווישן קראַמפּן האָב איך אַראָפּגענומען דעם הויפּטזעגל, אַרויסגעצויגן די אויערריגנגען אויף וויפֿל איך האָב געקענט, און צוגעבונדן, פּונקט נאָך פּונקט, די פֿאַרטאָפּלטע ריפֿן. ווײַל עס איז געווען אַרום ים־רוים, האָב איך געזאָלט, צו זײַן שטאַרק אָפּגעהיט, אַלץ געמאַכט פֿעסט און געגאַנגען תּיכּף אַראָפּ אין קאַבינע. איך בין אַן אָפּגעהיטער מענטש אויפֿן ים, נאָר די נאַכט, אין דעם קומעדיקן שטורעם, האָב איך ביסלעכווײַז אויפֿגעשלאָגן און פֿעסט געמאַכט די זעגלען, וואָס, אַפֿילו מיט די ריפֿן, זײַנען נאָך געווען איבער דער מאָס אין אַזאַ שווערן וועטער; איך האָב צוגעזען אַז די צישטריקן[א] זיכער צוגעפֿעסטיקט. בקיצור, האָב איך געזאָלט צוגעלעגן[ב], נאָר איך האָב ניט. אַנשטאָט דעם האָב איך איר געגעבן דעם טאָפּלגעריפֿטן הויפּטזעגל און דעם גאַנצן דזשיב, און זי געשטעלט אויף איר גאַנג. דעמאָלט בין איך אונטן געגאַנגען און

דאָס דערזעעניש בײַ דער ראָד

זיך געוואָרפֿן אַראָפּ אויף דער קאַבינע־פּאַדלאָגע מיט גרויסן ווייטיק. ווי לאַנג איך בין דאָרט געלעגן האָב איך ניט געקענט זאָגן, וואָרן איך בין צעפֿיבערט געוואָרן. ווען איך בין צוריק צו זיך, ווי איך האָב געמיינט, פֿון חלשות, האָב איך דערזען אַז די שליופּקע וואַרפֿט

[א] sheets – א״ה

[ב] laid or hove to – א״ה

זיך אַרײַן אין אַ שווערן ים, און מיט אַ קוק דורך דער קאַבינע־טיר האָב איך גאַנץ פֿאַרחידושט געזען אַ הויכן מענטש אויף דער קערמע. זײַן שטײַפֿע האַנט, אָנגעכאַפּט אויף די ספּיצעס פֿון דעם ראָד, האָבן זיי געהאַלטן ווי אין אַ שרויפֿשטיק. שטעלט זיך פֿאָר מײַן דערשטוינונג. זײַן אויסריכט איז געווען ווי בײַ אַ פֿרעמדן ים־מאַן, און דאָס גרויסע רויטע היטל וואָס ער טראָגט איז גערוקט געווען איבערן לינקן אויער, און אַלץ אַרויסגעהויבן מיט אַ צעשויבערטער שוואַרצער באָרד. איבער דער גאָרער וועלט וואָלט מען אים גענומען פֿאַר אַ ים־גזלן. בעת איך האָב געשטאַרט אויף זײַן דראָענדיקער מינע האָב איך פֿאַרגעסן דעם שטורעם, און זיך געוווּנדערט צי ער איז געקומען מיר איבערצושנײַדן דעם האַלדז. דאָס האָט ער אַ פּנים דערשפּירט. "סעניאָר," האָט ער געזאָגט, מיט אַ הייב פֿונעם היטל, "איך קום ניט אײַך צו שאַטן." און אַ שמייכל, דאָס שוואַכסטע אויף דער וועלט, נאָר פֿאָרט אַ שמייכל, האָט געשפּילט אויף זײַן פּנים, וואָס האָט אויסגעזען ניט בייז ווען ער רעדט. "איך קום ניט אײַך צו שאַטן. איך האָב פֿרײַ געזעגלט," האָט ער געזאָגט, "נאָר איך בין קיין מאָל ניט ערגער געווען ווי אַ שמוגלער. איך בין פֿון קאָלומבוסעס מאַנשאַפֿט," איז ער ווײַטער געגאַנגען. "איך בין דער פּילאָט פֿון דעם *פּינטאַ*, געקומען אײַך צו העלפֿן. ליג שטיל, סעניאָר קאַפּיטאַן," האָט ער צוגעגעבן, "און איך וועל פֿירן אײַער שיף די נאַכט. איר האָט אַ זעניש[א], נאָר אויף מאָרגן וועט איר זײַן ווידער געזונט." איך האָב געטראַכט וואָס פֿאַר אַ טײַוול איז ער געווען מיט טראָגן זעגל. נאָך אַ מאָל, ווי ער לייענט מײַן מוח, האָט ער אויסגערופֿן: "דאָרט פֿאָרויס איז דער *פּינטאַ*; מיר מוזן זי איבעריאָגן. נאָך מער זעגל; נאָך מער זעגל! *Vale, vale, muy vale!*"[ב] ער האָט אָפּגעביסן אַ גרויס שטיק שוואַרצער־דריי און געזאָגט: "איר האָט שלעכטס געטאָן, קאַפּיטאַן, מישן קעז מיט פֿלוימען. ווײַסער קעז איז קיין מאָל ניט זיכער אַחוץ מע ווייסט פֿון וואַנען עס שטאַמט. ווער ווייסט, דאָס האָט געקענט זײַן פֿון ציגמילך און עס האָט זיך אויפֿגעפֿירט ווי אַ ציג –"

"הערט אויף, דאָרט!" האָב איך געשריגן. "איך האָב ניט דעם מוח פֿאַר מוסר."

איך האָב באַהויבן פֿאַרשפּרייטן אַ מאַטראַץ און זיך אַוועקגעלייגט דערויף אַנשטאָט דער האַרטער פּאַדלאָגע, מײַנע אויגן די גאַנצע צײַט פֿעסט אויף מײַן מאָדנעם גאַסט, וואָס האָט באַמערקט נאָך אַ מאָל אַז איך וועל האָבן "נאָר ווייטיק און זעניש", און אונטערגעלאַכט בעת ער זינגט אַ ווילד ליד:

הויך די כוואַליעס, צאָרנדיק, גלאַנציק,
הויך די בורע רעוועט!
הויך די ים־פֿויגל, קוויטשיק!
הויך די אַסטראַב פֿליט!

איך רעכן אַז איך בין געקומען צוריק בײַם געזונט, וואָרן איך בין וואָרטשענדיק געווען, און זיך באַקלאָגט: "איך האָב פֿײַנט דײַן קלימפּער־לידל. דײַן אַסטראַב זאָל זײַן אויף דער סידעלע, און וואָלט דאָרט געווען, אויב ער וואָלט געווען אַ לײַטישע פֿויגל!" איך האָב אים געבעטן צובינדן אַ שנור אַרום וואָס בלײַבט פֿונעם ליד, אויב ס'איז יאָ מער. איך האָב זיך נאָך געמוטשעט שווער פֿאַר ווייטיק. גרויסע כוואַליעס זײַנען אַרויף אויף דעם ספּריי, נאָר אין מײַן פֿיבערדיקן מוח האָב איך געמיינט אַז זיי זײַנען שיפֿלעך פֿאַלנדיק

[א] calenture – אי"ה

[ב] "Good, good, very good!" – אי"ה

אויפֿן דעק, וואָס אָפּגעלאָזענע בעל־עגלות וואַרפֿן אַראָפּ פֿון וואָגנס אויף דעם דאָק ווּ איך האָב זיך פֿאַרגעשטעלט איז דער *ספּריי* צוגעפּעסטיקט, און אָן אָפּשטויסערס[א] זי צו האַלטן פֿרײַ. "איר וועט צעשמעטערן די שיפֿלעך!" האָב איך אויסגערופֿן אָבער און ווידער, בעת די כוואַליעס האָבן אָנגעשלאָגן אויף דער קאַבינע איבער מײַן קאָפּ. "איר וועט צעשמעטערן די שיפֿלעך, נאָר איר קענט ניט שאַטן דעם *ספּריי*. זי איז אַ שטאַרקע!" האָב איך געשריגן.

איך האָב געפֿונען, ווען איך בין געווען אויס ווייטיק און זעעניש, אַז דער דעק, איצט אַזוי ווײַס ווי אַ הײפֿיש־צאָן פֿון די כוואַליעס וואָס האָבן אים אָפּגעוואַשן, איז אָפּגעשאַרט געוואָרן פֿון אַבי וואָס באַוועגלעך. ווי אַ שטאַרקער חידוש, האָב איך געזען אין ברייטן טאָגליכט, אַז דער *ספּריי* האַלט נאָך אויף דעם זעלבן גאַנג ווי איך האָב אָנגעשטעלט, און פֿאָרט ווי אַ לויפֿפֿערד. קאָלומבוס אַליין האָט איר ניט געקענט האַלטן נעענטער צו איר גאַנג. די שליופּקע האָט דערגרייכט נײַנציק מײַלן דורך דער נאַכט אין אַ טומלדיקן ים. איך האָב געפֿילט אַז עס קומט אַ דאַנק דעם אַלטן פּילאָט, נאָר איך האָב זיך אַ ביסל געוווּנדערט, פֿאַר וואָס ער האָט ניט אַראָפּגענומען דעם דזשיב. די בורע האָט זיך פֿאַרווייכערט און האַלבן טאָג האָט די זון געשײַנט. אַ מערידיאַן־הייך און די ווײַטקייט פֿון דעם פּאַטענטירטן גיכמעסטער, וואָס איך האָב שטענדיק בוקסירט, האָבן מיר געזאָגט אַז זי האָט געהאַלטן דעם ריכטיקן גאַנג דורך דעם גאַנצן מעת־לעת. איך האָב זיך איצט געפֿילט פֿיל בעסער, נאָר איך בין נאָך אַלץ זייער שוואַך, און האָב ניט אויסגעוויקלט קיין ריפֿן דעם טאָג אָדער די קומעדיקע נאַכט, כאָטש דער ווינט איז לײַכט געוואָרן, נאָר פּשוט אַוועקגעלייגט די נאַסע קליידער אין דער זון, ווען זי שײַנט, און לייגנדיק זיך אַליין דאָרט אַוועק, בין איך אײַנגעשלאָפֿן. אין דער מיט איז וועמען געקומען צו גאַסט צו מיר נאָר מײַן אַלטער פֿרײַנד פֿון נעכטן בײַ נאַכט, דאָס מאָל, פֿאַרשטייט זיך, אין אַ חלום. "דו האָסט עפּעס גוטס געטאָן נעכטן בײַ נאַכט, פֿאָלגן מײַן עצה," האָט ער געזאָגט, "און אויב דו ווילסט דערלויבן, ס'ווילט זיך מיר קומען אָפֿט מיט דיר אויף דער נסיעה, נאָר צוליב אַ ליבע פֿאַר אַוואַנטורע." געענדיקט מיט זײַנע רייד, האָט ער נאָך אַ מאָל אַראָפּגעצויגן דאָס היטל און איז פֿאַרשוווּנדן געוואָרן אַזוי מיסטעריעז ווי ער איז אָנגעקומען, צוריק, נעם איך אָן, צו דער אויסגעטראַכטער *פּינטאַ*. איך האָב זיך אויפֿגעכאַפּט שטאַרק דערפֿרישט, און מיטן געפֿיל אַז איך בין געווען אין דעם בײַזײַן פֿון אַ פֿרײַנד און אַ ים־מאַן מיט אַ ריזיקער פּראַקטיק. איך האָב צונויפֿגענומען די קליידער, וואָס זײַנען דעמאָלט שוין אויסגעטריקנט, און דעמאָלט, מיט אַ געניאַלן אײַנפֿאַל, האָב איך געוואָרפֿן אַראָפּ פֿון באָרט די אַלע פֿלוימען אויף דער שיף.

דער 28סטער יולי איז געווען אויסערגעוויינטלעך פֿײַן. דער ווינט פֿון צפֿון־מערבֿ איז לײַכט געווען און די לופֿט מילד. איך האָב רעמאָנטירט די מלבושים, און אויפֿגעשלאָגן אַ ווײַס העמד טאָמער איך קום נאָענט צו עפּעס אַ ברעג־פּאַקעט פֿאָרנדיק מיט לײַטישע מענטשן אויפֿן באָרט. איך האָב אויך געוואַשן אַ ביסל וועש כּדי אַרויסצונעמען די זאַלץ פֿון די קליידער. נאָך דעם אַלץ בין איך געווען הונגעריק, האָב איך אָנגעצונדן אַ פֿײַער און זייער געוואָרנט אײַנגעקאָכט אַ מאכל מיט באַרן, און זיי אָפּגעהיט אַוועקגעשטעלט אין אַ זײַט ביז איך האָב געמאַכט אַ טעפּ געשמאַקע קאַווע, וואָס פֿאַר זיי ביידע האָב איך זיך געקענט פֿאַרגינען צוקער און שמאַנט. נאָר דאָס קרוינווערק פֿון אַלץ איז געווען אַ

[א] fenders – אי'ה

צעהאַקטע פֿיש, איז געווען געַנוג דערפֿון אויף צוויי. איך בין נאָך אַ מאָל אַ געזונטער, און מײַן אַפּעטיט איז פּשוט וועלפֿיש געווען. במשך פֿון עסן האָב איך געשטעלט אַ גרויסע ציבעלע אויף דעם טאָפּל־לאָמפּ צו דושען פֿאַר אָנבײַסן שפּעטער אין טאָג. ווילטאָג הײַנט!

דעם נאָכמיטאָג האָט דער ספּריי אָנגעטראָפֿן אויף אַ גרויסע טשערעפּאַכע שלאָפֿנדיק אויפֿן ים. זי האָט זיך אויפֿגעכאַפּט מיט מײַן האַרפּון דורך איר נאַקן, אויב זי כאַפּט זיך אויף לחלוטין. עס איז מיר געווען צרהדיק שלעפּן זי אַרויף אויפֿן דעק, וואָס איך האָב סוף־כּל־סוף אויפֿגעטאָן דורך אָנכאַפּן מיט אַ האָק די האַלדז־צישטריקן[א] צו איינעם אַ רודערפֿוס, וואָרן זי איז געווען צו פֿאַרגלײַכן אין וואָג מיט מײַן שיפֿל. איך האָב מער טשערעפּאַכעס געזען, האָב איך אויפֿגעשטעלט אַ בורטאָן[ב], גרייט זיי צו שלעפּן אַרײַן, וואָרן ווען איך האָב געניצט די צישטריקן דאָס צו טאָן, האָב איך געמוזט אַראָפּציִען דעם הויפּטזעגל, און עס איז גאָר ניט געווען קיין קליייניקייט אויפֿצוהייבן נאָך אַ מאָל דעם גרויסן זעגל. אָבער דער טשערעפּאַכע־סטייק איז געשמאַק געווען. איך האָב ניט קיין טענות געהאַט מיט דעם קוכער, און עס איז געווען אַ כּלל אויף דער נסיעה אַז דער קוכער זאָל האָבן ניט קיין טענות מיט מיר. עס איז קיין מאָל ניט געווען אַזאַ אײַנגענעמע מאַנשאַפֿט. דער מעניו דעם אָוונט איז געווען טשערעפּאַכע־סטייק, טיי און טאָסט, געפּרעגלטע קאַרטאָפֿל, געדעמפּטע ציבעלעס, מיט אַ נאָכשפּײַז פֿון געדעמפּטע באַרן און שמאַנט.

ווען ניט איז דעם נאָכמיטאָג בין איך פֿאַרבײַ אַ פֿאַס־בויע, אַ הפֿקרדיקע, שווימענדיק לײַכט אויפֿן וואַסער. זי איז רויט געמאָלט, און אויסגעריכט מיט אַ סיגנאַל־שטעקן אַ זעקס פֿוס אין דער הייך. מיט דעם פּלוצעמדיקן אָנקום פֿון אַ בײַט אינעם וועטער, האָב איך מער ניט קיין טשערעפּאַכע צי פֿיש געכאַפּט איידער איך בין אָנגעקומען אין פּאָרט. דעם 31סטן יולי איז אַ בורע פֿון דעם צפֿון מיט אַ מאָל אויפֿגעשפּרונגען, מיט שווערע כוואַליעס, האָב איך פֿאַרקירצט זעגל. דער ספּריי האָט דעם טאָג געמאַכט נאָר איין־און־פֿופֿציק מײַלן אויפֿן גאַנג. דעם 1טן אויגוסט איז די בורע ווײַטער געגאַנגען, מיט שווערע כוואַליעס. דורך דער נאַכט האָט די שליופּקע געזעגלט מיט דער ווינט, אונטער דעם ענג־באַרײַפֿטן הויפּטזעגל און פֿאַרקלענערטן דזשיב. דרײַ אַ זייגער נ"מ איז דער דזשיב אַוועקגעוואַשן געוואָרן פֿון דעם פֿאָדערבאָרט־מאַסט און צעבלאָזן אין שטיקער און פֿאַסן. איך האָב אָנגעבויגן דעם "ריז" אויף אַ שטיצדראָט[ג] בײַ די ריטער־קעפּ[ד]. וואָס שייך דעם דזשיב, לאָז אים גיין. איך האָב אָפּגעשפּאָרט עטלעכע שטיקלעך פֿון אים, און נאָך אַלעמען איז בײַ מיר געווען אַ דוחק אין געפֿעס־שמאַטעס.

דעם 3טן אויגוסט האָט די בורע זיך צעבראָכן, און איך האָב געזען אַ סך סימנים פֿון יבשה. דער שלעכטער וועטער האָט געהאַט אַ פּעולה אויף דעם קאַמבוז, האָב איך בדעה געהאַט פּרווון באַקן אַ לאַבן ברויט, און דערפֿאַר אויסגעריכט אַ טעפּל פֿײַער אויפֿן דעק פֿאַר דעם באַקן, און באַלד איז אַ לאַבן מקוים געוואָרן. איין גרויסע מילה פֿון קאָכן אויף אַ שיף איז אַז אויפֿן ים האָבן אַלע שטענדיק גוטע אַפּעטיטן – אַ פֿאַקט וואָס איך האָב באַמערקט ווען איך בין געווען דער קוכער פֿאַר די פֿישער אין דער יוגנט אויבן דערמאָנט.

[א] throat-halyards – אי'ה

[ב] burton – אי'ה

[ג] stay – אי'ה

[ד] knight-heads – אי'ה

נאָכן וואַרמעס בין איך געזעסן שעהען־לאַנג און געלייענט אַ ביאָגראַפֿיע פֿון קאָלאָמבוס, און בעת דער טאָג ציט זיך ווײַטער האָב איך באַטראַכט די פֿייגל, אַלע פֿליִענדיק אין איין ריכטונג, און געזאָגט, "דאָרט ליגט די יבשה."

פֿרי אויף צו מאָרגנס, דעם 4טן אויגוסט, האָב איך אַנטדעקט שפּאַניע. איך האָב געזען פֿײַערן אויפֿן ברעג און געוווּסט אַז דאָס לאַנד איז באַפֿעלקערט. דער ספּריי איז געפֿאָרן ווײַטער אויף איר גאַנג ביז גוט נאָענט צום ברעג, וואָס איז אין דעם געגנט פֿון טראַפֿאַלגאַר. דעמאָלט אַוועק אַ פּונקט, איז זי געפֿאָרן דורך דעם גיבראַלטישן דורכגאָס, ווּ זי האָט אַראָפּגעלאָזט דעם אַנקער דרײַ אַ זייגער נ"מ דעם זעלבן טאָג, ווייניקער ווי נײַן־און־צוואַנציק טעג פֿון קאַפּ־סויבל. בײַם סוף פֿון דער דאָזיקער פֿאָרויסיקער נסיעה האָב איך זיך געפֿונען אַ געזונטער, ניט אויסגעמאַטערט צי געקאָרטשעט, נאָר אַזוי גוט ווי אַ מאָל פֿריִער אין לעבן, כאָטש איך בין געווען אַזוי דין ווי אַ ריף־שנירל.

צוויי איטאַליענישע באַרקעס, וואָס זײַנען נאָענט געווען בײַנאַנד דעם באַגינען האָב איך געזען לאַנג נאָך מײַן אַנקערן, פֿאָרנדיק פֿאַרבײַ פּאַזע דער אַפֿריקאַנער זײַט פֿון דעם דורכגאָס. דער ספּריי האָט זיי ביידע געזעגלט קאָרפּוס־אַראָפּ איידער זי איז אָנגעקומען בײַ טאַריפֿאַ. אַזוי ווײַט ווי איך ווייס האָט דער ספּריי געוווּנען בײַ אַלץ וואָס פֿאָרט איבער דעם אַטלאַנטיק אַחוץ די דאַמפֿשיפֿן.

קומען צו אַנקערן בײַ גיבראַלטאַר

אַלץ איז גוט געווען, נאָר איך האָב פֿאַרגעסן מיטברענגען אַ געזונט־באַשטעטיקונג פֿון האָרטאַ, און דערפֿאַר, ווען דער רציחהדיקער אַלטער פּאָרט־דאָקטער איז געקומען קאָנטראָלירן, איז פֿאָרגעקומען אַ מחלוקת. דאָס, אָבער, איז געווען די סאַמע זאַך באַדאַרפֿט. אַז מע וויל גוט אויסקומען מיט אַן אמתדיקן בריטישער, דאַרף מען ערשט פֿירן אַ שרעקלעך קריגערײַ מיט אים. דאָס האָב איך גוט געוווּסט, און דערפֿאַר האָב איך אויסגעשאָסן, שאָס נאָך שאָס, אויף וויפֿל איך האָב געקענט. "נו, יאָ," האָט דער דאָקטער צוגעגעבן סוף־כּל־סוף, "אײַער מאַנשאַפֿט איז אָן ספֿק געזונט גענוג, נאָר ווער ווייסט פֿון די קראַנקייטן אין אײַער פֿריִערדיקן פּאָרט?" – אין דער אמתן אַ שׂכלדיקע באַמערקונג. "מיר זאָלן אײַך אײַנשפּאַרן אין דעם פּאָרט, סער!" האָט ער זיך געבלאָזן, "נאָר מילא. פֿרײַער דערלויב, סער! אָפּשטויס, שטורמאַן!" און דאָס איז געווען דאָס לעצטע מאָל וואָס איך האָב געזען דעם פּאָרט־דאָקטער.

נאָר אויף צו מאָרגנס איז אַ דאַמף־קאַטער, היפּש לענגער ווי דעם ספּריי, געקומען בײַנאַנד, – אָדער אַזוי בײַנאַנד ווי איז מיגלעך געווען, – מיט שבֿחים פֿון דעם העכערן ים־פֿלאָט־אָפֿיציר, אַדמיראַל ברוס, מיט דער בשׂורה אַז עס איז דאָ אַ לאַנדונג־פּלאַץ פֿאַר דעם ספּריי בײַ דעם אַרסענאַל. דאָס איז געווען אַרום דעם נײַעם כוואַליע־ברעכער[א]. איך האָב געאַנקערט בײַ דעם אַלטן כוואַליע־ברעכער, צווישן די היגע שיפֿלעך, ווו עס איז געווען שווער און אומבאַקוועם. אַוודאי האָב איך זיך איבערגעצויגן מיט חשק, און האָב אַזוי געטאָן וואָס באַלדער, האָב איך געהאַט אין זינען די פֿײַנע געזעלשאַפֿט פֿאַר דעם ספּריי אין מיטן די קריגשיפֿן ווי *קאָלינגווד*, *באַלפֿליור*, און *קאָרמאָראַן*, וואָס זײַנען דאָרט דעמאָלט צעשטעלט, און אויפֿן באָרט פֿון יעדן האָב איך משׂמח געווען, גאָר קיניגלעך.

"'גיט מיר די האַנט!' ווי די אַמעריקאַנער זאָגן," איז געווען די באַגריסונג מײַנע פֿון אַדמיראַל ברוס, ווען איך האָב זיך אַרײַנגעכאַפּט בײַ דער אַדמיראַלשאַפֿט אים צו דאַנקען פֿאַרן לאַנדונג־פּלאַץ, און פֿאַר דער הילף פֿון דעם דאַמף־קאַטער, וואָס האָט מיך בוקסירט צו דעם דאָק. "וואָס שייך דעם לאַנדונג־פּלאַץ, איז אַלץ אין אָרדענונג אויב ער טויג, און מיר וועלן אײַך בוקסירן אַרויס ווען איר זײַט גרייט אָפּצופֿאָרן. נאָר זאָגט, וועלכע רעמאָנטן דאַרפֿט איר? הערט נאָר דאָרט, דער *היבי*, קענט איר שענקען אַהער אײַער זעגלמאַכער? דער ספּריי דאַרף אַ נײַעם דזשיב. בויערײַ און רעפּאַראַטור דאָרט! צי וועט איר צוזען דעם ספּריי? מוז איך זאָגן, מײַן אַלטער, האָט איר געמוזט צעשלאָגן דעם טײַוול אַרויס פֿון איר, אַהערצוקומען אײנער אַלײן אין נײַן־און־צוואַנציק טעג! נאָר מיר וועלן אַלץ מאַכן גלאַט פֿאַר אײַך דאָ!" ניט אַפֿילו איר מאַיעסטעטס שיף דער *קאָלינגווד* איז געווען בעסער צוגעזען ווי דער ספּריי אין גיבראַלטאַר.

דער ספּריי געאַנקערט בײַ גיבראַלטאַר

שפּעטער דעם טאָג איז געקומען דעם רוף: "ספּריי, דאָרט! מ"רס ברוס וויל קומען אויפֿן באָרט און דריקן די האַנט פֿון דעם ספּריי. צי איז הײַנט אײַך באַקוועם!" "ביז גאָר!" האָב איך געשריגן מיט הנאה.

[א] mole – אי'ה

אויף מאָרגן איז סער פּ. קאַרינגטאָן, דעמאָלט דער גובערנאַטאָר פֿון גיבראַלטאַר, מיט אַנדערע הויכע אָפֿיצירן פֿון דעם גאַרניזאָן, און די אַלע קאָמאַנדירן פֿון די קריגשיפֿן, געקומען אויפֿן באָרט און אָנגעשריבן די נעמען אין דעם *ספּריי*ס שיפֿזשורנאַל. נאָך אַ מאָל איז געקומען אַן אויפֿרוף, "*ספּריי*, דאָרט!" "גוטהעלף!" "קאָמאַנדיר ריינאָלדס שבֿחים. איר זײַט פֿאַרבעטן אויפֿן באָרט זמש[א] *קאָלינגוווד*, 'אין דער היים' האַלב פֿינף נ"מ. ניט שפּעטער ווי האַלב זעקס נ"מ." איך האָב שוין געגעבן אָנצוהערן אַז מײַן גאַרדעראָב איז שטאַרק באַגרענעצט, און אַז איך וואָלט קיין הצלחה ניט האָבן שטעלן זיך פֿאָר פֿאַר אַ פּראַנט. "מע ריכט זיך אַז איר וועט זיך באַווײַזן אין אַ צילינדער און אַ פֿראַק!" "אויב אַזוי קען איך ניט קומען." "אַ קלאָג! קומט ווי איר שטייט און גייט; אַזוי האָבן מיר געמיינט." "יאָ, יאָ, סער!" די מונטערקייט אויף דעם *קאָלינגוווד* איז גוט געווען און וואָלט איך געטראָגן אַ צילינדער הויך ביז דער לבֿנה, וואָלט איך ניט אַזוי פֿיל הנאה געהאַט אָדער זיך געמאַכט פֿילן אַזוי זיך אײַנגעלעבט. אַן ענגלענדער, אַפֿילו אויף זײַן גרויסער קריגשיף, שפּאַנט זיך אָפּ ווען אַ פֿרעמדער איז אַריבער זײַן שטיגל[ב], און ווען ער זאָגט "אין דער היים" איז ער אין ערנסט.

אַז מע זאָל ליב האָבן גיבראַלטאַר דאַרף מען ניט זאָגן. ווי אַזוי זאָל מען ניט האָבן ליב אַזאַ גאַסטפֿרײַנדלעכן אָרט? גרינס צוויי מאָל אַ וואָך און מילך יעדן אינדערפֿרי זײַנען געקומען פֿון דעם לוקסוסדיקן קאַמפּוס פֿון דער אַדמיראַלשאַפֿט. "*ספּריי*, דאָרט!" פֿלעגט רופֿן דער אַדמיראַל. "*ספּריי*, דאָרט!" "גוט מאָרגן!" "מאָרגן איז אײַער גרינס־טאָג, סער." "יאָ, יאָ, סער!"

איך בין אַ סך אַרומגעגאַנגען אין דער אַלטער שטאָט, און אַ האַרמאַטלער האָט מיך געקערעוועט דורך די גאַלעריעס אין דעם שטיין אַזוי ווײַט ווי אַ פֿרעמדער מעג גיין. עס איז ניט פֿאַראַן אויף דער וועלט אַ מיליטערישע אויסגראָבונג צו פֿאַרגלײַכן מיט די דאָזיקע אין גיבראַלטאַר, אָדער אין באַנעם אָדער אין אויספֿירונג. באַטראַכטנדיק די פּלאַדיקע געבײַען, איז שווער געוואָרן אײַנצוזען אַז מע איז אינעווייניק פֿון דעם גיבראַלטאַר פֿון זײַן קליין אַלט געאָגראַפֿיע־בוך פֿון מאָרס[ג].

פֿאַרן אָפּזעגלען האָט מען מיך פֿאַרבעטן אויף אַ פּיקניק מיט דעם גובערנאַטאָר, די אָפֿיצירן פֿון דעם גאַרניזאָן, און די קאָמאַנדירן פֿון די קריגשיפֿן דאָ אויף דער סטאַנציע, און אַ קיניגלעכע שׂימחה איז דאָס געווען. טאָרפּעדע־שיף נ"ר 91, מיט אַ גיכקייט פֿון צוויי־און־צוואַנציק קנופּן, האָט געטראָגן אונדזער פּאַרטיע צו דעם מאַראָקאָ ברעג און צוריק. דער טאָג איז געווען אַ שלמותדיקער – צו שיין, אין דער אמתן, פֿאַר באַקוועמלעכקייט אויף דער יבשה, און דערפֿאַר האָט קיינער ניט געלאַנדט אויף מאַראָקאָ. נ"ר 91 האָט געציטערט ווי אַן אָסינע־בלאַט לויפֿנדיק דורכן ים מיט דער פֿולער גיכקייט. אונטערלייטענאַנט באַוטשער, וואָס האָט אויסגעזען ווי נאָר אַ בחור, איז געווען דער קאָמאַנדיר, און האָט באַהאַנדלט זײַן שיף מיט דעם בקיאות פֿון אַן עלטערן מאַטראָס. אויף מאָרגן האָב איך געגעסן אָנבײַסן מיט גענעראַל קאַרינגטאָן, דעם גובערנאַטאָר, אין גרענעץ־וואַנט הויז, וואָס איז אַ מאָל געווען דער פֿראַנציסקאַנער קאָנווענט. אין דער

[א] .H.M.S: זײַן מאַיעסטעטס שיף – אי'ה

[ב] gangway – אי'ה

[ג] אַ ווײַט באַניצט לערנבוך, Jedidiah Morse's *Geography Made Easy*, אין סלאָקומס פֿרײַקער דערציִונג – אי'ה

דאָזיקער אינטערעסאַנטער געבײַדע האָט מען פֿאַרהיט איבערבלײַבסן פֿון די פֿערצן באַלעגערונגען וואָס גיבראַלטאַר האָט איבערגעלעבט. אויף מאָרגן האָב איך געגעסן וואַרמעס מיט דעם אַדמיראַל אין זײַן רעזידענץ, דעם פּאַלאַץ, וואָס איז אַ מאָל געווען דער קאָנווענט פֿון די לווינזעלנערס. בײַ יעדן אָרט, און אומעטום אַרום, האָב איך געפֿילט דעם פֿרײַנדלעכן כאַפּ פֿון אַ מענטשלעכער האַנט, וואָס האָט מיר געליגן דעם לעבנס־כּוח איבערצולעבן די קומעדיקע לאַנגע טעג אויפֿן ים. איך מוז זיך מודה זײַן אַז די שלמותדיקע דיסציפּלין, אָרדענונג, און פֿריילעכקייט אין גיבראַלטאַר זײַנען געווען נאָר אַ צווייטער וווּנדער אין דער גרויסער פֿעסטונג. דער ריזיקער סכום געשעפֿט וואָס פֿירט זיך האָט געבראַכט ניט מער צערודערונג ווי דאָס שטילע זעגלען פֿון אַ גוט אויסגעריכטער שיף אויף אַ גלײַכן ים. קיינער האָט ניט גערעדט העכער ווי דאָס געוויינטלעכע קול, אַחוץ אַ באָצמאַנס[א] געהילף פֿון צײַט צו צײַט. דער חשובֿער האָראַשיאָ דזשיי. ספּרייג, דער געאַכפּערטער קאָנסול פֿון די פֿאַראייניקטע שטאַטן אין גיבראַלטאַר, האָט מכבד געווען דעם ספּריי מיט אַ וויזיט זונטיק, דעם 24סטן אויגוסט, און איז שטאַרק דערפֿרייט געווען צו הערן ווי גוטהאַרציק אונדזערע בריטישע קוזינעס זײַנען געווען צו איר.

[א] bos’n's (boatswain’s) – אי'ה

קאַפּיטל פֿינף

אָפּזעגלען פֿון גיבראַלטאַר מיט דער הילף פֿון איר מאַיעסטעטס צישיף – דעם ספּרייס גאַנג געביטן פֿון דעם סועץ־קאַנאַל אויף קאַפּ־האָרן – נאָכגעיאָגט פֿון אַ מורינישן ים־גזלן – אַ פֿאַרגלײַך מיט קאָלומבוס – די קאַנאַריק־אינדזלען – די קאַפּ־ווערדע אינדזלען – ים־לעבן – אָנקום אין פּערנאַמבוקאָ – אַ חשבון קעגן דער רעגירונג אין בראַזיל – גרייטן זיך אויף דעם שטורעמדיקן וועטער בײַ דעם קאַפּ

מאָנטיק, דעם 25סטן אויגוסט, האָט דער ספּריי אָפּגעזעגלט פֿון גיבראַלטאַר, גוט באַלוינט פֿאַר אַבי דעם אָפּנייג פֿון דעם דירעקטן גאַנג אָנצוקומען אינעם אָרט. אַ צישיף וואָס געהערט צו איר מאַיעסטעט האָט בוקסירט די שליופּקע אַרײַן אין דעם פֿאַרלאָזלעכן ווינטל פֿרײַ פֿון דעם באַרג, ווו איר זעגלען האָבן געכאַפּט אַ לויפֿנדיקן ווינט, וואָס האָט זי געטראָגן נאָך אַ מאָל צו דעם אַטלאַנטיק, ווו עס איז גיך געוואָרן אַ רציחהדיקע בורע. מײַן פּלאַן, גייענדיק אַראָפּ לענג־אויס דעם ברעג, איז געוועזן זיך אַוועקצופֿירן פֿונעם ברעג, ווײַט פֿרײַ פֿון דער יבשה, וואָס דאָ אין געגנט איז די היים פֿון ים־גזלנים, אָבער איך האָב דאָס קוים אויפֿגעטאָן ווען איך האָב דערזען אַ פֿעלוקאַ[א] אויפֿן וועג אַרויס פֿון דעם נאָענסטן פּאָרט, און מיט דער צײַט איז זי נאָכגעקומען אין דעם נאָכבורויז פֿון דעם ספּריי. איז, מײַן גאַנג קיין גיבראַלטאַר האָב איך געמיינט פֿאַר דעם אָנהייב פֿון זעגלען ווײַטער דורך דעם מיטלערדישן ים, דורך דעם סועץ־קאַנאַל, אַראָפּ דורך דעם רויטן ים, און אַרום מיזרח צו, אַנשטאָט מערבֿ צו, ווי איך האָב סוף־כּל־סוף געזעגלט. צוליב די עצות פֿון אָפֿיצירן מיט ריזיקע איבערלעבונגען זעגלען אויף די דאָזיקע ימים, בין איך איבערגעצײַגט געוואָרן איבערבײַטן דעם גאַנג. ווײַל עס זײַנען פֿאַראַן פֿילצאָליקע ים־גזלנים פּאַזע בײדע ברעגן, האָב איך זיך ניט דערוועגט איגנאָרירן די עצה. נאָר דאָ בין איך נאָך אַלעמען, קלאָר אין דער מיט פֿון ים־גזלנים און גנבֿים! איך האָב געביטן דעם גאַנג, האָט דער פֿעלוקאַ דאָס זעלבע געטאָן, בײדע שיפֿן זעגלען גאָר גיך, נאָר די צעשיידונג צווישן אונדז איז אַלץ קורצער געוואָרן. דער ספּריי איז ווויל געפֿאָרן, בעסער אַפֿילו ווי איר בעסטע, אָבער ניט קוקנדיק אויף וואָס איך האָב געפּרוּווט טאָן, וועט זי זיך פֿון צײַט צו צײַט דרייען קווער מיטן ווינט. זי האָט געטראָגן צו פֿיל זעגל צו זײַן זיכער. איך האָב געמוזט נעמען אַ ריף אָדער פֿאַרלירן דעם מאַסט און פֿאַרלירן אַלץ, ים־גזלן צי ניט. איך מוז נעמען אַ ריף, אַפֿילו זאָל דאָס מיינען קעמפֿן מיט אים פֿאַרן לעבן.

עס האָט ניט לאַנג געדויערט, האָב איך אַ ריף גענומען אין דעם הויפּטזעגל און אים מיט טירחה שטײַף אַרויפֿגעצויגן נאָך אַ מאָל – מסתּמא ניט מער ווי פֿופֿצן מינוטן, אָבער דערווײַל האָט דער פֿעלוקאַ אַזוי פֿאַרקירצט דעם מהלך צווישן אונדז אַז איך האָב איצט געזען דעם זשמוט האָר אויף די קעפּ פֿון דער מאַנשאַפֿט – וואָס דערמיט, זאָגט מען, וועט מחמד שלעפּן די גזלנים אין הימל אַרײַן – און זיי זײַנען געקומען ווי דער ווינט. פֿון וואָס איך האָב איצט געקענט קלאָר זען, האָב איך זיי געהאַלטן פֿאַר די זין פֿון דורות ים־גזלנים, און איך האָב געזען פֿון זייערע באַוועגונגען אַז זיי גרייט זיך אויף עפּעס אַ שלאָג. די שׂימחה אויף זייערע פּנימער אָבער איז אין איין רגע איבערגעביטן אויף אַ מינע פֿון פּחד און גרימצאָרן. זייער שיף, טראָגנדיק צו פֿיל זעגל, איז קווער געדרייט געוואָרן אויפֿן אויבן פֿון אַ גרויסער כוואַליע. די דאָזיקע גרויסע כוואַליע האָט געביטן דעם מצבֿ פֿון דעם

[א] felucca – א״ה

עסק אַזוי פּלוצעמדיק ווי דער בליץ פֿון אַ פּיסטויל. שפּעטער מיט דרײַ מינוטן האָט די זעלבע כוואַליע איבערגעיאָגט דעם ספּריי און זי געטרייסלט אין יעדער ברעט. אין דער זעלבער רגע האָט זיך צעשיידט דעם הויפּטשטריק־קאָלקע[א], און אַוועק איז דער הייבשטאַנג[ב], אָפּגעבראָכן קורץ בײַ דעם געשטריק. ניט־באַטראַכטערהייט בין איך געשפּרונגען צו די דזשיב־ציִשטריקן און דעם אַראָפּציִ[ג], און תּיכּף אַראָפּגעצויגן דעם דזשיב. אָן דעם קאָפּזעגל[ד] און מיט די קערמע שווער אַראָפּ איז די שליופּקע גיך געקומען ווינט־אַרויף. ציטערנדיק דאָרט, כאָטש בלויז אויף איין רגע, האָב איך באַהויבן אַראָפּציִען דעם הויפּטזעגל און אים זיכער געמאַכט אויפֿן באָרט, מיטן צעבראָכענעם הייבשטאַנג און אַלץ. ווי אַזוי איך האָב אַרײַנגענומען דעם הייבשטאַנג איידער דער זעגל איז צעריסן געוואָרן, ווייס איך קוים, נאָר ניט קיין שטאָך איז צעבראָכן געוואָרן. מיט דעם הויפּטזעגל פֿאַרזיכערט האָב איך אַרויפֿגעצויגן דעם דזשיב, און אָן קוקן זיך אַרום, בין איך גיך צו דער קאַבינע און געכאַפּט די אָנגעלאָדענע ביקס און די פּאַטראָנען צו דער האַנט. וואָרן איך האָב אויסגערעכנט אין קאָפּ אַז דער ים־גזלן וואָלט שוין דעמאָלט געווען נאָך אַ מאָל אויפֿן גאַנג און נאָענט, און אַז ווען איך האָב אים נאָך אַ מאָל געזען, וואָלט דאָס בעסער זײַן איבער דער רער פֿון דער ביקס. דער שפּײַער איז געווען אויף מײַן אַקסל ווען איך האָב געקוקט מיט אויגן אין דעם נעפּל אַרײַן, נאָר עס איז ניט געווען קיין ים־גזלן אינעווייניק פֿון אַ מײַל אַרום. די כוואַליע און שקוואַל וואָס האָט אַוועקגעטראָגן מײַן הייבשטאַנג האָט גענומען אין גאַנצן דעם פֿעלוקאַס מאַסט. איך האָב געקענט זען די גנבֿישע מאַנשאַפֿט, אַ טוץ אָדער מער פֿון זיי, קאַמפֿן צוריקצוקריגן זייער געשטריק פֿונעם ים. זאָל אַלאַה פֿאַרשוואַרצן זייערע פּנימער!

נאָכגעיאָגט פֿון ים־גזלנים

איך האָב באַקוועם געזעגלט ווײַטער אונטער דעם דזשיב און פֿאָדערשטריקזעגל[ה], וואָס איך האָב איצט אויפֿגעשלאָגן. איך האָב פֿאַרפֿעסטיקט אַ פּלאַטע אויף דעם

[א] sheet-strop – אי'ה
[ב] boom – אי'ה
[ג] jib-halyards and down-haul – אי'ה
[ד] headsail – אי'ה
[ה] forestaysail – אי'ה

הייבשטאַנג[א] און ענג צונויפֿגעוויקלט דעם זעגל אויף דער נאַכט. דעמאָלט האָב איך געצויגן דער שליופּקעס קאָפּ צוויי פּונקטן פֿונבאָרטנדיק אַרײַנצונעמען אין חשבון די ריכטונג פֿון דעם שטראָם און די שווערע קײַקלערס צו דער יבשה צו. דאָס האָט מיר געגעבן דעם ווינט דרײַ פּונקטן אויף דעם רעכטערהאַנט־פֿערטל, און אַ פֿאַרלאָזלעכן צי פֿון די קאָפּזעגלען. ביז דער צײַט ווען איך האָב זאַכן צו רעכט געשטעלט איז שוין פֿינצטער געוואָרן, און אַ פֿליפֿיש איז שוין אַראָפּגעפֿאַלן אויפֿן דעק. איך האָב אים אונטן געבראַכט פֿאַר דער וועטשערע, נאָר האָב זיך געפֿונען צו מיד צו קוכן, אָדער צו עסן אַפֿילו עפּעס שוין געגרייט. איך געדענק ניט אַז איך בין מער פֿאַרמאַטערט פֿריִער צי דערנאָך אין לעבן ווי בײַם סוף פֿון יענעם טאָג. צו אויסגעמאַטערט צו שלאָפֿן, האָב איך זיך אַרומגעקײַקלט מיט דער באַוועגונג פֿון דער שיף ביז שיִער ניט האַלבער נאַכט, ווען איך האָב באַהויבן צוגרייטן דעם פֿיש און אַ טאָפּ טיי. עס איז מיר איצט שטאַרק אײַנגעפֿאַלן, וואָס איז מיר געווען אפֿשר ניט גאַנץ קלאָר, אַז די קומעדיקע נסיעה וועט פֿאָדערן אָנשטרענגונגען, שטאַרקע און געדויערדיקע. דעם 27סטן אויגוסט איז גאָרנישט ניט געווען צו זען פֿון דעם מורין, אָדער זײַן לאַנד, אַחוץ צוויי שפּיצן ווײַט אַוועק אויף מיזרח דורך דער קלאָרער לופֿט אין דער פֿרי. באַלד נאָך דעם זונאויפֿגאַנג זײַנען אַפֿילו די צוויי פֿאַרנעפּלט געוואָרן, בין איך שטאַרק צופֿרידן געווען.

דער ווינט, אויף די עטלעכע טעג נאָך מײַן אַנטלויף פֿון די ים־גזלנים, האָט געבלאָזן אַ כּסדרדיקע נאָר מאָסיקע בורע, און דער ים, כאָטש געשטערט מיט לאַנגע קײַקלערס, אין ניט געווען אומבאַקוועם שווער אָדער סכּנהדיק, און זיצנדיק אין דער קאַבינע האָב איך קוים געפֿילט אַז עס לויפֿט לחלוטין אַ שווערן ים, אַזוי גרינג איז געווען די לאַנגע שווינגענדיקע באַוועגונג פֿון דער שליופּקע איבער די כוואַליעס. מיט דעם גאַנצן צעמישנדיקן אומרו און צעררודערונג שוין פֿאַרטיק, בין איך נאָך אַ מאָל געווען בלויז מיט זיך אַליין אויף דעם מעכטיקן ים און אין די הענט פֿון דער סטיכיע. נאָר איך בין גליקלעך געווען, און געוואָרן אַלץ מער און מער פֿאַראינטערעסירט אין דער נסיעה.

קאָלומבוס, אין דער *סאַנקט־מאַריע*, האָט געזעגלט אויף אָט די ימים מיט מער ווי פֿיר הונדערט יאָר צוריק, און איז ניט געווען אַזוי גליקלעך ווי איך, און אויך ניט אַזוי זיכער וועגן הצלחה אין זײַן אונטערנעמונג. די ערשטע צרות זײַנע אויפֿן ים האָבן זיך שוין באַוויזן. די מאַנשאַפֿט האָט באַהויבן, דורך שלעכטס צי עפּעס אַנדערש, צו צעברעכן דער שיפֿס קערמע בײַם לויפֿן פֿאַר עפּעס אַזאַ בורע ווי די וואָס דער *ספּריי* איז נאָר וואָס דורכגעפֿאָרן, און עס איז געווען חילוקי־דעות אויף דער *סאַנקט־מאַריע*, עפּעס גאַנץ ניט צו געפֿינען אויף דעם *ספּריי*.

נאָך דרײַ טעג מיט שקוואַלן און בײַטעוודיקע ווינטן האָב איך זיך אַראָפּגעוואָרפֿן זיך אָפּצורוען און שלאָפֿן, בעת, מיט דער קערמע צוגעבונדן, האָט די שליופּקע געזעגלט כּסדר אויף איר גאַנג.

דעם 1טן סעפּטעמבער, פֿרי אין דער פֿרי, האָבן יבשה־וואָלקנס אָנגעזאָגט אַז די קאַנאַריק־אינדזלען זײַנען ניט ווײַט אַוועק. אַ שינוי אין וועטער איז געקומען אויף מאָרגן: שטורעם־וואָלקנס האָבן אויסגעצויגן זייערע אָרעמס איבערן הימל; פֿון מיזרח, אויף וויפֿל ס'איז צו זען, קומט אפֿשר אַ רציחהדיקער האַרמאַטאַן[ב], אָדער פֿון דרום אפֿשר דער

[א] fished the boom – אי'ה

[ב] harmattan – אי'ה

רציחהדיקער הוראַגאַן. פֿון יעדן קאָמפּאַס־פּונקט האָט געסטראַשעט אַ ווילדער שטורעם. איך האָב אַכט געלייגט נעמען ריפֿן אין די זעגלען, און עס איז ניט געווען קיין צײַט צו צעפּטרן, דערצו, וואָרן אין אַ רגע איז דער ים געוואָרן צעמישעניש אַליין, בין איך צופֿרידן געווען וואָס איך האָב די שליופּקע אַוועקגעלאָזט דרײַ פּונקטן אָדער מער אַוועק פֿון איר ריכטיקן גאַנג, אַזוי אַז זי זאָל רײַטן זיכער איבער די כוואַליעס. איך בין איצט לויפֿן מיטן ווינט אויף הינטן צו דעם קאַנאַל צו צווישן אַפֿריקע און דעם אינדזל פֿון פֿוערטעווענטוראַ, דער מיזרחדיקסטער פֿון די קאַנאַריק־אינדזלען, וואָס דערויף האָב איך אַן אויג געהאַט. צוויי אַ זייגער נ"מ איז דער וועטער פלוצעם לויטער געוואָרן, איז דער אינדזל געשטאַנען פֿאַר די אויגן, שוין אויף דער רעכטער האַנט, און ניט מער ווי זיבן מײַלן אַוועק. פֿוערטעווענטוראַ איז זיבן־און־צוואַנציק הונדערט פֿוס אין דער הייך, און אין קלאָרן וועטער לאָזט זיך דערזען אויף מײַלן אַרום.

דער ווינט האָט זיך פֿאַרשטאַרקט דורך דער נאַכט, און דער ספּריי האָט געהאַט אַ פֿײַנעם לויף דורך דעם קאַנאַל. פֿאַרטאָג, דעם 3טן סעפּטעמבער, איז זי געווען פֿרײַ פֿון די אַלע אינדזלען מיט פֿינף־און־צוואַנציק מײַלן, ווען אַ ווינט־שטיל האָט זיך אָנגעהויבן, וואָס איז דער פֿאָרלויפֿער געווען פֿון נאָך אַ בורע ווינט, וואָס איז באַלד אָנגעקומען און געבראַכט מיט זיך שטויב פֿון דעם אַפֿריקאַנישן ברעג. עס האָט קלאָגעדיק גערעוועט בעת עס האָט געדויערט און כאָטש איצט איז ניט געווען די צײַט פֿון יאָר פֿאַר דעם האַרמאַטאַן, איז דער ים במשך פֿון אַ האַלבער שעה גאַנץ אָפּבליאַקירט מיט אַ רויט־ברוינעם שטויב. די לופֿט איז געבליבן געדיכט מיט פֿליִענדיקן שטויב דעם גאַנצן נאָכמיטאָג, נאָר דער ווינט, מיט אַ דריי די נאַכט פֿון צפֿון־מערבֿ, האָט דאָס אָפּגעשאַרט צוריק אויף דער יבשה און געבראַכט דעם ספּריי נאָך אַ מאָל אַ לויטערן הימל. איר מאַסט איז איצט געבויגן אונטער אַ שטאַרקן, כסדרדיקן דרוק, און איר פּוישיקער זעגל האָט אָפּגעקערט דעם ים בעת זי קײַקלט זיך מיט די דעק־אָפּרינען[א] אונטערן וואַסער, זיך קניקסלען צו די כוואַליעס. אָט די קײַקלענדיקע כוואַליעס האָבן מיר שטאַרק הנאה געטאָן בעת זיי האָבן געוואָרפֿן מײַן שיף, גיך פֿאַרבײַ אונטער איר קיל. דאָס איז געווען פֿײַן זעגלען.

דעם 4טן סעפּטעמבער האָט דער ווינט, נאָך אַלץ אַ פֿרישער, געבלאָזן פֿון דעם צפֿון־צפֿונמיזרח, און דער ים האָט זיך געפֿלייצט צוזאַמען מיט דער שליופּקע. אַן ערך האַלבן טאָג האָט אַ דאַמפֿשיף, אַ פֿיך־טרעגער פֿון דעם טײַך פּלאַטע, זיך באַוויזן פֿאַר די אויגן, פֿאָרנדיק צפֿון־מיזרח צו, און פֿאָרן שווער. איך האָב אים געשיקט אַ סיגנאַל, נאָר ניט געקראָגן קיין ענטפֿער. זי וואַרפֿט זיך אַרײַן אין די אָנקומענדיקע כוואַליעס, און קײַקלט זיך אין גאָר אַ דערשטוינענדיקן שטייגער, און פֿון ווי זי ווײַכט זיך אָפּ פֿון גאַנג וואָלט מען געזאָגט אַז אַ הפֿקרדיקער אָקס האָט די קערמע.

דעם אינדערפֿרי, דעם 6טן סעפּטעמבער, האָב איך געפֿונען דרײַ פֿליפֿיש אויפֿן דעק און אַ פֿערטן אין דעם פֿאָדערשטן דעק־אָפּרין אַזוי נאָענט ווי מיגלעך צו דער פֿאַן. עס איז געווען דער בעסטער געפֿאַנג ביז איצט, און האָט מיר צוגעשטעלט אַ לוקסוסדיקן פֿרישטיק און וואַרמעס.

דער ספּריי האָט זיך באַזעצט אין די פּאַסאַטווינטן און צו דער פּרנסה פֿון איר נסיעה. שפּעטער דעם טאָג האָט נאָך אַ טרעגער זיך דערזען, קײַקלענדיק אַזוי שלעכט ווי דער פֿריִערדיקער. איך האָב דאָס מאָל ניט געמאַכט קיין סיגנאַל, נאָר האָב איך שלעכטס

[א] scuppers – אי'ה

באַקומען פֿאָרן איר פֿאַרבײַ ווינט־אַראָפּ. זי איז טאַקע געווען אַ טוכלע! און די נעבעכדיקע פֿיך, ווי זיי האָבן געריטשעט! אַ מאָל פֿלעגן שיפֿן וואָס פֿאָרן זיך פֿאַרבײַ אויפֿן ים צוריקשטעלן די אויבנזעגלען[א] און האַלטן אַ "שמועס," און בײַם געזעגענען זיך שיסן ביקסן, נאָר יענע גוטע אַלטע טעג זײַנען שוין מער ניט. מענטשן הײַנט צו טאָג האָבן קוים די צײַט פֿאַר אַ שמועס, אויפֿן ברייטן ים אַפֿילו, ווו נײַעס איז נײַעס, און וואָס שייך אַ סאַלוט מיט ביקסן, זשאַלעווען זיי דעם פּולווער. עס זײַנען מער ניט פֿאַראַן קיין פּראַכטשיפֿן דערמאָנט אין פּאָעזיע הײַנט אויפֿן ים; עס איז אַ לאַנגווײַליק לעבן, אָן דער צײַט צו געבן אַ צווייטן אַ שלום־עליכם.

מײַן שיף, איצט לויפֿנדיק אין דעם פֿולן שווונג פֿון די פּאַסאַטן, האָט מיר געגעבן טעג פֿאַר זיך אַליין, פֿאַר רו און גענעזונג. איך האָב די צײַט פֿאַרבראַכט מיט לייענען און שרײַבן, אָדער מיט וואָס איך האָב געפֿונען צו טאָן מיט דעם געשטריק און די זעגלען, זיי אַלע צו האַלטן אין אָרדענונג. דאָס קאָכן איז אַלע מאָל געווען אַ גיכער ענין, און אַ קליינער, וואָרן דער מעניו איז מערסטנס פֿליִפֿיש, הייסע ביסקוויטן, און פּוטער, בולבעס, קאַווע און שמאַנט – מאכלים גרינג צוגעגרייט.

דעם 10טן סעפּטעמבער איז דער ספּריי פֿאַרבײַ דעם אינדזל פֿון סאַנקט־אַנטאָניאָ, דער צפֿון־מערבֿדיקסטער פֿון די קאַפּ ווערדעס, נאָענט צו דער זײַט[ב]. דאָס דערזען דעם ברעג איז געווען וווּנדערלעך גענוי, ווען מע האַלט אין זינען אַז מע האָט ניט גענומען קיין מעסטונגען פֿאַר לענג. דער ווינט, פֿונעם צפֿון־מיזרח, בעת די שליופּקע ציט זיך פֿאַרבײַ דעם אינדזל, איז געווען זייער שקוואַליש, נאָר איך האָב פֿעסט געריפֿט די זעגלען, און געקערעוועט ברייט אַוועק פֿון דעם הויכלאַנד פֿון בלאָזנדיקן סאַנקט־אַנטאָניאָ. דעמאָלט, מיט די קאַפּ ווערדע אינדזלען אַרויס פֿון אויגנגרייך אויף הינטן, האָב איך זיך נאָך אַ מאָל געפֿונען זעגלען אויף אַן עלנטן ים און אין אַ שלמותדיקער עלנטקייט אומעטום אַרום. בײַם שלאָפֿן האָט מיר געחלומט אַז איך בין איינער אַליין. דאָס דאָזיקע געפֿיל האָט מיך קיין מאָל ניט איבערגעלאָזט, נאָר שלאָפֿן צי וואַך האָב איך שטענדיק געוווּסט דעם אָרט פֿון דער שליופּקע, האָב איך געזען ווי מײַן שיף באַוועגט זיך איבער דער קאַרטע, וואָס איז געוואָרן ווי אַ בילד פֿאַר מיר.

איין נאַכט בעת איך בין געזעסן אין דער קאַבינע אַזוי פֿאַרכישופֿט, איז די טיפֿע שטילקייט אומעטום אַרום צעבראָכן געוואָרן פֿון מענטשלעכע קולער בײַנאַנד! איך בין תּיכּף געשפּרונגען אויף דעם דעק, דערשראָקן ניט צו באַשרײַבן. פֿאַרבײַ נאָענט ווינט־אַראָפּ, ווי אַ דערזעעניש, איז געווען אַ ווײַסער באַרק מיט פֿולע זעגלען. די מאַטראָסן אויפֿן באָרט האָבן געצויגן אויף שטריקן אַרומצודרייען די זעגלליסטן[ג], וואָס האָבן קוים אויסגעמיטן דער שליופּקעס מאַסט בעת זי שוועבט פֿאַרבײַ. קיינער האָט ניט גערופֿן פֿון דעם ווײַס־באַפֿליגלטן פֿליִער, אָבער איך האָב געהערט עמעצן אויפֿן באָרט זאָגן אַז ער האָט געזען ליכט אויף דער שליופּקע, און אַז ער האָט זי געהאַלטן פֿאַר אַ פֿישער. איך בין לאַנג געזעסן אויף דעם שטערן־באַלויכטענעם דעק די נאַכט, געטראַכט פֿון שיפֿן, און באַטראַכט די מזלות אויף זייער נסיעה.

[א] backed their topsails – איה

[ב] close aboard – איה

[ג] brace the yards – איה

אויף מאָרגן, דעם 13טן סעפּטעמבער, איז אַ גרויסע שיף מיט פֿיר מאַסטן פֿאַרבײַ װײַט װינט־אַרויף, צפֿון צו.

די שליופּקע איז איצט גיך געקומען נאָענט צו דעם שטח פֿון שטילע װינטן[א], און דער כּוח פֿון די פּאַסאַטן איז שװאַכער געװאָרן. איך האָב געקענט זען פֿון די כװאַלקעס אַז אַ קעגנשטראָם האָט געאַרבעט. דאָס האָב איך אָפּגעשאַצט פֿאַר זעכצן מײַלן צו אַ טאָג. אינעם האַרץ פֿונעם קעגנשטראָם איז די גיכקייט מער װי דער שטראָם מיזרח צו.

דעם 14טן סעפּטעמבער האָב איך געזען אַ געהויבענע שיף מיט דרײַ מאַסטן פֿון דעם אויבן פֿונעם מאַסט. ניט די שיף, ניט יענע פֿון נעכטן איז געװען גענוג נאָענט פֿאַר סיגנאַלן, איז געװען גוט זײ אַפֿילו צו דערזען. אויף מאָרגן האָבן זיך אויפֿגעהויבן שװערע רעגן־װאָלקנס אויף דרום, האָבן זײ פֿאַרשטעלט די זון; דאָס איז געװען בײז־סימנדיק פֿון שטילע װינטן. דעם 16טן איז דער **ספּריי** אַרײַן אין דעם דאָזיקן חושכדיקן ראַיאָן, צו קעמפֿן מיט שקװאַלן און געפּלאָגט צו װערן מיט אומרויִקע װינט־שטילן; װאָרן אַזוי איז דער מצבֿ פֿון דעם אומװעטער צװישן די צפֿון־מיזרחדיקע און די דרום־מיזרחדיקע פּאַסאַטװינטן, װוּ יעדער װינט, קעמפֿן נאָך דער רײ נאָך הערשאַפֿט, ניצט אויס דעם כּוח װירבלענדיק אין אַלע ריכטונגען. נאָך מער אויסמאַטערנדיק אויף די נערװן און דעם געדולד האָט דער ים זיך געװאָרפֿן אין צעמישטע קװער־פֿײַדעס און געטשעפּעט מיט װירבלענדיקע שטראָמען. אויב עס האָט עפּעס געפֿעלט צו פֿאַרגאַנצן די אומבאַקװעמלעכקייט פֿון אַ מאַטראָס אין אַזאַ מצבֿ, איז געגאַנגען אַ מבול מיט רעגן טאָג װי נאַכט. דער **ספּריי** האָט געקעמפֿט און זיך געװאָרפֿן צען טעג, דערגרייכט נאָר דרײַ הונדערט מײַלן אויפֿן גאַנג די גאַנצע צײַט. איך האָב גאָרנישט ניט געזאָגט!

דעם 23סטן סעפּטעמבער האָט די פֿײַנע *שקונע נאַנטאַסקעט* אויס באָסטאָן, פֿון טײַך־בער, קיין דעם טײַך פּלאַטע, אָנגעלאָדן מיט געהילץ, און נאָר װאָס דורך די שטילע װינטן, זיך דעריאָגט דעם **ספּריי**, און נאָך אַ פּאָר װערטער פֿון איר קאַפּיטאַן, האָט זי װײַטער געזעגלט. מיט איר אונטן שלעכט באַװאַקסן מיט קלעפּמושלען האָט זי מיט זיך אַװעקגעצויגן די פֿיש װאָס האָבן געהאַט געשװומען נאָך דעם **ספּריי**, װאָס טראָגט מיט זיך װייניקער אַזאַ עסנװאַרג. פֿיש שטענדיק שװימען נאָך אַ באַװאַקסענער שיף. אַ דרײַפֿנדיקער קלאָץ מיט קלעפּמושלען איז אַזוי צוצייִק פֿאַר די פֿיש אין טיפֿן ים. אײנער פֿון דער חבֿרה דעזערטירן איז געװען אַ דעלפֿין װאָס האָט געשװומען נאָך דעם **ספּריי** שוין אַ טויזנט מײַלן, איז ער געװען צופֿרידן צו עסן שיריים פֿון מײַן טיש, װאָרן ער איז פֿאַרװוּנדיקט געװען און האָט ניט געקענט לויפֿן דורך דעם ים יאָגן זיך נאָך אַנדערע פֿיש. איך בין צוגעװוינט געװאָרן זען דעם דעלפֿין, װאָס איך האָב דערקענט פֿון די שנאַרן, און איך האָב נאָך אים געבענקט װען ער איז צומאָליק אויף אַ נסיעה אַװעק פֿון דער שליופּקע. אײן טאָג, נאָכדעם װאָס ער איז געװען אַװעק עטלעכע שעה, איז ער צוריק באַלײט פֿון דרײַ געל־עקן, עפּעס אַ קוזין צו דעם דעלפֿין. אָט די קלײנע חבֿרה איז געבליבן צוזאַמען אַחוץ פֿאַר סכּנה אָדער װען זוכן עסן אַרום ים. זײערע לעבנס זײַנען אָפֿט געסטראַשעט פֿון הונגעריקע הײַפֿישן װאָס שװימען אַרום דער שיף, און מער װי אײן מאָל זײַנען זײ שיִער ניט אָפּגעקומען. זײער אופֿן פֿון אַנטלויפֿן האָט מיך שטאַרק פֿאַראינטערעסירט, און איך האָב שעהען פֿאַרבראַכט באַטראַכטן זײ. זײ האָבן זיך אַװעקגעיאָגט, יעדער אין אַן אַנדער ריכטונג, אַזוי אַז דער װאָלף פֿון ים, דער הײַפֿיש, שװימענדיק נאָך אײנעם, איז

[א] doldrums – אי'ה

אַוועקגעפֿירט געוואָרן פֿון די אַנדערע. דעמאָלט, נאָך אַ ווײַלע, קומען זיי אַלע צוריק און צונויפֿקומען אויף איין זײַט צי דער צווייטער פֿון דער שליופּקע. צוויי מאָל זײַנען די נאָכיאָגערס אַוועקגעפֿירט געוואָרן פֿון אַ צינערנער פֿאַן, וואָס איך האָבן געשלעפּט אויף הינטן פֿון דער שליופּקע, און וואָס זיי האָבן על־פּי טעות געהאַלטן פֿאַר אַ העלן פֿיש. און בײַם דרייען זיך, אין דעם טשיקאַווען שטייגער פֿון הײַפֿיש וואָס האַלטן בײַם אויפֿעסן דאָס רויב, האָב איך זיי געשאָסן דורכן קאָפּ.

זייער סכּנהדיק לעבן האָט קוים אַ פּנים באַזאָרגט די גאַל־עקן, אויב ניט אין גאַנצן ניט. אַלץ וואָס לעבט, אָן ספֿק, האָט מורא פֿאַר דעם טויט. פֿונדעסטוועגן האָב איך געזען זגאַלן וואָס טוליען זיך צוזאַמען אַזוי ווי זיי פֿאַרשטייען אַז זיי זײַנען באַשאַפֿן געוואָרן לטובֿת די גרעסערע פֿיש, און ווילן ניט זײַן דאָס מינדסטע צרהדיק פֿאַר די פֿאַרכאַפּערס. צוריק געגרעדט, האָב איך געזען וואַלפֿישן וואָס שווימען אין אַ קרײַז אַרום אַ חבֿרה הערינג, און מיט אַ סך טירחה זיי "אײַנזאַמלען" צוזאַמען אין אַ ווירבל אָנגעהויבן מיט זייערע עק־פֿלוספֿעדערן[א], און ווען דאָס קליינוואַרג איז גוט צוזאַמען אין דעם געדריי, האָט זיך איינער אַ לוויתן געשטויסן דורך דער מיט מיט אירע אָפֿענע קײַערס, אַרײַנגענומען אַ שיפֿלס ווערט מער־וויינִיקער אין איין ביסן. לעבן דעם קאַפּ גוטע האָפֿענונג האָב איך געזען חבֿרות סאַרדינען אָדער אַנדערע קליינע פֿיש אַזוי באַהאַנדלט פֿון גרויסע צאָלן קאַוואַלי־פֿיש[ב]. עס איז לגמרי ניט געווען קיין אַנטלויף פֿאַר די סאַרדינען, בעת די קאַוואַלי רינגלען זיך אַרום און אַרום, פֿיטערן זיך פֿון די קאַנטן פֿון דער מאַסע. עס איז געווען אינטערעסאַנט צו באַמערקן ווי גיך דאָס קליינוואַרג ווערט פֿאַרשוווּנדן. און כאָטש עס איז געשען אָבער און ווידער פֿאַר מײַנע אויגן, האָב איך קוים געקענט שפּירן דעם אָנכאַפּ פֿון אַן איינציק סאַרדין, אַזוי פֿלינק האָבן זיי דאָס אויפֿגעטאָן.

פֿאַזע דעם עקוואַטאָריאַלן גרענעץ פֿון די דרום־מיזרח פּאַסאַטן איז די לופֿט געווען שווער אָנגעלאָדן מיט עלעקטריע, און עס איז געווען אַ סך דונער און בליץ. עס איז געווען אין די אָ מקומות, האָב איך געדענקט אַז, מיט עטלעכע יאָרן צוריק, איז די אַמעריקאַנישער שיף *אַלערט* צעשטערט געוואָרן פֿון בליץ. איר מאַנשאַפֿט, מיט וווּנדערלעך מזל, האָט מען געראַטעוועט דעם זעלבן טאָג און זיי געבראַכט קיין **פּ**ערנאַמבוקאָ, ווו איך האָב זיי אָנגעטראָפֿן.

דעם 25סטן סעפּטעמבער, אין דער ברייט פֿון 5° צ., לענג 26°, 30' מע., האָב איך גערעדט מיט דער שיף *צפֿון שטערן*, אויס **ל**אָנדאָן. די גרויסע שיף איז געווען אַכט־און־פֿערציק טעג פֿון **נ**אַרפֿאָלק, **ו**ירגיניאַ, קיין **ר**יאָ, ווו מיר האָבן זיך נאָך אַ מאָל געטראָפֿן מיט אַ צוויי חדשים שפּעטער. דער *ספּריי* איז איצט געווען דרײַסיק טעג אַרויס פֿון **ג**יבראַלטאַר.

דעם *ספּריי*ס קומעדיקער באַלייטער אויף דער אָ נסיעה איז געווען אַ שפּאַגע וואָס שווימט בײַנאַנד, מיט דער הויכער פֿלוספֿעדער אַרויס פֿון וואַסער, ביז איך האָב זיך גערירט נאָך מײַן האַרפּון, האָט עס דעמאָלט אַראָפּגעצויגן זײַן שוואַרצע פֿאָן און איז פֿאַרשווּנדן געוואָרן. דעם 30סטן סעפּטעמבער, האַלב צוועלף אין דער פֿרי, איז דער *ספּריי* אַריבער דעם עקוואַטאָר אין לענג 29°, 30' מע. האַלבן טאָג איז זי געווען צוויי מײַלן אויף דרום פֿון דער ליניע. די דרום־מיזרחדיקע פּאַסאַטן, אָנגעטראָפֿן, היפּש שוואַך,

---

[א] flukes – אי"ה

[ב] cavally-fish – אי"ה

אין אַן ערך 4° צ., האָבן איצט שטײַף אָנגעפּילט אירע זעגלען, זי געטריבן שיין איבערן ים צו דעם ברעג פֿון בראַזיל צו, ווו דעם 5טן אָקטאָבער, נאָר אַ ביסל אויף צפֿון פֿון אָלינדאַ פּונקט, איז זי געקומען צו דער יבשה, אַראָפּגעלאָזט דעם אַנקער אין דעם האַוון אין פּערנאַמבוקאָ אַן ערך האַלבן טאָג: פֿערציק טעג אַרויס פֿון גיבראַלטאַר און אַלץ געזונט אויפֿן באָרט! איז אָט די נסיעה מיט נימאס געוואָרן די גאַנצע צײַט? גאָרנישט ניט! איך בין ניט געווען פֿריִער אין לעבן אין בעסערער פֿאָרעם, און געקוקט אַרויס מיט חשק אויף דעם סכּנהדיקערן געפּרווו, זעגלען אַרום דעם האָרן.

עס איז ניט געווען קיין זעלטענע זאַך אין דעם לעבן בײַ ים־לײַט, אַז נאָכדעם וואָס איך בין שוין צוויי מאָל איבער דעם אַטלאַנטיק און איצט אַ העלפֿט פֿונעם וועג פֿון באָסטאָן קיין דעם האָרן, האָב איך זיך געפֿונען נאָך צווישן פֿרײַנד. מײַן באַשלוס צו זעגלען מערבֿ צו פֿון גיבראַלטאַר האָט מיך דערמיגלעכט ניט נאָר אַנטלויפֿן פֿון די ים־גזלנים אין דעם ים־סוף, נאָר האָט מיר אויך געבראַכט צו פּערנאַמבוקאָ, מיך געלאַנדט אויף באַקאַנטע ברעגן. איך האָב געמאַכט אַ סך נסיעות צו דעם און צו אַנדערע פּאָרטן אין בראַזיל. אין 1893 האָב איך געאַרבעט ווי דער מײַסטער צו נעמען די באַרימטע עריקסאָן שיף צעשטערער פֿון ניו־יאָרק קיין בראַזיל צו שטיין אַנטקעגן דעם בונטאַר מעלאָ און זײַן פּאַרטיע. דער צעשטערער, אַגבֿ, האָט געטראָגן אַן אונטערוואַסער־האַרמאַט אומגעהײַער אין דער לענג.

אין דער זעלבער עקספּעדיציע איז געפֿאָרן דער ניקטהערוי, די שיף וואָס די רעגירונג אין די פֿאַראייניקטע שטאַטן האָט געקויפֿט במשך פֿון דער שפּאַניש־אַמעריקאַנישער מלחמה און געגעבן דעם נאָמען בופֿלאָקס. דער צעשטערער איז געווען די בעסערע שיף פֿון די צוויי אין אַ סך אופֿנים, נאָר די בראַזיליאַנער אַליין אין זייער טשיקאַווער מלחמה האָבן זי געלאָזט אונטערגיין בײַ באַהיאַ. מיט איר איז געזונקען מײַן האָפֿענונג קריגן מײַן געהעריק געצאָלט. פֿאָרט האָב איך נאָר געקענט אַ פּרווו טאָן, וואָרן עס איז מיר געווען זייער וויכטיק. נאָר איצט אין ווייניקער ווי צוויי יאָר האָט דער ווירבל פֿון צײַט געבראַכט דעם מעלאָ צד צו דער מאַכט, און כאָטש עס איז געווען די געזעצלעכע רעגירונג וואָס האָט מיך אָנגעשטעלט, האָבן די אַזוי גערופֿענע "בונטאַרן" זיך געפֿילט ווייניקערע בדעה צו באַצאָלן ווי איך וואָלט געוואָלט.

במשך פֿון די וויזיטן צו בראַזיל האָב איך זיך באַקאַנט מיט ד"ר פּערעראַ, בעל־הבית און רעדאַקטאָר פֿון "דער קאָמערציעלער זשורנאַל," און באַלד נאָכדעם וואָס דער ספּריי איז בשלום געאַנקערט אין העכער־אויבנזעגל־שטח[א], איז דער דאָקטער, וואָס איז געווען אַ בעלן אויף זעגלערײַ, געקומען צו מיר צו גאַסט און מיך צו טראָגן אַרויף אויף די וואַסער־וועגן פֿון דעם לאַגון צו זײַן דאָרף־וווינונג. דער צופֿאָר צו דעם גבֿירישן הויז בײַם וואַסער איז באַוואַכט געווען פֿון זײַן אַרמאַדאַ, אַ פֿלאָט פֿון שיפֿלעך וואָס נעמט אַרײַן אַ כינעזישן סאַמפּאַן, אַ נאָרוועגישן פּראַם, און אַ קאַפּ־אַן דאָרי, וואָס די לעצטע פֿון זיי האָט ער געקראָגן פֿון דעם צעשטערער. דער דאָקטער האָט מיר אָפֿט מכבד געווען מיט גוט בראַזיליאַנער עסנוואַרג, אַזוי אַז איך זאָל, ווי ער האָט געזאָגט, "סאַלע גאָרדאָ"[ב] אויף דער נסיעה, נאָר ער האָט געפֿונען אַז מיטן בעסטן עסן אַפֿילו בין איך נאָר פּאַמעלעך דיקער געוואָרן.

[א] Upper Topsail Reach – אי'ה

[ב] "travel fat" – אי'ה

פּרוכטן און גרינוואַרג און די אַלע אַנדערע זאַפּאַסן זײַנען שוין אויפֿן באָרט געווען, האָב איך זיך דעם 23סטן סעפּטעמבער אָפּגעבונדן און צוגעגרייט פֿאַרן ים. דאָ האָב איך אָנגעטראָפֿן אויף אַן נוקם־ונוטר פֿון דעם מעלאָ צד, אין דעם פֿאַרשוין פֿון אַ צאָלאַגענט, וואָס האָט גערעכנט אויף דעם ספּריי פּאָרט־אָפּצאָל ווען זי איז אָפּגעפֿאָרן, מילא וואָס זי זעגלט מיט אַ יאַכט־בלעטל און האָט געזאָלט זײַן פֿרײַ פֿון פּאָרט־הוצאָות. אונדזער קאָנסול האָט דערמאָנט דעם אַגענט דערין און אין דעם פֿאַקט – קוים דיפּלאָמאַטיש, האָב איך געטראַכט – אַז איך בין דער געווען וואָס האָט געבראַכט דעם צעשטערער צו בראַזיל. "אָ, יאָ," האָט געזאָגט דער לאַקריצדיקער אַגענט, "דאָס געדענקען מיר גאַנץ גוט," וואָרן ער איז איצט געקומען נאָך דער ריי אין אַ קליינעם אופֿן.

מ"ר לונגרין, אַ סוחר, כּדי מיר צו העלפֿן אַרויס פֿון דער קליינער צרה, האָט געבעטן אָנלאָדן דעם ספּריי מיט אַ פֿראַכט פּולווער קיין באַהיאַ, וואָס וואָלט מיר געלט געבראַכט, און ווען די פֿאַרזיכער־פֿירמעס האָבן זיך אָפּגעזאָגט פֿאַרזיכערן דעם פֿראַכט אויף אַ שיף מיט אַ מאַנשאַפֿט פֿון איינעם אַליין, האָט ער געבעטן דאָס צו טאָן אָן פֿאַרזיכערונג, אָננעמענדיק דעם אַחריות אויף זיך אַליין. דאָס איז אפֿשר געווען אַ גרעסערער שבֿח ווי וואָס קומט מיר. די סיבה פֿאַר וואָס איך האָב זיך דערפֿון אָפּגעזאָגט איז אַז אויב אַזוי וואָלט איך צו נישט מאַכן מײַן יאַכט־בלעטל און געבראַכט מער הוצאָות פֿון האַוון־אָפּצאָלן אַרום דער וועלט ווי דער רווח פֿונעם פֿראַכט. אַנשטאָט דעם אַלץ איז נאָך אַן אַלטער סוחר אַ פֿרײַנד מיר געהאָלפֿן, אויסגעלייגט דאָס געלט דירעקט.

אין פּערנאַמבוקאָ האָב איך פֿאַרקירצט דעם הייבשטאַנג, וואָס איז צעבראָכן געוואָרן לעבן דעם ברעג פֿון מאָראָקאָ, האָב איך אַרויסגענומען דעם צעבראָכענעם שטיק, וואָס האָט אַוועקגענומען אַ פֿיר פֿוס פֿון דעם פֿאָדערשטן עק; איך האָב אויך איבערגעאַרבעט די קײַערס. דעם 24סטן אָקטאָבער, 1895, אַ שיינער טאָג אַפֿילו אין בראַזיל, האָט דער ספּריי אָפּגעזעגלט, נאָך גאָר אַ סך מונטערונג. זעגלען אַן ערך אַ הונדערט מײַלן צו אַ מעת־לעת פֿאַזע ברעג, בין איך אָנגעקומען אין ריאָ דע דזשאַניירא דעם 5טן נאָוועמבער, אָן שום מערקווערדיקע געשעענישן, און אַן ערך האַלבן טאָג האָב איך אַראָפּגעלאָזט דעם אַנקער נאָענט צו ווילאַגאַנאָן, און געוואַרט אויף דעם אָפֿיציעלן פּאָרט־וויזיט. אויף מאָרגן האָב איך זיך גערירט זיך צו זען מיט דעם העכסטן לאָרד פֿון דער פֿלאָט און די מיניסטאָרן, כּדי צו פֿרעגן נאָך דעם עסק פֿון געצאָלט פֿעליק צו מיר צוליב דעם באַליבטן צעשטערער. דער הויכער באַאַמטער וואָס איך האָב געטראָפֿן האָט געזאָגט, "קאַפּיטאַן, פֿון אונדזערט וועגן, מעגט איר האָבן די שיף, און אויב איר ווילט איר אָננעמען וועלן מיר שיקן אַן אָפֿיציר צו באַווײַזן ווו זי איז." איך האָב שוין גאַנץ גוט געוווּסט ווו זי איז געווען פּונקט דעמאָלט. דער אויבן פֿון איר קוימען איז געווען קוים איבערן וואַסער אין באַהיאַ, ס'איז אַ סבֿרא אַז זי ליגט אויפֿן אונטן דאָרט. איך האָב אַ דאַנק געגעבן דעם גוטהאַרציקן אָפֿיציר, נאָר זיך אָפּגעזאָגט פֿון זײַן אָנבאָט.

דער ספּריי, מיט אַ צאָל אַלטע שיף־מײַסטערס אויפֿן באָרט, האָט געזעגלט אַרום דעם האַוון אין ריאָ דעם טאָג פֿאַרן אָפּזעגלען. צוליב דעם וואָס איך האָב באַשלאָסן איבעראַרבעטן דעם ספּריי מיט אַ יאַל־געשטריק[א] פֿאַרן פֿאָרן אויף די שטורעמדיקע וואַסערן בײַ פּאַטאַגאָניע, האָב איך דאָ געשטעלט אויפֿן הינטערבאָרט אַ

[א] yawl rig – אי'ה

האַלבקרײַזלעכדיקן אונטערהאַלטער פֿאַר אַ דזשיגער־מאַסט[א]. די אַלטע קאַפּיטאַנען האָבן באַקוקט דאָס געשטריק פֿון דעם **ספּריי** און יעדער האָט עפּעס געגעבן פֿאַר איר אויסריכט. קאַפּיטאַן **דזשאָנז**, וואָס האָט מיר געדינט ווי אַן איבערזעצער אין **ריאָ**, האָט איר געגעבן אַן אַנקער, און איינע פֿון די דאַמפּשיפֿן האָט איר געגעבן אַ געהעריקן קאַבל. זי האָט קיין מאָל ניט געשלעפּט **דזשאָנז**עס אַנקער אויף דער נסיעה, און דער קאַבל האָט ניט נאָר אויסגעהאַלטן דעם אָנשטרענג בײַ אַ ווינט־אַראָפּ ברעג[ב], נאָר בוקסירט לעבן דעם ברעג פֿונן קאַפּ **האָרן** האָט אויך געהאָלפֿן פֿאַרשטילן פֿלייצנדיקע כוואַליעס פֿון הינטן וואָס האָבן געסטראַשעט קומען אויפֿן באָרט.

[א] jigger mast – אי'ה

[ב] lee shore – אי'ה

קאַפּיטל זעקס

אָפּפֿאָר פֿון ריאָ דע דזשאַנייראָ — דער ספּריי אַרויף אויף די זאַמדן פֿון אורוגווײַ — קוים קוים אַרויס פֿון שיפֿבראָך — דער בחור וואָס האָט געפֿונען אַ שליופּקע — דער ספּריי האָט געשווומען נאָר אַ ביסל געשאַט — העפֿלעכקייטן פֿון דעם בריטישן קאָנסול אין מאַלדאָנאַדאָ — אַ וואַרעמע באַגריסונג אין מאָנטעווידעאָ — אַן עקסקורסיע קיין בוענאָס־אײַרעס — פֿאַרקירצן דעם מאַסט און פֿאָדערבאָרט־מאַסט

דעם 28סטן נאָוועמבער האָט דער ספּריי אָפּגעזעגלט פֿון ריאָ דע דזשאַנייראָ, און קודם איז זי געלאָפֿן אַרײַן אין אַ בורע ווינט, וואָס האָט זאַכן צעריסן אומעטום פֿאַזע ברעג, מיט שווערן שאָדן אויף די פֿראַכטשיפֿן. אַ גליק פֿאַר איר, אפֿשר, וואָס זי איז געווען פֿרײַ פֿונעם לאַנד. פֿאָרן לענג־אויס דעם ברעג אויף אָט דעם טייל פֿון דער נסיעה, האָב איך באַמערקט אַז כאָטש אַ טייל פֿון די קליינע שיפֿן וואָס איך האָב געטראָפֿן קענען זעגלען גיכער ווי דעם ספּריי בײַ טאָג, זײַנען זיי אויף הינטן בײַ נאַכט. בײַ דעם ספּריי זײַנען טאָג און נאַכט געווען אַלץ איינס; בײַ די אַנדערע איז קלאָר געווען אַן אונטערשייד. אויף איינעם פֿון די שיינע טעג איבערגעלעבט זינט דעם אָפּפֿאָר פֿון ריאָ, האָט די דאַמפֿשיף *דרום וויילז* געמאָלדן און ניט־געבעטן געגעבן די לענג לויט כראָנאָמעטער ווי 48° מע.. "אַזוי גענוי ווי איך קען רעכן," האָט געזאָגט דער קאַפּיטאַן. דער ספּריי, מיט איר צינערנעם זייגער, האָט געהאַט פּונקט דער זעלבער רעכענונג. איך בין באַקוועם געווען מיט מײַן פּרימיטיוון אופֿן שיפֿערײַ, נאָר עס איז מיר אַ גוטער חידוש געווען צו געפֿינען מײַן רעכענונג באַשטעטיקט פֿון דער שיפֿס כראָנאָמעטער.

דעם 5טן דעצעמבער האָט זיך געלאָזט זען אַ באַרקענטין, און אויף עטלעכע טעג האָבן די צוויי שיפֿן געזעגלט צוזאַמען פֿאַזע ברעג. דאָ איז אַ שטראָם געלאָפֿן צפֿון צו, וואָס האָט באַדאַרפֿט זיך צוטוליען צום ברעג, וואָס דערמיט איז דער ספּריי גוט באַקאַנט געוואָרן. דאָ מוז איך אײַך מודה זײַן אַ שוואַכקייט: איך האָב זיך ווײַט צו ענג צוגעטוליעט צום ברעג. בקיצור, פֿאַרטאָג דעם אינדערפֿרי, דעם 11טן דעצעמבער, האָט דער ספּריי זיך האַרט און פֿעסט אָנגעשטויסן אויף דער פּלאַזשע. וואָס איז געווען דערקוטשיק, אָבער איך האָב באַלד געפֿונען אַז די שליופּקע שטייט ניט פֿאַר קיין גרויסער סכּנה. דער פֿאַרפֿירערישער אויסזע פֿון די זאַמד־בערגלעך אונטער אַ העלער לבֿנה האָט מיך אָפּגענאַרט, און איך האָב איצט באַוויינט וואָס איך האָב אינעם ערשטן פֿאַל געטרויט דעם אויסזע. דער ים, כאָטש נישקשהדיק גלאַט, האָט נאָך געטראָגן אַן אָנפֿלייץ וואָס האָט זיך צעבראָכן מיט כּוח אויף דער יבשה. איך האָב זיך באַהויבן אַראָפּלאָזן מײַן קליינע דאָרי אַרײַן אין וואַסער פֿון דעם דעק, און האָב אַרויסגעצויגן אַ קעדזש־אַנקער און קאַבל, אָבער עס איז שוין צו שפּעט געווען אָפּצוציִען די שליופּקע, וואָרן עס איז געווען דער אָפּפֿלייץ, און זי האָט שוין באַוויזן אַ פֿוס אונטער דער וואַסער־ליניע. דעמאָלט האָב איך זיך גענומען "אויסלייגן" דעם גרעסערן אַנקער, וואָס איז ניט געווען קיין לײַכטער ענין, וואָרן מײַן איינציק ראַטיר־שיפֿל, די ברעכיקע דאָרי, אָנגעלאָדן מיט דעם אַנקער און קאַבל, איז תּיכּף פֿאַרפֿלייצט געוואָרן אין דעם אינדנבראָך, איז די משׂא געווען צו גרויס פֿאַר איר. דעמאָלט האָב איך געשניטן דעם קאַבל אין צווייען, געמאַכט צוויי משׂאָות אַנשטאָט איינע. דער אַנקער, מיט פֿערציק קלאַפֿטער פֿריִער צוגעבונדן מיט אַ בויע, האָב איך איצט גענומען און באַהויבן קומען דורך דעם אינדנבראָך. אָבער מײַן דאָרי האָט געלאָזט וואַסער גיך

אַרײַן, און ביז איך האָב גענוג ווײַט געדרודערט אַראָפּצולאָזן דעם אַנקער איז זי געווען אָנגעפּילט ביז די פּלאַנשירן[א] און געהאַלטן בײַם אונטערגיין. עס איז ניט געווען קיין רגע צו צעפּטרן, און איך האָב קלאָר געזען אַז אויב עס איז מיר איצט דורכגעפֿאַלן, וועט אפֿשר

"איך האָב פּלוצעם געדענקט אַז איך קען ניט שווימען."

אַלץ גיין פֿאַרלוירן. איך בין געשפּרונגען פֿון די רודערס אויף די פּיס, אויפֿגעהויבן דעם אַנקער איבערן קאָפּ, און אים געוואָרפֿן פּרײַ פּונקט ווען זי האָט זיך איבערגעדרייט. איך האָב אָנגעכאַפּט איר פּלאַנשיר און האָט אָנגעהאַלטן בעת זי דרייט זיך מיטן אונטן אַרויף, וואָרן איך האָב מיט אַ מאָל געדענקט אַז איך קען ניט שווימען. דעמאָלט האָב איך געפּרוווט זי צורעכט צו שטעלן, נאָר מיט צו פֿיל חשק, וואָרן זי האָט זיך גאַנץ איבערגעדרייט און מיך געלאָזט ווי פֿריִער, כאַפּנדיק דעם פּלאַנשיר מיטן גוף נאָך אַלץ אין וואַסער. נאָך אַ רגע קלאָר טראַכטן, האָב איך געפֿונען אַז כאָטש דער ווינט האָט גוט געבלאָזן צו דער יבשה צו, האָט דער שטראָם מיך געטראָגן ווײַטער אויפֿן ים, און אַז איך מוז עפּעס טאָן. דרײַ מאָל בין איך שוין געווען אונטערן וואַסער בײַם פּרוּוון צו רעכט צו מאַכן די דאָרי, און איך האָב אָנגעהויבן זאָגן, "איצט לייג איך אַוועק," ווען אַ באַשטימונג אויף נאָך אַ פּרוּוו האָט מיך פֿאַרכאַפּט, אַזוי אַז קיינער פֿון די נבֿיאים פֿון אונטערגאַנג זאָלן ניט קענען זאָגן "איך האָב דיר אַזוי געזאָגט." ווי שטאַרק די סכּנה האָט ניט געזאָלט זײַן, צי גרויס צי קליין, קען איך אויף אַן אמת זאָגן אַז דער דאָזיקער מאָמענט איז געווען דער שלווהדיקסטער אין מײַן לעבן.

נאָך דעם פֿערטן מאָל שטעלן צו רעכט די דאָרי איז מיר סוף־כּל־סוף געלונגען צוליב דעם סאַמע העכסטן זאָרג האַלטן זי גלײַכאַרויפֿיק בעת איך שלעפּט זיך אַרײַן, און מיט איינעם פֿון די רודערס וואָס איך האָב צוריקגעקראָגן, רודערן צו דער יבשה, אַ ביסל אָפּגעניצט און היפּש אָנגעפּילט מיט זאַלצוואַסער. דער מצבֿ פֿון מײַן שיף, איצט אַרויס פֿון וואַסער און טרוקן, האָט מיך שטאַרק באַזאָרגט. אַז זי זאָל נאָך אַ מאָל שווימען איז געווען אַלץ בײַ מיר אין זינען אָדער וואָס דערמיט האָב איך זיך באַזאָרגט. עס איז מיר ניט שווער געווען טראָגן אַרויס דעם צווייטן טייל פֿון מײַן קאַבל און אים צובינדן צו דעם ערשטן טייל, וואָס איך האָב דערצו צוגעפּעסטיקט אַ בויע איידער איך האָב עס אַוועקגעשטעלט אין שיפֿל. צו ברענגען דעם עק צוריק צו דער שליופּקע איז געווען נאָך

[א] gunwales – אי'ה

אַ קלײניקײט, און איך מײן אַז איך האָב אונטערגעלאַכט איבער די יסורים, װען איך האָב געפֿונען אַז אין דעם גאַנצן באַלאַגאַן איז מײַן שׂכל אָדער מײַן גוטער גײַסט געטרײַ בײַ מיר געשטאַנען. דער קאַבל האָט דערגרײכט פֿון דעם אַנקער אין טיף װאַסער ביז דער שליופּקעס הײבראָד[א] מיט נאָר גענוג איבעריק פֿאַר אײן דרײ אַרום אים צו פֿאַרפֿעסטיקן און מער ניט. דער אַנקער איז אַראָפּ פּונקט די ריכטיקע װײַטקײט פֿון דער שיף. אַלץ װאָס איך האָב איצט געקענט טאָן איז געװען ציִען אַלץ שטײַף און װאַרטן אויף דעם צופֿלײץ.

איך האָב שוין גענוג געאַרבעט אויסצומאַטערן אַ שטאַרקערן מענטש, און איך בין שטאַרק װיליק זיך צו װאַרפֿן אַראָפּ אויף דעם זאַמד איבערן פֿלײץ און רוען, װאָרן די זון איז שוין אַרויפֿגעגאַנגען און געגאָסן אַ ברײטהאַרציקע װאַרעמקײט איבערן לאַנד. כאָטש דער מצבֿ האָט געקענט ערגער זײַן, פֿאָרט בין איך געװען אויף דעם װילדן ברעג פֿון אַ פֿרעמד לאַנד, און ניט גאַנץ זיכער אַפֿילו מיט דעם אײגענעם האָב־און־גוטס, װי איך בין באַלד געװויר געװאָרן. איך בין ניט לאַנג געװען אויף דער יבשה װען איך האָב דערהערט דאָס צאָקען פֿון טלאָען קומענדיק נעענטער אויף דער האַרטער פּלאַזשע, װאָס ענדיקט זיך װען עס איז געקומען לעבן דעם זאַמד־קאַם װוּ איך בין געלעגן באַשיצט פֿונעם װינט. קוקנדיק אָפּגעהיט אַרויף, האָב איך געזען אויפֿגעזעצט אויף אַ שקאַפּע מסתּמא דעם העכסט דערשטױנטן בחור אויף דעם גאַנצן ברעג. ער האָט געפֿונען אַ שליופּקע! "ס'געהערט זיכער צו מיר," האָט ער געטראַכט, "װאָרן בין איך ניט דער ערשטער זי צו זען אויף דער פּלאַזשע?" טאַקע אַזוי, אָט איז זי גאַנץ הויך און טרוקן און באַמאָלט אויף װײַס. ער האָט דאָס פֿערד געטליסעט אַרום איר, און װען ער האָט ניט געפֿונען קײן בעל־הבית, האָט ער צוגעבונדן די שקאַפּע צו דער שליופּקעס באָבסטײ[ב], און געשלעפּט גלײַך װי ער װעט זי בוקסירן אַהײם, נאָר אַװדאי איז זי צו שװער פֿאַר אײן פֿערד צו באַװעגן. מיט דעם שיפֿל, אָבער, איז געװען אַן אַנדער מעשׂה. דאָס האָט ער געשלעפּט אַ גוטן מהלך און באַהאַלטן הינטער אַ דיונע אין אַ הײַפֿל הויכע גראָזן. ער האָט באַשלאָסן בײַ זיך, רעכן איך, צו קריגן נאָך מער פֿערד און אַװעקשלעפּן דעם גרעסערן פּרײַז װי ניט איז, און האָט

אַ פֿאַרטאָפּלטער סורפּריז

[א] windlass – אי'ה

[ב] bobstay – אי'ה

געהאַלטן בײַם אָפּרײַטן צו דעם דאָרף װײַט אַ מײַל אַװעק נאָך די פֿאַרשטאַרקונגען, װען איך האָב זיך אַנטפּלעקט פֿאַר אים, װאָס האָט אים ניט שטאַרק געפֿעלן, איז ער אַן אַנטױשטער געװען. "בוענאָס דיאַס, מוטשאַטשאָ," האָב איך געזאָגט. ער האָט געבורטשעט אַן ענטפֿער און מיך שאַרף באַקוקט פֿון קאָפּ ביז די פֿיס. דעמאָלט, פּלאַצנדיק אַרױס מיט אַ שטראָם פֿראַגעס – מער װי זעקס יאַנקיס װאָלטן געקענט שטעלן – האָט ער געװאָלט װיסן ערשט, פֿון װאַנען איז געקומען מײַן שיף, און װיפֿל טעג אױפֿן װעג? דעמאָלט האָט ער געפֿרעגט װאָס טו איך דאָ אױף דער יבשה אַזױ פֿרי אין דער פֿרי. "דײַנע פֿראַגעס זײַנען גרינג צו ענטפֿערן," האָב איך געענטפֿערט. "מײַן שיף קומט פֿון דער לבֿנה, עס האָט געדױערט אַ חודש אַהערצוקומען, און זי איז געקומען נאָך אַ לאָדונג בחורים." נאָר דאָס אָנצוהערעניש פֿון דעם דאָזיקן עסק, אױב איך װאָלט ניט אָנגעשפּיצט געװען, װאָלט מיך טײַער געקאָסט, װאָרן בעת איך האָב גערעדט האָט דאָס קינד פֿון דעם פּאַמפּאַס אױפֿגעדרײט זײַן לאַסאָ גרײט אים צו װאַרפֿן, און אַנשטאָט װאָס ער איז געטראָגן געװאָרן צו דער לבֿנה, האָט ער אַ פּנים געהאַט אין זינען ציִען מיך אַהײם מיטן האַלדז, אױף הינטן פֿון זײַן װילד פֿערד איבער די פֿעלדער פֿון אורוגװײַ.

דער גענױער אָרט װוּ איך בין שטעקן געבליבן איז די קאַסטילאָ טשיקאָס, אַ זיבן מײַל פֿונעם גרענעץ צװישן אורוגװײַ און בראַזיל, און די אײַנװױנער דאָרט האָבן אַװדאי גערעדט שפּאַניש. כּדי צו באַרויִקן מײַן פֿרײַיִקן גאַסט, האָב איך אים געזאָגט אַז איך האָב אױף דער שיף ביסקװיטן, און אַז איך װיל זיך מיט זײ אױסבײַטן אױף פּוטער און מילך. װען ער האָט דאָס געהערט האָט אַ ברײטער שמאָך באַלױכטן זײַן פּנים, און באַװיזן אַז ער איז יאָ שטאַרט פֿאַראינטערעסירט, און אַז אין אורוגװײַ אַפֿילו, װעט אַ שיף־ביסקװיט דערפֿרײען דאָס האַרץ פֿון אַ בחור און אים מאַכן פֿאַר אַ גוטער־פֿרײַנד. דער בחור איז שיִער ניט געפֿלױגן אַהײם און איז גיך צוריק מיט פּוטער, מילך, און אײער. איך בין געװען, נאָך אַלעמען, אין אַ לאַנד פֿון שפֿע. מיט דעם בחור זײַנען אַנדערע געקומען, אַלטע און יונגע, פֿון די שכנותדיקע פֿאָלװאַרקעס, צװישן זײ אַ דײַטשישער באַזעצער, װאָס איז מיר געװען אַ גרױסע הילף אין אַ סך אופֿנים.

אַ ברעג־װעכטער פֿון פֿאָרט טערעסאַ, װײַט עטלעכע מײַלן אַװעק, איז אױך געקומען, "צו באַהיטן אײַער פֿאַרמאָג פֿון די אײַנגעבױרענע פֿון די פּליינען," האָט ער געזאָגט. איך האָב גענוצט די געלעגנהײט אים צו זאָגן, אָבער, אַז אױב ער װעט צוזען די לײַט פֿון זײַן אײגן דאָרף, װעל איך האַנדלען מיט יענע פֿון די פּליינען, האָב איך געװיזן בײַם רעדן אױף דעם ניט איבעריק שײנעם "סוחר" װאָס האָט שױן באַגנבֿעט מײַן רעװאָלװער און עטלעכע קלײנע זאַכן פֿון מײַן קאַבינע, װאָס, מיט אַ דרײסטן אַרױסרוף, האָב איך געקראָגן צוריק. דער יאַט איז ניט געװען קײן געבױרענער אורוגװײַער. דאָ, װי אין אַ סך אַנדערע ערטער װוּ איך בין געפֿאָרן, זײַנען די היגע לײַט אַלײן ניט די װאָס זײַנען אַ חרפּה פֿאַר דעם לאַנד.

פֿרי דעם טאָג איז געקומען אַ בשׂורה פֿון דעם פּאָרט־קאַפּיטאַן אין מאָנטעװידעאָ, װאָס האָט געהײסן די ברעג־װעכטערס אָנבאָטן דעם ספּריי יעדע הילף. דאָס אָבער איז ניט נײטיק געװען, װײַל אַ שומר איז שױן געװען אױף דער װאַך, און געמאַכט אַ טאַראַראַם װאָס װאָלט געפּאַסט פֿאַר דעם שיפֿבראָך פֿון אַ דאַמפֿשיף מיט אַ טױזנט עמיגראַנטן אױפֿן באָרט. דער זעלבער שליח האָט געבראַכט די ידיעה פֿון דעם פּאָרט־קאַפּיטאַן, אַז ער װעט אַרױסשיקן אַ דאַמף־צישיף כּדי צו בוקסירן דעם ספּריי קײן מאָנטעװידעאָ. דער אָפֿיציר האָט געהאַלטן װאָרט; אױף מאָרגן איז אָנגעקומען אַ כּוחדיקע צישיף. נאָר, צו פֿאַרקירצן

אַ לאַנגע מעשׂה, מיט דער הילף פֿון דעם דײַטשער און איין זעלנער און איין **א**יטאַליענער, וואָס מע רופֿט אים אָן "**מ**לאך פֿון **מ**ילאַן," האָב איך די שליופּקע שוין געלאָזט שווימען, און בין אָפּגעפֿאָרן צו פּאָרט מיט דעם הייבשטאַנג אַרויס פֿאַר אַ גינסטיקן ווינט. די אַוואַנטורע האָט געקאָסט דעם **ס**פּריי אַ היפּש ביסל אָנשלאָגן אויף דעם האַרטן זאַמד. זי האָט פֿאַרלוירן איר שוך[א] און אַ טייל פֿון איר פֿאַלשן קיל, און באַקומען אַנדערע שאָדנס, וואָס, אָבער, זײַנען גרינג צו רעכט געשטעלט שפּעטער אין דאָק.

אויף מאָרגן האָב איך געאַנקערט אין **מ**אָלדאָנאַדאָ. דער **ב**ריטישער קאָנסול, זײַן טאָכטער, און נאָך אַ יונגע דאַמע זײַנען געקומען אויפֿן באָרט, האָבן זיי געבראַכט מיט זיך אַ קויש פֿרישע אייער, פּאָזעמקעס, פֿלעשער מילך, און אַ גרויסן לאַבן זיס ברויט. דאָס איז געווען אַ גוטער אָנקום אויף דער יבשה[ב], און פֿריילעכער ווי איך האָב געפֿונען אַ מאָל פֿריִער אין **מ**אָלדאָנאַדאָ ווען איך בין געפֿאָרן אַרײַן אין דעם פּאָרט מיט אַ פֿאַרשלאָפֿטער מאַנשאַפֿט אין מײַן באַרק, דער **אַ**_קווידנעק._

אין די וואַסערן אין **מ**אָלדאָנאַדאָ **ב**וכטע ווימלען אַלערליי מינים פֿיש, און פּעלץ־פֿאָקעס, צו דער געהעריקער צײַט, ציִען זיך אַרויס אויף דעם אינדזל אין דער בוכטע זיך צו פֿאַרמערן. שטראָמען לענג־אויס דעם ברעג ווענדן זיך אין די געוויינטלעכע ווינטן, און אַ פֿלייץ־כוואַליע העכער ווי געוויינטלעך צוליב דער לבֿנה לויפֿט אַרויף אויף דעם גאַנצן ברעג פֿון **א**ורוגווײַ פֿאַר אַ בורע פֿון דעם דרום־מערבֿ, אָדער נידעריקער פֿאַר איינער פֿון דעם צפֿון־מיזרח, ווי עס זאָל ניט זײַן. איינע פֿון אַזעלכע כוואַליעס האָט זיך נאָר וואָס אָפּגעצויגן פֿאַר דעם צפֿונמיזרח־ווינט וואָס האָט געטריבן דעם **ס**פּריי אַרײַן און דער פֿלייץ איז איצט געווען גאָר נידעריק, מיט אויסטער־שטיינער גאַנץ נאַקעט אויף אַ היפּשן מהלך פֿאַזע ברעג. עס זײַנען אויך געווען אַ סך אַנדערע באַטעמטע מולטער־בריאות, כאָטש קליינע. איך האָב דאָ צונויפֿגעקליבן אַ מאָלצײַט פֿון אויסטערס און מושלען, בעת אַ היגער מיט האָק און שטריקל, מיט מושלען פֿאַר צישפּײַז, האָט געזוכט פֿיש פֿון אַ שפּיץ צעשיידטע שטיינער, לעשטשעס, און האָט געלאַנדט עטלעכע, נישקשהדיק גרויסע.

דעם פֿישערס פּלימעניק, אַ בחור אַלט אַ זיבן יאָר, האָט פֿאַרדינט באַמערק ווי דער העכסטער לעסטערער פֿאַר אַ קורץ ייִנגל וואָס איך האָב באַגעגנט אויף דער נסיעה. ער האָט אָנגערופֿן זײַן אַלטן פֿעטער די אַלע פֿאַרשיווע נעמען אונטער דער זון ווײַל ער האָט אים ניט געהאָלפֿן איבער דער רינווע. בעת ער איז שטאַרק אַרויס מיט קללות אין די אַלע מאָדוסן און צײַטפֿאָרמען פֿון דעם שפּאַנישן לשון, האָט דער פֿעטער ווײַטער געכאַפּט פֿיש, און פֿון צײַט צו צײַט אָפּגעגעבן דעם פּלימעניק מזל־טובֿ פֿאַר זײַן אויפֿטו. ווען ער איז געווען פֿאַרטיק מיט זײַן ווערטער־אוצר האָט זיך דער שנעק שאַטײַעט אַוועק אין די פֿעלדער, און איז באַלד צוריק מיט אַ בינטל בלומען, און פֿול מיט שמייכלען זיי מיר געגעבן מיט דער ריינקייט פֿון אַ מלאך. איך האָב געדענקט ווי איך האָב געזען דעם זעלבן בלום אויף די ברעגן פֿון דעם טײַך ווײַטער טײַך־אַרויף, מיט אַ פּאָר יאָר פֿריִער. איך האָב געפֿרעגט דעם יונגן ים־גזלן פֿאַר וואָס ער האָט זיי מיר געבראַכט. האָט ער געזאָגט, "איך ווייס ניט. עס האָט זיך מיר נאָר געגלוסט." אַבי דעם רושם וואָס האָט געשטעלט אַזאַ ליבהאַרציקן ווונטש אין דעם ווילדן פּאַמפּאַס־בחור, מוז עס זײַן ווײַט־גרייכנדיק, האָב איך געטראַכט, און שטאַרק, איבער ימים.

[א] shoe – אי'ה

[ב] landfall – אי'ה

באַלד דערנאָך איז דער ספּריי אָפּגעפֿאָרן קיין מאָנטעווידעאָ, ווו זי איז אָנגעקומען דעם קומעדיקן טאָג, באַגריסט געוואָרן פֿון דאַמף־פֿײַפֿן ביז איך האָב זיך געפֿילט פֿאַרשעמט און געוווּנטשן אַז איך וואָלט אָנגעקומען אומבאַמערקט. די נסיעה נאָר ביז אַהער האָבן אַ פּנים די אורוגווײַאַנער געהאַלטן פֿאַר אַ ווערדיקן אויפֿטו, נאָר אַזוי פֿיל פֿון איר בלײַבט נאָך פֿאָרויס, און אַ גאָר שווערער טייל איז דאָס, אַז אַ מזל־טובֿ פּונקט איצט, האָט זיך מיר געדאַכט, ווי ניט איז, ווי באַרימען זיך פֿאַר דער צײַט.

דער ספּריי האָט קוים אַראָפּגעלאָזט דעם אַנקער בײַ מאָנטעווידעאָ ווען די אַגענטן פֿון דער קיניגלעכער פּאָסט דאַמפּשיף געזעלשאַפֿט, הה' הומפֿריס און שותּפֿים, האָבן אָפּגעשיקט אַ בשׂורה אַז זיי וועלן זי האַלטן אין דאָק און פֿאַרריכטן אומזיסט און מיר געבן צוואַנציק פֿונט סטערלינג, וואָס זיי האָבן פּינקטלעך געטאָן, און נאָך מער דערצו. די פֿאַרקיטעווערס אין מאָנטעווידעאָ האָבן שטרענג געלייגט אַכט אויף דער אַרבעט פֿון מאַכן פֿעסט די שליופּקע. סטאָליערס האָבן פֿאַרריכט דעם קיל און אויך דאָס ראַטיר־שיפֿל (די דאָרי), עס אָפּגעמאָלט ביז איך האָב עס ניט געקענט אונטערשיידן פֿון אַ פֿלאַטערל.

ניטל, 1895, האָט דעם ספּריי געפֿונען רעמאָנטירט אַפֿילו מיט אַ וווּנדערלעכן אימפּראָוויזירטן אויוון, אויסגעאַרבעט פֿון עפּעס אַ מין גרויסע אײַזערנע פּאָס, פֿיל דורכגעלעכערט צו געבן אַ צוג; דער קוימען איז געגאַנגען גלײַך אַרויף דורכן אויבן פֿון דעם פֿאָדערשיף. הערט, איז דאָס געווען אַן אויוון ניט צוליב העפֿלעכקייט. עס איז שטענדיק הונגעריק געווען, נאָך גרין האָלץ אַפֿילו; און אין די קאַלטע, נאַסע טעג בײַ דעם ברעג פֿון טיעראַ דעל פֿועגאָ האָט עס מיר ווויל באַדינט. די איינציקע טיר דרייט זיך אויף קופּערנע זאַוויסעס, וואָס איינער פֿון די ווערף־לערניונגען, מיט לויבווערדיקן שטאָלץ, האָט פּאָלירט ביז דער גאַנצער חפֿץ האָט געגליט ווי דאָס מעשענע קאָמפּאַס־קעסטל[א] פֿון אַ פּ. & אָ. דאַמפּשיף.

דער ספּריי איז איצט געווען גרייט אָפּצופֿאָרן. אַנשטאָט אָנהייבן אין דער רגע די נסיעה, אָבער, האָט זי געמאַכט אַן עקסקורסיע טײַך־אַרויף, אָפּגעזעגלט דעם 29סטן דעצעמבער. אַן אַלטער פֿרײַנד מײַנער, קאַפּיטאַן האָוואַרד, באַרימט אויף קאַפּ־קאָד און בײַ דעם טײַך־פּלאַטע, איז געקומען פֿאָרן אין איר קיין בוענאָס־אײַרעס, ווו זי איז אָנגעקומען פֿרי אויפֿן צווייטן טאָג, מיט אַ בורע ווינט און אַ שטראָם אַזוי גינציק צו איר אַז זי האָט זיך איבערגעשטיגן. עס האָט מיך דערפֿרייט צו האָבן אַ מאַטראָס מיט האָוואַרדס פּראַקטיק אויפֿן באָרט צו זײַן אַן עדות אויף איר אויפֿפֿיר זעגלען אָן שום לעבעדיק נפֿש בײַ דער קערמע. האָוואַרד האָט זיך אָוועקגעזעצט בײַם קאָמפּאַס־קעסטל און באַטראַכט דעם קאָמפּאַס, בעת די שליופּקע האָט געהאַלטן איר גאַנג אַזוי גלײַך אַז מע וואָלט געזאָגט אַז דאָס קאָמפּאַס־קאַרטל איז פֿעסט צוגענאָגלט געווען. ניט קיין פֿערטל פּונקט איז זי געווען אין אַ זײַט פֿון גאַנג. מײַן אַלטער פֿרײַנד האָט פֿאַרמאָגט און געזעגלט אַ פּילאָט־שליופּקע אויף דעם טײַך אַ סך יאָרן, נאָר אַט דער אויפֿטו האָט אים סוף־כּל־סוף אָפּגעהאַקט די פֿליגל, האָט ער אויסגעשריגן, "לאָזט מיך איבער אויף טשיקאָ־באַנק, אויב איך האָב עפּעס אַזוינס פֿריִער געזען!" אפֿשר האָט ער קיין מאָל ניט קיין פּרווו געטאָן צו זען וואָס זײַן שליופּקע קען טאָן. די מעלה וואָס איך שרײַב צו דאָ פֿאַר דעם ספּריי, איבער אַלע אַנדערע מעלות, איז אַז זי האָט זיך געזעגלט אין פֿלאַכוואַסערן און אין אַ שטאַרקן

[א] binnacle – אי"ה

שטראָם, מיט אַנדערע שווערע און אויסנעמיקע צושטאַנדן. קאַפּיטאַן **האַוארד** האָט דאָס אַלץ געגומען אין חשבון.

אין די אַלע יאָרן אַוועק פֿון זײַן אַלטער היים האָט **האַוארד** ניט פֿאַרגעסן דעם קונסט פֿון קאָכן פֿישזופּ, און ווי אַ באַוויז האָט ער געבראַכט מיט זיך אַ פּאָר פֿײַנע שטיינפֿיש, און געגרייט אַ מאָלצײַט פּאַסיק פֿאַר אַ קיניג. ווען די באַטעמטע זופּ איז געווען פֿאַרטיק, האָבן מיר פֿעסט געשטעלט דעם טאָפּ צווישן צוויי קאַסטנס אויפֿן דיל, אַזוי אַז עס זאָל זיך ניט איבערקערן, און מיר האָבן זיך דערלאַנגט דערפֿון און דערציילט מעשׂיות בעת דער *ספּריי* האָט זיך אַליין געקערעוועט דורך דעם פֿינצטערניש אויף דעם טײַך. **האַוארד** האָט מיר דערציילט מעשׂיות וועגן די קאַניבאַלן אין **פֿוּעגאָ** בעת זי זעגלט זיך ווײַטער, און איך האָב אים דערציילט וועגן דעם פּילאָט פֿון דער *פּינטאַ* פֿירן מײַן שיף דורך דעם שטורעם בײַ די **אַזאָרעס**, און ווי איך האָב נאָך אים אויסגעקוקט בײַ דער קערמע אין אַ בורע ווי דאָס. איך האַלט **האַוארד** ניט שולדיק פֿאַר אַן אײַנגעגליײבטער — קיינער פֿון אונדז איז ניט קיין אײַנגעגלייבטער — אָבער ווען איך האָב מיט אים גערעדט וועגן זײַן צוריקקער קיין **מאָנטעווידעאָ** אויף דעם *ספּריי*, האָט ער געשאָקלט דעם קאָפּ און איז אַנשטאָט דעם געפֿאָרן אויף דעם דאַמפּשיף־דינסטשיפֿן[א].

איך בין ניט געהאַט געווען אין **בוענאָס־אײַרעס** שוין אַ צאָל יאָרן. דער אָרט וווּ איך האָב אַ מאָל געלאַנדעט פֿון דינסט־שיפֿן, אין אַ וואָגן, איז איצט אויפֿגעבויט געווען מיט פּראַקטיקע דאָקן. אַ מאַיאָנטיק מיט געלט האָט מען אויסגעגעבן איבערצומאַכן דעם האַוון; פֿרעגט נאָר דערוועגן בײַ די באַנקירערס אין **לאָנדאָן**. דער פּאָרט־קאַפּיטאַן, נאָכדעם וואָס ער האָט דעם *ספּריי* צוגעטיילט אַ זיכערן לאַנדונגפּלאַץ, אויף זײַן חשבון, האָט מיר אַ בשׂורה געשיקט, אַז איך זאָל זיך בײַ אים בעטן אויף אַבי וואָס איך דאַרף אין פּאָרט, און איך האָב געפֿילט אַז זײַן פֿרײַנדשאַפֿט איז אויפֿריכטיק. די שליופּקע האָט מען גוט צוגעזען אין **בוענאָס־אײַרעס**; אירע דאָק־אָפּצאָלן און טאָנאַזש־געלט זײַנען גאַנץ אומזיסט געווען, און די זעגלערײַ־גזעלשאַפֿט אין דער שטאָט האָט זי באַגריסט מיט האַרצן. אין דער שטאָט האָב איך געפֿונען אַלץ ניט אַזוי איבערגעביטן ווי בײַ די דאָקן, האָב איך זיך באַלד געפֿילט מער ווי אין דער היים.

פֿון **מאָנטעווידעאָ** האָב איך געהאַט איבערגעשיקט אַ בריוו פֿון **סער עדוואַרד האָרבי** צו דעם בעל־הבית פֿון דעם "**סטאַנדאַרד**," **מ"ר מולהאַל**, און אין אַן ענטפֿער דערצו בין איך פֿאַרזיכערט געווען פֿון אַ וואַרעמער באַגריסונג פֿון דעם וואַרעמסטן האַרץ, לויט מיר, מחוץ **אירלאַנד**. **מ"ר מולהאַל**, מיט אַ לעבעדיק געשפּאַן, איז געקומען צו די דאָקן באַלד ווי דער *ספּריי* איז צוגעפֿעסטיקט געוואָרן, און מיך געבעטן קומען תּיכּף צו אים אין דער היים, וווּ עס וואַרט אויף מיר אַ צימער. און עס איז געווען נײַיאָר, 1896. מע האָט מיטגעהאַלטן מיט דעם גאַנג פֿון דעם *ספּריי* אין די רובריקן פֿון דעם "**סטאַנדאַרד**."

מ"ר מולהאַל האָט מיך גוטהאַרציק אַרומגעפֿירט צו זען די סך פֿאַרבעסערונגען אַרום דער שטאָט, און מיר זײַנען געגאַנגען זוכן עטלעכע פֿון די אַלטע באַקאַנטע ערטער. דעם מענטש וואָס האָט פֿאַרקויפֿט "לימאָנאַד" אויף דעם פּלאַץ ווען איך בין ערשט אַרײַן דאָ אין דער ווונדערלעכער שטאָט האָב איך געפֿונען פֿאַרקויפֿן לימאָנאַד, נאָך צו צוויי סענטן אַ גלאָז; ער האָט פֿאַרדינט אַ פֿאַרמאָגן דערמיט. זײַן אויסריכט איז געווען אַ וואַנע און אַ שכנותדיקן הידראַנט, אַ נישקשהדיקער סכום ברוינער צוקער, און אַ זעקס לימענעס, וואָס

[א] steam-packet – אי"ה

שווימען אויף דעם פּאַרזיסטן וואַסער. דאָס וואַסער האָט מען פֿון צײַט צו צײַט באַנײַט פֿון דער פֿרײַנדלעכער פּאָמפּע, נאָר די לימענעס "גייען ווײַטער אויף אייביק," און נאָך אַלץ צו צוויי סענטן אַ גלאָז.

נאָר מיר האָבן אומזיסט געזוכט דעם מענטש וואָס האָט אַ מאָל פֿאַרקויפֿט בראָנפֿן און טרונעס אין **בוענאָס־אײַרעס**; דער מאַרש פֿון ציוויליזאַציע האָט אים צעדריקט – זײַן נאָמען בלײַבט נאָר אין זכרון. פֿירנעמעריש ווי ער איז געווען, ווינטש איך אַז איך וואָלט אים געפֿונען. איך געדענק די רייען בראָנפֿן־פֿעסער, געשטעלט אויפֿן עק אויף איין זײַט קראָם, און אויף דער צווייטער זײַט, אָפּגעשיידט מיט אַ דינער צעטיילונג, זײַנען געווען די טרונעס, גלײַך אַראַנזשירט, אין אַלע גרייסן און גאָר אַ צאָל. די אוניקאַלע צעשטעלונג האָט זיך געלייגט אויפֿן שׂכל, וואָרן בײַם אויסליידיקן אַ פֿאַס קען מען אָנפֿילן אַ טרונע. אַחוץ ביליקע בראָנפֿנס און אַ סך אַנדער ספּירט, האָט ער פֿאַרקויפֿט "קוואַס," וואָס ער פּראָדוצירט פֿון געשעדיקטע **מאַלאַגאַ** ראָזשינקעס. אויך צווישן זײַנע עסקים איז געווען דער פֿאַרקויף פֿון מינעראַל־וואַסער, ניט גאַנץ פֿרײַ פֿון די מיקראָבן פֿון קראַנקייט. דער דאָזיקער מענטש האָט זיכער באַדינט די אַלע גוסטן, נייטיקייטן, און צושטאַנדן פֿון זײַנע קונים.

ווײַטער אַרײַן אין שטאָט, אָבער, איז פֿאַרבליבן דער גוטער מענטש וואָס האָט אָנגעשריבן אויף דער זײַט פֿון זײַן קראָם, ווו אַלע פֿאַרקלערטע לײַט זאָלן קענען לייענען און זיך עפּעס לערנען: "די אַ בייזע וועלט וועט צעשטערט ווערן פֿון אַ קאָמעט! דער בעל־הבית פֿון אָט דער קראָם מוז דערפֿאַר אַלץ אויספֿאַרקויפֿן צו אַבי אַ פּרײַז און אויסמײַדן די קאַטאַסטראָפֿע." מײַן פֿרײַנד, **מ"ר מולהאַל**, האָט מיך צוגעפֿירט צו דעם אָרט צו זען דעם מוראדיקן קאָמעט מיט דעם שטראָמענדיקן עק גרויס אויסגעמאָלט אויף די ווענט פֿון דעם ציטערנדיקן סוחר.

בײַ דעם צייכן פֿון דעם קאָמעט

איך האָב אַראָפּגענומען דער שליופּקעס מאַסט אין **בוענאָס־אײַרעס** און אים פֿאַרקירצט מיט זיבן פֿוס. איך האָב אַראָפּגענומען פֿון דעם פֿאָדערבאָרט־מאַסט פֿינף פֿוס, און אַפֿילו אַזוי האָב איך אים געפֿונען אַ ווײַטערן גאַנג, און מער ווי איין מאָל, שטייענדיק

אויפֿן עק כּדי אַ ריף צו נעמען אין דעם דזשיב, האָב איך חרטה געהאַט וואָס איך האָב ניט אַראָפּגענומען נאָך אַ פֿוס.

קאַפּיטל זיבן

אויפֿהייבן דעם אַנקער אין בוענאָס־אײַרעס — אַן אויסבראָך פֿון עמאָציע בײַ דער לעפֿצונג פֿון דעם פּלאַטע — אונטערגעטונקט פֿון אַ גרויסער כוואַליע — אַ שטורעמדיקער אַרײַנקום צו דעם דורכגאָס — קאַפּיטאַן סאַמבליטשעס מזלדיקע מתּנה פֿון אַ זעקל טעפּעך־קנאָפּקעס — בײַ קאַפּ פֿראָוואַרד — נאָכגעיאָגט פֿון אינדיאַנער פֿון פּאָרטעסקיו־בוכטע — אַ פֿאַרשאָס פֿאַר "שוואַרצן פּעדראָ" — אָנלאָדן זאַפּאַסן האָלץ און וואַסער אין דרײַ־אינזל־בוכטעלע — בעלי־חיים

דעם 26סטן יאַנואַר, 1896, האָט דער ספּריי, גוט אויפֿגעריכט און גוט אָנגעלאָדן מיט אַלערליי מינים פּראָוויאַנט, אָפּגעזעגלט פֿון בוענאָס־אײַרעס. בײַם אָנהייב איז געווען ווייניקערווינט; די אייבערפֿלאַך פֿון דעם גרויסן טײַך איז געווען ווי אַ זילבערנער דיסק, און עס איז מיר אַ גליק געווען וואָס אַ האַוון־צישיף האָט מיך בוקסירט ביז פֿרײַ פֿון דעם פּאָרט־אײַנגאַנג. נאָר באַלד דערנאָך איז געקומען אַ בורע, וואָס דערפֿירט צו אַ מיאוסן ים, און אַנשטאָט גאַנץ זילבער ווי פֿריִער, איז דער טײַך איצט געווען גאַנץ בלאָטע. דער פּלאַטע איז אַ פֿאַררעטערישער אָרט אין אַ שטורעם. ווער זעגלט דאָרט דאַרף שטענדיק קוקן מיט אויגן נאָך שקוואַלן. איך האָב אַראָפּגעלאָזט דעם אַנקער איידער עס איז פֿינצטער געוואָרן, אין דעם בעסטן אָפּדאַך צו געפֿינען נאָענט צו דער יבשה, נאָר עס האָט זיך שרעקלעך געוואָרפֿן די גאַנצע נאַכט, צעשלאָגן פֿון אומרויִקע ימים. אויף צו מאָרגנס האָב איך די שליופקע געשטעלט אין וועג אַרײַן, און מיט אײַנגעריפֿטע זעגלען זי געאַרבעט טײַך־אַראָפּ מיט אַ קעגנווינט. קומענדיק נעענטער יענע נאַכט צו דעם אָרט ווו דער פּילאָט האָוואַרד איז צו מיר געקומען אויף דעם זעגלען טײַך־אַרויף, האָב איך געהאַט געמאָסטן אַ גאַנג, אין אַ דרך פֿרײַ פֿון פּונקט־אינדיאָ אויף איין זײַט און דער ענגלישער באַנק אויף דער צווייטער.

אַ גרויסע כוואַליע בײַ דעם פּאַטאַגאָנישן ברעג

עס איז געווען שוין אַ סך יאָרן זינט איך בין אויף דרום פֿון אָט די מקומות. איך זאָג ניט אַז איך האָב זיך געריכט אויף גאַנץ פֿײַן זעגלען אויף דעם גאַנג דירעקט קיין קאַפּ־האָרן, נאָר בײַם אַרבעטן מיט די זעגלען און שטריק האָב איך נאָר געהאַט אין די מחשבֿות ווײַטער און פֿאָרויס. נאָר ווען איך האָב געאַנקערט אין די עלנטע ערטער איז איבער מיר אַן געפֿיל פֿון אָפּשײַ געקראָכן. בײַם לעצטן אַנקער־אָרט אויף דעם נודנעם און בלאָטיקן טײַך, כאָטש אפֿשר אַ שוואַכקייט, האָב איך זיך אונטערגעגעבן צו די געפֿילן. איך האָב

דעמאָלט באַשלאָסן בײַ זיך אַז איך וועל ניט אַנקערן נאָך אַ מאָל אויף צפֿון פֿון **מ**אַדזשעלען־**ד**ורכגאָס.

דעם 28סטן יאַנואַר איז דער **ס**פּריי פֿרײַ געווען פֿון **פּ**ונקט־**א**ינדיאָ, דער **ע**נגלישער **ב**אַנק, און די אַלע אַנדערע סכּנות פֿון דעם **ט**ײַך־**פּ**לאַטע. מיט אַ גינציקן ווינט האָט זי זיך גענומען קיין דעם **מ**אַדזשעלען־**ד**ורכגאָס, אונטער די אַלע זעגלען, זיך געצויגן אַלץ ווײַטער און ווײַטער צו צו דעם וווּנדערלאַנד פֿון דעם **ד**רום, ביז איך האָב גאַנץ פֿאַרגעסן די מעלות פֿון אונדזער לינדערן **צ**פֿון.

מײַן שיף איז בשלום פֿאַרבײַ **ב**אַהיאַ **ב**לאַנקאַ, אויך דעם **א**ײַנגאָס פֿון **ס**אַנקט־**מ**תּיא און דעם מעכטיקן **א**ײַנגאָס פֿון **ס**אַנקט־**ד**זשאָרדזש. מיט דער האָפֿענונג אַז זי זאָל אויסמײַדן די צעשטערערישע פֿלייץ־שטראָמען[א] און דעם שרעק פֿון גרויסע און קליינע שיף פּאַזע דעם דאָזיקן ברעג, האָב איך זיך געהאַלטן אַ פֿופֿציק מײַלן פֿון די אַלע קאַפּן, וואָרן אָט די סכּנות ציִען זיך ווײַט פֿון דער יבשה. נאָר ווו די שליופּקע האָט אויסגעמיטן איין סכּנה, האָט זי אָנגעטראָפֿן אַ צווייטע. וואָרן איין טאָג, ווײַט פֿון דעם **פּ**אַטאַגאָנישן ברעג, בעת די שליופּקע גרייכט מיט קורצע זעגלען[ב], האָט אַן אומגעהײַערע כוואַליע, דער צונויפֿקום, אַ פּנים, פֿון אַ סך כוואַליעס, זיך געקײַקלט אַראָפּ אויף איר אין אַ שטורעם, רעוועדיק בײַם קומען. איך האָב נאָר אַ רגע געהאַט אַראָפּצונעמען די אַלע זעגלען און זיך נעמען אַרויף אויף די שפּיץ־צישטריק[ג], אַרויס פֿון סכּנה, ווען איך האָב געזען דעם מעכטיקן קאַם טורעמענדיק איבער מיר גלײַך מיטן מאַסט־אויבן אין דער הייך. דער באַרג וואַסער האָט אײַנגעטונקען מײַן שיף. זי האָט זיך געטרייסלט אין יעדן באַלקן און געטאַמלט אונטער דעם וואָג פֿון דעם ים, נאָר זי האָט זיך גיך אויפֿגעהויבן אַרויס, און האָט גראַנדיעז געריטן איבער די קײַקלערס וואָס זײַנען געקומען דערנאָך. עס איז אפֿשר געווען איין מינוט וואָס איך האָב ניט געקענט זען קיין טייל פֿון דעם **ס**פּרייס קאָרפּוס פֿון מײַן אָנהאַלט אין דעם געשטריק. אפֿשר איז עס געווען ניט אַזוי לאַנג, נאָר עס האָט מיר געפֿילט ווי אַ לאַנגע צײַט, וואָרן בײַ גרויסער שפּאַנונג לעבט מען גיך, און נאָך עטלעכע סעקונדעס קען מען איבערטראַכטן אַ היפּש שטיקל פֿון דעם פֿריִערדיקן לעבן. ניט נאָר די פֿאַרגאַנגענהייט, אַזוי גיך ווי עלעקטריע, איז מיר געווען פֿאַר די אויגן, נאָר איך האָב צײַט געהאַט, אין מיטן די סכּנות, פֿאַר החלטות אין די קומעדיקע צײַטן וואָס וואָלטן געדאַרפֿט גאָר אַ לאַנגע צײַט מקיים צו זײַן. די ערשטע איז געווען, ווי איך געדענק, אַז זאָל דער **ס**פּריי אַרויסקומען פֿון דער דאָזיקער סכּנה, וואָלט איך זיך נעמען מיט די גאַנצע כּוחות בויען אַ גרעסערע שיף לויט איר פּלענער, וואָס איך האָף נאָך אַלץ צו טאָן. אַנדערע צוזאָגן, ניט אַזוי גרינג אויסצוהאַלטן, האָב איך נאָר געזאָלט צוזאָגן אונטער פּראָטעסט. ווי דאָס זאָל ניט זײַן, איז דער אינצידענט, וואָס האָט מיך אָנגעפֿילט מיט שרעק, איז נאָר געווען נאָך אַ פּרוּוו פֿון דעם **ס**פּרייס ים־פֿעיִקייט. עס האָט מיך פֿאַרזיכערט לגבי דעם גראָבן **ק**אַפּ־**ה**אָרן.

פֿון דער צײַט ווען די גרויסע כוואַליע האָט געוואַשן איבער דעם **ס**פּריי ביז זי איז אָנגעקומען בײַ **ק**אַפּ־**ב**תולות, איז גאָרנישט ניט געשען וואָס זאָל פֿאַרגיכערן דעם פּולס אָדער באַוועגן דאָס בלוט. פֿאַרקערט, איז דער וועטער לויטער געוואָרן און דער ים גלאַט

[א] tide-races – אי'ה

[ב] reaching under short sail – אי'ה

[ג] peak halliards – אי'ה

און דאָס לעבן רויִק. די ווײַזגעבונג פֿון לופֿטבילדער איז אָפֿט פֿאָרגעקומען. אַן אַלבאַטראָס זיצנדיק אויפֿן וואַסער אויף איינעם אַ טאָג האָט זיך דערזען ווי אַ גרויסע שיף; צוויי פֿאָקעס שלאָפֿנדיק אויף דער אייבערפֿלאַך פֿון דעם ים האָבן אויסגעזען ווי גרויסע וואַלפֿישן; און אַ וואַנט פֿון נעפּל האָב איך געהאַלטן פֿאַר הויך לאַנד. דער קאַליידאָסקאָפּ האָט זיך דעמאָלט געביטן און אויף מאָרגן האָב איך געזעגלט אין אַ וועלט באַפֿעלקערט מיט שרעטלעך.

דער אַרײַנגאַנג צו דעם מאַדזשעלען־דורכגאַס

דעם 11טן פֿעברואַר איז דער *ספּריי* אַרום קאַפּ־בתולות און אַרײַן אין דעם מאַדזשעלען־דורכגאַס. די סצענע איז נאָך אַ מאָל געווען ניט צו פֿאַרלייקענען און אומעטיק; דער ווינט, פֿון צפֿון־מיזרח און שוין אַ בורע, האָט געשיקט שוים ווײַס ווי פֿעדערן לענג־אויס דעם ברעג; דער ים איז אַזוי געלאָפֿן צו פֿאַרפֿלייצן אַ שלעכט אויסגעריכטע שיף. בעת די שליופּקע איז נעענטער געקומען צו דעם אַרײַנגאַנג צו דעם דורכגאַס, האָב איך באַמערקט אַז צוויי גרויסע פֿלייץ־לויפֿן שטראָמען פֿאָרויס, איינער גאָר נאָענט צו דעם יבשה־שפּיץ און איינער ווײַטער פֿון ברעג. צווישן די צוויי, אין עפּעס אַ קאַנאַל, דורך קײַקלענדיקע כוואַליעס, איז געפֿאָרן דער *ספּריי*, מיט ענג געריפֿטע זעגלען. נאָר אַ קײַקלענדיקער ים האָט זי געפֿאָלגט ווײַט אַרײַן, און אַ רציחהדיקער שטראָם איז געפֿלאָסן אַרום דעם קאַפּ אַקעגן איר; אָבער דאָס האָט זי אויסגעהאַלטן און איז באַלד פֿריילעך געפֿאָרן אונטער דעם אָפּדאַך פֿון קאַפּ־בתולות, מיט יעדן מינוט ווײַטער אַרײַן אין גלאַטערן וואַסער. פֿונדעסטוועגן, האָבן לאַנגע אויסגעצויגענע פֿעדעם לאַמינאַריע פֿון שטיינער אונטערן וואַסער געפֿאָכעט בייז־סימנדיק אונטער איר קיל, און דער בראָך פֿון אַ גרויסער דאַמפּשיף צעשמעטערט אויף דער פּלאַזשע צו דער זײַט האָט געגעבן אַ כמאַרנע געשטאַלט צו דער סצענע.

עס איז מיר ניט אָפּגעקומען אָן צרות. די בתולות ווילן זייערע צינדז פֿון דעם *ספּריי* אַפֿילו פֿאַרן פֿאָרן פֿאַרבײַ זייער קאַפּ. אומרויִקע רעגן־שקוואַלן פֿון דעם צפֿון־מערבֿ זײַנען געקומען נאָך דעם צפֿון־מיזרחדיקער בורע. איך האָב געריפֿט דער שליופּקעס זעגלען, און זיצנדיק אין דער קאַבינע אָפּצורוען די אויגן בין איך אַזוי שטאַרק באַרושמט געוואָרן מיט וואָס איך זאָל זיך ריכטן פֿון דער גאַנצער נאַטור, אַז אין מיטן דרעמלען האָט די סאַמע לופֿט וואָס איך אָטעמען, עס האָט זיך געדאַכט, מיך געוואָרנט וועגן סכּנה. די חושים האָבן געהערט "*ספּריי*, דאָרט!" אויסגעשריגן ווי אַ וואָרענונג. איך בין געשפּרונגען אויפֿן דעק, זיך געוווּנדערט ווער זאָל דאָרט זײַן וואָס קען דעם *ספּריי* אַזוי גוט זי אָנצורופֿן מיטן נאָמען אין דעם פֿינצטערניש. וואָרן איצט איז געווען שטאָק פֿינצטער אומעטום אַרום אַחוץ אויף דרום־מערבֿ, ווו דער אַלטער באַקאַנטער ווײַסער בויגן, די אימה פֿון קאַפּ־האָרן, גיך אַרויפֿגעשטויסן פֿון אַ דרום־מערבֿדיקער בורע. איך האָב בלויז אַ רגע געהאַט

אַראָפּצושלעפּן די זעגלען און אַלץ פֿעסט צו בינדן ווען עס האָט אָנגעשלאָגן ווי אַ קויל פֿון אַ האַרמאַט, און במשך פֿון דער ערשטער האַלבער שעה איז זי געווען שוין איין מאָל אַ בורע צו געדענקען. דרײַסיק שעה האָט עס געהאַלטן שווער בלאָזן. די שליופּקע האָט ניט געקענט טראָגן מער ווי אַ דרײַ־געריפֿטן הויפּטזעגל און פֿאָדערשטריקזעגל[א]. מיט אָט די האָט זי זיך פֿעסט אײַנגעהאַלטן און איז ניט געבלאָזן געוואָרן אַרויס פֿון דעם **ד**ורכגאָס. בײַ די העכסטע שקוואַלן אין אָט דער בורע האָט זי אַראָפּגעלאָזט די אַלע זעגלען, איז דאָס ניט געווען קיין זעלטענע זאַך.

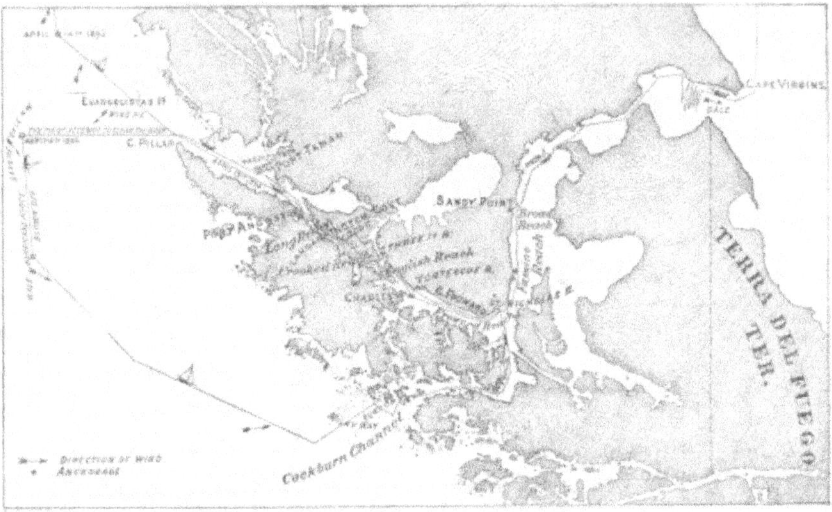

די רוטע פֿון דעם **ס**פּריי דורך דעם **מ**אַדזשעלען־**ד**ורכגאָס

נאָך דער דאָזיקער בורע איז געקומען נאָר אַ שאַרף ווינטל, און דער **ס**פּריי, בשלום דורך דעם ענגפּאַס, האָט אַראָפּגעלאָזט דעם אַנקער בײַ **ז**אַמדיקן **פּ**ונקט דעם 14טן פֿעברואַר, 1896.

זאַמדיקן **פּ**ונקט (**פּ**ונטאַ **אַ**רענאַס) איז אַ קוילן־סטאַנציע פֿון **ט**שילע, און באַרימט זיך מיט אַ צוויי טויזנט אײַנוווינער, פֿון פֿאַרשיידענע לענדער נאָר ס'רובֿ פֿון **ט**שילע. מיט שאָפֿערײַ, גראָבן גאָלד, און יעגערײַ איז די באַפֿעלקערונג פֿון אָט דעם טריבן לאַנד ניט אין דעם ערגסטן מצבֿ אויף דער וועלט. נאָר די היגע לײַט, **פּ**אַטאַגאָניער און **פֿ**וענאַנער, צוריק געגעדט, זײַנען געווען אַזוי קלאָגעדיק ווי מיגלעך אַ דאַנק האַנדל מיט די שווינדלערישע סוחרים. אַ גרויסער טייל פֿון דעם געשעפֿט איז געווען האַנדל מיט "פֿײַער־וואַסער." אויב עס איז געווען אַ געזעץ אַקעגן פֿאַרקויפֿן דעם סמיקן שטאָף צו די היגע לײַט, האָט דאָס קיינער ניט דורכגעפֿירט. פֿײַנע מוסטערן פֿון דער **פּ**אַטאַגאָנישער גזע, גאַנץ עלעגאַנט אין דער פֿרי בײַם אָנקום אין שטאָט, האָבן שטאַרק חרטה געהאַט וואָס זיי האָבן אַ מאָל געזען אַ ווײַסן, אַזוי חיוּש פֿאַרשיכורט זיי זײַנען געווען, ניט צו רעדן פֿון די פעלצן זײַנע, וואָס מע האָט פֿון זיי געגנבֿעט.

[א] forestaysail – אי'ה

דער פּאָרט איז דעמאָלט געווען בחינם, נאָר מע האָט געהאַלטן אין בויען אַ צאָלקאָנטראָל, און ווען ער איז פֿאַרטיק, וועט מען אָפּמאָנען פּאָרט־ און טאַריף־אָפּצאָל. אַ זעלנער־פּאָליציאַנט איז געשטאַנען אויף שמירה פֿאַר דעם אָרט און אַ מין בירגערוואַך האָט צומאָליק אויך זיך באַוואָפֿנט. נאָר ס'רובֿ צײַט, לויט מיר, ווען עס קומט צו אַ קעפּונג, טייטן זיי דעם ניט־ריכטיקן פֿאַרשוין. פּונקט פֿאַר מײַן אָנקום האָט דער גובערנאַטאָר אַליין, אַ לאַכעדיקער מין מענטש, אָפּגעשיקט אַ פּאַרטיע יונגען מיט ביינער אָנצופֿאַלן אויף אַ פֿועגישן ייִשובֿ און צו צעשטערן אַזוי פֿיל ווי מיגלעך, אויפֿן חשבון פֿון דער אַנומלטיקער הריגה אין ערגעץ אַנדערש פֿון דער מאַנשאַפֿט פֿון אַ שקונע. בסך־הכּל איז דער אָרט געווען רעכט פֿול מיט נײַעס, שטיצט אונטער צוויי צײַטונגען – טעגלעכע, מיין איך. דער פּאָרט־קאַפּיטאַן, אַן אָפֿיציר אין דעם טשילענער פֿלאָט, האָט מיך געעצהט נעמען אויפֿן באָרט אַ קאָמפּאַניע, צו קעמפֿן קעגן די אינדיאַנער אין דעם דורכגאָס ווײַטער אויף מערבֿ, און האָט גערעדט פֿון בלײַבן דאָ ביז אַ האַרמאַטן־שיפֿל זאָל פֿאָרן דורך דעם, וואָס וואָלט מיך קענען בוקסירן. נאָך אויספֿרעגן דעם אָרט, אָבער, האָב איך געפֿונען נאָר איין מענטש גרייט מיטצופֿאָרן, מיט דעם תּנאַי אַז איך זאָל נעמען אויפֿן באָרט נאָך אַ "מענטש און אַ הונט." נאָר ווײַל עס איז ניט געווען קיין אַנדערער וואָס וויל מיטקומען, און ווײַל איך זאָג זיך אָפּ פֿון הינט, האָב איך מער ניט גערעדט לגבי דעם ענין, נאָר פּשוט אָנגעלאָדן מײַן געווער. דעמאָלט אין מײַן קלעם איז צו מיר געקומען קאַפּיטאַן פּעדראָ סאַמבליטש, אַ גוטער עסטרײַכער מיט אַ גרויסן פּראַקטיק, און מיר געגעבן אַ זעקל מיט טעפּעך־קנאָפּקעס, מער ניצלעך ווי די אַלע קעמפֿערס און הינט פֿון טיעראַ דעל פֿועגאָ. איך האָב פּראָטעסטירט אַז אויפֿן באָרט קומען קנאָפּקעס ניט צו נוץ. סאַמבליטש האָט געשמייכלט אויף מײַן דוחק אין פּראַקטיק, און האָט פֿעסט געטענהט אַז זיי וועלן יאָ קומען צו נוץ. "דו מוזסט זיי ניצן אָפּגעהיט," האָט ער געזאָגט. "דאָס הייסט, דו אַליין זאָלסט ניט אויף זיי טרעטן." מיט אָט דעם סובטילן רמז וועגן ווי מע ניצט די קנאָפּקעס, בין איך בשלום געפֿאָרן, און האָט באַהויבן האַלטן קלאָר די דעקן בײַ נאַכט אָן שטיין אויף דער וואַך.

דער מענטש וואָס וויל ניט מיטקומען אָן נאָך "אַ מענטש און אַ הונט"

סאַמבליטש איז שטאַרק אינטערעסירט געווען אין מײַן נסיעה, און נאָכדעם וואָס ער האָט מיר געגעבן די קנאָפּקעס, האָט ער אַוועקגעשטעלט אויפֿן באָרט זעק מיט ביסקוויטן און אַ גרויסן סכום גערייכערט הירשנס. ער האָט געהאַלטן אַז מײַן ברויט, געוויינטלעכע ים־ביסקוויטן און זייער ברעקלדיק, איז ניט אַזוי נערעוודיק געווען ווי זײַנס, וואָס איז אַזוי האַרט געווען אַז איך האָב עס נאָר געקענט ברעכן מיט אַ שטאַרקן שלאָג פֿון אַ זעצהאַמער. האָט ער מיר דעמאָלט געגעבן, פֿון זײַן אייגענער שליופּקע, אַ קאָמפּאַס וואָס

איז זיכער געװוען בעסער װי מײַנער, און האָט מיר געבאָטן אַראָפּצײַען איר הויפּטזעגל אויב איך װאָלט אים אָננעמען. און צום סוף האָט אָט דער גרויסהאַרציקער מענטש אַרויסגעבראַכט אַ פֿלעשל פֿועגיש גאָלדזאַמד פֿון זײַן באַהעלטעניש און האָט מיך געבעטן צוצונעמען װאָס איך װיל, קעגן הוצאָות װײַטער אויף דער נסיעה. נאָר איך האָב זיך גוט געריכט אויף הצלחה אָן אַזאַ הלוואה פֿון אַ פֿרײַנד, און איך בין געװוען גערעכט. סאַמבליטשעס קנאָפּקעס, װי עס האָט זיך אויסגעװיזן, זײַנען װערט העכער װי גאָלד.

דער פּאָרט־קאַפּיטאַן, װען עס איז אים קלאָר געװאָרן אַז איך װעל אָפּפֿאָרן, אַפֿילו אײנער אַלײן, װײַל עס איז ניט װאָס צו טאָן, האָט מער ניט געטענהט, נאָר האָט מיר געעצהט, טאָמער די װילדע פּרוּװן מיך אַרומרינגלען אין די קאַנוען, צו שיסן גלײַך און בײַ צײַטנס, נאָר ניט אויף טויט, אויב ס׳איז מיגלעך, װאָס דערויף האָב איך שטאַרק מסכּים געװוען. מיט די דאָזיקע אָנװײַזונגען האָט דער אָפֿיציר מיר געגעבן מײַן פּאָרט־דערלויב בחינם, בין איך אָפּגעפֿאָרן דעם זעלבן טאָג, דעם 19טן פֿעברואַר, 1896. מיט אַ מוח אָנגעפֿילט מיט מחשבֿות פֿון מאָדנע און שפּאַנענדיקע אַװאַנטורעס איבער אַלץ װאָס איך האָב שוין איבערגעלעבט, האָב איך איצט אָפּגעזעגלט אַרײַן אין דעם לאַנד און דעם סאַמע האַרץ פֿון די װילדע פֿועגאַנער.

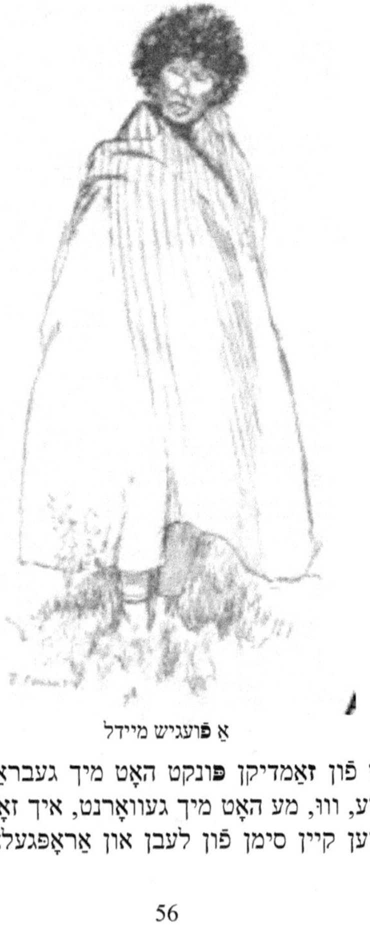

אַ פֿועגיש מײדל

אַ גינציקער װינט פֿון זאַמדיקן פּונקט האָט מיך געבראַכט אויפֿן ערשטן טאָג צו סאַנקט־ניקאָלאַס־בוכטע, װוּ, מע האָט מיך געװאָרנט, איך זאָל אפֿשר אָנטרעפֿן װילדע, נאָר איך האָב ניט געזען קײן סימן פֿון לעבן און אַראָפּגעלאָזט דעם אַנקער אין אַכט

קלאַפּטער וואַסער, ווו איך בין געלעגן די גאַנצע נאַכט אונטער אַ הויכן בערג. דאָ האָב איך געהאַט די ערשטע איבערלעבונג מיט די גוואַלדיקע שקוואַלן, וואָס מע רופֿט זי אָן ווילִיוואַס[א], וואָס געפֿינען זיך פֿון דעם דאָזיקן פּונקט ווײַטער דורך דעם דורכגאַס און אַרײַן אין דעם **פּ**אַציפֿיק. זיי זײַנען צונויפֿגעדריקטע בורעס ווינט וואָס דער **צ**פֿון־**ג**אָט[ב] האָט דערלאַנגט איבער די בערגלעך אין פּײַדעס. אַ ווילִיוואַ אין פֿולן בלי וועט איבערקערן אַ שיף, אַפֿילו אָן די זעגלען, אויף איר זײַט. נאָר ווי מיט אַנדערע בורעס, הערן זיי אויף פֿון צײַט צו צײַט, אויב נאָר אויף אַ קורצער ווײַלע.

דעם 20סטן פֿעברואַר איז געווען מײַן געבוירן־טאָג, און איך האָב זיך געפֿונען אײנעם אַליין, מיט קוים אַ פֿויגל אַפֿילו פֿאַר די אויגן, בײַ **ק**אַפּ־**פֿ**ראָוואַרד, דער דרומדיקסטער פּונקט פֿון דעם **אַ**מעריקאַנישער קאָנטינענט. מיט טאָגליכט אויף צו מאָרגנס האָב איך געשטעלט מײַן שיף אין וועג אַרײַן אויף דעם געראַנגל פֿאָרויס.

די שליופּקע האָט גוט געהאַלטן דעם ווינט און איז ווײַטער דרײַסיק מײַלן אויף איר גאַנג, וואָס האָט זי געבראַכט צו **פּ**אָרטעסקיו **ב**וכטע, און תּיכּף אין מיטן די סיגנאַל־פֿײַערן פֿון די היגע, וואָס האָבן אויפֿגעפֿלאַמט איצט אויף אַלע זײַטן. וואָלקנס זײַנען געפֿלויגן איבערן באַרג פֿון דעם מערבֿ דעם גאַנצן טאָג; בײַ נאַכט איז מײַן גוטער מיזרחדיקער ווינט דורכגעפֿאַלן, און אין זײַן אָרט איז באַלד אָנגעקומען אַ בורע פֿון מערבֿ. איך האָב געפֿונען ווו צו אַנקערן האַלבע נאַכט, אונטערן אָפּדאַך פֿון אַ קליינעם אינדזל, און דעמאָלט זיך געגרייט אַ טעפּל קאַווע, וואָס איך האָב שטאַרק באַדאַרפֿט, וואָרן דעם אמת געזאָגט, אַרבעטן שווער אין די שטאַרקע שקוואַלן און קעגן דעם שטראָם האָט מיר צוגענומען די כּוחות. פֿאַרזיכערט אַז דער אַנקער האַלט פֿעסט, האָב איך געטרונקען דאָס געטראַנק, און דעם אָרט געגעבן דעם נאָמען **ק**אַווע־**א**ינדזל. ער ליגט אויף דרום פֿון **ט**שאַרלס **א**ינדזל, מיט נאָר אָן ענגער דורכגאַס דערצווישן.

קוקנדיק מערבֿ צו פֿון **פּ**אָרטעסקיו **ב**וכטע, ווו אינדיאַנער האָבן זיך נאָכגעיאָגט נאָך דעם **ס**פּריי
(פֿון אַ פֿאָטאָגראַפֿיע)

[א] williwaws – אי"ה
[ב] Boreas – אי"ה

ביז טאָגליכט אויף צו מאָרגנס איז דער ספּריי נאָך אַ מאָל אין וועג אַרײַן, לאַווירט שווער, נאָר זי איז אָנגעקומען אין אַ בוכטעלע אין טשאַרלס אינדזל, ווײַטער צוויי מיט אַ האַלב מײַלן אויפֿן גאַנג. דאָ איז זי געבליבן בשלום צוויי טעג, מיט ביידע אַנקערן אַראָפּ אין אַ בייט לאַמינאַריע. טאַקע וואָלט זי דאָרט געקענט בלײַבן אויף אייביק, נאָר דער ווינט האָט זיך אַ ביסל אײַנגעשטילט; וואָרן במשך פֿון די צוויי טעג האָט געבלאָזן אַזוי שטאַרק אַז קיין שיפֿל האָט ניט געקענט קומען אַרויס אויף דעם דורכגאָס, און ווײַל די היגע זײַנען אַוועק אויף אַנדערע געיעג־שטחים, איז דאָס אַנקערן בײַם אינדזל געווען זיכער. נאָר בײַם סוף פֿון דעם רציחהדיקן ווינט־שטורעם איז געקומען לויטערער וועטער, האָב איך אַרויפֿגעצויגן די אַנקערס, און נאָך אַ מאָל געזעגלט אַרויס אויף דעם דורכגאָס.

קאַנוען געטריבן פֿון ווילדע פֿון פֿאָרטעסקיו האָבן זיך איצט נאָך אונדז נאָכגעיאָגט. דער ווינט איז לײַכטער געוואָרן, זײַנען זיי גיך נעענטער געקומען ביז אַרײַן אין אויערגרייך, ווען זיי האָבן אויפֿגעהערט רודערן און אַ ווילדער מיט אויסגעבויגענע קני איז אויפֿגעשטאַנען און מיר אויסגערופֿן, "יאַמערסקונער[א]! יאַמערסקונער!", בײַ זיי אַ בעטל־וואָרט. איך האָב געזאָגט, "ניין!" נו, איך האָב ניט געוואָלט אים לאָזן וויסן אַז איך בין איינער אַליין, בין איך דערפֿאַר אַרײַן אין דער קאַבינע, דורך דעם טריום, און אַרויס בײַ אַ פֿאָדער־טירל, האָב איך איבערגעטאָן די קליידער בײַם גיין. אַזוי זײַנען געווען צוויי מענטשן. דעמאָלט האָב איך דעם שטיק פֿאָדערבאָרט־מאַסט, וואָס איך האָב געהאַט אָפּגעזעגט אין בוענאָס־אײַרעס, און וואָס איך האָב נאָך אַלץ געהאַט אויפֿן באָרט, אויפֿגעשטעלט אויף פֿאָרנט אויף דעם קוקפּונקט, אָנגעקליידט ווי אַ מאַטראָס, מיט אַ שטריק צוגעבונדן כּדי דאָס צו באַוועגן. דאָס האָט געמאַכט דרײַ פֿון אונדז, און מיר האָבן ניט געוואָלט צו "יאַמערסקונער," נאָר ניט געאַרט פֿון דעם אַלץ, זײַנען די ווילדע נאָך גיכער ווי פֿריִער נעענטער געקומען. איך האָב געזען אַז אַחוץ פֿון די פֿיר רודערער אין דעם נאָענסטן קאַנו, זײַנען געווען אַנדערע אינעם אונטן, און זיי האָבן אָפּט איבערגעביטן די אַרבעטער. ווײַט אַכציק יאַרדן האָב איך געשאָסן איבער דעם פֿאָדערבאָרט פֿון דעם נאָענסטן קאַנו, האָבן זיי זיך אַלע אָפּגעשטעלט, אָבער נאָר אויף אַ רגע. צוליב דעם וואָס זיי קומען עקשנותדיק נעענטער, האָב איך אַ צווייט מאָל געשאָסן אַזוי נאָענט צו דעם יאַט וואָס האָט געפֿאָדערט "יאַמערסקונער" אַז ער האָט גיך געביטן די מיינונג און האָט געריטשעט מיט פּחד, "בוענאָ יאָ ווי אַ איסלאַ[ב]," איז ער געזעסן אין זײַן קאַנו און געריבן רעם רעכטן קאַצקאָפּ[ג] אַ גוטע ווײַלע. איך האָב געהאַט אין מוח די עצה פֿון דעם גוטן פּאָרט־קאַפּיטאַן ווען איך האָב געצויגן דאָס צינגל, און האָב געמוזט גוט געצילט; אָבער פֿאַר מ"ר "שוואַרצן פּעדראָ," וואָס דאָס איז ער געווען, און ניט קיין אַנדערער, אַן אָנפֿירער אין עטלעכע בלוטיקע הריגות, איז דאָס געווען גענוג נאָענט. ער איז אַוועק צו דעם אינדזל איצט, און די אַנדערע נאָך אים. איך האָב דערקענט פֿון זײַן שפּאַנישן זשאַרגאָן און דער פֿולער באָרד אַז ער איז יאָ געווען דער רשע איך האָב דערמאָנט, אַ הפֿקרדיקער מישלינג, און דער ערגסטער מערדער אין טיעראַ דעל פֿועגאָ. די מלוכה האָט איך געזוכט שוין צוויי יאָר. די פֿועגאַנער האָבן ניט קיין בערד.

אַזוי איז געווען דער ערשטער טאָג צווישן די ווילדע. איך האָב זיך געאַנקערט האַלבע נאַכט אין דרײַ־אינדזל־בוכטעלע, אַ צוואַנציק מײַלן ווײַטער פֿון פֿאָרטעסקיו בוכטע. איך

[א] yammerschooner – אי'ה

[ב] "All right, I'm going to the island." – אי'ה

[ג] cat-head – אי'ה

האָב געזען אויף דער צווייטער זײַט פֿון דעם דורכגאַס סיגנאַל־פֿײַערן, און געהערט דאָס בילן פֿון הינט, נאָר ווו איך בין געלעגן איז געווען גאַנץ פֿרײַ פֿון היגע. איך האָב שטענדיק געהאַלטן פֿאַר אַ סימן אַז ווו עס געפֿינען זיך פֿייגל זיצנדיק אַרום אָדער ים־הינט אויף די שטיינער, געפֿינען זיך ניט קיין ווילדע אינדיאַנער. ים־הינט זײַנען ניט קיין אָפֿטער חפֿצים אין די דאָזיקע וואַסערן, נאָר אין **דרײַ־אינדזל־בוכטעלע** האָב איך איינעם געזען אויף אַ שטיין, און אַנדערע סימנים אַז עס פֿעלן דאָ ווילדע מענטשן.

שפּאַרעניש מיט פֿועגאַנער

אויף מאָרגן האָט דער ווינד נאָך אַ מאָל געבלאָזן אַ בורע, און כאָטש זי איז געווען אין דעם אָפּדאַך פֿון לאַנד, האָט די שליופּקע געשלעפּט די אַנקערס, האָב איך געדאַרפֿט זי שטעלן אין וועג אַרײַן און אַרבעטן שווער ווײַטער אַרײַן אינעם בוכטעלע, ווו איך בין אַרײַן אין אַ באַסיין אַרומגערינגלט מיט יבשה. אין אַן אַנדער צײַט צי אָרט וואָלט דאָס געווען אַן אומבאַטראַכטע טווּנג, און עס איז איצט זיכער געווען נאָר צוליב דעם וואָס די בורע וואָס האָט מיך געטריבן צו דעם אָפּדאַך וואָלט פֿאַרהיטן די אינדיאַנער קומען איבערן דורכגאַס. ווען איך האָב געזען אַז עס איז אַזוי, בין איך אויף דער יבשע מיט ביקס און האַק אויף אַן אינדזל, ווו אויף יעדן פֿאַל קען מען מיך ניט איבערפֿאַלן, און דאָרט אָפּגעהאַקט עטלעכע ביימער און געשפּאַלטן אַן ערך אַ קלאַפֿטער ברענוואַרג, וואָס האָט אָנגעלאָדן מײַן קליין שיפֿל עטלעכע מאָל.

בעת איך האָב געטראָגן דאָס האָלץ, כאָטש איך בין גאַנץ זיכער אין מוח אַז עס זײַנען ניטאָ קיין ווילדע אין דעם געגנט, בין איך קיין מאָל ניט געגאַנגען אַהין צי צוריק פֿון דעם שיפֿל אָן דעם ביקס. כּל־זמן איך האָב דאָס געהאַט און אַן אָפֿענעם בליק ווײַטער ווי אַכציק יאַרדן אַרום, האָב איך זיך זיכער געפֿילט.

די ביימער אויף דעם אינדזל, זייער שיטער, זײַנען געווען אַ מין בוקנבוים און אַ פֿאַרהאַלטענער צעדערבוים, ביידע פֿון זיי גוט ברענוואַרג. די גרינע צווײַגן אַפֿילו פֿון דעם בוקנבוים, וואָס האָט אַ פּנים עפּעס אַ סמאָלעדיקע טבֿע, ברענען גרינג אין מײַן גרויסן פֿעסל־אויוון. איך האָב פּרטימדיק באַשריבן מײַן אופֿן זאַמלען האָלץ, אַזוי אַז דער לייענער, וואָס האָט מיך גוטהאַרציק איבערגעטראָגן ביז איצט, זאָל פֿאַרשטיין ווי דאָ, ווי

אין די אַלע אַנדערע פּרטים פֿון מײַן נסיעה, האָב איך זיך מטריח געווען צו פֿאַרהיטן אַלע מינים סורפּריזן, אָדער פֿון חיות אָדער פֿון דער סטיכיע. אין דעם מאַדזשעלען־דורכגאַס איז די גרעסטע וואַכיקייט געווען נייטיק. אין דעם פֿאַל דאָ האָב איך גערעכנט אַז אַרום מיר דעמאָלט איז געווען די גרעסטע סכּנה פֿון דער גאַנצער נסיעה – די בגידה פֿון כיטרע ווילדע, וואָס דערקעגן האָב איך געדאַרפֿט זײַן שטענדיק אויף דער וואַך.

דער ספּריי האָט אָפּגעזעגלט פֿון דרײַ־אינדזל־בוכטעלע אויף צו מאָרגן ווען די בורע האָט זיך פֿאַרשטילט, נאָר איז צוריק מיט פֿרייד אין אָפּדאַך פֿון נאָך אַ פּלוצעמדיקער בורע. אַוועק נאָך אַ מאָל אויף דעם קומעדיקן טאָג, איז זי אָנגעקומען אין באָרזשיע בוכטע, עטלעכע מײַלן ווײַטער אויפֿן גאַנג, וווּ שיפֿן האָבן געאַנקערט פֿון צײַט צו צײַט און צוגענאָגלט ברעטער צו די ביימער מיט די נעמען און די דאַטעס דאָרט געאַנקערט אײַנגעשניטן צי אָפּגעמאָלט. גאָרנישט אַנדערש האָב איך געקענט זען אַז אַ מאָל איז דאָ געווען אַ ציוויליזירטער. איך האָב דעם אומעטיקן אָרט אַרומגעקוקט מיט מײַן טעלעסקאָפּ, און האָט געהאַלטן אין אַראָפּלאָזן דאָס שיפֿל צו פֿאָרן אויף דער יבשה און מאַכן נאָטיצן, ווען די טשילענער האַרמאַטן־שיפֿל *הועמעל* איז אַרײַנגעקומען, און די אָפֿיצירן, ווען זיי זײַנען געקומען אויפֿן באָרט, האָבן מיך געעצהט תּיכּף אָפּצולאָזן דעם אָרט, וואָס האָט געדאַרפֿט ווייניקן כּוח־הדיבור מיך אײַנצורעדן. איך האָב אָנגענומען דעם קאַפּיטאַנס ליבלעך אָנבאָט פֿון אַ בוקסיר ביז דעם קומעדיקן אַנקער־אָרט, אַן אָרט וואָס הייסט אײַנרײַס־בוכטעלע, ווײַטער אַכט מײַלן, וווּ איך וועל זײַן פֿאַרבײַ די ערגסטע פֿון די פֿועגאַנער.

אַ שטיקל פֿרײַנדלעכע הילף
(נאָך אַ סקיצע פֿון פֿלאָטקאַדעט מיגועל אַרענאַס)

מיר האָבן געאַנקערט אין דעם בוכטעלע פֿאַרנאַכט די נאַכט, בעת דער ווינט איז אַראָפּ אין רציחהדיקע ווילוואַס פֿון די בערג. אַ משל פֿון מאַדזשעלען־וועטער האָט זיך פֿאַר אונדז באַוויזן ווען דער *הועמעל*, אַ גוט אויסגעריכט האַרמאַטן־שיפֿל מיט גרויסע קראַפֿט, נאָך אַ פּרווו דעם קומעדיקן טאָג ווײַטער צו פֿאָרן אויף איר נסיעה, איז געצוווּנגען געוואָרן פֿון דעם הוילן כּוח פֿון דעם ווינט צוריקצוקומען און אַנקערן נאָך אַ מאָל, צו בלײַבן ביז די בורע פֿאַרשטילט זיך, און עס איז אַ גליק געווען וואָס ער האָט געקענט קומען צוריק!

דאָס אָנטרעפֿן די דאָזיקע שיף איז געווען אַ קליינע ברכה. איר קאַפּיטאַן און אָפֿיצירן זײַנען געווען ערשט־ראַנגיקע מאַטראָסן און דערצויגענע הערן. ספּאָנטאַן האָבן זיי אויסגעטראַכט אַ פֿאַרשטעלונג בײַ דעם אײַנרײַס וואָס איז אין ערגעץ ניט צי פֿאַרגלײַכן.

איינער פֿון די פֿלאַטקאַדעטן האָט געזונגען פּאָפּולערע לידער אין פֿראַנזייזיש, דײַטש, און שפּאַניש, און איינס (אַזוי האָט ער געזאָגט) אין רוסיש. אויב דער עולם האָט ניט געקענט דאָס לשון פֿון איין ליד צי אַ צווייטן, האָט דאָס ניט פֿאַרקלענערט די הנאה.

איך בין געווען איינער אַליין דעם קומעדיקן טאָג, וואָרן דעמאָלט איז דער *הועמעל* אָפּגעפֿאָרן אויף איר נסיעה נאָכן סוף פֿון דער בורע. איך האָב פֿאַרבראַכט אַ טאָג קריגן האָלץ און וואַסער; בײַם סוף פֿון דער צײַט איז דער וועטער גוט געוואָרן, האָב איך דעמאָלט אָפּגעזעגלט פֿון דעם וויסטן אָרט.

עס איז נאָר ווייניק וואָס צו זאָגן וועגן דעם **ספּ**רייס ערשטן פּאַסאַזש דורך דעם דורכגאַס ווײַטער פֿון וואָס איך האָב שוין באַשריבן. זי האָט אָפֿט מאָל געאַנקערט און אָפּגעזעגלט, און געאַרבעט שווער קעגן דעם שטראָם, מיט אַ "ווינטל" אויף עטלעכע מײַלן פֿון צײַט צו צײַט, ביז סוף־כּל־סוף האָט זי געוווּנען אַן אַנקער־אָרט און אָפּדאַך אויף דער נאַכט בײַ **פּ**אָרט **ט**אַמאַר, מיט קאַפּ־זײַל פֿאַר די אויגן אויף מערבֿ. דאָ האָב איך געפֿילט דעם טיאָך פֿון דעם גרויסן אָקעאַן וואָס ליגט פֿאַר מיר. איך האָב איצט געוווּסט אַז איך האָב אַ וועלט אַוועקגעשטעלט אויף הינטן, און אַן אַנדער וועלט עפֿנט זיך פֿאַר מיר. איך בין פֿאַרבײַ די אָפּלאָגן פֿון די ווילדע. גרויסע הויפֿנס גראַניטענע בערג, מיט אַן אויסזע וויסט און אָן לעבן, זײַנען איצט געווען אויף הינטן; אויף עטלעכע פֿון זיי איז אַפֿילו קיין פֿלעק מאָך ניט קיין מאָל געוואַקסן. עס איז געווען אַ ניט־געענדיקטע נײַקייט אומעטום אין דעם לאַנד. אויף דעם בערגל הינטער **פּ**אָרט **ט**אַמאַר האָט מען אויפֿגעוואָרפֿן אַ קליינעם ליכטטורעם, אַ באַווײַז אַז דאָרט איז אַ מאָל געווען אַ בשׂר־ודם. נאָר ווי זאָל מען זאָגן אַז ער איז ניט געשטאָרבן צוליב עלנטקייט און צער? אין אַ וויסט לאַנד איז ניט ווו צו פֿאַרברענגען די צײַט איינער אַליין.

במשך פֿון דעם גאַנצן דורכגאַס אויף מערבֿ פֿון קאַפּ־**פֿ**ראָוואַרד האָב איך ניט געזען קיין חיות אַחוץ הינט וואָס געהערן צו די ווילדע. אַזעלכע האָב איך גענוג אָפֿט געזען, און זייער סקאַווטשען געהערט טאָג ווי נאַכט. פֿייגל זײַנען געווען זעלטענע. דער קוויטש פֿון אַ ווילד עוף, וואָס איך האָב געהאַלטן פֿאַר אַ טוקער, האָט מיר פֿון צײַט צו צײַט אויפֿגעציטערט מיט זײַן שטעכנדיק געשריי. די דאַמפֿשיף־קאַטשקע, אַזוי גערופֿן צוליב דעם וואָס זי גייט אַרום אויפֿן וואַסער מיט די פֿליגלען, און אַזוי זעט זי אויס ווי אַ פּיצלדיקע דאַמפֿשיף מיט רודעררעדער[א] אויף די זײַטן ווי זי פֿאָרט, האָט מען אַ מאָל געזען יאָגנדיק זיך אַרויס פֿון סכּנה. זי פֿליט קיין מאָל ניט. נאָר בײַם שלאָגן אויפֿן וואַסער ווי אויף דער לופֿט מיט פֿליגלען, גייט זי גיכער ווי אַ רודערשיפֿל צי אַ קאַנו. די געציילטע פֿעל־פֿאָקעס וואָס איך האָב געזען זײַנען געווען זייער שעמעוודיק, און פֿון פֿיש האָב איך קוים קיינע געזען. איך האָב קיינע ניט געכאַפּט; דעם אמת געזאָגט האָב איך נאָר זעלטן געלאָזט אַ האָק איבער דער זײַט במשך פֿון דער גאַנצער נסיעה. דאָ אין דעם דורכגאַס האָב איך געפֿונען מושלען בשפֿע און ערשט־ראַנגיקע. איך האָב לוקסוסדיק זיי געגעסן. עס איז געווען אַ מין שוואַן, קלענער ווי אַ **מ**וסקאָווי־קאַטשקע, וואָס איך וואָלט געקענט קריגן מיט דער ביקס, נאָר אין מיטן דער עלנטקייט פֿון לעבן אַרום דעם וויסטן לאַנד, האָט עס מיר ניט געוואָלט נעמען אַ לעבן, אַחוץ פֿאַרטיידיקן זיך.

[א] paddle-wheels – א׳ה

קאַפּיטל אַכט

פֿון קאַפּ־זײַל אַרײַן אין דעם פּאַציפֿיק – געטריבן פֿון אַ שטורעם צו קאַפּ־האָרן צו – קאַפּיטאַן סלאָקומס גרעסטע ים־אַװאַנטורע – אין דעם דורכגאָס נאָך אַ מאָל מיט דעם קאָקבורן־קאַנאַל – עטלעכע װילדע געפֿינען די טעפּעך־קנאָפּקעס – סכּנה פֿון געטראָגענע פֿײַערן – אַ רײ רציחהדיקע װיליװאַס – נאָך אַ מאָל זעגלען מערבֿ צו

דעם 3טן מאַרץ האָט דער ספּרײ אָפּגעזעגלט פֿון פּאָרט טאַמאַר דירעקט קיין קאַפּ־זײַל, מיט דעם װינט פֿון צפֿון־מערבֿ, װאָס איך האָב שטאַרק געהאָפֿט װעט האַלטן אַזױ ביז זי איז פֿרײַ פֿון לאַנד, נאָר אַזאַ גוט מזל איז ניט צו דער האַנט. באַלד איז געקומען אַ רעגן, און געדיכטער געװאָרן אויף צפֿון־מערבֿ, אַ בײזער סימן. דער ספּרײ איז גיך געקומען נאָענט צו קאַפּ־זײַל, און אָן װאַקלעניש, זיך געװאָרפֿן אויף דעם פּאַציפֿיק אָקעאַן אין אײן מאָל, זיך געבאָדן דאָס ערשטע מאָל אין אים אין דעם װאַקסנדיקן שטורעם. צוריקקער איז געװען אוממיגלעך אַפֿילו װאָלט עס מיר אַזױ געגלוסט, װאָרן דאָס לאַנד איז איצט פֿאַרשטעלט געװען אין דעם פֿינצטערניש פֿון נאַכט. דער װינט האָט זיך פֿאַרשטאַרקט און איך האָב אַרײַנגעצויגן אַ דריטן ריף. דער ים איז צעמישט געװען און פֿאַררעטעריש. אין אַזאַ צײַט װי איצט פֿלעגט דער אַלטער פֿישער בעטן "געדענק, רבינו־של־עולם, מײַן שיף איז אַ קלײנע, און דײַן ים איז אַזױ ברײט!" איך האָב איצט נאָר געזען די שײַנענדיקע שפּיצן פֿון די כװאַליעס. זײ האָבן באַװיזן װײַסע צײן בעת די שליופּקע װיגט זיך איבער זײ. "אַלץ אַװעקצוהאַלטן," האָב איך געשריגן, און אַזױ צו טאָן האָב איך אויפֿגעשלאָגן די אַלע זעגלען װאָס זי קען טראָגן. זי איז געלאָפֿן די גאַנצע נאַכט מיט אַ פֿרײַען צישטריק, נאָר אין דער פֿרי דעם 4טן מאַרץ האָט דער װינט זיך געדרײט, געקומען ערשט פֿון דעם דרום־מערבֿ און דעמאָלט מיט אַ מאָל צוריק פֿון צפֿון־מערבֿ, און געבלאָזן מיט גװאַלדיקן כּוח. דער ספּרײ, מיט אַראָפּגעצויגענע זעגלען, איז װײַטער אונטער נאַקעטע סלופּעס. קיין שיף אויף דער װעלט װאָלט געקענט אויסהאַלטן קעגן אַזאַ גװאַלדיקער בורע. מיט דעם פֿאַרשטאַנד אַז דאָס שטורעם װעט אפֿשר געדויערן אַ סך טעג, און אַז עס װאָלט געװען אוממיגלעך אַרבעטן צוריק מערבֿ צו פּאַזע ברעג אין דרויסן פֿון טיעראַ דעל פֿועגאָ, איז ניט געװען אַנדערש װאָס צו טאָן אַחוץ פֿאָרן װײַטער מיזרח צו נאָך אַלעמען. סײַ װי סײַ איז דער אײנציקער גאַנג צו בלײַבן זיכער אין דער איצטיקער רגע, זי צו האַלטן פֿאַר דעם װינט. און אַזױ האָט זי זיך געטריבן דרום־מיזרח צו, גלײַך װי זי פֿאָרט אַרום דעם האָרן, בעת די כװאַליעס גײען אַרויף און אַראָפּ און ריטשען זײער אָנספּקדיקע מעשׂה פֿון דעם ים, נאָר די האַנט װאָס האַלט זײ האַלט אויך דעם ספּרײ. זי איז איצט געלאָפֿן מיט אַ געריפֿטן פֿאָרשטריקזעגל, מיט די צישטריקן שטײף אין מיטן שיף. איך האָב אַרויסגעלאָזט צװײ לאַנגע שטריקן זי צו האַלטן אויפֿן גאַנג, און צו צעברעכן די קײַקלענדיקע כװאַליעס פֿון הינטן, און איך האָב צוגעבונדן די קערמע אין מיטן שיף. אַזױ אײַנגעאָרדנט איז זי געלאָפֿן פֿאַר דעם װינט, זײַנען קיין כװאַליעס ניט אַרײַנגעקומען. אַפֿילו װען דער שטורעם האָט געבושעװעט דאָס ערגסטע, איז מײַן שיף געזונט געװען און אײדל. מײַן זאָרג לגבי איר ים־פֿעיִקייט איז פֿאַרשטילט געװאָרן אויף אײביק.

װען איך האָב אַלץ געטאָן װאָס איז צו טאָן צוליב דער זיכערקייט פֿון דער שיף, בין איך צו דעם פֿאָדערשטן אײַנגאַנג צו דער קאַבינע צװישן כװאַליעס, געגרייט אַ טאָפּ קאַװע

איבער אַ האָלץ־פֿײַער, און געמאַכט אַ גוט אירלאַנדיש געדישעכץ. דעמאָלט, ווי פֿריִער און דערנאָך אויף דעם ספּריי, בין איך עקשנותדיק געווען לגבי הייסע מאָלצײַטן. אין דעם פֿלייץ־שטראָם לעבן קאַפּ־זײַל, אָבער, ווו דער ים איז געווען ווונדערלעך הויך, אומגלײַך, און קרום, האָב איך קוים אַן אַפּעטיט געהאַט, און אויף אַ ווײַלע האָב איך אָפּגעלייגט קאָכן. (צווישן אונדז גערעדט, בין איך אַראָפּ מיט ים־קרענק!)

קאַפּ־זײַל

דער ערשטער טאָג פֿונעם שטורעם האָט געגעבן דעם ספּריי איר אמתדיקע פּראָבע אין דעם ערגסטן ים וואָס קאַפּ־האָרן אָדער זײַן ווילדע געגנטן קענען דערלאַנגען, און אין קיין טייל פֿון דער וועלט געפֿינט זיך ניט קיין שווערער ים ווי בײַ דעם דאָזיקן פּונקט, דאָס הייסט, בײַ קאַפּ־זײַל, דער פֿאַרביסענער שומר פֿון דעם האָרן.

ווײַטער אַוועק פֿון ברעג, כאָטש דער ים איז געווען מאַיעסטעטיש, איז געווען ווייניקער געפֿיל פֿון סכּנה. דאָרט האָט דער ספּריי געריטן, איצט ווי אַ פֿויגל אויפֿן שפּיץ פֿון אַ כוואַליע און איצט ווי אַ הפֿקר־קינד טיף אַראָפּ אין דער פֿאַרטיפֿונג צווישן די כוואַליעס, און אַזוי האָט זי זיך ווײַטער געטריבן. גאַנצע טעג זײַנען פֿאַרבײַ, אויסגעציילט ווי אַנדערע טעג, נאָר שטענדיק מיט התפּעלות – יאָ, מיט תּענוג.

אויף דעם פֿערטן טאָג פֿון דער בורע, קומענדיק גיך נאָענט צו דעם שפּיץ פֿון קאַפּ־האָרן, האָב איך איבערגעקוקט מײַן קאַרטע און אויסגערעכנט די ריכטונג און ווײַטקייט ביז פּאָרט סטאַנלי, אין די פֿאַלקלאַנד־אינדזלען, ווו איך קען אפֿשר אָנקומען און רעמאָנטירן, ווען איך האָב דערזען דורך אַ שפּאַלט אין די וואָלקנס אַ הויכן באַרג, אַ צוואַנציק מײַלן אַוועק אויף דער לינקער זײַט. דער רציחהדיקער קאַנט פֿון דער בורע האָט שוין דעמאָלט אָפּגעבלאָזן, האָב איך שוין צוגעבונדן אַ קוואַדראַט־זעגל אויף דעם הייבשטאַנג, אינעם אָרט פֿון דעם הויפּטזעגל, וואָס איז צעריסן געוואָרן ביז שמאַטעס. איך האָב אַרײַנגעצויגן די נאָכגעשלעפּטע שטריקן, אַרויפֿגעצויגן דעם אומגעלומפּערטן זעגל, מיט איין ריף, מיט דעם פֿאָדערשטריקזעגל שוין אויפֿגעשלאָגן, און מיט דעם זעגל האָב איך זי געבראַכט תּיכּף אויף דעם ווינט צו דעם לאַנד צו, וואָס האָט אויסגעזען ווי אַ אינדזל אין דעם ים. אַזוי האָט עס אַרויסגעוויזן צו זײַן, כאָטש ניט דעם וואָס איך האָב געמיינט.

איך בין שטאַרק דערפֿרייט געווען מיטן אויסבליק פֿון נאָך אַ מאָל אַרײַנקומען אין דעם מאַדזשעלען־דורכגאָס און שלאָגן זיך נאָך אַ מאָל דורך אַרײַן אין דעם פּאַציפֿיק, וואָרן עס איז געווען מער ווי שטורעמדיק אויף דעם דרויסנדיקן ברעג פֿון טיעראַ דעל

פּועגאָ. עס איז טאַקע געװען אַ באַרגיקער ים. װען די שליופּקע איז געװען אין די רציחהדיקסטע שקװאַלן, מיט בלויז דעם געריפּטן פֿאָדערשטריקזעגל אויפֿגעשלאָגן, האָט דער קלײנער זעגל אַפֿילו זי געטרײסלט פֿון קיל ביזן אויבן פֿונעם מאַסט װען עס ציטערט זיך דער הינטערקאַנט[א]. אויב איך האָט געהאַט דעם מינדסטן ספֿק װעגן איר זיכערקײט, װאָלט דאָס געװען װעגן אַ רין בײַ דעם ברעט בײַ דעם פּיאַטע פֿונעם מאַסט, נאָר זי האָט מיך קײן מאָל ניט גערופֿן צו דער פּאָמפּע. מיטן דרוק פֿון דעם קלענסטן זעגל װאָס איך האָב געקענט אויפֿשלאָגן איז זי געגאַנגען צו דער יבשה צו װי אַ לויפֿפֿערד, און קערעװען זי איבער די שפּיצן פֿון די כװאַליעס אַזוי אַז זי זאָל זיך ניט ספּאָטיקען איז געװען אַ שײן שטיק אַרבעט. איך בין געשטאַנען בײַ דער קערמע איצט און האָט הנאה געהאַט.

די נאַכט איז אַראָפּ אײדער די שליופּקע איז געקומען צו דער יבשה, האָט זי געדאַרפֿט טאַפּן איר װעג אין דעם שטאָק פֿינצטערניש. באַלד האָב איך געזען ברעכערס פֿאָרויס. האָב איך די שיף אַרומגעדרײט און זיך גענומען אַװעק פֿון ברעג, נאָר תּיכּף בין איך דערשראָקן געװאָרן פֿון דעם אומגעהײַערן רעװען פֿון ברעכערס פֿאָרויס נאָך אַ מאָל און װינט־אַראָפּ אויף פֿאָרנט. װאָס האָט מיך געפּלעפּט, װאָרן עס האָט ניט געזאָלט זײַן קײן צעבראָכן װאַסער װוּ איך האָב געמײנט איך בין. איך האָב זיך אַװעקגעהאַלטן אַ װײַלע און דעמאָלט אַרומגעדרײט, נאָר דאָרט האָב איך אויך געפֿונען געבראָכן װאַסער און האָט איר קאָפּ נאָך אַ מאָל געװאָרפֿן אַװעק פֿון דער יבשה. אַזוי, צװישן סכּנות, האָב איך פֿאַרבראַכט די איבעריקע נאַכט. האָגל און אײַזרעגן במשך פֿון די רציחהדיקע שקװאַלן האָבן געשניטן מײַן פֿלײש ביז בלוט האָט געקאַפּעט איבערן פּנים, נאָר מילא. עס איז געװען טאָגליכט און די שליופּקע איז געװען אין דער מיט פֿון דעם **מ**ילכװעג פֿון דעם ים, װאָס איז אויף צפֿון־מערבֿ פֿון **ק**אַפּ־**ה**אָרן, און עס זײַנען געװען די װײַסע ברעכערס פֿון אַ ריזיקן ים איבער אײַנגעזונקענע שטײנער װאָס האָבן געהאַלטן בײַ זי אײַנשלינגען דורך דער נאַכט. עס איז געװען **ר**ציחה־**א**ינדזל װאָס איך האָב געהאַט דערזען און צו אים געפֿאָרן, און אַזאַ אויסבליק איז געשטאַנען פֿאַר מיר איצט אומעטום אַרום! עס איז ניט געװען די צײַט זיך צו באַקלאָגן װעגן אַ צעבראָכענער הויט. װאָס האָב איך געקענט טאָן אַחוץ כאַפּן דעם װינט צװישן די ברעכערס און געפֿינען אַ װעג דורך זײ, איצט װאָס עס איז געקומען דער טאָג? װײַל זי האָט אויסגעמיטן די שטײנער דורך דער נאַכט, איז זיכער געװען אַז זי װעט געפֿינען איר װעג מיט טאָגליכט. דאָס איז געװען די גרעסטע ים־אַװאַנטורע אין מײַן לעבן. מי־יודע װײסט װי מײַן שיף איז אַנטלאָפֿן.

די שליופּקע איז סוף־כּל־סוף אָנגעקומען אין צװישן פֿון קלײנע אינדזלען װאָס האָבן איר געגעבן אָפּדאַך אין שטיל װאַסער. דעמאָלט האָב איך זיך קאַראַפּקעט אַרויף אויף דעם מאַסט אַ קוק צו טאָן אויף דער װילדער סצענע אויף הינטן. דער גרויסער נאַטוראַליסט **ט**שאַרלס **ד**אַרװין האָט באַטראַכט דעם ימשאַפּט פֿון דעם דעק פֿון דעם **ב**יגל, און האָט געשריבן אין זײַן טאָגביכל, "אַבי אַ לאַנד־מאַן װאָס קוקט אויף דעם **מ**ילכװעג װאָלט שלאָפֿן אַ װאָך מיט קאָשמאַרן." ער האָט געקענט צוגעבן, "אָדער ים־מאַן" אויך.

דעם **ס**פּרײס גוט מזל איז גיך װײַטער געגאַנגען. איך האָב זיך דערװוּסט, בעת זי פֿאָרט װײַטער דורך אַ לאַבירינט מיט אינדזלען, אַז זי איז געװען אין דעם **ק**אָקבורן־**ק**אַנאַל, װאָס פֿירט אַרײַן אין דעם **מ**אַדזשעלען־**ד**ורכגאָס בײַ אַ פּונקט אַנטקעגן **ק**אַפּ־**פֿ**ראָװאַרד, און אַז זי איז געװען שוין פֿאַרבײַ **ג**נבֿים־**ב**וכטע, אַ געהעריקער נאָמען. און בײַ

[א] "… shivered by the leach." – אי"ה

נאַכט דעם 8טן מאַרץ, כּך־הווה, איז זי געווען געאַנקערט אין אַ היימלעך בוכטעלע בײַ דעם **א**ויסדריי! יעדער האַרץ־קלאַפּ אויף דעם **ס**פּריי האָט אויסגעציילט דאַנקען.

דאָ האָב איך איבערגעטראַכט די געשעענישן פֿון די לעצטע פּאָר טעג, און טשיקאַווע צו זאָגן, אַנשטאָט פֿילן זיך אָפּגערוט פֿון זעצן זיך אָדער זיך אַוועקלייגן, האָב איך איצט אָנגעהויבן פֿילן אויסגעשעפּט און אויסגעמאַטערט, נאָר אַ הייסער מאָלצײַט פֿון הירשנס־געדישעכץ האָט מיך צו רעכט געשטעלט, האָב איך געקענט שלאָפֿן. ווען איך האָב אָנגעהויבן ווערן שלעפֿעריק האָב איך באַשיטן דעם דעק מיט קנאָפּקעס, און דעמאָלט זיך אַוועקגעלייגט שלאָפֿן, האַלטנדיק אין זינען די עצה פֿון מײַן אַלטן פֿרײַנד **ס**אַמבליטש, אַז איך אַליין זאָל ניט טרעטן אויף זיי. איך האָב זיך פֿאַרזיכערט אַז ס'רובֿ פֿון זיי שטייען מיטן "קאָפּ אַראָפּ", וואָרן ווען דער **ס**פּריי איז פֿאַרבײַ **ג**נבֿים־**ב**וכטע זײַנען צוויי קאַנוען אָפּגעפֿאָרן פֿון ברעג און געקומען אין איר נאָכבריז, און עס איז ניט מיגלעך צו באַהאַלטן דעם פֿאַקט אַז איך בין מער ניט איינער אַליין.

עס איז גוט באַקאַנט אַז מע קען ניט אָנטרעטן אויף אַ קנאָפּקע אָן אַן אַרויסזאָג דערוועגן. אַ נישקשה גוטער קריסט וועט געבן אַ פֿײַף ווען ער טרעט אויף דעם "געשעפֿטלעכן עק" פֿון אַ טעפּעך־קנאָפּקע; אַ ווילדע וועט ווייען און קראַצן אויף דער לופֿט, און פּונקט דאָס איז געשען יענע נאַכט אַן ערך האַלבע נאַכט, בעת איך שלאָפֿט אין דער קאַבינאַ, ווו די ווילדע האָט געמיינט אַז זיי האָבן מיך "געכאַפּט", שליופּקע און אַלץ, נאָר זיי האָבן געביטן די מיינונג ווען זיי האָבן געטראָטן אויפֿן דעק, וואָרן דעמאָלט האָבן זיי געמיינט אַז איך אָדער עמעצער האָט זיי געכאַפּט. איך האָב ניט געדאַרפֿט קיין הונט; זיי האָבן געוויעט ווי אַ טשאַטע שפּירהינט. איך האָב קוים געדאַרפֿט דעם ביקס. זיי זײַנען געשפּרונגען הענדעם־פּענדעם, אַ טייל אַרײַן אין די קאַנוען, און אַ טייל אַרײַן אין ים, זיך אָפּצוקילן, נעם איך אָן, האָבן זיך געלאָזט הערן אַ סך פֿרײַע דיבורים בײַם שפּרינגען אין וואַסער אַרײַן. איך האָב געשאָסן עטלעכע מאָל ווען איך בין אַרויס אויפֿן דעק, די שופֿטן זאָלן געוויר ווערן אַז איך בין דאָ אין דער היים, און דעמאָלט זיך נאָך אַ מאָל אַוועקגעלייגט שלאָפֿן, האָב איך זיכער געפֿילט אַז אַזוינע לײַט וואָס גייען אָפּ מיט אַזאַ אײַלעניש וועלן מיך מער ניט שטערן.

זיי האָבן געוויעט ווי אַ טשאַטע שפּירהינט

די פֿועגאַנער, רוצחישע, זײַנען נאַטירלעך פּחדנים; זיי האָבן אַן איבערגלייבערישע מורא פֿאַר אַ ביקס. די איינציקע אמתדיקע סכּנה וואָס מען קען זיך אפֿשר ריכטן פֿון זייערע הענט וואָלט קומען פֿון לאָזן זיי אַרומרינגלען די שיף אינעווייניק פֿון פֿײַלנגרייך, אָדער פֿון אַנקערן גענוג נאָענט צו זיי אין לאָקער. וואָס שייך זייער קומען בײַ נאַכט אויפֿן דעק, אַפֿילו וואָלט איך ניט געשיטן די קנאָפּקעס אַרום, וואָלט איך זיי געקענט אַוועקטרײַבן מיט שיסן פֿון דער קאַבינע און פֿון דעם טריום. איך האָב שטענדיק געהאַלטן אַ זאַפּאַס שיסוואַרג צו דער האַנט אין דעם טריום און אין דער קאַבינע און אין דער פֿאָרקאַמער[א], אַזוי אַז מיט נעמען זיך צוריק אַרײַן אין איינעם פֿון די ערטער, האָב איך געקענט "אָנהאַלטן דעם פֿאָרט" בלויז שיסן דורך דעם דעק.

די גרעסטע סכּנה וואָס איז צו דער האַנט איז דאָס ניצן פֿײַער. יעדער קאַנו טראָגט פֿײַער; עס איז בײַ זיי אַ טאָגטעגלעכע זאַך, וואָרן זיי פֿלעגן זיך צונויפֿרעדן מיט רויכסיגנאַלן. דאָס אומשעדלעכע שטיק פֿײַער וואָס ליגט טליִען אינעם אונטן פֿון איינעם אַ קאַנו וועט אפֿשר אויפֿפֿלאַמען אין מיטן קאַבינע, אויב מע שטייט ניט אויפֿן וואַך. דער פּאָרט־קאַפּיטאַן אין זאַמדיקן פּונקט האָט מיך ספּעציפֿיש געוואָרנט קעגן אָט דער סכּנה. מיט נאָר אַ קורצער צײַט צוריק האָבן זיי אָנגעצונדן אַ טשילענער האַרמאַטן־שיפֿל מיט וואַרפֿן די שטיקער פֿײַער אַרײַן דורך די הינטער־פֿענצטער פֿון דער קאַבינע. דער ספּריי האָט ניט געהאַט קיין עפֿענונגען אין דער קאַבינע אָדער דעק אַחוץ צוויי קליינע שיפֿטירלעך[ב], און זיי זײַנען געווען באַוואָרנט מיט צובינדונגען וואָס מע קען זיי ניט עפֿענען אָן מיך אויפֿוועקן, אויב איך האָב געשלאָפֿן.

אין דער פֿרי דעם 9טן, נאָך אַ דערקוויקנדיקער רו און אַ וואַרעמען פֿרישטיק, און נאָכדעם וואָס איך האָב דעם דעק אָפּגעשאַרט פֿון די קנאָפּקעס, האָב איך אַרויסגענומען די אַלע איבעריקע קאַנווע אויפֿן באָרט און אָנגעהויבן צונויפֿנייען די שטיקער צוזאַמען צו פֿורעמען אַ שפּיץ פֿאַר מײַן קוואַדראַטן הויפּטזעגל, דעם ברעזענט[ג]. דער טאָג, ווי ער האָט אויסגעזען, האָט צוגעזאָגט פֿײַנעם וועטער און לײַכטע ווינטן, נאָר דאָס אויסזען אין טיעראַ דעל פֿועגאָ אָפֿט מאָל מאַכט ניט אויס. בעת איך האָב זיך געוווּנדערט ווי אַזוי איז עס אַז קיין ביימער וואַקסן ניט אויף דער שיפּוע אַנטקעגן דעם אַנקעראָרט, האַלב מיט דער בדעה אָפּצולייגן דאָס זעגלנייען און זיך נעמען צו דער יבשה נאָך געווילד און אַ קוק צו טאָן אויף אַ ווײַסן שטיין אויף דער פּלאַזשע, לעבן דער ריטשקע, איז אַ ווילי־וואַ אַראָפּ מיט אַזאַ גוואַלדיקן כּוח אַז עס האָט געטראָגן דעם ספּריי, מיט צוויי אַנקערס אַראָפּ, ווי אַ פֿעדער אַרויס פֿונעם בוכטעלע און אַוועק אינעם טיפֿן וואַסער אַרײַן. קיין וווּנדער אַז קיין ביימער וואַקסן ניט אויף יענער זײַט פֿון יענעם בערגל! גרויסער באָרעאַס! אַ בוים וואָלט געדאַרפֿט זײַן גאַנץ וואָרצל אָנצוהאַלטן אַנטקעגן אַזאַ צאָרנדיקן ווינט.

פֿון דעם בוכטעלע ביז דער נאָענסטער יבשה ווינט־אַראָפּ איז אָבער געווען אַ לאַנגער דרייף, האָב איך גענוג צײַט געהאַט אַרויפֿצוציִען ביידע אַנקערס איידער די שליופּקע איז אין סכּנה, איז אַלץ גוט אויסגעקומען. איך האָב געזען מער ניט קיין ווילדע דעם טאָג אָדער דעם קומעדיקן; אפֿשר האָבן זיי דערשפּירט עפּעס אַ סימן פֿון די אָנקומענדיקע ווילי־וואַס. ווייניקסטנס זײַנען זיי גענוג שׂכלדיק געווען ניט צו גיין אויפֿן וואַסער אַפֿילו דעם צווייטן

[א] forepeak – אי'ה

[ב] scuttles – אי'ה

[ג] tarpaulin – אי'ה

טאָג, װאָרן באַלד װי איך בין צוריק צו נײען דעם זעגל נאָך אַ מאָל, מיטן אַנקער נאָך אַ מאָל אַראָפּ, האָט דער װינט, װי נעכטן, אױפֿגעהױבן די שליופּקע און זי געװאָרפֿן ים־צו מיט גװאַלד, און דעם אַנקער בתוכם, װי פֿריִער. אָט דער רציחהדיקער װינט, אַ געװײנטלעכע זאַך דאָ אין **מ**אַדזשעלען־לאַנד, האָט געהאַלטן אין בלאָזן דעם גאַנצן טאָג און גערוקט די שליופּקע פֿאַרבײַ עטלעכע מײַלן שטאָציקע אָפּריסן און סקאַלעס װאָס העגנגען איבער אַ דרײסטן ברעג מיט אַ װילדן און ניט־פֿאַרבעטנדיקן אױסזע. איך האָב ניט באַדױערט נעמען זיך אַװעק פֿון דאָרט, כאָטש איך בין ניט געפֿאָרן קײן גן־עדן. איך האָב װײַטער געזעגלט מיט האָפֿענונג, װײַל איך האָב ניט געהאַט קײן ברירה אַחוץ פֿאָרן װײַטער, אַריבער קײן **ס**אַנקט־**נ**יקאָלאַס **ב**וכטע, װוּ איך האָב געהאַט געאַנקערט דעם 19טן פֿעברואַר. איצט איז געװען דעם 10טן מאַרץ! בײַם צװײטן אָנקום אין דער בוכטע, האָב איך אַרומגערינגלט דעם װילדסטן טײל פֿון דעם פֿאַרלאָזענעם **ט**יעראַ דעל **פֿ**ועגאָ. נאָר דער **ס**פּרײ איז נאָך ניט אָנגעקומען אין **ס**אַנקט־**נ**יקאָלאַס, און עס איז געװען נאָר על־פּי צופֿאַל װאָס אירע בײנער זײַנען געראַטעװעט געװאָרן פֿון ליגן דאָרט װען זי איז יאָ אָנגעקומען. דאָס צעשײדן פֿון אַ שטריקזעגל־ליניע[א] אין אַ װיליװאַ, װען דער ים איז געװען טומלדיק און זי װאַרפֿט זיך אַרײַן אין דעם שטורעם, האָט מיך געבראַכט אױף פֿאָרנט, װוּ איך האָב תּיכּף דערזען אַ פֿינצטערע סקאַלע פֿאָרױס און ברעכערס אַזױ נאָענט אונטערן פֿאָדערבאָרט אַז איך האָב זיך געפֿילט גאַנץ פֿאַרלױרן, און אין מוח געשריגן, "צי שטעלט זיך קעגן מיר די האַנט פֿון גורל, נאָך אַלעמען, מיך פֿירן סוף־כּל־סוף צו אָט דעם פֿינצטערן אָרט?" איך בין געשפּרונגען אױף הינטן נאָך אַ מאָל, זיך געמאַכט ניט װיסנדיק פֿון דעם פֿלאַטערנדיקן זעגל, און געװאָרפֿן דעם ראָד צו דער זײַט, זיך ריכטנדיק, װען די שליופּקע איז אַראָפּ אין דעם אונטן פֿון אַ כװאַליע, צו פֿילן אירע ברעטער צעשמעטערט אונטער מײַנע פֿיס אױף די שטײנער. נאָר מיט דעם אָנריר פֿון דער קערמע איז זי געשװוּנגען פֿרײַ פֿון דער סכּנה, און אין אַ רגע אַרום אַרײַן אין דעם אָפּדאַך פֿון דער יבשה.

אַ בליק אױף זאַמד־קאַפּ (**פּ**ונטאַ **אַ**רענאַס) אין דעם **מ**אַדזשעלען־**ד**ורכגאַס

[א] staysail-sheet – א״ה

עס איז געװען צו דעם קלײנעם אינדזל אין מיטן בוכטע װוּהין די שליופּקע קערעװעט זיך, און דערויף האָט זי זיך אַזוי גוט געצילט אַז זי האָט שיִער ניט אויף אים אָנגעשלאָגן. װײַטער אין דער בוכטע איז געװען דער אַנקער־אָרט, װוּ איך האָב באַהויבן אָנקומען, נאָר אײדער איך האָב געקענט אַראָפּלאָזן דעם אַנקער האָט נאָך אַ שקװאַל געכאַפּט די שליופּקע און זי אַרומגעדרײט װי אַ דרײדל און אַװעקגעטראָגן, גאַנץ װינט־אַראָפּ אין דער בוכטע. נאָך װײַטער װינט־אַראָפּ איז געװען אַ גרויסער קאַפּ, און איך האָב זיך גענומען צו אים צו. דאָס איז געװען צוריקפֿאָרן אויפֿן זעלבן װעג צו זאַמד־קאַפּ, װאָרן די בורע בלאָזט פֿון דעם דרום־מערבֿ.

איך האָב אָבער באַלד אײַנגעצאַמט די שליופּקע, און אין אַ קורצער צײַט בין איך אַרום אַרײַן אינעם אָפּדאַך פֿון אַ באַרג, װוּ דער ים איז געװען אַזוי גלאַט װי אַ מילסטאַװ, און די זעגלען האָבן געפֿלאַטערט און לויז געהאַנגען בעת זי פֿאָרט מיט אימפּעט אַלײן װײַטער אַרײַן. דאָ האָב איך בדעה געהאַט צו אַנקערן און רוען ביז מאָרגן, מיט דער טיף אַכט קלאַפֿטער רעכט נאָענט צום ברעג. נאָר עס איז געװען אינטערעסאַנט צו באַמערקן, װען איך האָב אַראָפּגעלאָזט דעם אַנקער, אַז ער איז נאָך ניט געקומען צום אונטן אײדער נאָך אַ װיליװאַ האָט אָנגעפֿאַלן אַראָפּ פֿון דעם דאָזיקן באַרג און געטראָגן די שליופּקע אַװעק גיכער װי איך האָב געקענט אַרויסלאָזן קאַבל. דערפֿאַר, אַנשטאָט רוען, האָב איך געמוזט "זיך נעמען צו דער הײבראָד" און אַרויפֿציִען דעם אַנקער מיט פֿופֿציק קלאַפֿטער קאַבל הענגענדיק שטײַף אַרויף און אַראָפּ אין טיף װאַסער. דאָס איז געװען דער טײל פֿון דעם דורכגאָס װאָס מע רופֿט אים אָן הונגער־שטח[א]. װיסטער הונגער־שטח! מיט דער שליופּקעס הײבראָד האָב איך געאַרבעט די גאַנצע נאַכט, מיטן געדאַנק אין מוח אַז דאָס אַלץ איז געװען היפּש גרינגער פֿאַר מיר װען איך האָב געקענט זאָגן, "טו דאָס צי יענץ," אַנשטאָט טאָן אַלץ אײנער אַלײן. נאָר איך האָב זיך געװאָרפֿן אויף דער אַרבעט און געזונגען די אַלטע געזאַנגען װאָס איך האָב אַ מאָל געזונגען װי אַ מאַטראָס. במשך פֿון די לעצטע פֿאָר טעג האָב איך דורכגעלעבט גאָר אַ סך און איצט בין איך פֿול מיט דאַנק װאָס דער מצבֿ איז ניט ערגער געװען.

עס איז געװען פֿאַרטאָג װען דער אַנקער איז אַרויף ביז זײַן אָרט[ב]. שױן דעמאָלט איז דער װינט אַראָפּ און קעץ־לאַפּעס האָבן גענומען דעם אָרט פֿון די װיליװאַס, בעת די שליופּקע דרײפֿט פּאַמעלעך צו זאַמד־קאַפּ צו. זי איז געקומען אַרײַן אין אויגנגרײך פֿון שיפֿן געאַנקערט אין דעם ים־װעג, האָב איך האַלב געװאָלט זיך דאָרט אָפּשטעלן כּדי צו קריגן נײַע זעגלען, נאָר מיט דעם װינט אַרויס פֿונעם צפֿון־מיזרח, װאָס איז גינציק פֿאַר דער צװײטער ריכטונג, האָב איך געװענדט דעם פֿאָדערבאָרט פֿון דעם ספּרײ מערבֿ צו נאָך אַ מאָל קײן דעם פּאַציפֿיק, צו פֿאָרן אַ צװײט מאָל אויף דעם צװײטן טײל פֿון מײַן ערשטן גאַנג דורך דעם דורכגאָס.

[א] Famine Reach – אי'ה

[ב] "… at the hawse." – אי'ה

קאַפּיטל נײַן

פֿאַרריכטן דעם ספּרייס זעגלען – די ווילדע און אַ ווידערשפּעניקער אַנקער – אַ שפּין־קאַמף – אַ באַגעגעניש מיט שוואַרצן פּעדראָ – אַ וויזיט צו דער דאַמפֿשיף *קאָלומביע* – פֿאַרטיידיקן זיך קעגן אַ פֿלאָט קאַנוען – רעקאָרדן פֿון נסיעות דורך דעם דורכגאָס – אַ צופֿעליקע לאָדונג פֿון חלבֿ

איך האָב פֿעסט באַשלאָסן זיך צו פֿאַרלאָזן אויף זיך אַליין צו פֿאַרריכטן די שאָדנס פֿון דער גרויסער בורע וואָס האָט מיך געטריבן דרום צו צו דעם האָרן צו, נאָכדעם וואָס איך בין אַרויס פֿון דעם מאַדזשעלען־דורכגאָס אַרײַן אין דעם פּאַציפֿיק. ווען איך בין דערפֿאַר צוריק אין דעם דורכגאָס, דורך דעם קאָקבורן־קאַנאַל, בין איך ניט געפֿאָרן מיזרח צו נאָך הילף אין דעם שטעטל בײַ זאַמד־קאַפּ, נאָר זיך געווענדט אַרײַן אין דעם צפֿון־מערבֿדיקן שטח פֿונעם דורכגאָס, און אָנגעהויבן אַרבעטן מיט דלאָניע און נאָדל[א] בײַ יעדער געלעגנהייט, אי געאַנקערט אי בײַם פֿאָרן. עס איז געווען פּאַמעלעכע אַרבעט, נאָר ביסלעכווײַז איז דער קוואַדראַטזעגל אויף דעם הייבשטאַנג געוואַקסן ביז דער גרייס פֿון אַ ניצלעכן הויפּטזעגל מיט אַ שפּיץ און אַ הינטערקאַנט[ב] דערצו. אויב עס איז ניט געווען דער בעסט אויפֿגעשלאָגענער זעגל אויפֿן ים, איז עס ווייניקסטנס גאָר שטאַרק געמאַכט און וועט אויסהאַלטן אַ שטאַרקן בלאָז. אַ שיף, וואָס האָט געזען דעם ספּריי לאַנג דערנאָך האָט זי געמאָלדן אַז זי טראָגט אַ הויפּטזעגל פֿון עפּעס אַ פֿאַרבעסערטן מוסטער מיט אַ פּאַטענטירטן ריפֿער, נאָר עס איז ניט געווען אַזוי.

דער ספּריי האָט גוט פֿאַרבראַכט עטלעכע טעג נאָכן שטורעם אין פֿײַנעם וועטער, און איז גיך געפֿאָרן דורך דעם דורכגאָס צוואַנציק מײַלן, וואָס, אין די טעג פֿון אַ סך צרות, האָב איך געהאַלטן פֿאַר אַ גוטן לויף. דער וועטער, האָב איך געזאָגט, איז פֿײַן געווען אויף עטלעכע טעג, אָבער דאָס איז ניט געקומען מיט רו. זאָרג נאָך דער זיכערקייט פֿון מײַן שיף, און פֿאַר מײַן אייגן לעבן אַפֿילו, איז בשום אופֿן ניט פֿאַרמינערט געוואָרן איבערן דוחק אין שווערן וועטער. באמת איז די סכּנה גרעסער אַפֿילו, ווײַל בײַ לפֿי־ערך פֿײַנע טעג פֿאָרן אַרויס די ווילדע אויף די גנבֿישע עקסקורסיעס, און אין טומלדיקן וועטער זײַנען זיי פֿאַרשוווּנדן געוואָרן, וואָרן די בידנע קאַנוען זייערע זײַנען ברעכיק און קוים אַפֿילו שיפֿלעך. צוליב דעם האָב איך ליב געהאַט בורעס ווי קיין מאָל ניט פֿריִער, און זיי האָבן דעם ספּריי ניט געפֿעלט קיין לאַנגע צײַט במשך פֿון איר קעמפֿן אַרום קאַפּ־האָרן. איך בין ביז אַ געוויסער מאָס צוגעוויינט געוואָרן צו אָט דעם לעבן, און האָב אָנגעהויבן האַלטן אַז נאָך אַ פֿאָר דורך דעם דורכגאָס, אויב די שליופּקע על־פּי צופֿאַל זאָל אָפּגעבלאָזן ווערן נאָך אַ מאָל, וועט מיך מאַכן פֿאַר דער אָנפֿאַלער און שטעלן די פּועגאַנער פֿאַר פֿאַרטיידיקערס. אָט דאָס געפֿיל איז מיר גוואַלדיק קלאָר געוואָרן אין הײמלעך־בוכטע, ווו איך האָב זיך געאַנקערט אויף אַ גראָען אינדערפֿרי נאָך פֿאָרן פֿאַרבײַ קאַפּ־פֿראָוואַרד, צו געפֿינען, ווען עס איז אָנגעקומען העלער טאָג, אַז צוויי קאַנוען, וואָס איך האָב אויסגעמיטן דורך זעגלען די גאַנצע נאַכט, זײַנען איצט געקומען אַרײַן אין דער זעלבער בוכטע בגנבֿה אונטערן שאָטן פֿון דעם הויכן קאַפּ. זיי האָבן געהאַט אַ גרויסע מאַנשאַפֿט און די ווילדע זײַנען געווען גוט באַוואָפֿנט מיט שפּיזן און פֿײַלן־בויגנס. מיט אַ שאָס פֿון מײַן ביקס איבער די פֿאָדערבאָרטן האָבן ביידע זיך געדרייט אין אַ זײַט אַרײַן אין אַ

[א] [sailmaker's] palm and needle – אי'ה

[ב] peak, leach – אי'ה

קליינער ריטשקע אַרויס פֿון שיסגרייך. אין סכּנה איצט פֿון ווערן אָנגעפֿאַלן פֿוןביידע זײַטן פֿון די ווילדע אין דעם געקוסט זייער נאָענט, האָב איך געדאַרפֿט אַרויפֿציִען די זעגלען, וואָס איך האָב נאָר וואָס אַראָפּגעצויגן, און נעמען זיך צו דער צווייטער זײַט דורכגאָס, ווײַט זעקס מײַלן. נאָר איצט האָב איך קוים געוווסט ווי אַזוי אַרויפֿצוהייבן דעם אַנקער, וואָרן צוליב אַ סיבה מיט דער הייבראָד פּונקט דעמאָלט האָב איך זי לגמרי ניט געקענט באַוועגן. פֿונדעסטוועגן האָב איך אויפֿגעשלאָגן די אַלע זעגלען און אָפּגעזעגלט, ערשט אָנשפּאַנענדיק דעם קאַבל אַרויף מיט די הענט. די שליופּקע האָט מיטגעטראָגן דעם אַנקער, גלײַך ווי מע פּלאַנירט שטענדיק אים צו בוקסירן אַזוי אונטער די פּיס, און מיט אים האָט זי אויך געשלעפּט אַ טאָן אָדער מער פֿון לאַמינאַריע פֿון אַ ריף אין דער בוכטע, דער ווינט בלאָזנדיק אַ הורט־ווינטל.

דערווײַל האָב איך געאַרבעט ביז בלוט איז אַרויס פֿון די פֿינגער, און מיט אַן אויג איבער די פּלייצעס אויפֿן וואַך אויף ווילדע, האָב איך אין דער זעלבער רגע געקוקט און געשיקט פֿײַפֿנדיק אַ קויל ווען נאָר איך האָב באַמערקט אַ צווײַג צי צווײַגל זיך באַוועגן, וואָרן איך האָב געהאַלטן אַ ביקס שטענדיק צו דער האַנט און אַן אינדיאַנער באַווײַזן זיך אין שיסגרייך וואָלט איך געהאַלטן פֿאַר אַ דעקלאַראַציע פֿון מלחמה. ווי עס איז געווען, אָבער, איז דאָס אייגענע בלוט דאָס איינציקע אַרויסגעלאָזט – און בלויז פֿון דער נישטיקער סיבה פֿון אַ מאָל צעבערעכן די הויט אויף אַ צופֿעסטיקן־אָרט צי אַ שפּילקע[א] וואָס האָט זיך געשטעלט אינעם וועג ווען איך בין געווען האַסטיק. ים־שניטן אין די הענט פֿון ציִען אויף האַרטע, נאַסע שטריקן זײַנען געווען אַ מאָל ווייטיקדיק און אָפֿט פֿרײַ געגאָסן מיט בלוט, נאָר זיי זײַנען גאַנץ אויסגעהיילט געוואָרן ווען איך בין סוף־כּל־סוף אַוועק פֿונעם דורכגאָס און אַרײַן אין לויטערן וועטער.

ווען איך בין אַרויס פֿון **ה**יימלעך־**ב**וכטע האָב איך געקערעוועט די שליופּקע ווינט־אַרויף, צו רעכט געמאַכט די הייבראָד, און אַרויפֿגעשלעפּט דעם אַנקער צו זײַן אָרט און פֿעסט געמאַכט, און דעמאָלט זיך געגומען אַריבער צו אַ פּאָרט פֿון האַרבעריק אונטער אַ הויכן באַרג ווײַט אַ זעקס מײַלן, און בין אָנגעקומען בײַ אַן אָרט נײַן קלאַפֿטער אין דער טיף נאָענט אונטערן פּנים פֿון אַ תּהומיקער סקאַלע. דאָ האָט דאָס אייגענע קול מיך צוריקגעענטפֿערט, האָב איך דעם אָרט אַ נאָמען געגעבן "**ו**ידערקול־**ב**אַרג." ווען איך האָב דערזען טויטעביימער ווײַטער ווו דער ברעג איז אײַנגעריסן געווען, האָב איך געלאַנדט כּדי צו קריגן ברענוואַרג, מיטנעמענדיק מיט דער האַק די ביקס, וואָס אין יענע טעג איז קיין מאָל ניט געווען ווײַט פֿון דער האַנט, נאָר דאָ האָב איך ניט געזען קיין איינציקע לעבעדיקע זאַך, אַחוץ אַ קליינע שפּין, וואָס האָט זיך געמאַכט אַ היים אין אַן אויסגעטריקנטן קלאָץ וואָס איך האָב געטראָגן צו דער שליופּקע. דער אויפֿפּיר פֿון אָט דעם קנײַפּער האָט מיך פֿאַראינטערעסירט איצט מער ווי אַבי וואָס אַנדערש אין דעם ווילדן אָרט. אין מײַן קאַבינע האָט עס געטראָפֿן, מאָדנע צו זאָגן, אַ שפּין פֿון דער זעלבער גרייס און מין וואָס איז געפֿאָרן דעם גאַנצן וועג פֿון **ב**אָסטאָן – גאָר אַ העפֿלעכער קליינער יאַט אויך, נאָר היפּש פֿלינק. נו, די **פֿ**ועגאַנע האָט אַרויפֿגעוואָרפֿן די טאַפּערלעך אויף אַ קעמף, נאָר מײַן קליינע **ב**אָסטאָנע האָט עס תּיכף אַראָפּגעשלאָגן, דעמאָלט צעבראָכן די פֿיס, און זיי אַראָפּגעצויגן, איינעם נאָכן צווייטן, אַזוי ברייהש אַז אין ווייניקער ווי דרײַ

[א] cleat or [belaying] pin – א״ה

מינוטן פֿונעם אָנהייב פֿון דעם קאַמף האָט די פֿועגאַנישע שפּין זיך ניט געקענט אונטערשיידן פֿון אַ פֿליג.

איך האָב זיך געזעגנט אויף צו מאָרגנס צו זײַן אין וועג אַרײַן נאָך אַ וואַכיקער נאַכט אויף אָט דעם מאָדנעם ברעג. איידער איך האָב אַרויפֿגעשלעפּט דעם אַנקער, אָבער, האָב איך צוגעגרייט אַ טעפּל וואַרעמע קאַווע איבער אַ גוטן האָלץ־פֿײַער אין מײַן גרויסן מאָנטעווידעאָ אויוון. אין דעם זעלבן פֿײַער איז פֿאַרברענט געוואָרן די פֿועגאַנישע שפּין, דערהרגעט דעם פֿריִערדיקן טאָג פֿון דעם קליינעם קריגער פֿון באָסטאָן, וואָס אַ שאָטישע דאַמע אין קאַפּ־שטאָט לאַנג דערנאָך האָט געגעבן אַ נאָמען "ברוס" ווען זי האָט געהערט פֿון זײַן גבֿורה בײַ ווידערקול־באַרג. דער ספּריי האָט זיך איצט אַוועקגענומען קיין קאַווע־אינדזל, וואָס איך האָב דערזען אויף מײַן געבוירן־טאָג, דעם 20סטן פֿעברואַר, 1896.

דאָרט האָט זי אָנגעטראָפֿן נאָך אַ בורע, וואָס האָט זי געבראַכט ווינט־אַראָפּ פֿונעם גרויסן טשאַרלס אינדזל ווי אַן אָפּדאַך. אויף אַ שטאָציקן קאַפּ אויף טשאַרלס זײַנען געווען סיגנאַל־פֿײַערן, און אַ באַנדע ווילדע, דאָרט צונויפֿגעקומען זינט מײַן ערשטן פֿאָר דורך דעם דורכגאָס, זײַנען אַרײַן אין די קאַנוען און געקומען צו דער שליופּקע צו. עס איז ניט געווען שׂכלדיק זיך דאָרט צו אַנקערן, ווײַל דער אַנקער־אָרט איז אינעווייניק פֿון פֿײַלנגרייך פֿונעם ברעג, וואָס איז געדיכט באַדעקט מיט וואַלד, נאָר איך האָב אָנווונקען געגעבן אַז איין קאַנו מעג קומען בײַנאַנד, בעת די שליופּקע פֿאָרט אַהין און צוריק אינעם אָפּדאַך פֿונעם לאַנד. די איבעריקע האָב איך געוואָרנט זיך צו האַלטן אַוועק און דערצו האָב איך געלייגט אַ פֿעיִקע מאַרטיני־הענרי ביקס קלאָר צו דערזען, נאָענט צו דער האַנט, אויבן אויבן פֿון דער קאַבינע. אין דער קאַנו בײַ דער זײַט, אַרויס מיט די אייביקע געשרייען פֿון "יאַמערסקונער," זײַנען געווען צוויי אינדיאַנערקעס און איין אינדיאַנער, די

"יאַמערסקונער!

האַרבסטע משלים פֿון מענטשהייט וואָס איך האָב אַ מאָל געזען אין אַלע מײַנע נסיעות. "יאַמערסקונער" איז געווען זייער געיאָמער ווען זיי זײַנען אַוועק פֿון דער יבשה, און "יאַמערסקונער" איז עס געווען ווען זיי זײַנען געקומען בײַנאַנד. די אינדיאַנערקעס האָבן געבעטן נאָך עסנוואַרג, בעת דער אינדיאַנער, אַ ווילדער מיט אַ פֿאַרשוואַרצטן פּנים, איז געשטאַנען אָנגעברוגזט, גלײַך ווי דאָס אַלץ גייט אים אין גאַנצן ניט אָן, נאָר ווען איך האָב זיך אַרומגעדרייט נאָך עטלעכע ביסקוויטן און דאַרפֿלייש פֿאַר די אינדיאַנערקעס, איז דער

"בחור" געשפּרונגען אויפֿן דעק און זיך געשטעלט פֿאַר מיר, געזאָגט אין שפּאַנישן זשאַרגאָן, אַז מיר האָבן זיך פֿריִער באַגעגנט. איך האָב געמיינט אַז איך האָב דערקענט דעם טאָן פֿון זײַן "יאַמערסקונער," און זײַן פֿולע באָרד האָט אים באַצייכנט פֿאַר דעם שוואַרצן פּעדראָ, וואָס באמת האָב איך אים פֿריִער באַגעגנט. "ווּ זײַנען די איבעריקע אין דער מאַנשאַפֿט?" האָט ער געפֿרעגט, בעת ער קוקט זיך אומרויִק אַרום, האָט ער אַ פּנים זיך געריכט אפֿשר אַז ים־לײַט זאָלן קומען אַרויס דורך דער פֿאָדערבאָרט־לאָך[א] און אים יושרדיק באַשטראָפֿן פֿאַר אַ סך מאָרדן. "מיט אַ דרײַ וואָכן צוריק," האָט ער געזאָגט, "ווען דו ביסט דאָ פֿאַרבײַ, האָב איך געזען דרײַ מענטשן אויפֿן באָרט. ווּ זײַנען די צוויי אַנדערע?" איך האָב אים קורץ געענטפֿערט אַז די זעלבע מאַנשאַפֿט איז נאָך אַלץ אויפֿן באָרט. "אָבער," האָט ער געזאָגט, "איך זע אַז דו טוסט די אַלע אַרבעט," און מיט אַ קרומער מינע, האָט ער צוגעגעבן, מיט אַ בליק אויף דעם הויפּטזעגל, "האָמברע וואַליענטע[ב]." איך האָב דערקלערט אַז איך אַרבעט בײַ טאָג, בעת די איבעריקע לײַט שלאָפֿן, אַזוי אַז זיי זאָלן זײַן פֿריש בײַ נאַכט האַלטן וואַך קעגן אינדיאַנער. איך בין פֿאַראינטערעסירט אין דער סובטילער כיטרעקייט פֿון דעם דאָזיקן ווילדן, ווײַל איך האָב אים בעסער געקענט ווי ער אַליין ווייסט אפֿשר. אַפֿילו אָן דער עצה וואָס איך האָב באַקומען איידער איך האָב אָפּגעזעגלט פֿון זאַמד־קאַפּ, וואָלט איך אים גענומען איצט פֿאַר אַן אַרציפּאַסקודניאַק. דערצו האָט איינע פֿון די אינדיאַנערקעס, מיט דעם פֿונק פֿון דער גוטהאַרציקייט וואָס ווי ניט איז געפֿינט זיך אין דער ברוסט פֿון אַפֿילו דעם געמיינסטן ווילדן, מיך געוואָרנט צו זײַן אָפּגעהיט, אָדער שוואַרצער פּעדראָ וועט מיך שאַטן. די וואָרענונג אָבער איז קוים נייטיק געווען, ווײַל איך בין געווען אויף דער וואַך פֿונעם אָנהייב, און אין דער אָ רגע האָב איך געהאַלטן אַ גוטן שפּײַער אין דער האַנט גרייט פֿאַר תּיכּף ניצן.

"ווען דו ביסט דאָ פֿאַרבײַ פֿריִער," האָט ער געזאָגט, "האָסטו געשאָסן אויף מיר," און צוגעגעבן מיט אַ ביסל היץ אַז דאָס איז געווען "מוי מאַלאָ." איך האָב געמאַכט ווי איך פֿאַרשטיי ניט, און געזאָגט, "דו האָסט געוווינט אין זאַמד־קאַפּ, יאָ?" האָט ער אָפֿן געענטפֿערט, "יאָ," און האָט אויסגעזען דערפֿרייט זיך צו באַגעגענען מיט איינעם פֿון דעם טײַערן אַלטן אָרט. "אין דעם מיסיאָן?" האָב איך געפֿרעגט. "אָ, יאָ," האָט ער געענטפֿערט, האָט ער געטראָטן פֿאָרויס ווי ער וויל אַרומנעמען אַן אַלטן פֿרײַנד. איך האָב געמאַכט אַז ער זאָל זיך נעמען צוריק, וואָרן עס איז מיר ניט געפֿעלן זײַן חנפֿענדיקער הומאָר. "און דו קענסט קאַפּיטאַן פּעדראָ סאַמבליטש?" בין איך ווײַטער געגאַנגען. "יאָ," האָט געזאָגט דער רשע, וואָס האָט דערהרגעט אַ קרובֿ פֿון סאַמבליטש – "יאָ, טאַקע; ער איז מײַנער אַ גוטער־פֿרײַנד." "דאָס ווייס איך," האָב איך געזאָגט. סאַמבליטש האָט מיר געזאָגט אַז איך זאָל אים שיסן אויפֿן ערשטן בליק. טײַטלענדיק אויף מײַן ביקס אויף דער קאַבינע, האָט ער געוואָלט וויסן וויפֿל מאָל זי קען שיסן. "קוואַנטאָס?" האָט ער געזאָגט. ווען איך האָב אים דערקלערט אַז די ביקס הערט ניט אויף שיסן, איז זײַן מויל אָפֿן געפֿאַלן, און ער האָט גערעדט פֿון געזעגענען זיך. איך האָב אים ניט אָפּגעהאַלטן פֿון גיין. איך האָב די אינדיאַנערקעס געגעבן ביסקוויטן און רינדערנס, און איינע פֿון זיי האָט מיר געגעבן ווי אַן אויסבײַט עטלעכע פֿײַדעס חלבֿ, און איך האַלט עס כּדאַי צו דערמאָנען אַז זי האָט מיר ניט אָנגעבאָטן די קלענסטע שטיקלעך נאָר האָט מטריח געווען מיר צו געבן די גרעסטע

[א] fore-scuttle – אי'ה

[ב] "brave man" – אי'ה

שטיקער אין דעם קאַנו. קיין קריסטלעכער וואָלט געקענט מער טאָן. איידער ער פֿאָרט אָפּ פֿון דער שליופּקע, האָט דער פּיפּיקער ווילדער געבעטן נאָך שוועבעלעך, און האָט געמאַכט אַז ער וויל דערלאַנגען זײַן שפּיז צו דעם קעסטל וואָס איך האַלט בײַ איבערגעבן אים; אָבער איך האָב עס אים דערלאַנגט אויפֿן מויל פֿון מײַן ביקס, די וואָס "הערט ניט אויף שיסן." דער יאַט האָט צוגענומען גאָר פֿאַוואָליע דאָס קעסטל פֿון דער ביקס, נאָר ער איז אויפֿגעשפּרונגען ווען איך האָב געזאָגט, "קועדאַאָ [היט זיך]," וואָס דערויף האָבן די אינדיאַנערקעס זיך צעלאַכט און אויסגעזען גאָר ניט אומצופֿרידן. אפֿשר האָט דער מנוול זיי געשלאָגן דעם אינדערפֿרי צוליב ניט צונויפֿקלײַבן גענוג מושלען פֿאַר זײַן פֿרישטיק. עס איז געווען צווישן אונדז אַ גוט פֿאַרשטענדעניש.

פֿון **ט**שאַרלס **א**ינדזל איז דער *ספּריי* אַריבער צו **פּ**אָרטעסקיו **ב**וכטע, ווו זי האָט זיך געאַנקערט און פֿאַרבראַכט אַ באַקוועמע נאַכט ווינט־אַראָפּ פֿון הויך לאַנד, בעת דער ווינט רעוועט אין דרויסן. די בוכטע איז איצט פֿאַרלאָזן געווען. זיי זײַנען געווען אינדיאַנער פֿון **פּ**אָרטעסקיו וואָס איך האָב געזען אויף דעם אינדזל און איך בין גאַנץ זיכער געווען אַז זיי קענען ניט נאָכפֿאָרן נאָך דעם *ספּריי* אין מיטן אַזאַ בלאָזן. ניט צו פֿאַרזען אַ שיצמיטל, אָבער, האָב איך צעזייט קנאָפּקעס אויפֿן דעק איידער איך האָב זיך אָוועקגעלייגט.

אויף מאָרגן איז די עלנטקייט פֿונעם אָרט צעבראָכן געוואָרן מיטן אָנקום פֿון אַ גרויסער דאַמפּשיף, קומענדיק צום אַנקעראָרט אין אַ דערהויבענעם אופֿן. זי איז ניט געווען קיין שפּאַנישע שיף. איך האָב דערקענט איר פֿאָרעם, איר מוסטער, און איר שטייגער. איך האָב אויפֿגעשטעלט מײַן פֿאָן און תּיכּף דערזען די שטערן און שטרײַפֿן אַרויפֿגעוואָרפֿן אינעם ווינטל פֿון דער גרויסער שיף.

אַ קאָנטראַסט אין באַלײַכטונג – די עלעקטרישע ליכט אויף דעם *קאָלומביע* און די קאַנו־פֿײַערן פֿון די **פּ**אָרטעסקיו אינדיאַנער

דער ווינט איז דעמאָלט שוואַכער געוואָרן און פֿאַרנאַכט האָבן די ווילדע זיך באַוויזן קומענדיק פֿונעם אינדזל, דירעקט צו דער דאַמפּשיף, נאָך "יאַמערסקונער." דעמאָלט זײַנען זיי געקומען צו דעם *ספּריי* צו בעטן מער צי גנבֿענען אַלץ, מיטן אָנזאָג אַז זיי האָבן גאָרנישט ניט געקראָגן פֿון דער דאַמפּשיף. **ש**וואַרצער **פּ**עדראָ איז דאָ נאָך אַ מאָל געקומען בײַנאַנד. דער אייגענער ברודער וואָלט ניט געקענט זיך מער דערפֿרייען מיך צו זען, און ער האָט זיך געבעטן בײַ מיר אַז איך זאָל אים לײַען מײַן ביקס, ער זאָל קענען שיסן אַ

גוואַנאַקאָ פֿאַר מיר אויף צו מאָרגנס. איך האָב דעם יאַט פֿאַרזיכערט אַז אויב איך בלײַב דאָרט נאָך אַ טאָג, וואָלט איך אים לײַען די ביקס, נאָר איך האָב לגמרי ניט קיין בדעה געהאַט דאָרט צו בלײַבן. איך האָב אים געגעבן אַ באַנדערס צי־מעסער און עטלעכע אַנדערע קליינע כּלים וואָס וועלן ניצלעך זײַן שאַפֿן קאַנועז, און אים געבעטן אָפּפֿאָרן.

אונטער געהיל פֿונעם פֿינצטערניש די נאַכט בין איך געפֿאָרן צו דער דאַמפֿשיף, וואָס איך האָב געפֿונען איז געווען דער *קאָלומביע*, קאַפּיטאַן **ה**ענדערסאָן, אַרויס פֿון **נ**יו־יאָרק קיין **ס**אַן **פֿ**ראַנציסקאָ. איך האָב מיט זיך געבראַכט דאָס גאַנצע געווען, טאָמער איך וועל דאַרפֿן קעמפֿן צוריק. אין דעם אייבערשטורמאַן[א] פֿון דעם *קאָלומביע*, **מ**"ר **ה**אַניבאַל, האָב איך געפֿונען אַן אַלטן פֿרײַנד, און ער האָט ליבלעך דערמאָנט די טעג אין **מ**אַנילע ווען מיר זײַנען ביידע דאָרט געווען, ער אין דעם **ד***רומדיקער קרייז* און איך אין דעם **צ**פֿונדיקע *ליכט*, ביידע שיפֿן אַזוי שיין ווי די נעמען.

דער *קאָלומביע* האָט געהאַט אַ גוזמא פֿרישע זאַפּאַסן אויפֿן באָרט. דער קאַפּיטאַן האָט געגעבן דעם עקאָנאָם עפּעס אַ באַפֿעל, און איך געדענק ווי דער תּמימותדיקער יונגער מאַן האָט מיך געפֿרעגט צי קען איך ניצן, אַחוץ אַנדערע זאַכן, עטלעכע בלעכלעך מילך און אַ קעז. ווען איך האָב אָנגעבאָטן מײַן געלט פֿון **מ**אָנטעווידעאָ פֿאַר די זאַפּאַסן, האָט דער קאַפּיטאַן געװעוועט ווי אַ לייב און מיר געזאָגט צו האַלטן דאָס געלט. עס איז געווען אַ פּראַקטיקער אויסריכט פֿון אַלערליי מינים פּראָוויאַנט וואָס איך האָב באַקומען.

צוריק צו דעם **ס**פּריי, ווו איך האָב אַלץ זיכער געפֿונען, האָב איך אַלץ צוגעגרייט אויף אַ פֿרײַיקן אָנהייב אויף צו מאָרגנס. מיר האָבן אָפּגעמאַכט אַז די דאַמפֿשיף זאָל בלאָזן איר פֿײַף אויב זי פֿאָרט אָפּ די ערשטע. איך האָב באַטראַכט די דאַמפֿשיף פֿון צײַט צו צײַט דורך דער נאַכט נאָר פֿאַר דער הנאה פֿון זען אירע עלעקטרישע ליכט, אַן אײַנגענעמער בליק אין פֿאַרגלײַך מיט דעם געוויינטלעכן **פֿ**וּעגישן קאַנו מיט אַ שטיק פֿײַער אין זיך. די שליופּקע איז געווען דער ערשטער אין וועג אַרײַן, נאָר דער *קאָלומביע*, באַלד קומענדיק נאָך, איז פֿאַרבײַ און סאַלוטירט בײַם פֿאָרן. וואָלט דער קאַפּיטאַן מיר געגעבן זײַן דאַמפֿשיף, וואָלט זײַן פֿירמע ניט געווען אין אַן ערגערן מצבֿ ווי אין אַ צוויי־דרײַ חדשים אַרום. איך האָב שפּעטער געלייענט אין אַן אַלטער צײַטונג פֿון **ק**אַליפֿאָרניע, "דער *קאָלומביע* וועט זײַן אין גאַנצן פֿאַרפֿאַלן." אויף איר צווייטער נסיעה קיין **פּ**אַנאַמאַ, איז זי צעשטערט געוואָרן אויף די שטיינער לעבן דעם ברעג אין **ק**אַליפֿאָרניע.

דער **ס**פּריי האָט דעמאָלט שווער געאַרבעט קעגן ווינט און שטראָם, ווי געוויינטלעך אין דעם דורכגאָס. דאָרט טרעפֿן זיך די פֿלייצן פֿון דעם **א**טלאַנטיק און דעם **פּ**אַציפֿיק, און אין דעם דורכגאָס, ווי אויך בײַ דעם דרויסנדיקן ברעג, שאַפֿט די טרעפֿונג אַ טומל מיט ווירבלען און ברעכנדיקע כוואַליעס, וואָס מיט אַ בורע ווינט איז אַ סכּנה פֿאַר קאַנועז און אַנדערע ברעכיקע שיפֿלעך.

אַ פּאָר מײַלן ווײַטער איז געווען אַ גרויסע דאַמפֿשיף אויף דעם ברעג, מיטן אונטן אַרויף. פֿאַרבײַ דעם אָרט האָט די שליופּקע זיך אָנגעטראָפֿן אויף אַ פּאַס לײַכטער ווינט, און דעמאָלט – גאָר אַ מערקווערדיקער מצבֿ פֿאַר וועטער אין דעם דורכגאָס – איז אַלץ גאַנץ שטיל געוואָרן. סיגנאַל־פֿײַערן זײַנען אויפֿגעשפּרונגען תּיכּף אויף אַלע זײַטן, און דעמאָלט האָבן מער ווי צוואַנציק קאַנועז זיך באַוויזן, אַלע קומענדיק צו דעם **ס**פּריי צו.

[א] first-mate – א'יה

ווען זיי זײַנען געקומען אינעווייניק פֿון אויערגרייך האָבן די ווילדע מאַנשאַפֿטן געשריגן "אַמיגאָ יאַמערסקונער," "אַנקלאַס אַקי," "בוענאָ פּאָרטאָ אַקי,"[א] און ענלעכע שטיקלעך שפּאַניש צעמישט מיט דעם אייגענעם זשאַרגאָן. איך האָב ניט קיין בדעה געהאַט אַנקערן איז זייער "גוטן פּאָרט." איך האָב אַרויפֿגעצויגן דער שליופּקעס פֿאָן און אַ שאָס געטאָן מיט דער ביקס, וואָס דאָס אַלץ האָבן זיי געקענט האַלטן פֿאַר אַ פֿרײַנדלעכן סאַלוט אָדער אַ פֿאַרבעטונג ווײַטער צו קומען. זיי האָבן זיך צונויפֿגעזאַמלט אין אַ האַלבקרײַז, נאָר זיך געהאַלטן ווײַטער ווי אַכציק יאַרדן, וואָס בײַ זיך־פֿאַרטיידיקן וואָלט געווען די ליניע צווישן לעבן און טויט.

אין זייער קאָמאַרן־פֿלאָט איז געווען אַ שיפֿס שיפֿל, מסתּמא באַגנבֿעט פֿון אַ דערמאָרדטער מאַנשאַפֿט. זעקס ווילדע האָבן דאָס היפּש אומגעלומפּערט גערודערט מיט די אָפּגעבראָכענע ברייטן פֿון רודערס. צוויי פֿון די ווילדע וואָס שטיין אויפֿגעהאָדערט האָבן געטראָגן ים־שטיוול, האָט דאָס אונטערגעהאַלטן דעם חשד אַז זיי זײַנען אָנגעפֿאַלן אויף אַ שלימזלדיקער מאַנשאַפֿט, און אויך געגעבן אַן אָנצוהערעניש אַז זיי זײַנען אַ מאָל געקומען אויף דעם **ס**פּרייס דעק, און וואָלטן איצט, אויב עס איז זיי מיגלעך, נאָך אַ מאָל אַ פּרוּוו טאָן. די ים־שטיוול, האָב איך ניט קיין ספֿק, וואָלטן באַשיצט די פֿיס זייערע און בטל געמאַכט די קנאָפּקעס. מיט אומגעלומפּערט רודערן זײַנען זיי פֿאַרבײַ אַראָפּ דורך דעם דורכגאָס ווײַט אַ הונדערט יאַרדן פֿון דער שליופּקע, אין אַ גלײַכגילטיקן אופֿן, ווי זיי ווילן פֿאָרן קיין **פֿ**אָרטעסקיו **ב**וכטע. דאָס האָב איך גענומען פֿאַר אַ שטיקל פֿאָרטל, און ווערליק דעם האָב איך געהאַלטן אַ שאַרף אויג אויף אַ קליינעם אינדזל וואָס איז באַלד געקומען צווישן זיי און דער שליופּקע, זיי אין גאַנצן באַהאַלטן פֿון די אויגן, און וואָס צו דעם צו האָט דער **ס**פּריי אָפּהענטיק געדרייפֿט מיט דער פֿלייץ, און וועט זיך מסתּמא אָנשלאָגן אויף די שטיינער, וואָרן עס איז ניט געווען ווו זיך צו אַנקערן, אָדער ווייניקסטנס, קיין אָרט אין דער גרייך פֿון מײַן קאַבלען. און כּך־הווה, האָב איך באַלד דערזען אַ באַוועגונג אינעם גראָז אויפֿן אויבן פֿונעם אינדזל, וואָס הייסט **ב**אָנעט **א**ינדזל, און איז איין הונדערט מיט זעקס־און־דרײַסיק פֿוס אין דער הייך. איך האָב געשאָסן עטלעכע מאָל איבער דעם אָרט, אָבער האָב איך ניט געזען קיין אַנדערע סימנים פֿון די ווילדע. עס איז יאָ זיי געווען וואָס האָבן באַוועגט דאָס גראָז, וואָרן ווען די שליופּקע איז געשווומען פֿאַרבײַ דעם אינדזל, פֿרײַ געטראָגן אויף דעםווידערשטראָם פֿונעם פֿלייץ, איז דאָרט געווען אויף דער צווייטער זײַט דאָס שיפֿל, אויסזאָגנדיק גאַנץ קלאָר זייער כיטרעקייט און בגידה. אַ שטײַף ווינטל, באַווײַזנדיק זיך מיט איין מאָל, האָט איצט צעשיידט די קאַנוען בעת עס האָט אויסגעדרייט די שליופּקע אַרויס פֿון אַ סכּנהדיקן אָרט, כאָטש דער ווינט, פֿאָרט אַ פֿרײַנדלעכער, קומט נאָך אַלץ פֿון פֿאָרויס.

דער **ס**פּריי, שלאָגנדיק זיך קעגן שטראָם און ווינט, האָט דערגרייכט **ב**אָרזשיע **ב**וכטע אויף מאָרגן נאָך מיטאָג, און אַראָפּגעלאָזט דעם אַנקער דאָרט אַ צווייט מאָל. איך וויל איצט, אויב איך קען, באַשרײַבן די לבֿנה־באַלויכטענע סצענע אויף דעם דורכגאָס האַלבע נאַכט נאָכדעם וואָס איך בין פֿרײַ פֿון די ווילדע און פֿון **ב**אָנעט **א**ינדזל. אַ שווערע וואַנט וואָלקנס האָט זיך גערוקט איבערן הימל און איז דעמאָלט אַוועק, איז די נאַכט מיט איין מאָל געוואָרן אַזוי העל ווי טאָג, אָדער כּמעט אַזוי. אַ הויכער באַרג איז אָפּגעשפּיגלט

[א] "Anchor here, good port here." – אי"ה

געווען אין דעם קאַנאַל פּאַרויס, און דער **ספּריי** איז געשוווּמען מיט איר שאָטן ווי צוויי שליופּקעס אויף דעם ים.

רעקאָרדן פֿון פּאַסאַזשן דורך דעם דורכגאָס צוקאָפּנס פֿון **ב**אָרזשיע **ב**וכטע
באַמערקט: אויף אַ קליינעם קוסט לעבן וואַסער איז געווען אַ ברעטל וואָס
טראָגט עטלעכע אַנדערע אויפֿשריפֿטן, וואָס צו זיי איז צוגעגעבן געוווען די
ווערטער "שליופּקע **ספּריי**, מאַרץ, 1998"

מיט דער שליופּקע אויפֿן אַנקער האָב איך אַרויסגעוואָרפֿן דאָס שיפֿל, און מיט האַק און ביקס געלאַנדט צוקאָפּנס פֿון דעם בוכטעלע, און אָנגעפֿילט אַ פֿאַס מיט וואַסער פֿון אַ ריטשקע. דעמאָלט, ווי פֿריִער, איז ניט געווען קיין סימן פֿון אינדיאַנער אין דעם אָרט. איצט וואָס איך האָב עס געפֿונען גאַנץ פֿאַרלאָזן, בין איך אַרומגעגאַנגען נאָענט צו דער פּלאַזשע אַ שעה אָדער לענגער. דער לויטערער וועטער, עס האָט זיך מיר געדאַכט, האָט ווי ניט איז צוגעגעבן עלנטקייט צו דעם אָרט, און ווען איך בין געקומען צו אַן אָרט מיט אַ קבֿר־שטיין, בין איך ניט וויַטער געגאַנגען. צוריק צוקאָפּנס פֿון דעם בוכטעלע, בין איך געקומען צו עפּעס אַ גולגולת, ווי עס האָט מיר אויסגעזען, וווּ די נאַוויגאַטאָרן, טראָגנדיק די קרייצן, האָבן יעדן אויפֿגעשטעלט ווי אַ סיגנאַל צו די וואָס קומען נאָך. זיי האָבן דאָ געאַנקערט, און דעמאָלט אָפּגעפֿאָרן, אַלע אַחוץ יענער אונטערן קליינעם בערגל. איינע

פֿון די פּשוטע צייכענונגען, טשיקאַווע צו זאָגן, האָט דאָרט אָנגעשריבן די דאַמפֿשיף *קאָלימביאַ*, די שוועסטער־שיף צו דעם *קאָלומביע*, מײַן שכן דעם אינדערפֿרי.

איך האָב געלייענט די נעמען פֿון אַ סך אַנדערע שיפֿן; עטלעכע האָב איך איבערגעשריבן אין מײַן טאָגביכל, אַנדערע זײַנען געווען ניט צו לייענען. אַ סך פֿון די קרייצן זײַנען קאַליע געוואָרן און אַראָפּגעפֿאַלן, און אַ סך פֿון די הענט וואָס האָבן זיי דאָרט צוגעשטעלט האָב איך אַ מאָל געקענט, אַ סך הענט איצט פֿאַרשטילט. אַ כמאַרנע געמיט איז געווען אומעטום אין דעם אָרט און איך האָב זיך געאײַלט צוריק צו דער שליופּקע זיך צו פֿאַרגעסן אין דעם פֿאָרן.

פֿרי אויף צו מאָרגנס בין איך געפֿאָרן אַרויס פֿון **ב**אָרזשיע **ב**וכטע, און בײַ **קאַפּ־קואָד**, ווו דער ווינט איז שוואַך געוואָרן, האָב איך די שליופּקע געאַנקערט אין לאַמינאַריע אין צוואַנציק קלאַפֿטער וואַסער און זי דאָרט געהאַלטן עטלעכע שעה קעגן אַ שטראָם פֿון דרײַ קנופּן. יענע נאַכט האָב איך זיך געאַנקערט אין **לאַנגאַרא בוכטעלע**, עטלעכע מײַלן וויטער פֿאָרויס, ווו אויף מאָרגן האָב איך אַנטדעקט וורעק און זאַפּאַסן אַרויפֿגעוואַשן פֿון ים. איך האָב איצט געאַרבעט דעם גאַנצן טאָג, אָפּגעראַטעוועט דעם פֿראַכט און אים שלעפּן אינעם שיפֿל צו דער שליופּקע. ס'רובֿ פֿון דער סחורה איז געווען חלבֿ אין פֿעסער און פֿײַדעס פֿון צעבראָכענע פֿעסער, און אַרײַנגעשטעקט אינעם ים־גראָז איז געווען אַ פֿאַס ווײַן, וואָס איך האָב אויך געשלעפּט צו דער זײַט פֿון שיף. איך האָב זיי אַלע אויפֿגעהויבן אַרײַן מיט די האַלדז־צישטריק אַרום דער הייבראָד. עטלעכע פֿון די פֿעסער זײַנען געווען מער ווי אַכט הונדערט פֿונטן אין דער וואָג.

אָפּראַטעווען וורעק

עס זײַנען ניט געווען קיין אינדיאַנער אַרום **לאַנגאַרא**. אַ פּנים קיינע דאָרט ניט געווען זינט דער גרויסער בורע וואָס האָט פֿאַרטראָגן דעם וורעק אויפֿן ברעג. מסתּמא איז דאָס געווען די זעלבע בורע וואָס האָט דעם *ספּריי* געטריבן אַוועק פֿון **קאַפּ־האָרן**, פֿון דעם 3טן מאַרץ ביז דעם 8טן. הונדערטער טאָנען לאַמינאַריע זײַנען צעריסן געוואָרן פֿון בייטן אין טיף וואַסער און געקײַקלט אַרויף אין קאַמען אויף דער פּלאַזשע. אַ מוסטער־שטענגל וואָס איך האָב געפֿונען גאַנץ, וואָרצלען, בלעטער, און אַלץ, איז געווען איין הונדערט מיט איינ־

און־דרײַסיק פֿוס אין דער לענג. אין אָט דעם אָרט האָב איך די נאַכט אָנגעפֿילט אַ פֿאַס מיט וואַסער, און אויף מאָרגן אָפּגעזעגלט מיט אַ גינציקן ווינט סוף־כּל־סוף.

איך האָב ניט ווײַט געזעגלט, אָבער, ווען איך בין אָנגעקומען בײַ נאָך מער חלבֿ אין אַ קליין בוכטעלע, ווו איך האָב געאַנקערט, און גענומען דאָס שיפֿל ווי פֿריִער. עס איז געגאַנגען אַ רעגן און שניי שווער דעם גאַנצן טאָג, און עס איז קוים געווען גרינגע אַרבעט, טראָגן חלבֿ אין די אָרעמס איבער די שטיינער אויף דער פּלאַזשע. נאָר איך האָב געאַרבעט ווײַטער, ביז דער ספּריי איז אָנגעלאָדן געווען מיט אַ פֿולן פֿראַכט. איך בין דעמאָלט גליקלעך געווען מיטן אויסזע פֿון אַ גוט שטיקל געשעפֿט ווײַטער אויף דער נסיעה, וואָרן די טבֿע פֿון אַן אַלטן הענדלער וואָלט אַרויסקומען אויף דער אייבערפֿלאַך. איך האָב אָפּגעזעגלט פֿון דעם בוכטעלע אַן ערך האַלבן טאָג, באַשמירט פֿון קאָפּ ביז די פֿוס־פֿינגער, בעת מײַן שיף איז פֿאַרחלבֿט געווען פֿון קיל ביזן אויבן פֿונעם מאַסט. די קאַבינע, ווי אויך דער טריום און דעק, זײַנען פֿול אָנגעלאָדן געווען מיט חלבֿ, און אַלץ איז געווען גאַנץ באַשמירט.

קאַפּיטל צען

זעגלען קיין פאָרט אַנגאָסטאָ אין אַ שניי־שטורעם — אַ חסרדיקער זעגל־שטריק שטעלט דעם ספּריי אין סכּנה — דער ספּריי ווי דער ציל פֿון אַ פֿועגישן פֿײַל — דער אינדזל פֿון אַלאַן עריק — נאָך אַ מאָל אויף דעם אָפֿענעם פּאַציפֿיק — דער לויף קיין דעם אינדזל פֿון יואַן פֿערנאַנדעז — אַ פֿעלנדיקער קיניג — בײַם אַנקער־אָרט פֿון ראָבינסאָן קרוסאָ

נאָך אַ בורע איז דעמאָלט אַרויפֿגעשפּרונגען, אָבער דער ווינט איז נאָך אַלץ גינציק געווען, און פֿאַר מיר איז געשטאַנען בלויז אַ לויף פֿון נאָר זעקס־און־צוואַנציק מײַלן ביז פאָרט אַנגאָסטאָ, שוין איין מאָל אַ כמאַרנער אָרט, נאָר וווּ איך וועל געפֿינען אַ זיכערן האַוון וווּ צו רעמאָנטירן און אַוועקשטעלן דעם פּראַכט. איך האָב געטראָגן מער זעגלען כּדי אָנצוקומען אין דעם האַוון פֿאַר נאַכט, און זי איז שיִער ניט געפֿלויגן ווײַטער, גאַנץ באַדעקט מיט שניי וואָס איז גיך און געדיכט געפֿאַלן, ביז זי זעט אויס ווי אַ ווײַסע ווינטער־פֿויגל. צווישן די שטורעם־אויפֿרײַסן האָב איך דערזען דעם קאַפּ בײַ מײַן פּאָרט און צו אים צו געקערעוועט ווען אַ הפֿקרדיק שטיקל ווינט האָט געכאַפּט דעם הויפּטזעגל הינטערשטעליק, אים אַרומגעוואָרפֿן, און אָך און וויי! ווי נאָענט איז דאָס געקומען צו אַן אומגליק, וואָרן דער צישטריק איז צעשיידט געוואָרן און דער הייבשטאַנג פּרײַ פֿון אָרט געוואָרפֿן, און עס איז שיִער ניט שוין נאַכט. איך האָב געאַרבעט ביז דער שווייס איז געגאָסן פֿונעם קערפּער, אַלץ צו רעכט צו שטעלן עס זאָל גוט אַרבעטן פֿאַרן פֿינצטערניש, און מער ווי אַלץ, אַלץ צו ענדיקן איידער די שליופּקע דרייפֿט ווינט־אַראָפּ פֿון דעם פּאָרט פֿון זיכערקייט. מיט דעם אַלץ אַפֿילו האָב איך ניט געקענט צעשטעלן דעם הייבשטאַנג אין זײַן זאָטל. איך בין שוין בײַם אַרײַנגאַנג פֿונעם האַוון איידער איך האָב דאָס געקענט ענדיקן, און עס איז געקומען די צײַט אָדער זי אַרײַנצוקערעווען אָדער פֿאַרלירן דעם פּאָרט. נאָר אין אַזאַ מצבֿ, ווי אַ פֿויגל מיט אַ צעבראָכענעם פֿליגל, איז זי אַרײַן אינעם האַוון. די סיבה וואָס האָט אַזוי געשטעלט מײַן שיף און פּראַכט אין סכּנה איז געווען צוליב אַ חסרדיקן צישטריק, געמאַכט פֿון סיסאַל, אַ פֿאַררעטערישע פֿיברע וואָס איז געווען די סיבה פֿאַר גאָר אַ סך שטאַרקע דיבורים צווישן ים־לײַט.

איך האָב ניט גענומען דעם ספּריי אַרײַן אין דעם אינעווייניקסטן האַוון פֿון פּאָרט אַנגאָסטאָ, נאָר האָב זיך אָפּגעשטעלט אין אַ בייט לאַמינאַריע אונטער אַ שטאָציקער סקאַלע אויף דער לינקער זײַט בײַם אַרײַנגיין. עס איז געווען גאָר אַ נורעדיקע נאָרע, און צו זײַן צוויי מאָל אַזוי זיכער זי זאָל זיך אָנהאַלטן קעגן די אַלע וויליוואַס, האָב איך זי געאַנקערט מיט צוויי אַנקערס און דערצו זי צוגעבונדן מיט קאַבלען אַרוםביימער. אָבער קיין ווינט האָט קיין מאָל דאָרט ניט דערגרייכט אַחוץ ווינטעלעך צוריקגעשטויסן פֿון די בערג אויף דער צווייטער זײַט האַוון. דאָרט, ווי אין ערגעץ אַנדערש אינעם געגנט, איז דאָס לאַנד געמאַכט פֿון בערג. אָט דאָס איז דער אָרט וווּ איך וועל רעמאָנטירן, און פֿון וואַנען וועל איך אָפּזעגלען דירעקט, נאָך אַ מאָל, קיין קאַפּ־זײַל און דעם פּאַציפֿיק.

איך בין געבליבן אין פּאָרט אַנגאָסטאָ עטלעכע טעג, פֿאַרנומען מיט אַרבעט אויף דער שליופּקע. איך האָב אַוועקגעשטעלט דעם חלבֿ פֿון דעם דעק אין דעם טריום, בעסער אויסגעסדרט מײַן קאַבינע, און גענומען אויפֿן באָרט אַ גוטן זאַפּאַס האָלץ און וואַסער. איך האָב אויך פֿאַרריכט דער שליופּקעס זעגלען און געשטריק, און צעגעשטעלט אַ זעגל

אויף אַ הינטערמאַסט[א], וואָס האָט זי געמאַכט פֿאַר אַ יאַל[ב], כאָטש איך האָב געהאַלטן אין זי אָנרופֿן אַ שליופּקע אַלץ איינס, וואָרן דער הינטערזעגל איז נאָר אַ דערוויטליקער עסק.

"דער ערשטער שאָס האָט אַנטפּלעקט דרײַ פֿועגאַנער"

איך האָב קיין מאָל ניט פֿאַרגעסן, אין מיטן דער שווערסטער אַרבעט אַפֿילו, צו האָבן די ביקס גרייט תּיכּף צו ניצן, וואָרן במילא בין איך אין גרייך פֿון די ווילדע, און איך האָב געזען פֿועגישע קאַנוען אין אָט דעם אָרט ווען איך האָב זיך געאַנקערט אינעם פּאָרט, ווײַטער אַראָפּ אין דעם שטח, אויף דער ערשטער נסיעה דורך דעם דורכגאָס. איך מיין אַז עס איז געווען אויף דעם צווייטן טאָג, בעת איך בין פֿאַרנומען אויפֿן דעק, ווען איך האָב געהערט דאָס גערויש פֿון עפּעס דורך דער לופֿטן נאָענט צו מײַן אויער, און געהערט אַ קלאַנג ווי "זיפּ" אינעם וואַסער, נאָר האָב גאָרנישט ניט געזען. באַלד אָבער האָב איך אַ חשד געהאַט אַז דאָס איז געווען עפּעס אַ פֿײַל, וואָרן פּונקט דעמאָלט האָט איינע, וואָס איז מיר נאָענט פֿאַרבײַ, זיך אַרײַנגעטראָפֿן אין דעם הויפּטמאַסט, ווו זי האָט זיך פֿעסט אַרײַנגעשטעקט, וויברירנדיק פֿונעם שאָק – אַ פֿועגישע חתימה. אַ ווילדער איז אין ערגעץ נאָענט, אָן שום ספֿק. אויף וויפֿל איך האָב געוווּסט, שיסט ער אויף מיר, כּדי צוצונעמען

[א] jigger – אי"ה

[ב] yawl – אי"ה

מײַן שליופּקע און איר פּראַכט. האָב איך אויפֿגעוואָרפֿן מײַן אַלטע **מ**אַרטיני־**ה**ענרי, די ביקס וואָס האַלט אין שיסן, און דער ערשטער שאָס האָט אַנטפּלעקט דרײַ **פֿ**ועגאַנער, וואָס האָבן זיך אַרומגעיאָגט אַרויס פֿון אַ רעדל קוסטן ווו זיי האָבן זיך באַהאַלטן, און זיך גענומען איבער די בערגלעך. איך האָב געשאָסן אַ סך קוילן, געצילט אויף די פֿיס זייערע אָנצומוטיקן דאָס אַרויפֿשטײַגן. מײַן טײַערע אַלטע ביקס האָט אויפֿגעוועקט די בערגלעך און מיט יעדן שאָס זײַנען אַלע דרײַ ווילדע אַרויפֿגעשפּרונגען ווי דערשאָסן, נאָר זיי זײַנען ווײַטער געגאַנגען און געשטעלט אַ סך **פֿ**ועגיש לאַנד צווישן זיך און דעם **ס**פּריי אַזוי גיך ווי די פֿיס וועלן זיי טראָגן. איך האָב מטריח געווען, נאָך מער ווי פֿריִער, אַז דאָס גאַנצע געווען זאָל גוט אַרבעטן און אַז אַ זאַפּאַס שיסוואַרג זאָל שטענדיק זײַן גרייט צו דער האַנט. נאָר די ווילדע זײַנען ניט צוריקגעקומען, און כאָטש איך האָב די קנאָפּקעס געשטעלט אויפֿן דעק יעדע נאַכט, האָב איך ניט געפֿונען אַז מער געסט זײַנען געקומען, און איך האָב נאָר געדאַרפֿט אָפּשאַרן די קנאָפּקעס אָפּגעהיט פֿונעם דעק יעדן אינדערפֿרי.

בעת די טעג זײַנען פֿאַרבײַ איז דער סעזאָן געווען גינציקער פֿאַר אַ געלעגנהייט צו קומען אַרויס פֿון דעם דורכגאַס מיט אַ אַ גוטן ווינט, האָב איך דערפֿאַר באַשלאָסן בײַ זיך נאָך זעקס פּרווון, יעדעס מאָל צוריקגעטריבן, זיך ניט צו אײַלן אָפּזעגלען. דער שלעכטער וועטער בײַ מײַן לעצטן צוריקקער האָט געבראַכט דאָס **ט**שילענער האַרמאַטן־שיפֿל *קאָנדאָר* און דער **א**רגענטינער קרייסער *אַזאָפּאַרדאָ* אַרײַן אין פּאָרט. באַלד ווי דער צווייטער האָט זיך געאַנקערט, האָט **ק**אַפּיטאַן **מ**אַסקאַרעלאַ, דער קאָמענדאַנט, געשיקט אַ שיפֿל צו דעם **ס**פּריי מיט דער בשׂורה אַז ער וועט מיך בוקסירן קיין **ז**אַמד־**ק**אַפּ אויב איך וואָלט אָפּגעבן די נסיעה און פֿאָרן צוריק – די ווײַטסטע זאַך בײַ מיר אין מוח. די אָפֿיצירן פֿון דעם *אַזאָפּאַרדאָ* האָבן מיר געזאָגט אַז ווען זיי זײַנען געקומען דורך דעם דורכגאַס נאָך דעם **ס**פּריי אויף איר ערשטער נסיעה דורך דעם, האָבן זיי געזען **ש**וואַרצן **פּ**עדראָ און זיך דערוווּסט אַז ער איז געווען צו מיר אַ גאַסט. דער *אַזאָפּאַרדאָ*, ווי אַ קריגשיף פֿון אַ פֿרעמד לאַנד, האָט ניט געמעגט אַרעסטירן דעם **פֿ**ועגישן באַנדיט, נאָר איר קאַפּיטאַן האָט מיך שולדיק געהאַלטן וואָס איך האָב ניט דערשאָסן דעם שעלמאַק ווען ער איז געווען אויף דער שליופּקע.

איך האָב געקראָגן אַ ביסל שטריקוואַרג און אַנדערע קליינע חפֿצים פֿון די אָ שיפֿן, און די אָפֿיצירן פֿוןביידע האָבן צונויפֿגעזאַמלט אַ זאַפּאַס וואַרעמע פֿלאַנעלן, וואָס איך האָב שטאַרק באַדאַרפֿט. מיט אָט די צוגאָבן צו מײַן אויסריכט, און מיט דער שיף גוט רעמאָנטירט, כאָטש אַ ביסל טיף אין וואַסער, בין איך גוט צוגעגרייט אויף נאָך אַ קאַמף מיט דעם **ד**רומדיקן, שלעכט באַנאָמענט **פּ**אַציפֿישן, **אָ**קעאַן.

אין דעם ערשטער וואָך אַפּריל קומען ווינטן פֿון דרום־מיזרח, וואָס באַווײַזן זיך אַרום קאַפּ־**ה**אָרן אין האַרבסט און ווינטער, ברענגען זיי בעסערן וועטער ווי אין זומער, און הייבן אָן צו שטערן די אייבערשטע וואָלקנס; נאָר אַ ביסל געדולד און עס וועט קומען די צײַט אָפּצוזעגלען מיט אַ גינציקן ווינט.

אין **פּ**אָרט **אַ**נגאָסטאָ האָב איך זיך געטראָפֿן מיט **פּ**ראָפֿעסאָר **ד**וסען פֿון דער **ש**וועדישער וויסנשאַפֿטלעכער עקספּעדיציע קיין **ד**רום־**אַ**מעריקע און די אינדזלען פֿון דעם **פּ**אַציפֿיק. דער פּראָפֿעסאָר האָט זיך געלאַגערט לעבן אַ ריטשקע צוקאָפּנס פֿונעם האַוון, ווו עס געפֿינט זיך אַ סך מינים מאָך, וואָס האָט אים שטאַרק פֿאַראינטערעסירט, און ווו דאָס וואַסער איז געווען, לויט זײַן **א**רגענטינער קוכער, "מוי ריקאָ." דער

פּראָפֿעסאָר האָט געהאַט דרײַ גוט־באַוואָפֿנטע אַרגענטינער אין לאַגער צו קעמפֿן מיט די ווילדע. זיי האָבן אויסגעזען פֿול מיט מיגל ווען איך האָב גענומען וואַסער פֿון אַ קלײנער ריטשקע נאָענט צו דער שיף, קענגן זייער עצה צו גיין װײַטער אַרויף צו דעם גרעסערן שטראָם, ווו עס איז "מוי ריקאָ." נאָר זיי זײַנען אַלע געווען ווילע לײַט, כאָטש עס איז אַ װוּנדער וואָס זיי זײַנען אַלע ניט געשטאָרבן פֿון רעמאַטעס פֿון לעבן אויף דער נאַסער ערד.

וועגן די אַלע קלײנע סיבות און אומגליקן מיט דעם ספּריי אין פּאָרט אַנגאָסטאָ, וועגן די פֿילע פּרוּוון אָפּצוזעגלען, און יעדן צוריקקער אין אָפּדאַך, איז ניט נייטיק צו רעדן. פֿון צרות זײַנען געווען אַ סך זי צוריקצוהאַלטן, נאָר דעם 13טן אַפּריל, דאָס זיבעטע און לעצטע מאָל, האָט זי אַרויפֿגעשלעפּט דעם אַנקער פֿון דעם פּאָרט. מניעות אָבער האָבן זיך פֿאַרמערט אין אַזאַ טשיקאַווען שטייגער אַז וואָלט איך געווען אײנער מיט איבערגלייבעריש פּחדים, וואָלט איך ניט באַשטאַנען אויף אָפּזעגלען אויף אַ דרײַצנטן טאָג, ניט קוקנדיק אויף דעם גינציקן ווינט וואָס בלאָזט אין דער װײַטקייט. אַ סך פֿון די סיבות זײַנען געווען לעכערלעך. ווען איך האָב זיך געפֿונען, אַ שטייגער, אויספּלאָנטערן דער שליופּקעס מאַסט פֿון די צווײַגן פֿון אַ בוים נאָכדעם וואָס זי האָט געדרייפֿט דרײַ מאָל אַרום אַ קלײנעם אינדזל קעגן מײַן ווילן, האָט עס געפֿילט ווי מער ווי די נערוון קענען אויסהאַלטן, און איך האָב געמוזט רעדן דערוועגן, האָב איך געמיינט, אָדער שטאַרבן פֿון טעטאַנוס, האָב איך דערפֿאַר זיך געווענדט צו דעם ספּריי ווי אַן אומגעדולדיקער פֿאַרמער וואָלט אפֿשר רעדן מיט זײַן פֿערד צי אָקס. "צי ווייסטו ניט," האָב איך געשריגן – "צי ווייסטו ניט אַז דו קענסט ניט אַרויפֿקריכן אויף קיין בוים!" נאָר דער נעבעכדיקער ספּריי האָט געפּרוּווט, מיט הצלחה דערצו, שיִער ניט אַלץ אַנדערש אין דעם מאַדזשעלען־דורכגאַס, און מײַן האַרץ איז ווייכער געוואָרן צו איר ווען איך האָב געטראַכט פֿון וואָס זי האָט שוין איבערגעלעבט. דערצו האָט זי אַנטדעקט אַן אינדזל. אויף די קאַרטעס איז דער וואָס זי האָט אַרומגעזעגלט באַצייכנט ווי אַ שפּיץ לאַנד. איך האָב דאָס אַ נאָמען געגעבן אַלאַן עריק אינדזל, נאָך אַ ווערדיקן ליטעראַרישן פֿרײַנד וואָס איך האָב אָנגעטראָפֿן אין מאָדנע בײַערטער, און איך האָב אויפֿגעשטעלט אַ שילד, "באַטרעט ניט דאָס גראָז," וואָס, ווי דער אַנטדעקער, איז מײַן רעכט.

איצט, סוף־כּל־סוף, האָט דער ספּריי מיך געטראָגן פֿרײַ פֿון טיעראַ דעל פֿועגאָ. אויב נאָר קוים־קוים אַרויס, האָט זי מיך פּאָרט פֿרײַ געטראָגן, כאָטש איר הייבשטאַנג האָט טאַקע אָנגעשלאָגן אויף די סיגנאַל־שטיינער ווינט־אַראָפּ בעת זי קעמפּט אויסצומײַדן דעם שפּיץ. די זאַך איז פֿאַרטיק געווען דעם 13טן אַפּריל. נאָר סכּנות און קומען אַרויס קוים מיטן לעבן זײַנען ניט קיין נײַעס פֿאַר דעם ספּריי.

די כוואַליעס האָבן שיין אויסגעטאָן די ווײַסע מיצלעך צו איר דעם טאָג אין דעם דורכגאַס פֿאַר דעם דרום־מיזרחדיקן ווינט, דאָס ערשטע אמתדיקע ווינטער־ווינטל פֿון דעם סעזאָן פֿון דער דאָזיקער ריכטונג, און דאָ איז זי געווען אַרויס אויף זײַן אָנהייב, מיט יעדן אויסקוק צו קומען אַרום קאַפּ־זײַל איידער ער זאָל קענען בײַטן די ריכטונג. אַזוי איז אַלץ אויסגעקומען; דער ווינט האָט שווער געבלאָזן, ווי אַלע מאָל אַרום קאַפּ־האָרן, נאָר זי איז פֿרײַ געקומען פֿון דעם גרויסן פֿלייץ־לויף לעבן קאַפּ־זײַל און די וואַנגעליסטאַס, די דרויסנדיקסטע שטיינער פֿון אַלע, איידער דער שינוי איז געקומען. איך בין געבליבן בײַ דער קערמע, געקערעוועט צאַרט מײַן שיף אין די קווער־כוואַליעס, וואָרן עס איז געווען טומלדיק, און איך האָב זיך ניט דערוועגט לאָזן זי פֿאָרן דירעקט. עס איז געווען

נייטיק צו בײַטן איר ריכטונג אין די איבערקערנדיקע כוואַליעס, זיי צו טרעפֿן אַזוי פּעיִק ווי איך האָב געקענט ווען זיי קײַקלען זיך אַרויף פֿאָרויס, און זיך אַוועקצודרייען ווען זיי קומען פֿון דער זײַט.

אויף צו מאָרגנס, דעם 14טן אַפּריל, נאָר די שפּיצן פֿון די העכסטע בערג זײַנען געווען צו דערזען, און דער *ספּריי*, פֿאָרן גיך אויף אַ גאַנג צפֿון־מערבֿ צו, האָט זיי באַלד געלאָזט אַרויס פֿון אויגנגרייך. "הוראַ פֿאַר דעם *ספּריי*!" האָב איך געשריגן צו די ים־הינט, מעוועס, און פּענגווינען, וואָרן עס זײַנען ניט געווען קיין אַנדערע לעבעדיקע באַשעפֿענישן דאָ אַרום, און זי איז דורכגעקומען די אַלע סכּנות פֿון **קאַפּ־האָרן**. דערצו האָט זי אויף איר נסיעה אַרום דעם **האָרן** אָפּגעראַטעוועט אַ פּראַכט און ניט געדאַרפֿט אַראָפּוואַרפֿן קיין פֿונט. און פֿאַר וואָס זאָל אַ מענטש ניט יובלען אויף אין אַן אומגעריכט שטיק מזל?

איך האָב אויסגעטרייסלט אַ ריף און אויפֿגעשלאָגן דעם גאַנצן דזשיב, וואָרן אינעם אָפֿענעם ים האָב איך געקענט זי קערעווען צוויי פונקטן ווײַטער פֿונעם ווינט. דאָס האָט געבראַכט דעם ים מער צווישן דער זײַט און דעם הינטערבאָרט, און זי זעגלט געזונטער מיט די אַלע זעגלען. פֿון צײַט צו צײַט זײַנען אַלטע כוואַליעס פֿון דעם דרום־מערבֿ, קײַקלענדיק זיך אַרויף, שוימיק פֿאַרבײַ, נאָר האָבן זי ניט געשאַט. דער ווינט איז שטאַרקער געוואָרן בעת די זון איז אַרויף ביזן האַלב־מאַסט אָדער העכער, און די לופֿט, אַ ביסל פֿרעסטלדיק אין דער פֿרי, איז ווייכער געוואָרן במשך פֿונעם טאָג, נאָר אַזעלכע זאַכן האָבן מיך קוים געאַרט.

איין כוואַליע, אויף איינעם אַן אָוונט, אַ גרעסערע ווי די אַנדערע וואָס האָבן געסטראַשעט דעם גאַנצן טאָג — איינע וואָס מאַטראָסן רופֿן זיי אָן "פֿײַן־וועטער־כוואַליעס" — האָט זיך צעבראָכן איבער דער שליופּקע פֿון פֿאָדערבאָרט ביז הינטערבאָרט. זי האָט איבער מיר געוואַשן בײַ דער קערמע, די לעצטע וואָס באַדעקט דעם *ספּריי* בײַ **קאַפּ־האָרן**. עס האָט מיר געפֿילט ווי זי וואַשט אַוועק די אַלע אַלטע חרטות. די אַלע צרות מײַנע זײַנען איצט געווען אויף הינטן; דער זומער איז פֿאָרויס געווען; די גאַנצע וועלט איז פֿאַר מיר געשטאַנען נאָך אַ מאָל. דער ווינט אַפֿילו איז געווען ממש גינציק. מײַן "גאַנג" בײַם רודער איז איצט פֿאַרטיק געווען און עס איז געווען פֿינף אַ זייגער נ"מ. איך בין געשטאַנען בײַ דער קערמע זינט עלף אַ זייגער נעכטן אין דער פֿרי, דאָס הייסט, דרײַסיק שעה.

עס איז געווען די צײַט אויפֿצודעקן מײַן קאָפּ, וואָרן איך האָב געזעגלט איינער אַליין מיט גאָט. דער ריזיקער אָקעאַן איז נאָך אַ מאָל אַרום מיר, און דער האָריזאָנט איז גאַנץ ניט צעבראָכן מיט לאַנד. אין אַ פּאָר טעג אַרום איז דער *ספּריי* געווען אונטער די אַלע זעגלען, און איך האָב זי געזען דאָס ערשטע מאָל מיט דעם דזשיגער אויפֿגעשטעלט. דאָס איז טאַקע געווען אַ קלייניקייט נאָר אַ קלייניקייט וואָס קומט נאָך אַ נצחון. דער ווינט איז נאָך אַלץ געקומען פֿונעם דרום־מערבֿ, נאָר איז שוואַכער געוואָרן, און רעווענדיקע ימים זײַנען געוואָרן פֿלאַפּלענדיקע כוואַליעס וואָס האָבן זיך גערונצלט און געטאַפּט אויף אירע זײַטן בעת זי קײַקלט זיך דורך זיי, דערפֿרייט מיט זייער מעשׂה. גיכע שינויים זײַנען ווײַטער געגאַנגען אין יענע טעג, אין זאַכן אומעטום אַרום בעת זי קערעוועט זיך צו די טראָפּיקן. נײַע מינים פֿייגל זײַנען געקומען אַרום; אַלבאַטראָסן זײַנען צוריקגעפֿאַלן און

געוואָרן אַלץ זעלטענער און זעלטענער; לײַכטערע מעוועס זײַנען געקומען אַרײַן אין זייער אָרט, האָבן זיי געפּיקט נאָך ברעקלעך אין דעם נאָכברויז פֿון דער שליופּקע.

אויף דעם צענטן טאָג פֿון קאַפּ־זײַל איז אַ הײַפֿיש צוגעקומען, דער ערשטער פֿון זײַן מין אויף אָט דעם טייל פֿון דער נסיעה אַרײַן אין צרות. איך האָב אים האַרפּונירט און אַרויסגענומען זײַנע מיאוסע קײַערס. איך האָב ביז דעמאָלט ניט קיין בדעה געהאַט דערהרגענען אַבי אַ חיה, נאָר ווען **רב הײַפֿיש** האָט זיך באַוויזן, איז מײַן מיטגעפֿיל אַוועק מיט די ווינטן. עס איז אַ פֿאַקט אַז אין דעם דורכגאַנג האָב איך געלאָזט פֿאַרבײַ אַ סך קאַטשקעס וואָס וואָלטן געמאַכט אַ פֿײַן געדישעכץ, וואָרן איך האָב שטאַרק ניט געוואָלט דערהרגענען אַבי אַ לעבעדיק באַשעפֿעניש אין דעם עלנטן דורכגאַנג.

פֿון קאַפּ־זײַל האָב איך געקערעוועט קיין יואַן **פֿערנאַנדעז**, און אויף דעם 26סטן אַפּריל, אויפֿן וועג פֿופֿצן טעג, האָב איך דערזען פּונקט פֿאָרויס דעם היסטאָרישן אינדזל.

די בלאָע בערגלעך פֿון יואַן **פֿערנאַנדעז**, הויך איבער די וואָלקנס, האָבן זיך געלאָזט זען ווײַט אַ דרײַסיק מײַלן. אַ טויזנט עמאָציעס האָבן מיר שטאַרק הנאה געטאָן ווען איך האָב געזען דעם אינדזל, און איך האָב פֿאַרנייגט דעם קאָפּ צו דעם דעק. מיר מאַכן חוזק אפֿשר פֿון דעם אָריענטאַלישן פֿאַרנייג, נאָר פֿון מײַנט וועגן, האָב איך ניט געקענט געפֿינען אַן אַנדערן אופֿן זיך אויסצודריקן.

דער **ספּריי** קומט צו צו יואַן **פֿערנאַנדעז**, **ראָבינסאָן** קרוסאָס אינדזל

מיט לײַכטע ווינטן דעם גאַנצן טאָג האָט דער **ספּריי** ניט דערגרייכט דעם אינדזל ביז דער נאַכט. מיט דעם ביסל ווינט וואָס בלײַבט אָנצופֿילן אירע זעגלען איז זי געקומען נאָענט צום ברעג אויף דער צפֿון־מיזרחדיקער זײַט, וווּ עס איז גאַנץ שטיל געוואָרן און געבליבן אַזוי די גאַנצע נאַכט. איך האָב געזען דאָס פֿינקלען פֿון אַ קליינער ליכט ווײַטער אַוועק אין אַ בוכטעלע, און געשאָסן די ביקס, אָבער ניט געקראָגן קיין ענטפֿער, און באַלד איז די ליכט גאַנץ פֿאַרשוווּנדן געוואָרן. איך האָב געהערט דעם ים דונערן אויף די סקאַלעס די גאַנצע נאַכט, און אײַנגעזען אַז דער ים־אויפֿהייב איז נאָך אַלץ גרויס געווען, כאָטש פֿון דעם דעק פֿון מײַן קליינער שיף האָט עס קליין אויסגעזען. פֿון דעם געשריי פֿון די חיות אין די בערגלעך, וואָס איז אַלץ שוואַכער און שוואַכער געוואָרן במשך פֿון דער נאַכט, האָב איך גערעכנט אַז אַ לײַכטער שטראָם דרייפֿט די שליופּקע אַוועק פֿון דער

יבשה, כאָטש די גאַנצע נאַכט האָט זי אויסגעזען ווי סכּנהדיק נאָענט צום ברעג, וואָרן דאָס לאַנד איז גאָר הויך געווען און דער אויסזע פֿאַרפֿירעריש.

באַלד נאָכן פֿאַרטאָג האָב איך געזען אַ שיפֿל אין וועג אַרײַן צו מיר צו. בעת עס איז נעענטער געקומען, האָב איך צופֿעליק אויפֿגעהויבן מײַן ביקס פֿון דעם דעק, נאָר מיט דער בדעה זי אָוועקצושטעלן אונטן; נאָר די מענטשן אינעם שיפֿל, ווען זיי האָבן געזען דאָס געווער אין מײַנע הענט, האָבן זיך גיך אַרומגעדרייט און זיך געצויגן צום ברעג, ווײַט אַ פֿיר מײַלן. עס זײַנען געווען זעקס רודערערס אין איר, און איך האָב באַמערקט אַז זיי ציִען מיט רודערס אין רודערלעכער, מעשׂה געניטע ים־לײַט, האָב איך דערפֿאַר געוווּסט אַז זיי געהערן צו אַ ציוויליזירטער גזע; נאָר זיי האָבן געמוזט מיך שלעכט האַלטן ווען זיי האָבן פֿאַלש גענומען מײַן צוועק מיט דער ביקס און זיך אַוועקגעצויגן מיטן גאַנצן כּוח. איך האָב זיי געלאָזט פֿאַרשטיין מיט סימנים, נאָר פֿאָרט מיט צרות, אַז איך האָב ניט קיין בדעה געהאַט צו שיסן, און אַז איך האָב נאָר געוואָלט אַוועקשטעלן דאָס געווער אין קאַבינע, און אַז זיי זאָלן קומען צוריק. ווען זיי האָבן מיך פֿאַרשטאַנען זײַנען זיי צוריק און באַלד אויפֿן באָרט.

איינער פֿון דער פּאַרטיע, וואָס די אַנדערע האָבן אָנגערופֿן "קיניג," האָט גערעדט ענגליש; די אַנדערע האָבן גערעדט שפּאַניש. זיי האָבן אַלע געהערט פֿון דער נסיעה פֿון דעם ספּריי פֿון די צײַטונגען אין וואַלפּאַרײַסאָ, און זײַנען געווען הונגעריק נאָך נײַעס וועגן אונדז. זיי האָבן מיר דערציילט וועגן אַ מלחמה צווישן טשילע און אַרגענטינע, וואָס איך האָב ניט געוווּסט דערוועגן ווען איך בין דאָרט געווען. איך בין נאָר וואָס געווען איןביידע לענדער, און איך האָב זיי דערציילט אַז, לויט די לעצטע באַריכטן פֿון טשילע, איז זייער אייגענער אינדזל אונטערגעגאַנגען. (דער זעלבער באַריכט, אַז יואַן פֿערנאַנדעז איז אונטערגעגאַנגען, איז אָנגעגאַנגען אין אויסטראַליע ווען איך בין דאָרט אָנגעקומען אין דרײַ חדשים אַרום.)

איך האָב שוין געהאַט צוגעגרייט אַ טאָפּ קאַווע און אַ טעלער מיט פּאָנטשקעס, וואָס, נאָך עטלעכע העפֿלעכע דיבורים, האָבן די אינדזליאַנערס באַגריסט און אַרומגערעדט מיט חשק, און דערנאָך האָבן זיי גענומען דעם ספּריי אויף בוקסיר מיט זייער שיפֿל און זײַנען געפֿאָרן מיט איר צו דעם אינדזל צו מיט אַ גוטער גיכקייט פֿון דרײַ קנופּן. דער מענטש וואָס זיי האָבן אָנגערופֿן קיניג האָט גענומען די קערמע, און זײַן דרייענדיק זי אַרום און צוריק האָט אַזוי געטרייסלט דעם ספּריי אַז איך האָב געמיינט אַז זי וועט ניט נאָך אַ מאָל פֿאָרן גלײַך. די אַנדערע האָבן לוסטיק געצויגן די רודערן. דער קיניג, בין איך באַלד געוווּיר געוואָרן, איז קיניג געווען נאָר ווי אַ זשעסט. מע האָט אים אַזוי אָנגערופֿן ווײַל ער האָט געוווינט אויף דעם אינדזל לענגער ווי אַבי אַן אַנדערער אויף דער וועלט – דרײַסיק יאָרן. יואַן פֿערנאַנדעז איז דעמאָלט אונטערן רשות פֿון אַ גובערנאַטאָר, אַ שוועדישער אַדלמאַן, האָט מען מיר געזאָגט. איך האָב אויך געהערט אַז זײַן טאָכטער האָט געקענט רײַטן די ווילדסטע ציג אויף דעם אינדזל. דער גובערנאַטאָר, ווען איך בין דאָרט געווען, איז געווען אַוועק אין וואַלפּאַרײַסאָ מיט דער משפּחה, צו פֿאַרשרײַבן די קינדער אין שולע. דער קיניג איז געווען איין מאָל אַוועק אויף אַ יאָר צוויי, און אין ריאָ דע דזשאַניירע האָט ער חתונה געהאַט מיט אַ בראַזיליאַנערין, וואָס איז מיט אים געגאַנגען נאָכן גורל צו דעם העט ווײַטן אינדזל. ער אַליין איז געווען אַ פּאָרטוגעזער, אַ געבוירענער אין די אַזאָרעס. ער האָט געדינט אין דעם וואַלפֿישערײַ אין ניו־בעדפֿאָרד, און האָט געקענט זיך באַגיין מיט שיפֿלעך. דאָס אַלץ האָב איך זיך דערוווּסט, און נאָך מער דערצו,

איידער מיר זײַנען אָנגעקומען אין דעם אַנקעראָרט. דער ים־ווינט, וואָס האָט באַלד אָנגעהויבן בלאָזן, האָט אָנגעפּילט דעם **ספּרייס** זעגלען, און דער געניטער פּאָרטוגעזער מאַטראָס האָט זי געפּירט צו אַ זיכערן אָרט אין דער בוכטע, ווו זי איז צוגעבונדן געוואָרן צו אַ בויע בײַנאַנד מיט דעם יישובֿ.

קאַפּיטל עלף

די אינדזליאַנע אויף יואַן פֿערנאַנדעז פֿאַרוויילט מיט יענקי פֿאַנטשקעס – די קראַסאַוויצעס פֿון ראָבינסאָן קרוסאָס דאָמיניע – דער באַרג־דענקמאָל צו אַלכּזנדר סעלקירק – ראָבינסאָן קרוסאָס הייל – אַ שפּאַציר מיט די קינדער אויף דעם אינדזל – מערבֿ צו! מיט אַ פֿריינדלעכער בורע – אַ חודש זעגלען פֿריי מיט דעם דרום־קרייץ און דער זון ווי פֿירער – דערזען די מאַרקעזאַס – פּראַקטיק אין רעכענען

איצט וואָס דער ספּריי איז זיכער געווען, זיינען די אינדזליאַנער צוריק צו דער קאַווע און פֿאַנטשקעס, און איך בין מער ווי געחנפֿעט געווען ווען זיי האָבן זיך ניט אָפּגעזאָגט פֿון מיינע לעקעכער, ווי דער פּראָפֿעסאָר האָט געטאָן אין דעם מאַדזשעלען־דורכגאָס. צווישן פֿאַנטשקע און לעקעך איז קוים געווען קיין אונטערשייד, אַחוץ אין נאָמען. ביידע האָב איך געפּרעגלט אין חלבֿ, וואָס איז די הויפּטמעלה פֿון ביידע, וואָרן עס איז ניט פֿאַראַן אויף דעם אינדזל עפּעס דיקער ווי אַ ציג, און אַ ציג איז אַ מאָגערע חיה צו די בעסטע ציַיטן. איז, מיט אַן אויג אויף געשעפֿט האָב איך אָנגעהעקלט מיַין וואָג צו דעם הייבשטאַנג, גרייט אויסצומעסטן דעם חלבֿ, אָן שום צאָלאַגענט צו זאָגן, "פֿאַר וואָס טוט איר אַזוי?" און איידער די זון איז אַראָפּ האָבן די אינדזליאַנער זיך געלערנט דעם קונסט פֿון מאַכן פֿאַנטשקעס און לעקעכער. איך האָב ניט גערעכנט קיין הויכן פּריַיז פֿאַר דאָס וואָס איך האָב זיי פֿאַרקויפֿט, נאָר די אוראַלטע און טשיקאַווע מטבעות וואָס איך האָב געקראָגן אין איינצאָל, עטלעכע פֿון דעם שיפֿבראָך פֿון אַ גאַלעאָן וואָס איז אונטערגעגאַנגען קיינער ווייסט ניט ווען, האָב איך שפּעטער פֿאַרקויפֿט צו אַנטיקוואַרן פֿאַר מער ווי די נאָמינאַל־ווערט. אַזוי האָב איך געשעפּט אַ שׂכלדיקן רווח. איך האָב אַוועקגענומען געלט אין אַלע דענאָמינאַציעס פֿון דעם אינדזל, און שיִער ניט אַלץ וואָס איז דאָרט געווען, אויף וויפֿל איך האָב געקענט רעכענען.

דאָס הויז פֿון דעם קיניג

יואַן פֿערנאַנדעז ווי אַן אָפּשטעלפּאָרט איז אַ שיינער אָרט. די בערגלעך זיינען געדיכט מיט וועלדער, די טאָלן פֿרוכפּערדיק, און שטראָמען ריין וואַסער גיסן זיך אַראָפּ דורך אַ סך יאַרן. עס זיינען ניט פֿאַראַן קיין שלאַנגען אויפֿן אינדזל, און ניט קיין ווילדע חיות אַחוץ

חזירים און ציגן, וואָס פֿון זיי האָב איך געזען אַ סך, און אפֿשר אַ הונט צוויי דערצו. די לײַט האָבן דאָרט געלעבט אָן ניצן קיין מין ראָם צי ביר. עס איז ניט צו געפֿינען צווישן זיי קיין פּאָליציאַנט צי אַדוואָקאַט. די עקאָנאָמיע פֿון דעם אינדזל איז גאַנץ פּשוט געווען. די מאָדעס פֿון פּאַריז האָבן ניט געאַרט די אײַנוווינער; יעדער טוט זיך אָן לויט דעם אייגענעם געשמאַק. כאָטש עס איז ניט פֿאַראַן קיין דאָקטער זײַנען די לײַט אַלע געזונט, און די אַלע קינדער שיין. עס זײַנען געווען אַן ערך פֿינף־און־פֿערציק נפֿשות אויף דעם אינדזל בסך־הכּל. ס'רובֿ פֿון די דערוואַקסענע שטאַמען פֿון דעם קערנלאַנד פֿון **ד**רום **אַ**מעריקע. איין היגע דאַמע, פֿון **ט**שילע, וואָס האָט געשאַפֿן אַ פֿלי־דזשיב פֿאַר דעם **ס**פּריי, באַצאַלט מיט חלבֿ, וואָלט מען געהאַלטן פֿאַר אַ שיינע אין **נ**יופּאָרט. געבענטשטער אינדזל פֿון **י**ואַן **פֿ**ערנאַנדעז! ווי אַזוי **אַ**לכּזנדר **ס**עלקירק האָט דיך איבערגעלאָזט איז איבער מײַן פֿאַרשטענדעניש.

אַ גרויסע שיף, וואָס איז אָנגעקומען ברענגען מיט אַ ווײַלע צוריק, איז שלעכט פֿאַרפֿאָרן צוקאָפּנס פֿון דער בוכטע, און בעת דער ים האָט זי צעשמעטערט אויף די שטיינער און דערטרונקען דעם פֿײַער, האָבן די אינדזליאַנער צוגענומען די באַלקנס און זיי געניצט בויען די הײַזער, וואָס האָבן נאַטירלעך אויסגעזען ווי שיפֿן. דאָס הויז פֿון דעם קיניג פֿון **י**ואַן **פֿ**ערנאַנדעז, מיטן נאָמען **מ**אַנועל **ק**אַראַצע, האָט אויסגעזען ווי אַן תּבֿה און געטראָגן אַ פּאָלירט מעשן קלעפּערל אויף דער איינציקער טיר, באַמאָלט אויף גרין. פֿאַר אָט דעם פּראַקטיקן אַרײַנגאַנג איז געווען אַ פֿאָנענמאַסט, גאַנץ אויסגעריכט[א], און נאָענט צו דעם איז געווען אַ ציכטיקע וואַלפֿיששיפֿל באַמאָלט אויף רויט און בלאָ, דאָס פֿאַרגעניגן פֿון דעם קיניג אין זײַן עלטער.

איך בין אַוודאי געווען אויף אַ פּילגרים־נסיעה צו דעם אַלטן אַרויסבליק אויפֿן אויבן פֿון דעם באַרג, וווּ **ס**עלקירק האָט פֿאַרבראַכט אַ סך טעג קוקן אין דער ווײַטקייט נאָך דער שיף וואָס איז סוף־כּל־סוף געקומען. פֿון אַ טאָוול צוגעקלעפּט צו דעם פּנים פֿון דעם שטיין האָב איך נאָכגעשריבן אָט די ווערטער, אײַנגעקריצט אין אַראַבישע גרויסהאַנטיקע אותיות:

צום אָנדענק

פֿון

אַלכּזנדר **ס**עלקירק

ים־מאַן

אַן אײַנגעבוירענער פֿון **ל**אַרגאָ אין דעם קרײַז **פֿ**ײַף, **ש**אָטלאַנד, וואָס האָט געוווינט אויף דעם אינדזל אין פֿולקומער אָפּגעזונדערטקייט פֿיר יאָר מיט פֿיר חדשים. ער איז געלאַנדט געוואָרן פֿון דעם *פֿינף פּאָרטן*, גאַליאַ, 96 טאָנען, 18 קאַנאָנען, נ"ק 1704, און אַוועקגענומען אין דעם *הערצאָג*, פּריוואַטיר, דעם 12טן פֿעברואַר, 1709. ער איז געשטאָרבן דער לייטענאַנט פֿון **זמש** *ווײַמוטה*, נ"ק 1723[ב],

---

[א] all ataunto – א'ה

[ב] **מ**"ר **ד**זשיי. קוטהבערט **ה**אַדען, אין דעם "יאַרהונדערט זשורנאַל" פֿאַר יולי, 1899, באַווײַזט אַז דער טאָוול האָט אַ טעות וועגן **ס**עלקירקס טויט. עס האָט געזאָלט זײַן 1721. – **ס**'ה

אין דער עלטער 47 יאָר. דער דאָזיקער טאָוול איז צוגעשטעלט לעבן סעלקירקס אויסבליק־פּונקט, פֿון קאָמאָדאָר פּאַועל און די אָפֿיצירן פֿון **זמש** ***טאָפּאַז***, נ"ק 1868.

די הייל ווו סעלקירק האָט געוווינט בעת ער איז געווען אויף דעם אינדזל געפֿינט זיך צוקאָפּנס פֿון דער בוכטע איצט מיטן נאָמען ראָבינסאָן קרוסאָ בוכטע. עס איז אַרום אַ דרייסטן קאַפּ אויף מערבֿ פֿון דעם איצטיקן אַנקעראָרט און לאַנדונגאָרט. שיפֿן האָבן זיך דאָרט געאַנקערט, אָבער עס שטעלט צו אַ ניט פֿאָדעריקן אַנקעראָרט.ביידע פֿון די אַנקערערטער זײַנען אָפֿן צו צפֿונדיקע ווינטן, וואָס אָבער קומען ניט אָן מיטן גאַנצן כּוח. ווײַל דער אַנקערגרונט איז אַ גוטער אין דער ערשט דערמאָנטער בוכטע אויף מיזרח, קען מען האַלטן פֿאַר זיכער אַנקערן דאָרט, כאָטש דער אונטערשטראָם ברענגט אַ מאָל אַ ווילדע יאַזדע.

ראָבינסאָן קרוסאָס הייל

איך בין אַרײַן אין ראָבינסאָן קרוסאָ בוכטע אין אַ שיפֿל און געלאַנדעט מיט צרות דורך דעם אײַנדנבראָך נאָענט צו דער הייל, און בין אַרײַן אין איר. איך האָב זי געפֿונען טרוקן און באַווינעוודיק. זי געפֿינט זיך אין אַ שיינעם ווינקל באַשיצט פֿון הויכע בערג פֿון די אַלע שווערע שטורעמס וואָס קערן זיך איבערן אינדזל, וואָס זײַנען ווייניק אין צאָל, וואָרן זי ליגט נאָענט צו דעם גרענעץ פֿון דעם געגנט פֿון די פּאַסאַטווינטן, אויף דעם פּאַראַלעל־קרײַז פֿון °35½. דער אינדזל איז אַ פֿערצן מײַל אין דער לענג, מיזרח צו מערבֿ, און אַן אַכט מײַל אין דער ברייט, און איבער דרײַ טויזנט פֿוס אין דער הייך. עס איז ווײַט אַ דרײַ הונדערט מיט פֿערציק מײַלן פֿון טשילע, דאָס לאַנד וואָס צו אים עס געהערט.

יואַן פֿערנאַנדעז איז אַ מאָל געווען אַן אַרעסטאַנטן־סטאַנציע. אַ צאָל היילן, וואָס דערין האָט מען געהאַלטן די געפֿאַנגענע, פֿײַכטע, אומגעזונטע קאַנורעס, זײַנען מער ניט געניצט, און מע שיקט אָפּ מער ניט קיין געפֿאַנגענע צו דעם אינדזל.

דער אײַנגענעמסטער טאָג וואָס איך האָב פֿאַרבראַכט אויף דעם אינדזל, אויב ניט דער אײַנגענעמסטער פֿון דער גאַנצער נסיעה, איז געווען דער לעצטער טאָג אויף דער יבשה – נאָט בשום אופֿן ניט ווײַל עס איז דער לעצטער – ווען די קינדער פֿון דער קליינער קהילה, אַלע פֿון זיי, זײַנען מיט מיר געגאַנגען אַראָפּצונעמען ווילדע פֿרוכטן פֿאַר דער נסיעה. מיר האָבן געפֿונען גוטעס, פֿערשקעס, און פֿײַגן, און די קינדער האָבן צונויפֿגעקליבן אַ קויש פֿון יעדן. עס איז זייער גרינג הנאה צו טאָן מיט קינדער, און אָט די קליינע, וואָס האָבן קיין מאָל ניט געהערט קיין וואָרט אין לעבן אַחוץ אויף שפּאַניש, האָבן געמאַכט די בערגלעך הילכן מיט געלעכטער איבערן קלאַנג פֿון ענגלישע ווערטער. זיי האָבן מיך געפֿרעגט די נעמען פֿון אַלערליי חפֿצים אויף דעם אינדזל. מיר זײַנען געקומען צו אַ ווילדן פֿײַגנבוים אָנגעלאָדן מיט פֿרוכט, האָב איך זיי געגעבן דעם ענגלישן נאָמען. "פֿײַגעלעך, פֿײַגעלעך!" האָבן זיי געשריגן, בעת זיי האָבן געקליבן פֿולע קוישן. נאָר ווען איך האָב זיי געזאָגט אַז די *קאַבראַ* וואָס זיי האָבן דערזען איז נאָר אַ ציג, האָבן זיי געשריגן מיט געלעכטער און זיך געקײַקלט אויפֿן גראָז מיט ווילדער פֿרייד, צו הערן אַז אַ מענטש וואָס איז געקומען צו זייער אינדזל זאָל אָנרופֿן אַ קאַבראַ אַ ציג.

דער מענטש וואָס רופֿט אָן אַ קאַבראַ אַ ציג

דאָס ערשטע קינד געבוירן געוואָרן אויפֿן אינדזל, האָב איך געהערט, איז געוואַקסן אַ קראַסאַוויצע, און איז שוין איצט געווען אַ מאַמע. מאַנועל קאַראַצע און דאָס גוטע נפֿש וואָס איז מיט אים אַהערגעקומען פֿון בראַזיל האָבן באַגראָבן זייער איינציק קינד, אַ מיידל,

אין דעם עלטער זיבן יאָר, אין דעם קליינעם צווינטער אויף דעם שפּיץ. אין דעם זעלבן האַלב־אַקער זײַנען געווען אַנדערע בערגלעך צווישן די ראַציקע לאַווע־שטיינער, עטלעכע האָבן באַצייכענט די קבֿרים פֿון היגע קינדער, עטלעכע די קבֿרים פֿון ים־לײַט פֿון פֿאַרבײַגייענדיקע שיפֿן, דאָ געלאַנדט אויף די לעצטע קראַנקע טעג און צום סוף, אַרײַן אין דעם גן־עדן פֿאַר מאַטראָסן.

דער גרעסטער חסרון וואָס איך האָב באַמערקט אויף דעם אינדזל איז געווען אַז עס פֿעלט דאָרט אַ שולע. די תּלמידשאַפֿט וואָלט דווקא געווען אַ קליינע, נאָר פֿאַר עפּעס אַ גוטהאַרציקן פֿאַרשוין וואָס האָט ליב לערנען און אַ שטיל לעבן אויף יואַן פֿערנאַנדעז, וואָלט דאָס זײַן, אויף אַ באַגרענעצטער ווײַלע, הנאהדיק.

אין דער פֿרי דעם 5טן מײַ, 1896, האָב איך אָפּגעזעגלט פֿון יואַן פֿערנאַנדעז, נאָך אָנזעטיקן זיך מיט אַ סך זאַכן, נאָר גאָרנישט זיסער ווי די אַוואַנטורע אַליין פֿון דעם באַזוך צו דער היים און צו דער סאַמע הייל פֿון ראָבינסאָן קרוסאָ. פֿון דעם אינדזל האָט דער ספּריי זיך אַוועקגערוקט צפֿון צו, פֿאַרבײַ דעם אינדזל פֿון סאַנקט־פֿעליקס איידער זי איז אַרײַן אין די פּאַסאַטווינטן, וואָס זײַנען אַ פּנים געווען פֿאַמעלעך קומען צו זייערע גרענעצן.

אויב די פּאַסאַטן האָבן זיך פֿאַרשפּעטיקט, אָבער, ווען זיי זײַנען יאָ אָנגעקומען, איז געווען מיט אַ זעץ, און זיך דערימאָגט, און דער ספּריי, אונטער ריפֿן, אַ מאָל איינס, אַ מאָל צוויי, איז געפֿלויגן פֿאַר אַ בורע אַ סך טעג, מיט אַ ביין אין מויל, צו די מאַרקעזאַס צו, מערבֿ צו, ווו זי איז אָנגעקומען דעם דרײַ־און־פֿערציקסטן טאָג אויפֿן וועג, און געהאַלטן אין זעגלען ווײַטער. די גאַנצע צײַט האָב איך פֿאַרבראַכט – ניט בײַ דער קערמע; קיינער, מיין איך, וואָלט ניט געקענט שטיין און זיצן און קערעווען אַ שיף אַרום דער וועלט. איך האָב בעסער געטאָן: איך בין געזעסן און געלייענט מײַנע ביכער, צו רעכט געמאַכט די קליידער, אָדער געקאָכט מאָלצײַטן און זיי בשלום אויפֿגעגעסן. איך האָב שוין געפֿונען אַז עס איז ניט גוט צו זײַן איינער אַליין, האָב איך געמאַכט געזעלשאַפֿט מיט וואָס אַרום מיר, אַ מאָל מיט דעם אוניווערס און אַ מאָל מיט דעם נישטיקן זיך אַליין. נאָר מײַנע ביכער זײַנען שטענדיק פֿרײַנד געווען, מילא וואָס אַנדערש זאָל דורכפֿאַלן. עס איז ניט געווען עפּעס גרינגער צי רויִקער ווי מײַן נסיעה אין די פּאַסאַטווינטן.

איך האָב געזעגלט מיט אַ פֿרײַען ווינט טאָג נאָך טאָג, און באַצייכנט דער שיפֿס אָרט אויף דער קאַרטע רעכט פּינטלעך, נאָר דאָס איז געווען מער דורך אינטויִציע, מיין איך, ווי שווערע אויסרעכענונגען. אַ גאַנצן חודש האָט מײַן שיף געהאַלטן איר גאַנג; די גאַנצע צײַט האָב איך ניט געהאַט אַפֿילו אַ ליכט אויף דעם בוסאָל. דער דרום־קרייץ האָב איך געזען יעדע נאַכט צו דער זײַט. די זון איז אַרויף יעדן אינדערפֿרי אויף הינטן; יעדן אָוונט איז זי אַראָפּ אויף פֿאָרנט. איך האָב ניט געוואָלט קיין אַנדער בוסאָל מיך אָנצופֿירן, וואָרן אָט די זײַנען אמתדיקע. אויב איך האָב ספֿקות געהאַט וועגן די רעכענונגען נאָך אַ לאַנגער ווײַלע אויפֿן ים, האָב איך זיי באַשטעטיקט דורך לייענען דעם זייגער אויבן, געשאַפֿן פֿון דעם גרויסן אַרכיטעקט, און עס איז ריכטיק געווען.

עס איז ניט צו פֿאַרלייקענען אַז די קאָמישע זײַט פֿון אָט דעם מאָדנעם לעבן האָבן זיך באַוויזן. איך האָב זיך אַ מאָל אויפֿגעכאַפּט צו געפֿינען די זון שײַנענדיק אַרײַן אין דער קאַבינע. איך האָב געהערט דאָס וואַסער לויפֿנדיק פֿאַרבײַ, מיט בלויז אַ דין ברעט צווישן מיר און די טיפֿן, און איך האָב געזאָגט, "ווי אַזוי איז דאָס?" נאָר אַלץ איז גוט געווען;

דאָס איז געווען מײַן שיף אויף איר גאַנג, זעגלען ווי קיין שיף פֿריִער אויף דער וועלט האָט געזעגלט. דאָס לויפֿנדיקע וואַסער בײַ איר זײַט האָט מיר געזאָגט אַז זי פֿאָרט מיט דער פֿולער גיכקייט. איך האָב געוווּסט אַז קיין מענטשלעכע האַנט האָלט ניט די קערמע; איך האָב געוווּסט אַז אַלץ איז גוט בײַ "דער מאַנשאַפֿט" אויף פֿאָרנט, און אויפֿן באָרט איז ניט געווען קיין בונט.

די פֿענאָמענען פֿון מעטעאָראָלאָגיע אויפֿן ים זײַנען גאָר אינטערעסאַנט געווען, אַפֿילו דאָ אין די פּאַסאַטווינטן. איך האָב באַמערקט אַז אַלע זיבן טעג האָט דער ווינט זיך פֿאַרשטאַרקט און זיך געדרייט עטלעכע פּונקטן ווײַטער ווי געוויינטלעך פֿון דער ריכטונג צו דעם פּאָלוס; דאָס הייסט, עס איז אַרומגעגאַנגען פֿון מיזרח־דרוםמיזרח צו דרום־דרוםמיזרח, און אין דער זעלבער צײַט האָט זיך אויפֿגעקײַקלט פֿון דעם דרום־מערבֿ אַ שווערער אויפֿפּלייץ. דאָס אַלץ האָט באַוויזן אַז בורעס בלאָזן אין די קעגן־פּאַסאַטן. דער ווינט האָט זיך געדרייט טאָג נאָך טאָג בעת ער איז שוואַכער געוואָרן, ביז ער איז צוריק נאָך אַ מאָל צו דער געוויינטלעכער ריכטונג, מיזרח־דרוםמיזרח. אַזוי איז מער־ווייניקער דער שטענדיקער מצבֿ פֿון די פּאַסאַטן אין ווינטער אין ברייט $12°$ דרום, ווו איך האָב "געזוכט די לענג" אויף וואָכן. די זון, ווי מיר אַלע וויסן, איז דער שאַפֿער פֿון די פּאַסאַטווינטן און דעם ווינט־סיסטעם איבער דער גאָרער וועלט. נאָר ים־מעטעאָראָלאָגיע איז, מיין איך, די פֿאַרכאַפּנדיקסטע פֿון אַלץ. פֿון יואַן פֿערנאַנדעז ביז די מאַרקעזאַס האָב איך דורכגעלעבט זעקס איבערבײַטן אין אָט די גרויסע קלאַפּעניִשן פֿון די ים־ווינטן און פֿון דעם ים אַליין, די פּעולה פֿון בורעס ווײַט אַוועק. צו וויסן די געזעצן וואָס הערשן דעם ווינט, און צו וויסן אַז מע ווייסט זיי, וועלן פֿאַרלײַכטערן דעם מוח אויף אײַער נסיעה אַרום דער וועלט; צוריק גערעדט, וועט איר אפֿשר ציטערן מיט יעדן נײַעם וואָלקן. און וואָס איז אמת דאָ אין די פּאַסאַטווינטן איז נאָך מער אַזוי אין די בײַטעוודיקע געגנטן, ווו די שינויים זײַנען מער עקסטרעם.

דאָס פֿאָרן איבער דעם פּאַציפֿישן אָקעאַן, אַפֿילו אין די גינציקסטע צושטאַנדן, ברענגט דיך אויף אַ סך טעג נאָענט צו דער נאַטור, און דו זעסט אײַן ווי ריזיק איז דער ים. פּאַמעלעך נאָר זיכער האָט דער צייכן פֿון מײַן שיפֿס גאַנג אויף דער קאַרטע זיך ווײַטער געצויגן אויף דעם אָקעאַן און איבער אים, בעת מיט איר העכסטער גיכקייט האָט זי פּאַמעלעך אויסמאַרקירט מיט איר קיל אויף דעם ים וואָס טראָגט זי. אויף דעם דרײַ־און־פֿערציקסטן טאָג פֿון לאַנד – אַ לאַנגע צײַט צו זײַן איינער אַליין אויפֿן ים – מיט אַ שיין קלאָרן הימל און מיט דער לבֿנה "גוט ווײַט" פֿון דער זון, האָב איך אַרויפֿגעוואָרפֿן מײַן סעקסטאַנט נאָך אַן אָרט־מעסטונג. איך האָב געפֿונען פֿון דער פּעולה פֿון דרײַ מעסטונגען, נאָך אַ לאַנגן קאַמף מיט די לבֿנה־טאַבעלעס, אַז איר לענג לויט דעם מעסטן האָט מסכּים געווען אינעווייניק פֿון פֿינף מײַלן מיט מײַן טויט־רעכענען[א].

דאָס איז געווען וווּנדערלעך, נאָר ביידע האָבן געקענט זײַן טעותדיק, נאָר ווי ניט איז האָב איך זיכער געפֿילט אַז ביידע זײַנען געווען נאָענט צו דעם אמת, און אַז אין עטלעכע שעה אַרום זאָל איך דערזען יבשה; און כּך־הווה איז דאָס געשען, וואָרן דעמאָלט האָב איך דערזען דעם אינדזל פֿון נוקאַהיוואַ, דעם דרומדיקסטן פֿון דער מאַרקעזאַס־גרופּע, קלאָר קעגן דעם הימל און הויך. די באַשטעטיקטע לענג ווען לעבן דעם אינדזל איז געווען אין ערגעץ צווישן די צוויי רעכענונגען; דאָס איז געווען אויסערגעוויינטלעך. אַלע

[א] dead-reckoning – אי"ה

נאַוויגאַטאָרן וועלן אײַך דערקלערן אַז פֿון טאָג צו טאָג קען אַ שיף פֿאַרלירן צי געווינען מער ווי פֿינף מײַלן אין איר זעגל־רעכענונג, און דערצו וואָס שייך לבֿנה־מעסטונגען, האַלט מען אַז אַפֿילו מבֿינים מיט לבֿנה־מעסטן פֿאַר גאָר געשײַטע ווען זיי קומען אינעווייניק פֿון אַכט מײַלן פֿון דעם אמת.

איך האָף אַז איך האָב קלאָר געמאַכט אַז איך פּרעטענדיר ניט אויף קלוגשאַפֿט אָדער צו פֿאַרמאַטערנדיקע חשבונות אין מײַן רעכענונגען. איך מיין אַז איך האָב שוין דערמאָנט אַז איך האָב ווייניקסטנס די לענג גערעכנט מערסטנס מיט אינטויִציע. אַ דריי־מעסטער[א] איז שטענדיק בוקסירט געוווען אויף הינטן, נאָר מע דאַרף צוגעבן עפּעס צוליב שטראָמען און דרייפֿן, וואָס דער מעסטער באַווײַזט ניט, און עס איז בלויז אַ שאַצונג נאָך אַלעמען, פֿאַרריכט צו ווערן דורך דעם אייגענעם אָפּשאַץ פֿון די דאַטן געקליבן פֿון אַ טויזנט נסיעות. און דעמאָלט אַפֿילו וועט דער שיף־מײַסטער, אויב ער איז אַ קלוגער, פֿאָדערן דעם טיף־בלײַ און דעם וועכטער.

אוניקאַל איז געוווען מײַן פּראַקטיק אין ים־אַסטראָנאָמיע פֿון דעם דעק פֿון דעם **ספּריי** – אַזוי פֿיל אַזוי אַז איך פֿיל זיך באַרעכטיקט דאָס דאָ קורץ צו דערקלערן. דער ערשטער קאָמפּלעט מעסטונגען אויבן דערמאָנט האָט זי געשטעלט ווײַט אַ סך הונדערטער מײַלן אויף מערבֿ פֿון מײַן טויט־רעכענונג. דאָס האָב איך געוווּסט איז אומגערעכט. נאָך אַ שעה האָב איך נאָך אַ קאָמפּלעט מעסטונגען גענומען מיטן העכסטן זאָרג. די דורכשניטלעכע פּעולה פֿון אָט די איז נאָענט געוווען צו דעם ערשטן. איך האָב בײַ זיך געפֿרעגט, ווי אַזוי, מיט מײַן באַרימטער זיך־אָפּהענגיקייט, האָב איך ניט בעסער געטאָן ווי דאָס. בין איך דעמאָלט געגאַנגען זוכן אַ סתּירה אין די טאַבעלעס, און איך האָב איינע געפֿונען. אין די טאַבעלעס האָב איך געפֿונען אַז אַ סלופּיק ציפֿערן פֿון וואַנען איך האָב גענומען אַ וויכטיקן לאָגאַריטם האָט געהאַט אַ טעות. דאָס איז געוווען אַן ענין וואָס איך האָב געקענט דערווײַזן אָן ספֿקות, און דאָס האָט דערקלערט דעם מקור פֿון דעם חילוק שוין דערמאָנט. מיט די פֿאַרריכטע טאַבעלעס האָב איך ווײַטער געזעגלט מיט פֿעסטן גלויבן אין די אייגענע כּוחות, און מיט מײַן צינערנער זייגער טיף אין שלאָף. די פּעולה פֿון אָט די באַמערקונגען האָט נאַטירלעך געקיצלט מײַן גדלות, וואָרן איך האָב געוווּסט אַז עס איז שוין עפּעס צו שטיין אויף דעם דעק פֿון אַ גרויסער שיף מיט צוויי געהילפֿן און נעמען לבֿנה־מעסטונגען מער־ווייניקער נאָענט צו דעם אמת. ווי איינער פֿון די קלאָגעדיקסטע פֿון אַמעריקאַנער מאַטראָסן, האָב איך שטאָלצירט מיט דעם קליינעם אויפֿטו איינער אַליין אויף דער שליופּקע, אַפֿילו האָט דאָס אַזוי אויסגעקומען על־פּי טראַף.

איך האָב זיך איצט צונויפֿגעפֿילט מיט מײַן אַרום, און עס האָט מיך געטראָגן אַ ריזיקער שטראָם וווּ איך האָב געפֿילט די שווימיקייט פֿון דער האַנט פֿון **אים** וואָס האָט געשאַפֿן די אַלע וועלטן. איך האָב אײַנגעזען די מאַטעמאַטישע ריכטיקייט פֿון זייערע באַוועגונגען, אַזוי גוט באַקאַנט אַז אַסטראָנאָמען צונויפֿשטעלן טאַבעלעס פֿון די ערטער דורך די יאָרן און די טעג, און די מינוטן פֿון אַ טאָג, אַזוי גענוי אַז איינער אויפֿן ים מיט אַפֿילו פֿינף יאָרן שפּעטער קען, מיט זייער הילף, געפֿינען די סטאַנדאַרדצײַט פֿאַר אַבי אַ ספּעציפֿישער לענגליניע אויף דער ערד.

צו געפֿינען די אָרטיקע שעה איז אַ פּשוטער ענין. דער חילוק צווישן אָרטיקער־ און סטאַנדאַרדצײַט איז די לענג אויסגעדריקט אין צײַט – פֿיר מינוטן, ווייסן מיר אַלע, שטעלט

[א] rotator-log – אי'ה

פֿאָר איין גראַד. איז דאָס בקיצור דער פּרינציפּ וואָס דערויף קען מען געפֿינען די לענג אָן אַ כראָנאָמעטער. די אַרבעט פֿון דעם לבֿנה־מעסטער, כאָטש זעלטן געניצט אין אָט די טעג פֿון כראָנאָמעטערס, איז שיין באַלערנדיק, און עס איז ניט פֿאַראַן אַבי וואָס אין דער וועלט פֿון נאַוויגאַציע וואָס הייבט אויף דאָס האַרץ מער אין פֿאַרגעטערונג.

קאַפּיטל צוועלף

צוויי און זיבעציק טעג אָן אַ פּאָרט – וואַלפֿישן און פֿייגל – אַ קוק אין דעם ספּרייס קאַמבוז – פֿליפֿיש פֿאַר פֿרישטיק – באַגריסט אין אַפּיאַ – מ"רס ראָבערט לויִס סטיווענסאָן קומט צו גאַסט – אין ווײַלימאַ – סאַמאָאַנער גאַסטפֿרײַנדלעכקייט – אַרעסטירט צוליב גיך רײַטן – אַ פֿאַרווײַלנדיקע קאַרוסעל – די לערער און סטודענטן פֿון פּאַפּאַוטאַ קאָלעדזש – אין די הענט פֿון די ים־נימפֿעס

צו זײַן איינער אַליין דרײַ און פֿערציק טעג וואָלט געפֿילט ווי אַ לאַנגע צײַט, נאָר אין דער אמתן אַפֿילו דאָ זײַנען געפֿלויגן לײַכט פֿאַרבײַ די באַפֿליגלטע מאָמענטן, און אַנשטאָט נעמען זיך צו נוקאַהיוואַ, וואָס איך וואָלט געקענט דערגרייכן, בין איך ווײַטער געפֿאָרן קיין סאַמאָאַ, ווו איך האָב געוואָלט לאַנדן. דאָס האָט געדויערט נאָך נײַן און צוואַנציק טעג, צוויי און זיבעציק טעג סך־הכּל. איך האָב זיך לגמרי ניט געפֿילט פֿאַרקלעמט די גאַנצע צײַט. עס איז ניט געווען קיין סוף צו דער געזעלשאַפֿט. די סאַמע קאָראַלריפֿן האָבן זיך געחבֿרט מיט מיר, אָדער האָבן מיר געגעבן ניט קיין צײַט זיך צו פֿילן עלנט, וואָס איז די זעלבע זאַך, און עס זײַנען געווען אַ סך פֿון זיי איצט אויף דעם גאַנג קיין סאַמאָאַ.

טרעפֿעניש מיט דעם וואַלפֿיש

דאָס ערשטע פֿון די געשעענישן אויף דער נסיעה פֿון יואַן פֿערנאַנדעז קיין סאַמאָאַ (עס זײַנען ניט געווען קיין סך) איז געווען קוים אויסמײַדן אַ צונויפֿשטויס מיט אַ גרויסן וואַלפֿיש וואָס האָט פֿאַרטראַכט געאַקערט דעם אָקעאַן בײַ נאַכט ווען איך בין אונטן געווען. דער קלאַנג פֿון זײַן אויפֿגעשראָקענעם שנאָרכץ און דער צערודער וואָס ער האָט געמאַכט אויף דעם ים בעת ער דרייט זיך אַוועק פֿון מײַן שיף האָבן מיך געבראַכט אויפֿן דעק פּונקט בײַ צײַטנס צו קריגן אַ באַנעצונג פֿון דעם וואַסער וואָס ער האָט אַרויפֿגעוואָרפֿן מיט די עק־פֿלוספֿעדערן. דאָס פֿאַרזעעניש איז אַ פּנים דערשראָקן געוואָרן. ער האָט זיך גיך גענומען מיזרח צו; איך האָב געהאַלטן פֿאָרן מערבֿ צו. באַלד איז נאָך אַ וואַלפֿיש פֿאַרבײַ, אַ פּנים אַ באַלייטער, אין דעם ערשטנס נאָכברויז. איך האָב מער ניט געזען אויף דעם טייל פֿון דער נסיעה, און האָב ניט געוואָלט זיי זען.

הונגעריקע הײַפֿישן זײַנען אָפֿט געקומען אַרום דער שיף ווען זי איז נאָענט געקומען צו אינדזלען אָדער קאָראַלריפֿן. איך בין זיך מודה אַז עס איז מיר אַ באַפֿרידיקונג זיי צו שיסן, ווי מע שיסט אַ טיגער. הײַפֿישן זײַנען נאָך אַלעמען די טיגערס פֿון ים. גאָרנישט

איז מער גרויליק אין דעם מוח פֿון אַ מאַטראַס, מײן איך, װי זיך אָנטרעפֿן מיט אַ הונגעריקן הײַפֿיש.

אַ צאָל פֿייגל זײַנען שטענדיק אַרום געװען; פֿון צײַט צו צײַט איז אײנע געזעסן אויף דעם מאַסט איבערצוקוקן דעם ספּריי, אַפֿשר זיך געװוּנדערט איבער אירע מאָדנע פֿליגלען, װאָרן איצט האָט זי געטראָגן איר פּועגישן הויפּטזעגל, װאָס, װי יוספֿס מאַנטל, באַשטײט פֿון אַ סך שטיקלעך. שיפֿן זײַנען זעלטענער אויף די דרומדיקע ימים װי פֿריִער. איך האָב קײן אײנציקע געזען אין די סך טעג איבער דעם פּאַציפֿיק.

מײַן דיעטע אויף די לאַנגע פּאַסאַזשן איז געװײנטלעך געװען קאַרטאָפֿל און געזאַלצטער דאָרש און ביסקוויטן, װאָס איך האָב געבאַקן אַ צװײ־דרײַ מאָל צו אַ װאָך. שטענדיק האָב איך געהאַט אַ סך קאַװע, טײ, צוקער, און מעל. געװײנטלעך האָב איך געטראָגן אַ גוטן זאַפּאַס קאַרטאָפֿל, נאָר פֿאַרן אָנקום אין סאַמאָאַ האָב איך אַ סיבה געהאַט װאָס האָט מיר געלאָזט גאָרנישט פֿון אָט דעם רעכט געשאַצטן װוילטאָג בײַ מאַטראָסן. צוליב טרעפֿן זיך אין יואַן פֿערנאַנדעז מיט דעם יענקי־פּאָרטוגעזער מאַנועל קאַראָצע, װאָס האָט מיר שיִער ניט אָװעקגעהאַנדלט די שטיוול, בין איך געװען אויס קאַרטאָפֿל אין מיטן אָקעאַן, און איך בין בידנע געװען דערנאָך. איך האָב שטאָלצירט מיט מײַן האַנדל־פֿעיִקײט, נאָר דער דאָזיקער פּאָרטוגעזער פֿון די אַזאָרעס דורך ניו־בעדפֿאָרד, װאָס האָט מיר געגעבן נײַע קאַרטאָפֿל פֿאַר די עלטערע װאָס איך האָב געקראָגן פֿון דעם *קאָלומביע*, אַ שעפֿל אָדער מער פֿון די בעסטע, האָט מיר ניט איבערגעלאָזט מיט װאָס צו שטאָלצירן. ער האָט מײַנע געװאָלט, האָט ער געזאָגט, "פֿאַר נײַע זוימען." נאָך אַ מאָל אויפֿן ים האָב איך געפֿונען אַז זײַנע װאָרצקנוילן זײַנען געװען עיפּושדיק און ניט צום עסן, און אָנגעפֿילט מיט דינע געלע פּאַסן מיט אַ גרויליקן אויסזע. איך האָב דעם זאַק צוגעבונדן און בין צוריק צו די איבעריקע פֿונעם אַלטן זאַפּאַס, מיט דער אידעע אַז װען איך װער רעכט הונגעריק װעלן די קאַרטאָפֿל פֿונעם אינדזל װערן בעסער אין טעם. מיט דרײַ װאָכן שפּעטער האָב איך געעפֿנט דעם זאַק נאָך אַ מאָל, און אַרויס זײַנען געפֿלויגן מיליאָנען באַפֿליגלטע אינסעקטן! מאַנועלס קאַרטאָפֿל זײַנען אַלע מאָלן געװאָרן. איך האָב זײ גיך צוגעבונדן און אַלץ געװאָרפֿן אַרײַן אין ים.

מאַנועל האָט געהאַט אַ גרויסן געראָט קאַרטאָפֿל צו דער האַנט, און װי אַן אָנצוהערעניש צו די װאַלפֿישער, װאָס זײַנען אַלע מאָל גערן צו קויפֿן גרינס, האָט ער מיך געבעטן געבן באַריכטן װעגן װאַלפֿיש בײַ דעם אינדזל יואַן פֿערנאַנדעז, װאָס איך האָב שוין געטאָן, און גרויסע דערצו, כאָטש העט װײַט אַװעק.

אָננעמען אַלץ װי עס איז, װי בײַ מאַטראָסן, איז מיר גוט געגאַנגען אין שײַכות מיט פּראָװיאַנט, אַפֿילו אויף דער לאַנגער נסיעה איבערן פּאַציפֿיק. איך האָב אַלע מאָל געפֿונען עפּעס אַ קלײן שטיק עסנװאַרג צו העלפֿן װי אַ װוילטאָג; דער דוחק אין פֿריש פֿלײש איז פֿאַרגיטיקט געװען מיט פֿרישע פֿיש, װײניקסטנס בעת איך בין געװען אין די פּאַסאַטװינטן, װוּ פֿליפֿיש פֿליִענדיק פֿאַרבײַ בײַ נאַכט פֿלעגן זיך אָנשלאָגן אין די זעגלען און פֿאַלן אויפֿן דעק, אַ מאָל צװײ־דרײַ פֿון זײ, אַ מאָל אַ טוץ. יעדן אינדערפֿרי, אַחוץ בײַ דער פֿולער לבֿנה, האָב איך געקראָגן אַ גרויסן זאַפּאַס נאָר דורך זײ צונעמען פֿון די װינט־אַראָפּיקע דעק־אָפּרינען. דאָס קאָנסערװירטע פֿלײש איז געזעסן ניט געניצט.

דעם 16טן יולי, נאָך אַ סך זאָרג און אַ ביסל געניטשאַפֿט און שװערער אַרבעט, האָט דער ספּריי אַראָפּגעלאָזט דעם אַנקער אין אַפּיאַ, אין דעם מלוכה פֿון סאַמאָאַ, אַן ערך

האַלבן טאָג. נאָך צופּעסטיקן מײַן שיף, האָב איך פֿאַרשפּרייט אַ פּלאַנדעקע, און אַנשטאָט גיין תּיכּף אויף דער יבשה, בין איך געזעסן אונטער זי ביז שפּעט אין אָוונט, זיך צוגעהערט מיט פֿרייד צו די מוזיקאַלישע קולער פֿון די **ס**אַמאָאַנער.

ערשטע העפֿלעכקייטן אין **ס**אַמאָאַ

אַ קאַנו פֿאָרנדיק אַראָפּ דורך דעם האַוון מיט דרײַ יונגע פֿרויען אין איר האָט אַרײַנגענומען די רודערלעך בײַ דער זײַט פֿון דער שליופּקע. איינע פֿון דער שיינער מאַנשאַפֿט, מיט דער תּמימותדיקער באַגריסונג, "טאַלאָפֿאַ לי" ("ליבע צו דיר, שעף"), האָט געפֿרעגט:

"שוון קומט **מ**עליקע?"

"ליבע צו דיר," האָב איך געענטפֿערט, און געזאָגט, "יאָ."

"דו קומסט איין' אַליין?"

נאָך אַ מאָל האָב איך געענטפֿערט, "יאָ."

"דאָס גלייב איך ניט. דו האָסט אַ מאָל געהאַט אַנדערע מענער, און דו האָסט זיי אויפֿגעגעסן."

מיט דער דאָזיקער חכמה האָבן די אַנדערע זיך צעלאַכט. "פֿאַר וואָס קומסטו אַזוי ווײַט?" האָבן זיי געפֿרעגט.

"זיך צוצוהערן ווי אירע דאַמעס זינגען," האָב איך געענטפֿערט.

"אָ, טאַלאָפֿאַ לי!" האָבן זיי אַלע געשריגן און ווײַטער געזונגען. זייערע קולער האָבן אָנגעפֿילט די לופֿט מיט מוזיק וואָס קײַקלט זיך אַריבער צו דעם וועלדל הויכע פּאַלמעס אויף דער צווייטער זײַט האַוון און צוריק. באַלד דערנאָך זײַנען זעקס יונגע מענער געקומען אין דעם שיפֿל פֿון דעם **אַ**מעריקאַנער גענעראַל־קאָנסול, האָבן זיי געזונגען קאַנאָנען און געקלאַפּט צום טאַקט מיט די רודערס. מיר איז בעסער געלונגען דער

אינטערוויו מיט זיי ווי מיט די מיידלעך אין דעם קאַנו. זיי האָבן מיטגעטראָגן אַ פֿאַרבעטונג פֿון גענעראַל טשורטשיל צו קומען צו גאַסט און עסן וואַרמעס אין דעם קאָנסולאַט. עס איז געווען די השפּעה פֿון אַ דאַמע אין דער אָנפֿירונג פֿון דעם קאָנסולאַט אין סאַמאָאַ. מ"רס טשורטשיל האָט אויסגעקליבן די מאַנשאַפֿט פֿאַר דעם גענעראַלס שיפֿל, און צוגעזען אַז זיי טראָגן אַ שאַרפֿן מונדיר און אַז זיי קענען זינגען דאָס סאַמאָאַנער שיפֿל־ליד, וואָס אין דער ערשטער וואָך האָט מ"רס טשורטשיל אַליין געקענט זינגען ווי אַן אָרטיק מיידל.

פֿרי אויף צו מאָרגנס איז מ"רס ראָבערט לויִס סטיווענסאָן געקומען צו דעם ספּריי און מיך פֿאַרבעטן צו ווײַלימאַ דעם קומעדיקן טאָג. איך בין געווען אַוודאי שטאַרק דערפֿרייט, ווען איך האָב זיך געפֿונען, נאָך אַזוי פֿיל טעג פֿון אַוואַנטורע, פּנים־אל־פּנים מיט אָט דער קלוגער דאַמע, אַנומלט די באַלייטערין פֿון דעם מחבר וואָס האָט מיך אַזוי דערפֿרייט אויף דער אָ נסיעה. די פֿרײַנדלעכע אויגן, וואָס האָבן דורך מיר דורכגעזען, האָבן געפֿינקלט ווען מיר האָבן געשמועסט וועגן אַוואַנטורעס. איך האָב באַוווּנדערט עטלעכע פֿון אירע איבערלעבונגען און אַנטלויפֿן. זי האָט מיר דערציילט אַז, צוזאַמען מיט איר מאַן, איז זי אַרומגעפֿאָרן אין אַלערליי מינים וואַקלדיקע שיפֿלעך צווישן די אינדזלען אין דעם פּאַציפֿיק, און פֿאַרטראַכט צוגעגעבן, "מיר האָבן געהאַט ענלעכע טעמים."

נאָך אַלץ אויף דער טעמע פֿון נסיעות, האָט זי מיר געגעבן די פֿיר שיינע בענדער פֿון זעגלען־האַנטביכער פֿאַר דעם מיטלערדישן ים, אָנגעשריבן אויף דעם פֿאָרזאַץ אין דער ערשטער:

> צו קאַפּיטאַן סלאָקום: די דאָזיקע בענדער האָט מײַן מאַן געלייענט און איבערגעלייענט אָפֿט מאָל, און איך בין זיכער אַז ער וואָלט הנאה געהאַט, זיי זאָלן איבערגעגעבן ווערן צו דעם מין ים־מאַן וואָס ער האָט ליב איבער אַלע אַנדערע.
>
> פֿאַני וו. דע ג. סטיווענסאָן

ווײַלימאַ, די היים פֿון ראָבערט לויִס סטיווענסאָן

מ"רס סטיווענסאָן האָט מיר אויך געגעבן אַ גרויס האַנטבוך פֿאַר דעם אינדישן אָקעאַן. מיט אַ געפֿיל פֿון אַכפּערדיקן אָפּשײַ האָב איך באַקומען די ביכער, שיִער ניט

דירעקט פֿון דער האַנט פֿון **ט**וסיטאַלאַ, "ווער שלאָפֿט אין דעם וואַלד." **אַ**אָלעלע, וועט דער **ס**פֿריי האַלטן טײַער די מתּנה.

דעם ראָמאַניסטס שטיפֿזון, **מ**"ר **ל**ויד **אָ**זבורן, איז מיט מיר געגאַנגען דורך דעם גבֿירישן הויז **ו**ײַלימאַ און מיר פֿירגעלייגט אַז איך זאָל שרײַבן מײַנע בריוו אויף דעם אַלטן שרײַבטיש. דאָס, האָב איך געפֿילט, וואָלט געווען העזהדיק; געווג פֿאַר מיר דאָס גיין אַרײַן אין דעם זאַל ווו דער "**ש**רײַבער פֿון **מ**עשׂיות," לויט **ס**אַמאָאַנער מינהג, פֿלעגט זיצן אויף דער פּאַדלאָגע.

קומענדיק דורך דער הויפּטגאַס אין **אַ**פּיאַ אויף איינעם אַ טאָג, מיט די גאַסטגעבער, אַלע גייענדיק צו דעם **ס**פֿריי, **מ**"רס **ס**טיוועגסאָן אויף אַ פֿערד, איך צו פֿוס בײַ איר זײַט, און **מ**"ר און **מ**"רס **אָ**זבורן נאָענט אויף הינטן אויף ראָווערן, בײַ אַ פּלוצעמדיקן אויסדריי אינעם וועג, האָבן מיר זיך געפֿונען אַרײַנגעמישט אין אַ מערקווערדיקער אָרטיקער פּראָצעסיע, מיט עפּעס אַ פּרימיטיווער קאַפּעליע אויף פֿאָרנט פֿון אונדז, בעת אויף הינטן איז געווען אָדער אַ פֿעסטיוואַל אָדער אַ לוויה, האָבן מיר ניט געקענט באַשליסן וואָס דאָס איז געווען. עטלעכע פֿון די גרעסטע אָסאָבעס האָבן געטראָגן באַלנס און בינטלעך אויף סלופּעס. עטלעכע, איז עס קלאָר געווען, זײַנען געווען באַלנס פֿון טאַפּאַ־טוך. די לאַסט אויף איין פּאָר סלופּעס, שווערער ווי די איבעריקע, איז ניט געווען אַזוי גרינג צו דערקענען. מײַן נײַגעריקייט איז פֿאַרשאַרפֿט געוואָרן זיך צו דערוויסן צי איז דאָס אַ געבראָטענעם חזיר אָדער עפּעס מיט אַ גרויליקער טבֿע, און איך האָב דערוועגן געפֿרעגט. "איך ווייס ניט," האָט **מ**"רס **ס**טיוועגסאָן געזאָגט, "צי דאָס איז אַ חתונה צי אַ לוויה. וואָס עס זאָל ניט זײַן, **ק**אַפּיטאַן, ס'זעט אויס אַז אונדזער אָרט איז צוקאָפּנס פֿון אים."

ווײַל דער **ס**פֿריי איז געווען אינעם שטראָם, זײַנען מיר געקומען אויפֿן באָרט פֿון דער נאָענטער פּלאַזשע, אין דער קליינער אונטערגעשניטענער **ג**לאָסטער דאָרי, וואָס איז באַמאָלט געוואָרן אויף אַ מאָדישן גרין. אונדזער צוניפֿגעזעצטע וואָג האָט זי אָנגעלאָדן ביז דער פּלאַנשיר איז אַראָפּ ביזן וואַסער, און איך האָב געדאַרפֿט קערעווען שטאַרק אָפּגעהיט אויסצומײַדן פֿאַרפֿלייצט צו ווערן. די אַוואַנטורע איז שטאַרק געפֿעלן **מ**"רס **ס**טיוועגסאָן, און בעת מיר האָבן ווײַטער גערודערט האָט זי געזונגען, "זיי זײַנען אויפֿן ים אין אַ אַרבעס־גרין שיפֿל." איך האָב געקענט פֿאַרשטיין ווי זי זאָגט וועגן איר מאַן און זיך, "מיר האָבן געהאַט ענלעכע טעמים."

בעת איך האָב געזעגלט ווײַטער פֿון ציוויליזירטע ערטער האָב איך אַלץ ווייניקער און ווייניקער געהערט פֿון וואָס וועט און וועט ניט זיך לוינען. **מ**"רס **ס**טיוועגסאָן, ווען שמועסן וועגן מײַן נסיעה, האָט קיין מאָל ניט געפֿרעגט וואָס איך וויל באַקומען פֿון איר. ווען איך בין אָנגעקומען אין אַ **ס**אַמאָאַנער דאָרף, האָט דער שעף ניט געפֿרעגט וועגן דעם פּרײַז פֿון דזשין, אָדער געזאָגט, "וויפֿל וועסטו באַצאָלן פֿאַר געבראָטענעם חזיר?" נאָר, "דאָלאַר, דאָלאַר," האָט ער געזאָגט; "דער ווײַסער ווייסט נאָר דאָלאַר."

"מילא דעם דאָלאַר. די *טאַפּאָ* האָט צוגעגרייט אַוואַ; לאָמיר טרינקען און יובלען." די טאַפּאָ איז די בתולה־גאַסטגעבערין פֿון דעם דאָרף; אין דעם פֿאַל איז זי געווען **ט**אַלאָאַ, די טאָכטער פֿון דעם שעף. "אונדזער טאַראָ איז גוט; לאָמיר עסן. אויפֿן בוים איז פֿרוכט. לאָזט דעם טאָג ציִען זיך ווײַטער; פֿאַר וואָס זײַן טרויעריק וועגן דעם? עס קומען נאָך מיליאָנען טעג. די ברויטפֿרוכט איז געל אין דער זון, און פֿון דעם טוך־בוים קומט **ט**אַלאָאַס

קלייד. אונדזער הויז, גוט געבויט, האָט נאָר געקאָסט די אַרבעט עס צו בויען, און עס איז ניט קיין שלאָס אויף דער טיר."

בעת די טעג ציִען זיך אַזוי ווײַטער אין די דאָזיקע **ד**רומדיקע אינדזלען, קעמפֿן מיט אין דעם **צ**פֿון נאָך די הוילע נייטיקייטן פֿון לעבן.

נאָך עסן דאַרפֿן די אינדזליאַנער נאָר אַרויסשטרעקן אַ האַנט און צונעמען וואָס די נאַטור האָט זיי צוגעשטעלט; אויב זיי פֿלאַנצן אַ באַנאַנע־בוים איז זייער איינציקער זאָרג דערנאָך צו זען אַז ניט צו פֿיל ביימער זאָלן וואַקסן. זיי האָבן אַ גרויסן גרונד ליב צו האַלטן זייער לאַנד און מורא צו האָבן פֿאַר דעם ווײַסנס עול, וואָרן אַ מאָל אײַנגעשפּאַנט צו דעם אַקער, וועט זייער לעבן אויפֿהערן זײַן אַ פּאָעמע.

דעם שעף פֿונעם דאָרף **ק**ײַני, אַ הויכער און בכּבֿודיקער **ט**אָנגאַנער, האָט מען נאָר געקענט קומען צו גאַסט דורך אַן איבערזעצער און רעדער. עס איז געווען גאָר נאַטירלעך אין אים צו פֿרעגן נאָך דער סיבה פֿאַר מײַן באַזוך, און איך בין אָפֿן־האַרציק געווען ווען איך האָב אים געזאָגט אַז די סיבה פֿאַר מײַן אַנקערן אין **ס**אַמאָאַ איז צו זען די פֿײַנע מענער, און די פֿײַנע דאַמעס אויך. נאָך אַ לאַנגער פּויזע האָט דער שעף געזאָגט, "דער קאַפּיטאַן איז ווײַט געקומען נאָר ווייניק צו זען. אָבער," האָט ער צוגעגעבן, "די טאַפּאָ מוז זיצן נעענטער צו דעם קאַפּיטאַן." "יאַק," האָט געזאָגט **ט**אַלאָאַ, וואָס האָט זיך כּמעט געלערנט זאָגן יאָ אויף ענגליש, און פֿאָלגעוודיק האָט זי זיך אַ ביסל נעענטער גערוקט, ווי מיר אַלע זיצן אין אַ קרײַז אויף מאַטעס. איך בין ניט ווייניקער נתפּעל געוואָרן מיט דעם שעפֿס עלאָקווענץ ווי דערפֿרייט פֿון דעם פּשטות פֿון אַלץ וואָס ער זאָגט. און אים איז ניט געווען קיין ביסל אויפֿגעבלאָזנקייט; מע וואָלט אים געקענט האַלטן פֿאַר אַ גרויסער געלערנטן צי מלוכה־טוער, דער עניוותדיקסטער וואָס איך האָב געטראָפֿן אויף דער נסיעה. וואָס שייך **ט**אַלאָאַ, וואָס האָט אַ געוויסן עפּעס, און די אַנדערע טאַפּאָ־מיידלעך, נו, אַ קלוגער וועט זיך לערנען אַזוי גיך ווי מיגלעך די מינהגים און שטייגערס פֿון די דאָזיקע גאַסטפֿרײַנדלעכע לײַט, און דערווײַל ניט האָבן דעם טעות, צו האַלטן דעם כּבֿוד פֿאַר אַ גאַסט פֿאַר עפּעס מער. איך בין מזלדיק געווען אין מײַן אַרומפֿאָרן אין די אינדזלען און האָבן גאָרנישט ניט געזען אָפּצוטרייסלען דעם בטחון אין זייער צניעות.

בײַ אַ ניט־געוויינטלעכן מוח איז דער פּינקטלעכער עטיקעט אין **ס**אַמאָאַ אפֿשר אַ ביסל ווייטיקדיק. למשל האָב איך געפֿונען אַז בײַם טרינקען אַוואַ, פֿון דעם כּלל־שיסל, זאָל מען וואַרפֿן אַ ביסל פֿונעם געטראַנק איבערן אַקסל, אָדער מאַכן אַזאַ אָנשטעל, און זאָגן, "לאָזט די געטער טרינקען," און דערנאָך אַלץ אָפּטרינקען אַליין. און די שיסל, שטענדיק אַ שאָל פֿון אַ קאָקאָסנוס, ווען זי איז אויסגעליידיקט געווען, מעג מען זי ניט העפֿלעך דערלאַנגען, ווי בײַ אונדז אין דער היים, נאָר זי העפֿלעך וואַרפֿן דריידלענדיק איבער די מאַטעס אויף דער טאַפּאָ.

מײַן שרײַיִקסטער טעות אין די אינדזלען איז געווען אויף אַ שקאַפּע, וואָס, אויפֿגעמונטערט פֿון אַ שטיקל גוטן וועג, איז באַשטאַנען אויף טליסען גיך דורך אַ דאָרף. האָט דעם שעפֿס געהילף מיך תּיכּף צוגערופֿן און מיט אַ צאָרנדיק קול מיך אָפּגעשטעלט. איך האָב אײַנגעזען אַז איך בין אין צרות, און האָט געבעטן מחילה, די זיכערסטע זאַך וואָס צו טאָן, כאָטש איך האָב ניט געוווּסט וואָס איז מײַן פֿאַרברעכן. מײַן איבערזעצער איז צוגעקומען אָבער און מיך צו רעכט געשטעלט, נאָר ניט איידער זיי האָבן לאַנג געשמועסט. דעם געהילפֿס צורוף, פֿרײַ איבערגעזעצט, איז געווען: "היי, דאָרט אויף דעם

ווילדן פֿערד! צי ווייסטו ניט אַז עס איז פֿאַרבאָטן אַזוי צו רײַטן דורך דעם דאָרף פֿון אונדזערע געבוירערס?" איך האָב שטאַרק געבעטן מחילה און אָנגעבאָטן אָפּזיצן פֿונעם פֿערד און, ווי מײַן באַדינער, פֿירן די שקאַפֿע מיט די לייצעס. דאָס, האָט דער איבערזעצער מיר דערקלערט, וואָלט אויך געווען אַ ערנסטע עוולה, און אַזוי האָב איך נאָך אַ מאָל געבעטן מחילה. איך האָב געזאָלט זיך באַווײַזן פֿאַר אַ שעף, נאָר מײַן איבערזעצער, וואָס איז אַ וויצלער ווי אויך אַ ביסל אַ שעלמאַק, האָט דערקלערט אַז איך אַליין בין עפּעס אַ שעף, און מע טאָר ניט מיך פֿאַרהאַלטן, ווײַל איך בין אין דער מיט פֿון אַ וויכטיקן שליחות. פֿון מײַנט וועגן האָב איך נאָר געקענט זאָגן אַז איך בין אַ פֿרעמדער, נאָר אַפֿילו מיט דעם, האָב איך געוווּסט אַז עס קומט מיר נאָך אַלץ די צרות, וואָס דערמיט האָט דער שעף באַוויזן אַ פֿײַנע ריי ציין און האָט אויסגעזען צופֿרידן, נאָר האָט מיך דערלויבט ווײַטער גיין.

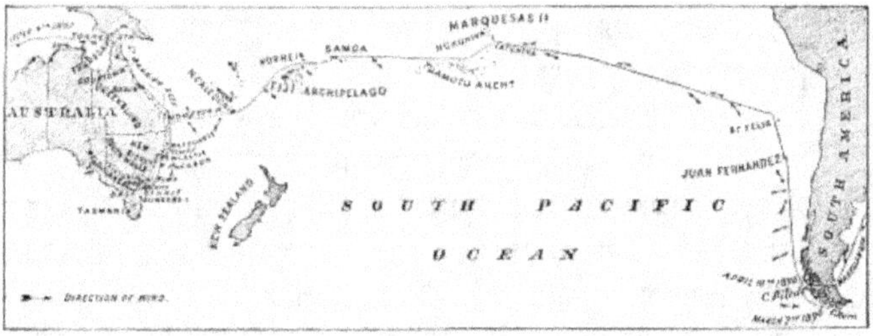

דעם ספּרייס גאַנג פֿון דעם מאַדזשעלען־דורכגאָס ביז דעם טאָרעס־דורכגאָס

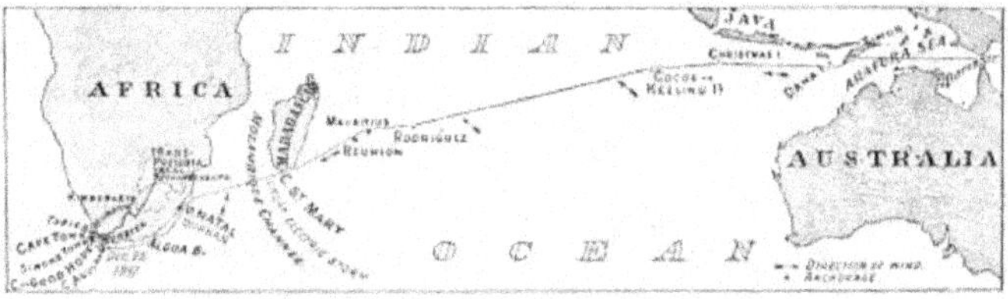

דעם ספּרייס גאַנג פֿון אויסטראַליע ביז דרום־אַפֿריקע

דער שעף פֿון די טאָנגאַנער און זײַן משפּחה אין קײַני, ווי אַן ענטפֿער אויף מײַן באַזוך, האָבן געבראַכט מתּנות פֿון טאַפּאַ־טוך און פֿרוכטן. טאַלאַאַ, די בת־מלכּה, האָט געבראַכט אַ פֿלאַש קאָקאָסאייל פֿאַר מײַנע האָר, וואָס אַן אַנדער מענטש וואָלט געהאַלטן פֿאַר פֿאַרשפּעטיקט.

עס איז אוממיגלעך געווען צו פֿאַרווײַלן געסט אויף דעם ספּריי אין דעם קיניגלעכן שטייגער ווי דער שעף האָט מיך פֿאַרווײַלט. דאָס עסן בײַ אים האָט אַרײַנגענומען אַלץ וואָס דאָס לאַנד פֿאַרשאַפֿט, פֿרוכטן, פֿיש, און פֿלייש, האָבן זיי נאָר וואָס געבראָטן אַ גאַנצן חזיר. איך האָב פֿאַר זיי דערלאַנגט געקאָכט געזאַלצט חזיר־פֿלייש און געזאַלצט רינדערנס, וואָס דערפֿון איך האָב געהאַט אַ סך, און דעם אָוונט האָב איך זיי אַלע גענומען צו אַ נײַער פֿאַרווײַלונג אין דעם דאָרף, אַ קאַרוסעל מיט וויגפֿערדלעך, וואָס זיי האָבן אָנגערופֿן אַ "קי־קי," וואָס איז טײַטש טעאַטער, און אין אַ געמיט פֿון יושר האָבן זיי אַרויסגעצויגן די פֿערדס עקן, וואָרן די בעלי־בתּים פֿון דער פֿאָרשטעלונג, צוויי פֿאַרהאַרטעוועטע לאַנדסלײַט מײַנע, אַ טרויער צו זאָגן, האָבן זיי אַלע גראָבלעך אָוועקגעשטויסן און אָנגעלאָדן אַ נײַע גרופּע, שיִער ניט נאָך נאָר איין דריי אַרום. איך

האָב גוט שטאָלצירט מיט מײַנע טאָנגאַנער פֿרײַנד; דער שעף, דער פֿײַנסטער פֿון אַלע, האָט געטראָגן אַ בײיז־סימנדיקע בולאַווע. וואָס שייך דעם טעאַטער, איז דאָס אומפּאָפּולער געוואָרן צוליב דער זשעדנעקייט פֿון די בעלי־בתּים; און די פּאָרשטייערס פֿון די דרײַ גרויסע מאַכטן, איבער אַ דוחק אין געזעצן וואָס זיי וואָלטן געקענט דורכפֿירן, האָבן אָנגענומען אַ שטרענגע אויסלאַנד־פּאָליטיק, מיט אַ שטײַער פֿון פֿינף־און־צוואַנציק פּראָצענט אויף דער קאַסע־הכנסה. דאָס האָט מען געהאַלטן פֿאַר אַ גרויסן מאָמענט אין געזעצלעכן רעפֿאָרעם!

עס איז געווען דער שטייגער פֿון די אָרטיקע געסט צו דעם ספּריי צו קומען איבערן פּאָדערבאָרט, ווו זיי האָבן געקענט דערגרייכן דעם אויסריכט און גרינג קלעטערן אויפֿן באָרט, און צו גיין צוריק צו דער יבשה מיט שפּרינגען אַראָפּ פֿונעם הינטערבאָרט און שווימען אַוועק; עס איז ניט פֿאַראַן עפּעס מער חנעוודיק פּשוט. די צניעותדיקע היגע האָבן געטראָגן לאַוואַ־לאַוואַ שווים־קליידער, אַן אָרטיק טוך געשאַפֿן פֿון דער קאָרע פֿון דעם טוטנבוים, און זיי האָבן ניט געשאַט דעם ספּריי. אין דעם זומער־לאַנד פֿון סאַמאָאַ זײַנען דאָס קומען און דאָס גיין נאָר אַ פֿריילעכע טאָגטעגלעכע סצענע. אויף איינעם אַ טאָג זײַנען די הויפּט־לערערינס פֿון פּאַפּאַוטאַ קאָלעדזש, פֿרײַלין שולצע און פֿרײַלין מור, געקומען אויפֿן באָרט מיט זייערע זיבן־און־נײַנציק יונגע תּלמידות. זיי זײַנען אַלע געווען באַקליידט אין ווײַס, און יעדע האָט געהאַט אַ רויטע רויז, און זיי זײַנען אַוודאי געקומען אין שיפֿלעך צי קאַנוען, ווי אין אַ קאַלטן קלימאַט. אַ פֿריילעכערע כאָפּטע מיידלעך וואָלט געווען שווער צו געפֿינען. באַלד ווי זיי זײַנען אויפֿן דעק, צוליב אַ בקשה פֿון איינער פֿון די לערערינס, האָבן זיי געזונגען "דער וואַך אויפֿן רײַן," וואָס איך האָב פֿריִער ניט געהערט. "און איצט," האָבן זיי אַלע געזאָגט, "לאָמיר אַרויפֿציִען דעם אַנקער און אָפּזעגלען." נאָר איך האָב קיין בדעה ניט געהאַט איבערלאָזן סאַמאָאַ אַזוי באַלד. בײַם איבערלאָזן דעם ספּריי, האָט יעדע פֿעיִקע דאַמע געכאַפּט אַ פּאַלמע־בלאַט צי רודערל, אָדער אַבי וואָס אַזוי ניצלעך, און האָט ממש גערודערט דעם אייגענעם קאַנו. יעדע וואָלט גלײַך אַזוי גרינג געקענט שווימען, און וואָלט אַזוי געטאָן, רעכן איך, אויב ניט צוליב דעם יום־טובֿדיקן מוסלין.

עס איז ניט געווען קיין זעלטענע זאַך אין אַפּיאַ צו זען אַ יונגע דאַמע שווימענדיק בײַנאַנד אַ קליינעם קאַנו מיט אַ פּאַסאַזשיר פֿאַר דעם ספּריי. מ"ר טרוד, אַן אַלטער עטאָן־בחור, איז אַזוי געקומען צו מיר צו גאַסט, און ער האָט אויסגערופֿן, "צי איז אַ קיניג אַפֿילו אַ מאָל אַזוי אַריבערגעפֿירט געווען?" דעמאָלט, טוענדיק וואָס דאָס געפֿיל פֿאָדערט, האָט ער געגעבן דאָס מיידל זילבערנע מטבעות ביז די היגע וואָס האָבן אָנגעקוקט פֿון דער יבשה, האָבן גערעוועט מיט קינאה. מײַן אייגענער קאַנו, אַ קליינער איינבוים־קאַנו[א], ווען ער האָט זיך מיט מיר איבערגעקערט, איז געכאַפּט געוואָרן פֿון אַ פּאַרטיע שיינע שווימערינס, און שיִער ניט איידער איך האָב געקענט כאַפּן דעם אָטעם, האָבן זיי אים בוקסירט אַרום און אַרום דעם ספּריי, בעת איך זיץ אויפֿן אונטן, האָב איך זיך געוווּנדערט וואָס זיי וועלן טאָן דערנאָך. נאָר אין דעם פֿאַל זײַנען געווען זעקס פֿון זיי, דרײַ צו אַ זײַט, און איך האָב זיך ניט געקענט העלפֿן. איינע פֿון די פֿעעלעך, געדענק איך, איז געווען אַ יונגע ענגלישע דאַמע, וואָס האָט מער הנאה געהאַט ווי די אַלע אַנדערע.

[א] dugout – אי'ה

קאַפּיטל דרײַצן

סאַמאָאַנער מלכות – קיניג מאַליעטאָאַ – געזעגענען זיך מיט די פֿרײַנד אין װײַלימאַ – פֿידזשי געלאָזט אויף דרום – אָנקום אין נײַשלאָס, אויסטראַליע – די יאַכטן אין סידני – אַ פֿאַרפֿלײצונג אויף דעם ספּריי – קאָמאָדאָר פֿוי באַשענקט דער שליופּקע מיט אַ נײַעם אָנצוג זעגלען – װײַטער קײן מעלבורן – אַ הײַפֿיש װאָס האָט זיך אַרױסגעװיזן פֿאַר װערטיק – אַ בײַט אין גאַנג – דער "רעגן מיט בלוט" – אין טאַזמאַניע

אין אַפּיאַ האָב איך געהאַט דעם פֿאַרגעניגן פֿון טרעפֿן זיך מיט מ"ר אַ. יונג, דער פֿאָטער פֿון דער געשטאָרבענער מלכּה מאַרגאַרעט, װאָס איז געװען די מלכּה פֿון מאַנואַ פֿון 1891 ביז 1895. איר זײדע איז געװען אַן ענגלישער מאַטראָס װאָס האָט חתונה געהאַט מיט אַ בת־מלכּה. מ"ר יונג איז איצט דער אײנציקער לעבן־געבליבענער פֿון דער משפּחה, זײַנען צװײ פֿון זײַנע קינדער, די לעצטע פֿון זײ אַלע, פֿאַרלוירן געגאַנגען אויף אַ האַנדל־שיף אין די אינדזלען װאָס מיט עטלעכע חדשים פֿריִער האָט אָפּגעזעגלט נאָר איז קײן מאָל ניט צוריקגעקומען. מ"ר יונג איז געװען אַ קריסטלעכער הער, און זײַן טאָכטער מאַרגאַרעט איז געװען אַזױ גראַציעז װי אַבי אַ דאַמע ערגעץ װוּ. עס האָט מיר װײ געטאָן צו זען אין די צײַטונגען אַ סענסאַציאָנעלן באַריכט װעגן איר לעבן און טויט, גענומען אַ פּנים פֿון אַ צײַטונג כּלומרשט לטובֿת אַ גוטגינציקער געזעלשאַפֿט, נאָר אין גאַנצן אָן פֿאַקטן. און די איבעראַשנדיקע קעפּלעך, װאָס זאָגן "מלכּה מאַרגאַרעט פֿון מאַנואַ איז טויט," קען מען קוים האַלטן פֿאַר נײַעס אין 1898, װאָרן די מלכּה איז דעמאָלט טויט שוין דרײַ יאָר.

בעת איך האַלט אין קאָמפּאַנירן זיך, אַזױ צו זאָגן, מיט מלכות, בין איך צו גאַסט בײַ דעם קיניג אַלײן, דעם געשטאָרבענעם מאַליעטאָאַ. קיניג מאַליעטאָאַ איז געװען אַ גרױסער הערשער; האָט ער קײן מאָל ניט באַקומען װײניקער װי פֿינף־און־פֿערציק דאָלאַר צו אַ חודש פֿאַר דער אַרבעט, װי ער אַלײן האָט מיר געזאָגט, און די דאָזיקע סומע האָט מען נאָר װאָס פֿאַרגרעסערט, אַזױ אַז ער זאָל קענען זיך באָדן אין אַל דאָס גוטס און מע זאָל אים מער ניט אָנרופֿן "לאַקס־בלעכל מאַליעטאָאַ," װי טוען די גראָבע פּלאַזשעניקעס.

בעת איך בין אַרײַן מיט מײַן איבערזעצער דורך דער פֿאָדערשטער טיר פֿון דעם פּאַלאַץ, האָט דעם קיניגס ברודער, דער װיצעקיניג, זיך געגנבֿעט אַרײַן דורך אַ טאַראָ־בײט אויף הינטן, און איז געזעסן אײַנגעשרומפּן בײַ דער טיר בעת איך האָב דערצײלט מײַן מעשׂה צו דעם קיניג. מ"ר װו– פֿון נײַ־יאָרק, אַ הער װאָס אינטערעסירט זיך אין מיסיאָן־אַרבעט, האָט אויף מיר אַרױפֿגעלײגט דאָס אַחריות, װען איך האָב אָפּגעזעגלט, אים צו דערמאָנען צו דעם קיניג פֿון די קאַניבאַל־אינדזלען, װאָס דערמיט האָט ער געהאַט אין זינען אַנדערע אינדזלען. נאָר דער גוטער קיניג מאַליעטאָאַ, ניט קוקנדיק אויף דעם װאָס זײַנע לײַט האָבן ניט געפֿרעסן אויף אַ מיסיאָנער אין אַ הונדערט יאָרן, האָט אַלײן געהערט די בשׂורה, און האָט אױסגעזען שטאַרק צופֿרידן צו הערן דירעקט פֿון די פֿאַרלעגערס פֿון דעם "מיסיאָן־זשורנאַל," און האָט מיר געבעטן אָפּגעבן דעם קאָמפּלימענט. זײַן מאַיעסטעט האָט זיך אָפּגעבעטן, בעת איך האָב גערעדט מיט זײַן טאָכטער, די שײנע פֿאַאַמו־סאַמי (אַ נאָמען װאָס איז טײַטש "מאַכן ברענען דעם ים"), און איז באַלד צוריק באַקלײדט אין דעם פּאַראַד־מונדיר פֿון דעם דײַטשישן הויפּט־

קאָמאַנדיר, קייסער ווילִיאַם אַליין, וואָרן ווי אַ נאַר האָב איך ניט פֿריִער געשיקט מײַנע קרעדענציאַלן, אַזוי אַז דער קיניג זאָל טראָגן די גאַנצע רעגאַליע מיך אויפֿצונעמען. קומען צו גאַסט מיט עטלעכע טעג אַרום, זיך צו געזעגענען מיט פֿאַאַמו־סאַמי, האָב איך געזען קיניג מאַליעטאָאַ דאָס לעצטע מאָל.

פֿון די אַלע מערקפּונקטן אין דעם אײַנגענעמען דאָרף אַפּיאַ, איז ערשט אין מײַן זכּרון די קליינע שולע פּונקט אויף הינטן פֿון דעם קאַווע־הויז און די לייענזאַלן פֿון דער לאָנדאָנער מיסיאָנער־געזעלשאַפֿט, ווו מ"רס בעל האָט געלערנט ענגליש צו אַ הונדערט אָרטיקע קינדער, ייִנגלעך און מיידלעך. קליגערע קינדער וועט מען ניט טרעפֿן אין ערגעץ אַנדערש.

"איצט, קינדער," האָט מ"רס בעל געזאָגט, ווען איך בין אַ מאָל געקומען צו גאַסט, "לאָמיר באַווײַזן דעם קאַפּיטאַן, אַז מיר ווייסן עפּעס וועגן דעם קאַפּ־האָרן וואָס ער איז אים געווען פֿאַרבײַ אין דעם ספּריי," און אַ בחור, אין עלטער נײַן אָדער צען יאָר, איז פֿלינק פֿאָרויס און פֿירגעלייענט באַסיל האַלס פֿײַנע באַשרײַבונג פֿון דעם גרויסן קאַפּ, און אים גוט פֿירגעלייענט. ער האָט דערנאָך איבערגעשריבן די עסיי פֿאַר מיר אין אַ קלאָרער האַנטשריפֿט.

גיין זיך צו געזעגענען מיט די פֿרײַנד אין ווײַלימאַ, האָב איך באַגעגנט מ"רס סטיווענסאָן אין איר פּאַנאַמע, און בין מיט איר געגאַנגען אַרום דער נחלה. מענטשן האָבן געהאַלטן אין אויסהאַקן דאָס לאַנד, און איינעם פֿון זיי האָט זי געהייסן אָפּשנײַדן אַ פּאָר יאַמשביימער פֿאַר דעם ספּריי פֿון אַ רעדל וואָס זי האָט געפֿלאַנצט מיט פֿיר יאָר צוריק, און וואָס זײַנען געוואַקסן ביז זעכציק פֿוס אין דער הייך. איך האָב זיי געניצט ווי איבעריקע שטאַנגען, און דער אונטן פֿון איינעם האָט געמאַכט אַ ניצלעכן הייבשטאַנג פֿאַרן דזשיב אויף דער נסיעה אַהיים. איך האָב דעמאָלט נאָר געדאַרפֿט טרינקען אַוואַ מיט דער משפּחה און גרייטן זיך אָפּצוזעגלען. די דאָזיקע צערעמאָניע, אַ וויכטיקע צווישן די סאַמאָאַנער, איז אָנגעפֿירט געוואָרן לויט דעם אָרטיקן שטייגער. אַ טריטאָן־האָרן האָט מען געבלאָזן צו לאָזן וויסן אַז דאָס געטראַנק איז שוין גרייט, און ווי אַן ענטפֿער האָבן מיר אַלע געפּאַטשט מיט די הענט. דאָס טרינקערײַ איז געווען לכּבֿוד דעם ספּריי, בין איך דער ערשטער נאָך דער ריי, לויט דעם מינהג דאָ אין לאַנד, אַ ביסל אויסצוגאָסן איבער דער פּלייצע. אָבער איך האָב פֿאַרגעסן דעם סאַמאָאַניש פֿאַר "לאָזט די געטער טרינקען," און האָט איבערגעחזרט די זעלבע זאַך אויף רוסיש און טשינוק[א], וואָרן איך האָב יאָ געדענקט אַ וואָרט אין זיי ביידע, און דעמאָלט האָט מ"ר אָזבורן מיך דערקלערט פֿאַר אַ באַשטימטער סאַמאָאַנער. האָב איך דעמאָלט געזאָגט "טאָפֿאַ!" צו מײַנע גוטע פֿרײַנד אין סאַמאָאַ, און אַלע האָבן געווונטשן דעם ספּריי אַ "פֿאָרט געזונט," און זי איז אַרויס פֿונעם האַוון דעם 20סטן אויגוסט און איז ווײַטער געפֿאָרן אויפֿן גאַנג. אַ געפֿיל פֿון עלנטקייט האָט מיך געכאַפּט בעת די אינדזלען זײַנען פֿאַרשוווּנדן געוואָרן אויף הינטן, און ווי אַ רפֿואה האָב איך אויפֿגעשלאָגן די אַלע זעגלען קיין שיינער אויסטראַליע, וואָס איז מיר ניט געווען קיין פֿרעמד לאַנד. נאָר אויף אַ סך טעג איז ווײַלימאַ געווען פֿאַר דעם פֿאָדערבאָרט אין די חלומות.

דער ספּריי איז קוים געווען פֿרײַ פֿון די אינדזלען ווען אַ פּלוצעמדיקער אויפֿרײַס פֿון די פּאַסאַטווינטן האָט איר אַראָפּגעבראַכט צו ענגע ריפֿן, און זי האָט רעקאָרדירט איין

[א] Chinook – אי'ה

הונדערט מיט פֿיר־און־אַכציק מײַלן אויפֿן ערשט טאָג, וואָס פֿערציק מײַלן דערפֿון האָב איך געהאַלטן פֿאַר צוליב אַ גינציקן שטראָם. אָנגעקומען אין אַ טומלדיקן ים, האָב איך זי אָפּגעדרייט און געזעגלט אויף צפֿון פֿון די האָרן־אינדזלען, און אויך אויף צפֿון פֿון פֿידזשי אַנשטאָט אויף דרום, ווי איך האָב פֿריִער געוואָלט, און פֿאַזע דער מערבֿדיקער זײַט פֿון דעם אַרכיפּעלאַג. פֿון דאָרט האָב איך געזעגלט דירעקט קיין נײַ דרום וויילז, פֿאַרבײַ אויף דרום פֿון נײַ קאַלעדאָניע, און בין אָנגעקומען אין נײַשלאָס נאָך אַ פּאַסאַזש פֿון צוויי־און־פֿערציק טעג, ס'רובֿ מיט שטורעמס און בורעס.

איין ספּעציעל שווערע בורע אָנגעטראָפֿן נאָענט צו נײַ קאַלעדאָניע האָט געזונקען די אַמעריקאַנער קליפּער *פּאַטריציע* ווײַטער אויף דרום. אַ צווייט מאָל, נעענטער צו דעם ברעג פֿון אויסטראַליע, ווען אָבער איך בין ניט געוויר געוואָרן אַז די בורע איז געווען אַן אויסערגעוויינטלעכע, איז אַ פֿראַנצייזישע פּאָסט־שיף פֿון נײַ קאַלעדאָניע קיין סידני געבלאָזן געוואָרן ווײַט פֿון גאַנג און ווען זי איז אָנגעקומען האָט זי געמאָלדן דעם גרויליקן שטורעם, און צו די פֿרעגנדיקע פֿרײַנד געזאָגט, "גאָטעניו, מיר ווייסן ניט וואָס איז געשען מיט דער קליינער שליופּקע *ספּריי*. מיר האָב זי געזען אין דער מיט פֿונעם שטורעם." דער *ספּריי* איז געווען גאַנץ גוט, זיך געהאַלטן אויפֿן אָרט ווי אַ קאַטשקע. זי איז געלעגן אונטער אַ גאַנדזפֿליגל־הויפּטזעגל[א], מיט אַ טרוקענעם דעק, בעת די פּאַסאַזשירן אויף דער דאַמפּשיף, האָב איך שפּעטער געהערט, זײַנען געשטאַנען ביז די קני אין וואַסער אין דעם סאַלאָן. ווען זייער שיף איז אָנגעקומען אין סידני האָבן זיי געגעבן דעם קאַפּיטאַן אַ בײַטל מיט זילבער צוליב זײַן פֿעיִקייט און שיפֿערײַ וואָס האָבן זיי געבראַכט בשלום אַרײַן אין פּאָרט. דער קאַפּיטאַן פֿון דעם *ספּריי* האָט גאָרנישט אַזוינס ניט באַקומען. אין אָט דער בורע בין איך געקומען צום לאַנד אַרום די ים־הינט שטיינער, ווו די דאַמפּשיף *קאַטהערטאָן*, מיט אַ סך נפֿשות אויפֿן באָרט, איז אַנומלט אונטערגעגאַנגען. איך בין געווען אַ לאַנגע ווײַלע לעבן די שטיינער, לאַווירט שווער אַהין און צוריק, נאָר סוף־כּל־סוף געקומען זיי פֿאַרבײַ.

איך בין אָנגעקומען אין נײַשלאָס קעגן אַ שווערער בורע. עס איז געווען אַ שטורמישע צײַט פֿון יאָר. דער מלוכה־פּילאָט, קאַפּיטאַן קומינג, האָט מיך געטראָפֿן בײַ דער האַוון־באַנק און מיט דער הילף פֿון אַ דאַמפּשיף האָט מײַן שיף געטראָגן צו אַ זיכערן לאַנדונגפּלאַץ. אַ סך געסט זײַנען געקומען אויפֿן באָרט, דער ערשטער דער אַמעריקאַנער קאָנסול, מ"ר ברוין. דאָ איז גאָרנישט ניט געווען צו גוט פֿאַר דעם *ספּריי*. אַלע מלוכה־אָפּצאָלן זײַנען אויסגעלייזט געוואָרן, און נאָך עטלעכע טעג רוען זיך דאָרט, האָט אַ פּאָרט־פּילאָט מיט אַ צישיף זי בוקסירט נאָך אַ מאָל אויפֿן ים, און זי איז געפֿאָרן פֿאַזע ברעג צו דעם האַוון אין סידני, ווו זי איז אָנגעקומען אויף מאָרגן, דעם 10טן אָקטאָבער, 1896.

איך בין אַרײַן אין אַ נורעדיק בוכטעלע נאָענט צו מאַנלי אויף דער נאַכט, צוליב אַ צוק פֿון דער סידני־האַוון פּאָליצײַ־שיפֿל צו דעם אַנקעראָרט, בעת זיי האָבן אויסגעפֿאָרשט אַן אַלטן זאַמל־אַלבאָם מײַנעם וואָס האָט זיי פֿאַראינטערעסירט. גאָרנישט קען ניט אויסמײַדן די אויגן פֿון דער פּאָליצײַ אין נײַ דרום וויילז; זייער שם איז באַקאַנט אומעטום אויף דער וועלט. זיי האָבן כיטרע געטראָפֿן אַז איך האָב זיי געקענט געבן ניצלעכע ידיעות, און זיי זײַנען געווען די ערשטע מיך אָנצוטרעפֿן. עמעצער האָט געזאָגט אַז זיי זײַנען געקומען מיך צו אַרעסטירן, און – נו, לאָמיר דאָס דאָרט איבערלאָזן.

[א] goose-wing mainsail – אי'ה

זומער איז געקומען נעענטער און דער האַװן אין **ס**ידני האָט געבליט מיט יאַכטן. עטלעכע זײַנען געקומען אַראָפּ צו דעם װעטער־געשלאָגענעם **ס**פּריי און געזעגלט אַרום איר אין **ש**עלקאָט, װוּ זי האָט פֿאַרבראַכט עטלעכע טעג. אין **ס**ידני בין איך נאָך אַ מאָל צװישן פֿרײַנד. דער **ס**פּריי איז געבליבן אין די פֿאַרשײדענע רעזאָרטן אין דעם גרױסן פּאָרט עטלעכע װאָכן, און אַ סך אײַנגענעמע לײַט זײַנען געקומען צו גאַסט, אָפּט מאָל אָפֿיצירן פֿון **זמש** **אָ**רלאַנדאָ און זײערע פֿרײַנד. קאַפּיטאַן **פ**ישער, דער קאָמענדאַנט, מיט אַ פּאַרטיע יונגע דאַמעס פֿון דער שטאָט און הערן פֿון זײַן שיף זײַנען געקומען צו גאַסט אױף אײנעם אַ טאָג אין מיטן אַ מבול רעגן. איך האָב קײן מאָל ניט געזען אַ שװערערן רעגן אַפֿילו אין **א**ױסטראַליע. נאָר זײ האָבן געװאָלט זיך פֿאַרװײַלן און אַ רעגן האָט ניט געקענט שטילן זײער גײַסט, כאָטש קומט נאָך שטאַרקער דער רעגן. נאָר צום באַדױערן איז אַ יונגער הער פֿון אַ צװײטער פּאַרטיע אױפֿן באָרט, אין דעם גאַנצן מונדיר פֿון אַ היפּש גרױסן יאַכט־קלוב, מיט גענוג מעשענע קנעפּלעך אים אונטערצוטראָגן, גײענדיק גיך אַרױסצוקומען פֿונעם רעגן, געפֿאַלן הענדעם־פּענדעם, פֿונעם קאָפּ ביז די פּיאַטעס, אַרײַן אין אַ פֿאַס װאַסער װאָס דערױף האָב איך געאַרבעט, און װײַל ער איז אַ קורצער, איז ער באַלד פֿאַרשװוּנדן געװאָרן, און שיִער ניט דערטרונקען געװאָרן אײדער מע האָט אים געראַטעװעט. דאָס איז געװען דאָס נאָענסטע צו אַ קרבן אױף דעם **ס**פּריי במשך פֿון איר גאַנצער נסיעה, אױף װיפֿל איך װײס. אַז דער יונגער מאַן איז געקומען אױפֿן באָרט מיט שבֿחים האָט געמאַכט די סיבה זײער אומאָנגענעם. זײַן קלוב האָט באַשלאָסן אַז זײ קענען ניט אָפֿיציעל אָנערקענען דעם **ס**פּריי, װײַל זי האָט ניט מיט זיך געבראַכט קײן בריװ פֿון יאַכט־קלובן אין **אַ**מעריקע, און אַזױ זאָג איך אַז עס איז געװען אַלץ מער פּריקרע און טשיקאַװע װאָס איך האָב פֿאַרכאַפּט װײניקסטנס אײנעם פֿון די מיטגלידער, אין אַ פֿאַס, און דערצו װען איך בין ניט געגאַנגען כאַפּן יאַכט־לײַט.

די סיבה אין **ס**ידני

דאָס טיפּישע סידני שיפֿל איז אַ פֿלינקע שליופּקע גרויס אין דער ברייט און מיט דער קראַפֿט צו טראָגן ריזיקע זעגלען, נאָר אַן איבערקערעניש איז ניט געווען קיין זעלטן געשעעניש, וואָרן זיי שלאָגן אויף זעגלען ווי די וויקינגען. אין סידני האָב איך געזען אַלערליי מינים שיפֿן, פֿון דער געשטיטער דאַמפּשיף און זעגל־קאַטער ביז דער קלענערער שליופּקע און קאַנו פֿאַרווײַלנדיק זיך אויף דער בוכטע. יעדער האָט פֿאַרמאָגט אַ שיפֿל. אויב אַ בחור אין אויסטראַליע האָט ניט געהאַט דאָס געלט צו קויפֿן אַ שיפֿל, בויט ער זיך איינס, און געוויינטלעך איז עס ניט געווען מיט וואָס זיך צו שעמען. דער ספּריי האָט אויסגעטאָן איר יוספֿס מאַנטל, דעם פֿועגישן הויפּטזעגל, אין סידני, און אין איר נײַעם אָנצוג, די פֿײַנע מתּנה פֿון קאָמאָדאָר פֿוי, איז זי געווען די קאָמאַנדע־שיף פֿון דעם דזשאָנסטאָנס בוכטע פֿליִענדיקע אַסקאַדרע ווען די אַרומשיפֿערס פֿון סידני־האַוון האָבן געזעגלט אין דער יערלעכער רעגאַטע. זיי האָבן "אָנערקענט" דעם ספּריי ווי אַ מיטגליד פֿון "איר אייגענעם קלוב," און מיט מער אויסטראַליש געפֿיל ווי פּינקטלעכקייט האָבן אים אָפּגעגעבן כּבֿוד פֿאַר אירע רעקאָרדן.

די צײַט איז גיך געפֿלויגן אין יענע טעג אין אויסטראַליע, און נאָך דעם 6טן דעצעמבער, 1896, האָט דער ספּריי אָפּגעזעגלט פֿון סידני. איך האָב איצט בדעה געהאַט זעגלען אַרום קאַפּ־ליוּין דירעקט קיין מאָריטיוס אויפֿן וועג אַהיים, און דערפֿאַר האָב איך געזעגלט ווײַטער אין אָט דער ריכטונג צו דעם באַס־דורכגאָס צו.

עס איז געווען קוים וואָס צו באַשרײַבן פֿון דעם דאָזיקן טייל פֿון דער נסיעה, אַחוץ בײַטעווודיקע ווינטן, "שלאָגערס," און טומלדיקע ימים. דעם 12טן דעצעמבער אָבער איז געווען אַן אויסערגעוויינטלעכער טאָג, מיט אַ פֿײַנעם ווינט פֿאַזע ברעג, פֿון דעם צפֿון־מיזרח. פֿרי אין דער פֿרי איז דער ספּריי פֿאַרבײַ טאָפּל־בוכטע, און שפּעטער קאַפּ־בונדוראָ אויף אַ גלאַטן ים ניט ווײַט פֿון דער יבשה. דער לײַכטטורעם אויף דעם קאַפּ האָט אַראָפּגעלאָזט איר פֿאָן ווי אַן ענטפֿער צו דעם ספּרייס פֿאָן, און קינדער אויף די באַלקאָנען פֿון אַ כאַטע לעבן ברעג האָבן געפֿאָכעט מיט נאָזטיכלעך בעת זי פֿאָרט פֿאַרבײַ. עס זײַנען געווען נאָר ווייניקע מענטשן אויף דער יבשה, נאָר די סצענע איז געווען אַ פֿריילעכע. איך האָב געזען גירלאַנדעס פֿון אייביקגרינען ווי אַ סימן פֿון דעם נאָענטן ניטל. איך האָב סאַלוטירט די פֿריילעכע, זיי געווונטשן אַ "פֿריילעכן ניטל," און האָב זיי געקענט הערן זאָגן, "און אויך פֿאַר אײַך."

פֿון קאַפּ־בונדוראָ בין איך פֿאַרבײַ סקאַלע־אינדזל אין באַס־דורכגאָס, און זיך דורכסיגנאַלירט מיט די ליכט־האַלטערס בעת דער ספּריי אַרבעט פֿאַרבײַ דעם אינדזל. דער ווינט דעם טאָג האָט געגרעוועט בעת דער ים האָט זיך צעבראָכן איבער זייער שטיינערנער היים.

מיט אַ פּאָר טעג שפּעטער, דעם 17טן דעצעמבער, איז דער ספּריי נאָענט געקומען אונטער ווילסאָנס קאַפּ, נאָך אַ מאָל נאָך אָפּדאַך. דער ליכט־האַלטער אין אָט דער סטאַנציע, מ"ר דזשיי. קלאַרק, איז געקומען אויפֿן באָרט און מיר געגעבן אָנווײַזונגען צו פֿאָרן קיין וואַסערלו־בוכטע, אַ מײַל דרײַ ווינט־אַראָפּ, בין איך דעמאָלט אַהינגעפֿאָרן און געפֿונען אַ גוטן אַנקעראָרט דאָרט אין אַ זאַמדיק בוכטעלע באַשיצט פֿון אַלע ווינטן פֿון מערבֿ צי פֿון צפֿון.

געאַנקערט דאָ איז געווען דער קעטש סו7, אַ פֿישערשיף, און דעם מײַרי פֿון סידני, אַ דאַמפּפּראָם אויסגעריכט ווי אַ וואַלפֿיששיף. דער קאַפּיטאַן פֿון דעם מײַרי איז געווען אַ

זשעני, און אַן **או**יסטראַלישער זשעני דערצו, און אַ קלוגער. האָט קיינער פֿון זײַן מאַנשאַפֿט, פֿון אַ זעגמיל אויפֿן ברעג אויף צפֿון, ניט געזען קיין לעבעדיקע וואַלפֿיש ווען זיי זײַנען ערשט אויפֿן באָרט, נאָר זיי זײַנען געווען ים־לײַט מעשׂה **או**יסטראַליער, און דער קאַפּיטאַן האָט זיי דערציילט אַז דערהרגענען אַ וואַלפֿיש איז ניט מער ווי דערהרגענען אַ קיניגל. זיי האָבן אים געגלייבט און עס איז אויסגעגליכן. מיט אַ שטיק מזל איז דער ערשטער וואָס זיי האָבן געזען בײַם פֿאָרן, כאָטש אַ מיאוסער האָרבאַטער, אַ טויטער אין איין הרף־עין, וועו קאַפּיטאַן יונג, דער מײַסטער פֿון דעם **מ**יידי האָט אים דערהרגעט מיט איין שטויס מיטן האַרפּון. זיי האָבן אים גענומען בוקסירן קיין **ס**ידני, ווו זיי האָבן אים אויסגעשטעלט. גאָרנישט אַחוץ וואַלפֿישן האָט ניט פֿאַראינטערעסירט די מאַנשאַפֿט פֿון דעם גאַלאַנטן **מ**יידי, און זיי האָבן פֿאַרבראַכט ס'רובֿ צײַט דאָ צונויפֿקלײַבן ברענוואַרג אויף אַ נסיעה אויף די גרונטן בײַ **ט**אַזמאַניע. זאָל מען אַרויסזאָגן דאָס וואָרט "וואַלפֿיש" ווו די מענטשן קענען הערן, גלאַנצן זייערע אויגן מיט אויפֿרעגונג.

קאַפּיטאַן **ס**לאָקום אַרבעט דעם **ס**פּריי אַרויס פֿון **ט**ײַך־**י**אַראַ, אַ טייל פֿון **מ**עלבורן האַוון

מיר האָבן פֿאַרבראַכט דרײַ טעג אין דעם שטילן בוכטעלע, און זיך צוגעהערט צו דעם ווינט אין דרויסן. דערווײַל האָבן קאַפּיטאַן יונג און איך אויסגעפֿאָרשט די ברעגן, געגאַנגען זען פֿאַרלאָזענע גריבער, און אַליין געזוכט גאָלד.

אונדזערע שיפֿן האָבן זיך געזעגנט בײַם אָפּזעגלען דעם אינדערפֿרי, זיך צעשיידט ווי ים־פֿייגל מיטן אייגענעם גאַנג. דער ווינט אויף עטלעכע טעג איז געווען מאָסיק, און, מיט אויסערגעוויינטלעך מזל פֿון לויטערן וועטער, איז דער **ס**פּריי אָנגעקומען בײַ די **מ**עלבורן־קעפּ דעם 22סטן דעצעמבער, און גענומען אַרײַן אין פּאָרט בוקסירט פֿון דער דאַמף־צישיף **ל**ויפֿער.

ניטל־טאָג האָבן מיר פֿאַרבראַכט אין אַן אַנקעראָרט אין **טײַד־יאַראַ**, נאָר אָן צעפּטרן קיין צײַט האָב איך זיך איבערגעטראָגן צו **סאַנקט־קילדאַ**, ווו איך בין געבליבן כּמעט אַ חודש.

דער **ספּריי** האָט קיין פּאָרט־אָפּצאָלן ניט באַצאָלט אין **אויסטראַליע** אָדער אין ערגעץ אַנדערש אויף דער נסיעה, אַחוץ אין **פּערנאַמבוקאָ**, ביז זי האָט איר נאָז געשטעקט אַרײַן אין דעם צאָלאַמט אין **מעלבורן**, ווו מע האָט אַרויפֿגעלייגט טאָנאַזש־אָפּצאָלן, אין דעם פֿאַל, זעקס פּעניס צו אַ ברוטאָ־טאָן. דער מאָנער האָט געפֿאָדערט זעקס מיט אַ האַלב שילינגען, און האָט ניט אַראָפּגעלאָזט פֿאַר דעם שטיקל אונטער דרײַצן טאָנען, ווײַל איר גענויע ברוטאָ־וואָג איז געווען 12.70 טאָנען. איך האָב אויסגעגליכן דעם ענין מיט אַן אָפּצאָל צו זעקס פּעניס אַ פֿאַרשוין צו קומען אויפֿן באָרט, און ווען אָט די געשעפֿט איז מיר נודנע געוואָרן, האָב איך געכאַפּט אַ הײַפֿיש און גערעכטן זעקס פּעניס צו יעדן אַ קוק צו טאָן אויף אים. דער הײַפֿיש איז געווען צוועלף פֿוס מיט זעקס צאָלן אין דער לענג, און האָט געטראָגן זעקס־און־צוואַנציק הײַפֿישעלעך, אַלע גרעסער ווי צוויי פֿוס אין דער לענג. אַ שניט מיט אַ מעסער האָט זיי אַרויסגעלאָזט אַרײַן אין אַ קאַנו אָנגעפֿילט מיט וואַסער, וואָס, געביטן יעדן טאָג, האָט זיי געהאַלטן בײַם לעבן אַ גאַנצן טאָג. אין ווייניקער ווי איין שעה פֿון דער צײַט ווען איך האָב ערשט געהערט פֿון דער בעסטיע איז עס געווען אויפֿן דעק צו באַטראַכטן, האָב איך אַרײַנגענומען ווײַט מער ווי דעם **ספּרייס** טאָנאַזש־קאָסטן שוין באַצאָלט. איך האָב דעמאָלט געדונגען אַ גוטן **אירלענדער**, מיטן נאָמען **טאָם האָוואַרד** – וואָס האָט אַלץ געוווּסט וועגן הײַפֿישן אי אויף דער יבשה אי אינעם ים, און האָט געקענט דערציילן וועגן זיי – צו ענטפֿערן פֿראַגעס און האַלטן רעדעס. ווען איך האָב געפֿונען אַז איך האָב ניט געקענט ענטפֿערן די פֿראַגעס, האָב איך אים איבערגעלאָזט דאָס אַחריות.

דער הײַפֿיש אויף דעם דעק פֿון דעם ספּריי

ווען איך בין צוריק פֿון דער באַנק נאָך אײַנלייגן געלט פֿרי אינעם טאָג, האָב איך **האָוואַרד** געפֿונען אין דער מיט פֿון גאָר אַן אויפֿגערעגטן עולם, האָט ער זיי דערציילט וועגן אויסגעטראַכטע מינהגים פֿון דעם פֿיש. עס איז געווען אַ גוטע פֿאָרשטעלונג. דער עולם האָט געוואָלט זי זען, און איך האָב אַזוי געוואָלט, נאָר צוליב זײַן אויפֿגעקאָכטער באַגײַסטערונג, האָב איך געדאַרפֿט לאָזן **האָוואַרד** זיך אָפּזאָגן פֿון דער שטעלע. די הכנסה

פֿון דער פֿאָרשטעלונג און פֿון פֿאַרקויפֿן דאָס חלבֿ וואָס איך האָב צונויפֿגעזאַמלט אין דעם **מ**אַדזשעלען־**ד**ורכגאָס, וואָס איך האָב צום סוף פֿאַרקויפֿט צו אַ דײַטשישן זייף־קאָכער אין **ס**אַמאָאַ, האָט מיר געגעבן גענוגיק געלט.

דער 24סטער יאַנואַר האָט געפֿונען דעם **ס**פּריי נאָך אַ מאָל בוקסירט פֿון דעם צישיף **ל**ויפֿער, אַרויס פֿון **ה**אָבסאָנס **ב**וכטע נאָך אַן אײַנגענעמער צײַט אין **מ**עלבורן און **ס**אַנקט־קילדאַ, וואָס איז פֿאַרלענגערט געוואָרן פֿון אַ ריי ווינטן פֿון דעם דרום־מערבֿ וואָס האָט זיך מיר געדאַכט אָן אַ סוף.

אויפֿן באָרט אין **ס**אַנקט־קילדאַ. באַטראַכטן אויף דער קאַרטע דעם גאַנג פֿון דעם **ס**פּריי פֿון **ב**אָסטאָן

אין די זומער־חדשים, דאָס הייסט, דעצעמבער, יאַנואַר, פֿעברואַר, און אַ מאָל מאַרץ, זײַנען די ווינטן געוויינטלעך פֿון דעם מיזרח דורך **ב**אַס־**ד**ורכגאָס און אַרום **ק**אַפּ־**ל**יוין, נאָר צוליב אַ ריזיקן סכום אײַז וואָס האָט זיך געטראָגן אַרויף פֿונעם **אַ**נטאַרקטיק, איז דאָס אַלץ אַנדערש געוואָרן און אונטערגעשטראָכט מיט אַ סך שלעכטן וועטער, אַזוי פֿיל אַזוי אַז איך האָב געהאַלטן דאָס פֿאָרן ווײַטער אויפֿן גאַנג פֿאַר אומשׂכלדיק. ווענדליק דעם, אַנשטאָט שלאָגן זיך אַרום קאַלטן און שטורעמדיקן **ק**אַפּ־**ל**יוין, האָב איך באַשלאָסן צו פֿאַרברענגען אַן אײַנגענעמענערע און רוהדיקערע צײַט אין **ט**אַזמאַניע, ביז עס קומט דער סעזאָן פֿאַר גינציקן ווינטן דורך **ט**אָרעס־**ד**ורכגאָס, פֿאַרבײַ דעם **ג**רויסן **ב**אַריער־**ר**יף, די רוטע וואָס איך האָב סוף־כּל־סוף אויסגעקליבן. זעגלען אויף אָט דעם גאַנג וואָלט קריגן הילף פֿון די קעגן־ציקלאָנען, וואָס פֿאַלן קיין מאָל ניט דורך, און דערצו וואָלט דאָס מיר געבן די געלעגנהייט צו טרעטן אויף דער יבשה פֿון **ט**אַזמאַניע, וואָס מיט יאָרן צוריק האָב איך אַרום איר געזעגלט.

איך זאָל דערמאָנען אַז במשך פֿון מײַן צײַט אין **מ**עלבורן איז געשען איינער פֿון יענע אויסערגעוויינטלעכע שטורעמס וואָס מע רופֿט עס אָן אַ מאָל "אַ רעגן מיט בלוט," דאָס ערשטער אַזוינער אין **א**ויסטראַליע שוין אַ סך יאָרן. דאָס "בלוט" שטאַמט פֿון אַ שטאָף ווי פֿײַנער ציגל־שטויב וואָס שוועבט אַרום אין דער לופֿטן פֿון די מידבריות. אַז עס קומט אַ רעגן איז דער דאָזיקער שטויב אַראָפּ ווי בלאָטע. עס איז אַראָפּגעפֿאַלן אין אַזעלכע מאַסעס אַז איך האָב אָנגעפֿילט אַן עמער פֿון דער שליופּקעס שיצדעכלעך, וואָס זײַנען

דעמאָלט געװען אױפֿגעשלאָגן. מיט אַ שטאַרקן װינט, װען איך האָב געמוזט אַראָפּציִען די שיצדעכלעך, זײַנען אירע זעגלען, אומבאַדעקט אױף די הײבשטאַנגען, באַפֿלעקט געװאָרן מיט בלאָטע פֿון פֿאָרנט ביז הינטן.

די װײַזגעבונג פֿון שטויב־שטורעמען, גוט פֿאַרשטאַנען בײַ װיסנשאַפֿטלערס, זײַנען ניט זעלטן בײַ דעם אַפֿריקאַנישן ברעג. זײ קומען אָן װײַט אַװעק אױפֿן ים און אָפֿט באַדעקן די שיפֿװעגן, װי מיט אײנעם װאָס דורך אים איז דער ספּרײ געפֿאָרן אינעם פֿרײַיִקן טײל פֿון דער נסיעה. מאַטראָסן האָבן מער ניט קײן איבערגלײבערישע מורא פֿאַר זײ, נאָר די גרינגגלײביקע ברידער אױף דעם לאַנד שרײַען אױס "אַ רעגן מיט בלוט" בײַם ערשטן פּליושק פֿון דער שרעקלעכער בלאָטע.

דער ריס־פֿלײַץ[א] בײַ די פּאָרט פֿיליפּס קעפּ, אַ װילדער אָרט, איז טומלדיק געװען װען דער ספּרײ איז אַרײַן אין האָבסאָנס בוכטע פֿונעם ים, און נאָך מער טומלדיק װען זי איז אַרױסגעפֿאָרן. נאָר מיט אַ געשפּרײט ים און אונטער די זעגלען, איז זי גוט געפֿאָרן תּיכּף נאָכן גײן פֿאַרבײַ. עס איז נאָר עטלעכע שעהען זעגלען קײן טאַזמאַניע איבערן דורכגאָס, מיט אַ גינציקן און שטאַרקן װינט. איך האָב מיטגעטראָגן דעם סאַנקט־קילדאַ הײַפֿיש, אָנגעשטאָפּט מיט הײ, און אים איבערגעגעבן צו פּראָפֿעסאָר פּאָרטער, דער קוראַטאָר פֿון דעם װיקטאָריע מוזײ פֿון לאַנסעטאָן, װאָס געפֿינט זיך צוקאָפּנס פֿון דעם טאַמאַר. אױף אַ סך לאַנגע קומעדיקע טעג איז געװען דאָרט צו זען דעם הײַפֿיש פֿון סאַנקט־קילדאַ. אָבער אַ שאָד! די גוטע נאָר טעותדיקע לײַט פֿון סאַנקט־קילדאַ, װען די אילוסטרירטע זשורנאַלן מיט בילדער פֿון מײַן הײַפֿיש זײַנען אַרױס אױף די קיאָסקן, האָבן זיך שטאַרק צעקאָכט, און געשאַרט די אַלע פּאַפּירן װאָס דערמאָנען פֿיש אין פֿײַער אַרײַן, װאָרן סאַנקט־קילדאַ איז געװען אַ רעזאָרט – און די אידעע אַז *דאָרט* זאָל זײַן אַ הײַפֿיש! נאָר מײַן פֿאָרשטעלונג איז װײַטער געגאַנגען.

דער ספּרײ איז צוגעפֿעסטיקט געװען לעבן דער פּלאַזשע בײַ אַ קלײנעם דאָק אין לאַנסעטאָן בעת דער ים־פֿלײַץ, אַרײַנגעטריבן פֿון דער בורע װאָס האָט זי געבראַכט אַרױף אױפֿן טײַך, איז געװען אומגעװײנטלעך הױך; און דאָרט איז זי פֿעסט געלעגן, מיט ניט גענוג װאַסער אַרום איר דערנאָך צו באַנעצן די פֿיס ביז זי איז געװען גרײט אָפּצוזעגלען. דעמאָלט, כּדי זי זאָל קענען שװימען, האָט מען אױסגעגראָבן די ערד אַרױס פֿון אונטער איר קיל.

אין דעם דאָזיקן נורעדיקן אָרט האָב איך זי איבערגעלאָזט אין די הענט פֿון דרײַ קינדער, בעת איך האָב אַרומגעװאַנדערט אין די בערגלעך און אָפּגערוט די בײנער, פֿאַר דער קומעדיקער נסיעה, אױף די מאָכיקע שטײנער אין דעם באַרגשפּאַלט פּונקט דערלעבן, און צװישן די פֿעדערגראָזן װאָס איך האָב געפֿונען אומעטום. מײַן שיף איז געװען גוט באַזאָרגט. יעדעס מאָל װאָס איך בין צוריק האָב איך געפֿונען אָפּגערײניקטע דעקן און אַז אײנס פֿון די קינדער, אַ קלײן מײדל פֿון דער נאָענסטער שכנטע איבערן װעג, איז געשטאַנען בײַ דעם שטיגל און פֿאַרנעמט זיך מיט די געסט, בעת די אַנדערע, אַ ברודער און אַ שװעסטער, האָבן פֿאַרקױפֿט די ים־טשאַטשקעס װאָס צו געפֿינען אין דעם פּראַכט, אױף דער "שיפֿס חשבון." זײ זײַנען געװען אַ שאַרפֿע, פֿרײלעכע באַנדע, און מענטשן זײַנען געקומען פֿון װײַט אַװעק צו הערן זײ דערצײלן די מעשׂה פֿון דער נסיעה, און װעגן די פֿאַרזעענישן פֿון די טיפֿן װאָס "דער קאַפּיטאַן האָט דערהרגעט." איך האָב נאָר

[א] rip – אי'ה

געדאַרפֿט בלײַבן אַוועק צו ווערן דער גרעסטער העלד, און עס איז מיר גאַנץ גוט געפֿעלן אַזוי צו טאָן, און צו וווינען אויפֿן לאַנד אין די וועלדער און בײַ די שטראָמען.

קאַפּיטל פֿערצן

אַ כּבֿוד־אויסדרוק פֿון אַ דאַמע — זעגלען אַרום טאַזמאַניע — דער שקיפּער האַלט זײַן ערשטע רעדע וועגן דער נסיעה — שפּעדיקער פּראָוויאַנט — אַ דורכקוק פֿון דעם ספּריי וועגן זיכערקייט אין דעוואָנפּאָרט — נאָך אַ מאָל אין סידני — צפֿון צו קיין דעם טאָרעס־דורכגאָס — אַן אַמאַטאָרן־שיפֿבראָך — פֿרײַנד אויף דעם אויסטראַלישן ברעג — סכּנות אין אַ קאָראַל־ים

דעם 1טן פֿעברואַר ווען איך בין צוריק צו מײַן שיף האָב איך געפֿונען וואַרטן אויף מיר אַ בריוו פֿון מיטגעפֿיל וואָס איך שטעל פֿאָר אונטן:

> אַ דאַמע שיקט מ"ר סלאָקום דעם בײַגעלייגטן באַנקנאָט פֿאַר פֿינף פֿונטן, ווי אַ צייכן פֿון איר אָפּשאַצונג פֿון זײַן גבֿורה אין פֿאָרן איבער די ברייטע ימים אין אַזאַ קליין שיפֿל, און אַלץ איינער אַליין, אָן מענטשיש מיטגעפֿיל ווי אַ הילף ווען סכּנה האָט געדראָט. זאָל זײַן מיט הצלחה.

ביז הײַנט ווייס איך ניט ווער האָט אים געשריבן אָדער וועמען איך בין שולדיק פֿאַר דער ברייטהאַרציקער מתּנה וואָס בײַגעלייגט. איך האָב זיך ניט געקענט אָפּזאָגן אַ זאַך אַזוי גוטהאַרציק געגעבן, נאָר האָב זיך צוגעזאָגט דאָס ווײַטער צו געבן מיט פּראָצענט בײַ דער ערשטער געלעגנהייט, וואָס איך האָב געטאָן איידער איך בין אַוועק פֿון אויסטראַליע.

דער סעזאָן פֿאַר גוטן וועטער אַרום דעם צפֿון פֿון אויסטראַליע איז נאָך אַלץ געווען ווײַט אַוועק, האָב איך דערווײַל געזעגלט צו אַנדערע פּאָרטן אין טאַזמאַניע, ווו עס איז שיין אַ גאַנץ יאָר, דער ערשטער שיינער־פּונקט, וואָס דערלעבן זײַנען ביקאָנספֿעלד און דעם גרויסן טאַסמאַנישן גאָלדגרוב, וואָס איך בין געגאַנגען זען נאָך דער ריי. איך האָב געזען אַ סך גראָען, אומאינטערעסאַנטן שטיין אַרויסגעהויבן פֿון דעם גרוב דאָרט, און הונדערטער דריקערס צעקוועטשן דאָס ביז פּודער. מע האָט מיר געזאָגט אַז עס איז דאָ גאָלד דאָרט, און איך האָב זיי געגלייבט.

איך געדענק שיינער־פּונקט פֿאַר זײַן באַשאָטנטן וואַלד און פֿאַר דעם שליאַך צווישן די הויכע אייקאַליפּטן. בעת איך בין דאָרט געווען איז דער גובערנאַטאָר פֿון נײַ דרום וויילז, לאָרד האַמפּדען, מיט זײַן משפּחה, אָנגעקומען אויף אַ דאַמף־יאַכטע, אויף טוריסטעווען. דער ספּריי, געאַנקערט נאָענט צו דעם לאַנדונג־דאָק, האָט זיך אַוודאי באַדעקט מיט פֿאָנענשטאָף, און מסתּמא האָט מען קיין מאָל ניט געזען אַ נישטיקערע שיף מיט די שטערן און שטרײַפֿן אין יענע וואַסערן. נאָר דעם גובערנאַטאָרס פּאַרטיע האָט אַ פּנים געוווּסט פֿאַר וואָס זי שווימט דאָרט, און אַלץ וועגן דעם ספּריי, און ווען איך האָב געהערט זײַן עקסצעלענץ זאָגן, "באַקענט מיך מיט דעם קאַפּיטאַן," אָדער "באַקענט דעם קאַפּיטאַן מיט מיר," וועלכס נאָר, האָב איך זיך געפֿונען פֿאַר אַ הער און אַ פֿרײַנד, און איינער שטאַרק פֿאַראינטערעסירט אין מײַן נסיעה. אויב עס איז געווען אין דער פּאַרטיע איינע מער פֿאַראינטערעסירט ווי דער גובערנאַטאָר אַליין, איז דאָס געווען די חשובֿע מאַרגאַרעט, זײַן טאָכטער. בײַם געזעגענען זיך האָבן לאָרד און דאַמע האַמפּדען צוגעזאָגט אַז זיי וועלן זיך זען מיט מיר אויף דעם ספּריי בײַ דער פּאַריז עקספּאָזיציע אין 1900. "זאָלן מיר אַזוי לאַנג לעבן," האָבן זיי געזאָגט, און איך האָב צוגעגעבן פֿון מײַנט וועגן, "ניט קוקנדיק אויף די סכּנות אויפֿן ים."

פֿון שײַנער־פּונקט איז דער ספּריי געפֿאָרן קיין דזשאָרדזש־שטאָט, לעבן דער לעפֿצונג פֿון טײַך טאַמאַר. אָט דאָס קלײנע דאָרף, גלייב איך, באַצייכנט דעם אָרט ווו די ווײַסע האָבן ערשט געטראָטן אויף טאַזמאַניע, כאָטש עס איז נאָך אַלץ געבליבן אַ קליין דערפֿל.

האַלטנדיק אין זינען אַז איך האָב געזען אַ ביסל פֿון דער עדר און ווײַל עס איז דאָ געווען מענטשן וואָס אינטערעסירן זיך מיט אַוואַנטורע, האָב איך גערעדט וועגן דעם ענין פֿאַר מײַן ערשטן עולם אין אַ קליינעם זאַל לעבן דעם שליאַך. מע האָט אַרײַנגעבראַכט אַ פּיאַנע פֿון אַ שכנס הויז און עס האָט מיר געהאָלפֿן, דאָס שלאָגן אויף איר, און עס האָט אויך געהאָלפֿן אַ "טאָמי אַטקינס" ליד געזונגען פֿון אַ וואַנדערנדיקן וויצלער. מענטשן זײַנען געקומען פֿון ווײַט אַוועק, און דער עולם האָט בסך־הכּל געבראַכט דעם זאַל אַ דרײַ פֿונט סטערלינג. דער בעל־הבית פֿון דעם זאַל, אַ גוטהאַרציקע דאַמע פֿון שאָטלאַנד, האָט ניט געוואָלט נעמען קיין דירה־געלט, און אַזוי איז מײַן רעדע געווען אַ הצלחה פֿונעם אָנהייב.

דער ספּריי אין איר פּאָרט־דעקונג אין דעוואָנפּאָרט, טאַזמאַניע, דעם 22סטן פֿעברואַר, 1897

פֿון דעם דאָזיקן נורעדיקן אָרט האָב איך געזעגלט קיין דעוואָנפּאָרט, אַ בליִענדיקער אָרט אויף דעם טײַך מערזי, ווײַט עטלעכע שעהען זעגלען ווײַטער פֿאַזע ברעג, און וואָס איז גיך געוואָרן דער וויכטיקסטער פּאָרט אין טאַזמאַניע. גרויסע דאַמפֿשיפֿן קומען איצט דאָרט אַרײַן און טראָגן אַוועק גרויסן פּראַכט פֿאַרמפּראָדוקטן, נאָר דער ספּריי איז געווען די ערשטע שיף אַרײַן אין דעם פּאָרט מיט די שטערן און שטרײַפֿן, האָט מיר דערציילט דער האַוון־מײַסטער, קאַפּיטאַן מורי, און אַזוי איז אָנגעשריבן אין די פּאָרט־רעקאָרדן. צוליב אָט דער גרויסער אויסצייכענונג, האָט דער ספּריי זיך גענאָסן פֿון אַ סך

העפֿלעכקײטן בעת זי שווימט באַקוועם געאַנקערט אין איר פּאָרט־דעקונג וואָס האָט זי באַדעקט פֿון פֿאָדערבאָרט ביז הינטערבאָרט.

פֿון דעם ריכטערס הויז, "**מ**אַלונאַ," אויף דעם פּונקט, האָט מען זי סאַלוטירט מיט דער **ב**ריטישער פֿאָן אי ווען זי איז אַרײַן אי ווען זי איז אַרויס, און די טײַערע **מ**"רס **א**ייקענהעד, די בעל־הביתטע פֿון **מ**אַלונאַ, האָט צוגעשטעלט דעם **ספּ**ריי מיט אַלערליי וואַרעניעס און אײַנגעמאַכטס, אין קאַסטנס, געמאַכט פֿון די פֿרוכטן פֿון איר אייגענעם רײַכן גאָרטן – גענוג צו קלעקן דעם גאַנצן וועג אַהיים און נאָך לענגער. **מ**"רס **ה**אָלץ, ווײַטער אַרויף אינעם האַוון, האָט צוגעגרייט פֿאַר מיר פֿלעשער מאַלינאָווקע. דעמאָלט, מער ווי אַלע מאָל פֿריִער, בין איך געווען אין דעם לאַנד פֿון פֿרײַלעכקייט. **מ**"רס **פּ**אַוועל האָט געשיקט אויפֿן באָרט טשאַטני "ווי מיר מאַכן דאָס אין **א**ינדיע." פֿיש און געווילד זײַנען דאָ געווען שפֿעדיק, און דאָס קול פֿון דעם אינדיק האָט זיך געלאָזט הערן, און פֿון **פּ**אַרדאָ, ווײַטער אַרויף אין לאַנד, איז געקומען אַ ריזיקע קעז. און פֿאָרט פֿלעגט מע נאָך אַלץ פֿרעגן: "אויף וואָס האָט איר געלעבט? וואָס האָט איר געגעסן?"

איך בין פֿאַרליבט געוואָרן מיט דער שיינקייט פֿון דער לאַנדשאַפֿט אומעטום אַרום, פֿון די נאַטירלעכע פֿעלדער פֿעדערגראָז וואָס האָבן דעמאָלט געהאַלטן אין פֿאַרשווינדן וואַרן, און פֿון די קופּאָלדיקע וואַלדביימער אויף די שיפּועים, און געהאַט דאָס מזל זיך צו טרעפֿן מיט אַ הער וואָס שטרעבט אויפֿצוהיטן מיט בילדער די שיינקייטן פֿון זײַן לאַנד. ער האָט מיר געשאָנקען אַ סך רעפּראָדוקציעס פֿון זײַן זאַמלונג בילדער, און אויך אַ סך אָריגינאַלן, צו באַווײַזן די פֿרײַנד מײַנע.

אַ צווייטער הער האָט מיך געפֿאָדערט דערציילן די אַלע גלאַנצן פֿון **ט**אַזמאַניע אין יעדן לאַנד אויף יעדער געלעגנהייט. דאָס איז געווען **ד**"ר **מ**קקאַל, **מ.ל.צ.** דער דאָקטער האָט מיר געגעבן ניצלעכע אָנווונקען וועגן האַלטן אַ רעדע. עס איז ניט געווען אָן ספֿקות וואָס איך האָב זיך געשטעלט אויף דעם נײַעם גאַנג, און איך קען פֿרײַ זאָגן אַז נאָר צוליב דער גוטהאַרציקייט פֿון סימפּאַטישע עולמס וואָס מײַן אָראַטאָרישע שיף איז געבליבן אויף אַ גלײַכן קיל. באַלד נאָך מײַן ערשטער רעדע איז דער פֿרײַנדלעכער דאָקטער געקומען צו מיר מיט לויבנדיקע דיבורים. ווי אין אַ סך אַנדערע פֿון מײַנע אונטערנעמונגען, בין איך תּיכּף אַרײַן אינעם ענין אָן אַ צווייטער איבערקלערונג. "פֿרײַנד, פֿרײַנד," האָט ער געזאָגט, "גרויסע נערוועזקייט איז נאָר אַ סימן פֿון אַ מוח, און וואָס מער מוח בײַ אַ מענטש, אַלץ לענגער געדויערט בײַצוקומען די צרה. נאָר," האָט ער פֿאַרקלערט צוגעגעבן, "איר וועט דאָס בײַקומען." פֿונדעסטוועגן, פֿון מײַנט וועגן מוז איך זאָגן אַז איך בין נאָך ניט אויסגעהיילט.

מע האָט דעם **ספּ**ריי אַרויסגעשלעפּט אויף דעם ים־רעלסן אין **ד**עוואָנפּאָרט און זי אָפּגעהיט איבערגעקוקט אויבן און אונטן, נאָר זי איז געווען גאַנץ פֿרײַ פֿון דעם שעדלעכן האָלצוואָרעם, און געזונט אין אַלע אַנדערע פּרטים. זי צו ווײַטער באַשירעמען קעגן די צעשטערונגען פֿון אָט די שעדיקערס, האָט מען זי באַפֿאַרבט איר אונטן נאָך אַ מאָל מיט קופּערנער פֿאַרב, וואָרן זי וועט דאַרפֿן זעגלען דורך די **ק**אָראַל־ים און **א**ראַפֿוראַ־ים איידער מע זאָל זי נאָך אַ מאָל רעמאָנטירן. אַלץ האָט מען געטאָן זי צוצוגרייטן אויף די אַלע באַקאַנטע סכּנות. נאָר עס איז ניט געווען אָן חרטה וואָס איך האָב אַרויסגעקוקט אויף דעם טאָג פֿון אָפּזעגלען פֿון אַ לאַנד מיט אַזוי פֿיל אײַנגענעמע פֿאַרבינדונגען. אויב עס איז געווען פֿאַראַן אַ מאָמענט אין מײַן נסיעה ווען איך האָב זי געקענט אָפּגעבן, איז דעמאָלט

געווען דער מאָמענט. נאָר קיין בעסערע שטעלעס האָבן זיך ניט געעפֿנט און איך האָב אַרויפֿגעצויגן דעם אַנקער דעם 16טן אַפּריל, 1897, און בין נאָך אַ מאָל געווען אויפֿן ים.

דער זומער איז שוין דעמאָלט פֿאַרבײַ; ווינטער האָט זיך געקײַקלט אַרויף פֿון דעם דרום, מיט גיניקע ווינטן אויף צפֿון. אַ שמעק פֿון די ווינטערדיקע ווינטן האָט געשיקט דעם ספּריי פֿליִענדיק אַרום קאַפּ־האַו און אַזוי ווײַט ווי קאַפּ־בונדוראָ ווײַטער, וואָס איך בין דאָרט פֿאַרבײַ אויף מאָרגן, צוריק אויף איר גאַנג צפֿון צו. דאָס איז געווען אַ גוטער לויף, און איז געווען אַ גוטער סימן פֿאַר דער לאַנגער נסיעה אַהיים פֿון די אַנטיפּאָדן. מײַנע אַלטע ניטל־פֿרײַנד אויף בונדוראָ זײַנען אַ פּנים געווען וואַך און גייענדיק אַרום ווען איך בין פֿאַרבײַ זייער קאַפּ דאָס צווייטע מאָל, און מיר האָבן זיך נאָך אַ מאָל דורכסיגנאַלירט, בעת די שליופּקע זעגלט ווידער פֿאַרבײַ אויף אַ גלאַטן ים און נאָענט צו דער יבשה.

דער וועטער איז געווען פֿײַן, מיט אַ קלאָרן הימל פֿאַר דעם איבעריקן טייל פֿון דעם פֿאַסאַזש קיין פּאָרט דזשאַקסאָן (סידני), ווו דער ספּריי איז אָנגעקומען דעם 22סטן אַפּריל, 1897, און אַראָפּגעלאָזט דעם אַנקער אין וואַטסאָנס בוכטע, נאָענט צו די קעפּ אין אַכט קלאַפּטער וואַסער. דער האַוון, פֿון די קעפּ ביז פּאַראַמאַטאַ ווײַטער טײַך אַרויף, איז מער ווי פֿריִער לעבעדיק מיט שיפֿלעך און אַלערליי מינים יאַכטעס. עס איז טאַקע געווען אַ סצענע פֿון לעבעדיקייט קוים צו געפֿינען ערגעץ אַנדערש אויף דער וועלט.

אין עטלעכע טעג אַרום איז די בוכטע באַפֿלעקט געוואָרן מיט שטורמישע כוואַליעס, און נאָר די קרעפֿקערע שיפֿן האָבן געטראָגן זעגלען. איך בין דעמאָלט געווען אין אַ שכנותדיקן האָטעל, פֿילעווען זיך מיט אַ נעווראַלגיע וואָס האָט מיך אָנגעשטעקט אויף דער יבשה, און האָט פּונקט דעמאָלט געכאַפּט אַ בליק פֿון נאָר דעם הינטערבאָרט פֿון אַ גרויסער אומגעלומפּערטער דאַמפֿשיף פֿאַרבײַ וואָס איז צו דערזען דורך מײַן פֿענצטער בעת זי נעמט זיך אַרײַן לעבן דעם קאַפּ, ווען דער פּיקאָלאָ האָט זיך אַרײַנגעריסן אין מײַן צימער און געשריגן אַז דער ספּריי איז "קאַליע געוואָרן." איך בין גיך אַרויס פֿון בעט און זיך דערוווּסט אַז "קאַליע" מיינט אַז אַ גרויסע דאַמפֿשיף האָט זיך אין איר אָנגעשלאָגן, און אַז זי איז געווען יענעמס הינטערבאָרט וואָס איך האָב באַמערקט, און איר צווייטער עק האָט אָנגעשלאָגן אין דעם ספּריי. עס האָט זיך אָבער אַרויסגעוויזן אַז עס האָט ניט געמאַכט קיין שאָדן אַחוץ פֿאַרלירן אַן אַנקער און קייט, וואָס דער שאַק פֿון דעם צונויפֿשטויס האָט צעשיידט בײַ דער אַרויסלאָז־לאָך[א]. איך האָב אָבער ניט געהאַט וואָס זיך צו באַקלאָגן בײַם סוף, ווײַל דער קאַפּיטאַן, נאָך פֿאַרזיכערן זײַן שיף, האָט גענומען בוקסירן דעם ספּריי אַרויף דורכן האַוון, פֿרײַ פֿון די אַלע סכּנות, און זי צוריקגעשיקט, אין די הענט פֿון אַן אָפֿיציר און דרײַ ים־לײַט, צו איר אַנקעראָרט אין דער בוכטע, מיט אַ העפֿלעך צעטל וואָס זאָגט אַז ער וועט צו רעכט שטעלן די אַלע שאָדנס. נאָר ווי זי האָט אָפּגעווײַכט פֿון איר גאַנג בײַם פֿאָרן מיט אַ פֿרעמדן בײַ דער קערמע! איר אַלטער פֿרײַנד, דער פּילאָט פֿון דעם *פּינטאַ*, וואָלט ניט פֿאַרטראָגן אַזאַ אומפֿעיִקע אַרבעט. נאָר ווי אַ גרויסער פֿרייד פֿאַר מיר, האָבן זיי זי גוט געשטעלט אין איר אַנקעראָרט, און די נעווראַלגיע איז דעמאָלט אַראָפּ פֿון מיר, אָדער גאַנץ פֿאַרגעסן געוואָרן. דער קאַפּיטאַן פֿון דער דאַמפֿשיף, ווי אַן אמתער ים־מאַן, האָט געהאַלטן וואָרט, און זײַן אַגענט, מ"ר קאָלישאַו, האָט מיר אויף מאָרגן דערלאַנגט דעם פּרײַז פֿון דעם פֿאַרלוירענעם אַנקער און

[א] hawse – אי'ה

קייט, מיט אַ ביסל איבעריקס צוליב דעם אומרו. איך געדענק אַז ער האָט מיר תּיכּף אָנגעבאָטן צוועלף פֿונטן, נאָר ווײַל מײַן מזלדיקע צאָל איז דרײַצן, האָבן מיר געמאַכט דעם סכום דרײַצן פֿונטן, און זײַנען געווען קוויט.

איך האָב נאָך אַ מאָל אָפּגעזעגלט דעם 9טן מײַ, פֿאַר אַ שטאַרקן ווינט פֿונעם דרום־מערבֿ, וואָס האָט דעם **ס**פּריי געשיקט גאַלאַנט אַזוי ווײַט ווי **פּ**אָרט **ס**טיווענס, ווו עס איז שטיל געוואָרן און דערנאָך געקומען פֿון פֿאָרנט. אָבער דער וועטער איז פֿײַן געווען, און איז אַזוי געבליבן אַ סך טעג, וואָס איז אַ גרויסע שינוי פֿון דעם מצבֿ דאָ איבערגעלעבט מיט עטלעכע חדשים צוריק.

מיט אַ קאָמפּלעט פֿון די אַדמיראַלשאַפֿט־קאַרטעס פֿון דעם ברעג און דעם **ב**אַריער־ריף, האָב איך זיך געפֿילט לײַכט אויפֿן האַרצן. קאַפּיטאַן **פֿ**ישער, **ק.פֿ.**[א], וואָס איז געפֿאָרן דורך די **ב**אַריער־**פּ**אַסאַזשן אין **זמש אָ**רלאַנדאָ, האָט מיר געעצהט פֿונעם אָנהייב צו פֿאָרן אַזוי, און איך האָב ניט קיין חרטה געהאַט וואָס איך בין נאָך אַ מאָל אַהערגעקומען.

דער ווינט אויף אַ פּאָר טעג נאָך פֿאָרן פֿאַרבײַ **פּ**אָרט **ס**טיווענס, די ים־**ה**ינט **ש**טיינער, און קאַפּ־**פֿ**אַלק, איז לײַכט געווען און פּונקט פֿון פֿאָרנט. נאָר די דאָזיקע פּונקטן זײַנען פֿאָטאָגראַפֿירט אויף מײַן זכּרון צוליב דער טירחה פֿון שלאָגן אַרום זיי מיט עטלעכע חדשים צוריק אין דער פֿאַרקערטער ריכטונג. אָבער איצט, מיט אַ גוטן זאַפּאַס ביכער אויפֿן באָרט, האָב איך גענומען לייענען טאָג ווי נאַכט, איבערגעלאָזט דערווײַל אָט די אײַנגענעמע אַרבעט נאָר צוצופּאַסן די זעגלען אָדער לאַווירן, אָדער צו לייגן זיך אַוועק רוען, בעת דער **ס**פּריי האָט געגריזשעט אויף די מײַלן. איך האָב געפּרוּווט פֿאַרגלײַכן מײַן מצבֿ מיט דעם פֿון די אַלטע אַרומשיפֿערס, וואָס האָבן געזעגלט פּונקט איבער דער רוטע וואָס איך האָב גענומען פֿון די קאַפּ־**וו**ערדע **א**ינדזלען אָדער פֿון ווײַטער צוריק ביז אַהער און ווײַטער, נאָר וואָס איך האָב דערלעבט איז ניט צו פֿאַרגלײַכן. זייערע אָפּקומענישן און ראָמאַנטישע אַנטלויפֿן – יענע פֿון זיי וואָס האָבן זיך אַויסגעדרייט פֿון דעם טויט און ערגערע יסורים – זײַנען ניט צווישן מײַנע איבערלעבונגען, זעגלען איינער אַליין אַרום דער וועלט. פֿאַר מיר בלײַבט צו דערציילן נאָר פֿון אײַנגענעמע איבערלעבונגען, ביז סוף־כּל־סוף זײַנען מײַנע אַוואַנטורעס פּראָזאַיִש און שטוביק.

איך האָב נאָר וואָס געענדיקט לייענען עטלעכע פֿון די העכסט אינטערעסאַנטע אַלטע נסיעות אין נעבעכדיקע שיפֿן, און בין שיִער ניט געווען בײַ **פּ**אָרט **מ**אַקוואַרי אויף מײַן אייגענעם קרייס ווען איך האָב דערזען, דעם 13טן מײַ, אַ מאָדערנע מאָדישע שיף אין צרות, געאַנקערט לעבן ברעג. קומענדיק נעענטער צו איר האָב איך געפֿונען אַז זי איז געווען דער **אַ**קבאַר[ב], אַ קאַטער־יאַכטע וואָס האָט אָפּגעזעגלט פֿון **וו**אַטסאָנס **ב**וכטע אַ דרײַ טעג פֿאַר דעם **ס**פּריי, און אַז זי איז געווען תּיכּף אַרײַן אין צרות. און ניט קיין ווונדער. עס איז געווען אַ פֿאַל פֿון אַ מלופֿן־קינדער אָדער פֿלאַטערלעך אויפֿן ים. איר בעל־הבית, אויף זײַן ערשטער נסיעה, איז געווען גאַנץ קאַנווענע הויזן; דער קאַפּיטאַן, באַצייכנט פֿון דעם ריזיקן ספּאָרטזעגלערס מיצל וואָס ער האָט געטראָגן, איז געווען אַ **מ**ורומבידזשי[ג] וואַלפֿישער איידער ער האָט גענומען קאָמאַנדע פֿון דעם **אַ**קבאַר, און דער נאַוויגאַטאָר,

---

[א] .R.N: קיניגלעכער **פֿ**לאָר – אי'ה

[ב] **אַ**קבאַר איז ניט געווען איר פֿאַרשריבענער נאָמען, וואָס מע דאַרף ניט אַנטפּלעקן. – **ס**לאָקומס הערה

[ג] דער **מ**ורומבידזשי (Murrumbidgee) איז אַ קליינער טײַך שלענגלענדיק זיך דורך די בערג אין **א**ויסטראַליע, און וואָלט געווען דער לעצטער אָרט ווו צו זוכן וואַלפֿיש. – **ס**'ה

נעבעך, איז געווען שיִער ניט אַזוי טויב ווי די וואַנט, און שיִער ניט אַזוי שטײַף און אומבאַוועגלעך ווי אַ סלופּ אין דער ערד. אָט די דרײַ פֿריילעכע ים־לײַט זײַנען געווען די מאַנשאַפֿט. קיינער פֿון זיי האָט געוווּסט מער וועגן דעם ים אָדער אַ שיף ווי אַ נײַ־געבוירן עופֿעלע ווייסט פֿון אַ צווייטער וועלט. זיי זײַנען געפֿאָרן קיין **נײַ־גווינעע**, אָדער אַזוי האָבן זיי געזאָגט. אפֿשר איז עס געווען עפּעס גוטס וואָס דרײַ גרינע אַזוי גרין ווי יענע זײַנען קיין מאָל ניט דאָרט אָנגעקומען.

דער בעל־הבית, וואָס איך האָב אים באַגעגנט איידער ער האָט אָפּגעזעגלט, האָט געוואָלט פֿאָרן אין אַ פֿאַרמעסט מיט דעם נעבעכדיקן אַלטן **ספּריי** קיין **דאָנערשטיק־אינדזל** אויפֿן וועג. איך האָב זיך אָפּגעזאָגט פֿון דעם אַרויסרוף, נאַטירלעך, ווײַל עס איז געווען אומיושרדיק פֿון דרײַ יונגע יאַכטע־לײַט אין אַ קאַטער קעגן אַן אַלטן מאַטראָס איינער אַליין אין אַ גראָב געבויטער שיף. און דערצו וואָלט איך בשום אופֿן זיך ניט יאָגן דורך דעם **קאָראַל־ים**.

"**ספּריי** דאָרט!" האָבן זיי אַלע איצט אויסגעשריגן. "וואָס וועט זײַן מיטן וועטער? צי וועט קומען אַ בלאָז? און צי האַלט איר אַז מיר זאָלן זיך נעמען צוריק אויף רעמאָנטירן?"

איך האָב געטראַכט, "אויב איר טאַקע קומט אָן צוריק, רעמאָנטירט ניט," נאָר איך האָב געזאָגט, "גיט מיר דעם עק פֿון אַ שטריק, וועל איך אײַך בוקסירן אַרײַן אין יענעם פּאָרט ווײַטער פֿאָרויס. און אויף אײַערע לעבנס," האָב איך צוגערעדט, "פֿאָרט ניט צוריק אַרום **קאַפּ־פֿאַלק**, וואָרן עס איז ווינטער אויף דרום פֿון דאָרט."

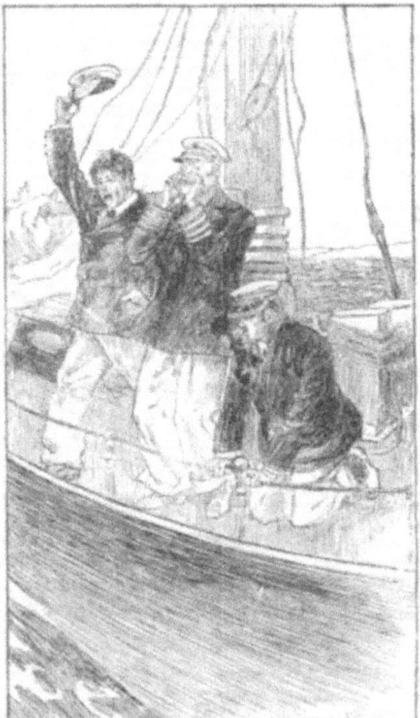

"צי וועט קומען אַ בלאָז?"

זיי האָב פֿירגעלייגט פֿאָרן קיין נײַשלאָס מיט געלאַטעכצטע זעגלען, וואָרן זייער הויפּטזעגל איז צעבלאָזן געוואָרן אין פֿאַסן, אַפֿילו דער דזשיגער איז אַוועקגעבלאָזן געוואָרן, און דאָס געשטריק איז לויז געפֿלויגן. דער *אַקבאַר*, בקיצור, איז געווען אַ שיפֿבראָך.

"הייבט אויף דעם אַנקער," האָב איך געשריגן, "הייבט אויף דעם אַנקער און לאָזט מיך אײַך בוקסירן קיין פּאָרט מאַקוואַרי, צוועלף מײַלן צפֿון צו פֿון דאַנען."

"ניין," האָט געשריגן דער בעל־הבית. "מיר וועלן צוריקפֿאָרן קיין נײַשלאָס. מיר האָבן פֿאַרזאַמט נײַשלאָס אויפֿן וועג אַהער; מיר האָבן ניט געזען די ליכט, און עס איז ניט געווען זייער נעפּלדיק דערצו." דאָס האָט ער געשריגן הויך אויף אַ קול, קלוימערשט אַזוי אַז איך זאָל קענען הערן, נאָר ווײַט נעענטער ווי נייטיק, האָב איך געמיינט, צו דעם אויער פֿון דעם נאַוויגאַטאָר. אַ צווייט מאָל האָב איך געפּרוּווט זיי אײַנרעדן בוקסירט צו ווערן אַרײַן אין דעם אָפּדאַך־פּאָרט אַזוי נאָענט צו דער האַנט. זיי וואָלטן נאָר זיך מטריח געווען אויפֿצוהייבן דעם אַנקער און מיר דערלאַנגען אַ שטריק; דערוועגן האָב איך זיי פֿאַרזיכערט, נאָר זיי האָבן זיך דאָס אַפֿילו אָפּגעזאָגט, אָן שום אידעע פֿון אַ שׂכלדיקן פּלאַן.

"ווי טיף איז דאָס וואַסער בײַ אײַך?" האָב איך געפֿרעגט.

"ווייס ניט; מיר האָבן פֿאַרלוירן דעם טיף־בלײַ. די גאַנצע קייט איז אַרויס. מיר האָבן געמאָסטן מיט דעם אַנקער."

"שיקט אַהער אײַער שיפֿל, וועל איך אײַך געבן אַ טיף־בלײַ."

"מיר האָבן אויך פֿאַרלוירן דאָס שיפֿל," האָבן זיי געשריגן.

"אַ גאָטס רחמנות, אַניט וואָלט איר זיך שוין פֿאַרלוירן," און "פֿאָרט געזונט" זײַנען אַלץ וואָס איך האָב געקענט זאָגן.

די נישטיקע טובֿה אָנגעבאָטן פֿון דעם *ספּריי* וואָלט געראַטעוועט זייער שיף.

"באַריכט וועגן אונדז," האָבן זיי געשריגן, בעת איך האָב זיך אַוועקגענומען – "באַריכט וועגן אונדז מיט צעבלאָזענע זעגלען, און אַז דאָס אַרט אונדז ניט און מיר האָבן ניט קיין מורא."

"אַזוי איז פֿאַר אײַך ניט קיין האָפֿענונג," און נאָך אַ מאָל, "פֿאָרט געזונט." איך האָב צוגעזאָגט אַז איך וועט וועגן זיי באַריכטן, און האָב אַזוי געטאָן בײַ דער ערשטער געלעגנהייט, און צוליב מענטשלעכע סיבות טו איך ווידער אַזוי. אויף מאָרגן האָב איך גערעדט מיט די דאַמפֿשיף *שערמאַן*, פֿאָרנדיק אַראָפּ לעבן ברעג, און געגעבן צו וויסן וועגן דער יאַכטע אין צרות, און אַז עס וואָלט זײַן עפּעס מענטשלעכס זי צו בוקסירן אין ערגעץ אַוועק פֿון איר אויסגעשטעלטן אָרט אויף דעם אָפֿענעם ברעג. וואָס זי האָט ניט גענומען קיין בוקסיר פֿון דער דאַמפֿשיף איז ניט געווען איבער אַ דוחק אין געלט פֿאַרן חשבון, וואָרן דער בעל־הבית, אַנומלט דער יורש צו עטלעכע הונדערט פֿונטן, האָט געהאַט דאָס געלט מיט זיך. די פֿירגעלייגטע נסיעה קיין נײַ־גווינעע איז געווען כּדי צו באַקוקן יענעם אינדזל מיט דער בדעה אים צו קויפֿן. ערשט אין אַן ערך אַכצן טעג אַרום האָב איך נאָך אַ מאָל געהערט דערמאָנט דעם *אַקבאַר*, דעם 31סטן מײַ, ווען איך בין אָנגעקומען אין קוקשטאָט, אויף דעם טײַך אונטערנעמונג, ווו איך האָב געפֿונען די דאָזיקע ידיעה:

דעם 31סטן מײַ, די יאַכטע *אַקבאַר*, פֿון **ס**ידני קיין **נ**ײַ־**ג**ווינעע, דרײַ לײַט אויפֿן באָרט, פֿאַרפֿאַלן בײַ **מ**ולד־**ק**אַפּ; די מאַנשאַפֿט גראַטעוועט.

איז, עס האָט זיי געדויערט עטלעכע טעג נאָך אַלעמען, איידער זיי האָבן פֿאַרלוירן די יאַכטע.

נאָכן רעדן מיט דעם קלאָגעדיקן *אַקבאַר* און דעם **ש***ערמאַן*, איז די נסיעה גלאַטיק געווען אַ סך טעג אַחוץ דאָס אײַנגענעם געשעעניש דעם 16טן מײַ פֿון אַ שמועס מיט סיגנאַלן מיט די לײַט אויף **ד**רום **ב**אַזונדער **א**ינדזל, אַ כמאַרנע קופּע שטיין אין דעם אָקעאַן, גראָד בײַ דעם ברעג פֿון **נ**ײַ **ד**רום **וו**יילז, אין ברייט 30° 12' דרום.

"וועלכע שיף איז דאָס?" האָבן זיי געפֿרעגט ווען די שליופּקע איז געקומען בײַנאַנד מיטן אינדזל. ווי אַן ענטפֿער האָב איך זיי געפּרוּווט מיט די **ש**טערן און **ש**טרײַפֿן אויפֿן אויבן. תּיכּף אַראָפּ זײַנען געקומען זייערע סיגנאַלן און אַרויף איז געגאַנגען די **ב**ריטישע פֿאָן אין דעם אָרט, וואָס זיי האָבן געטונקט מיט חשק. איך האָב פֿון דעם פֿאַרשטאַנען אַז זיי האָבן דערקענט מײַן שיף און געוווּסט אַלץ וועגן איר, ווײַל זיי האָבן מער ניט קיין פֿראַגעס געשטעלט. זיי האָבן אַפֿילו ניט געפֿרעגט צי "די נסיעה וועט זײַן כּדאַי," נאָר זיי האָבן אַרויסגעוואָרפֿן אָט די פֿרײַנדלעכע בשׂורה, "אַן אײַנגענעמע נסיעה אײַך," וואָס פֿונקט דעמאָלט איז טאַקע געווען דער פֿאַל.

דעם 19טן מײַ, זעגלענדיק פֿאַרבײַ דעם טײַך **ט**וויד, האָט מען סיגנאַלירט דעם **ס***פּריי* פֿון **ס**כּנה־**פּ**ונקט, ווו די מענטשן אויף דער יבשה האָט אויסגעזען ווי שטאַרק באַזאָרגט מיט דעם מצבֿ פֿון מײַן געזונט, וואָרן זיי האָבן געפֿרעגט צי איז "די גאַנצע מאַנשאַפֿט" געזונט, וואָס צו דעם האָב איך געקענט זאָגן, "יאָ."

אויף מאָרגן איז דער **ס***פּריי* אַרום דעם **ג**רויסן **ז**אַמדיקן **ק**אַפּ, און, וואָס איז אַ מערקווערדיק געשעעניש אויף יעדער נסיעה, געפֿונען די פּאַסאַטווינטן, און די אָ ווינטן זײַנען נאָך איר נאָכגעגאַנגען אַ סך טויזנט מײַלן, קיין מאָל ניט אויפֿגעהערט בלאָזן פֿון אַ מאָסיקער בורע ביז אַ לינד זומער־ווינטל, אַחוץ אין זעלטענע מאָמענטן.

אויפֿן שפּיץ קאַפּ איז געווען אַן איידעלע ליכט, צו דערזען זיבן־און־צוואַנציק מײַלן; זעגלען פֿון דאָרט צו דער **ד**אַמע **ע**ליאָט **ל**יכט, וואָס שטייט אויף אַן אינדזל ווי אַ שומר בײַ דעם טויער צו דעם **ב**אַריער־**ר**יף, איז דער **ס***פּריי* תּיכּף אַרײַן אין דעם ים־וועג פֿירנדיק צפֿון צו. די פּאָעטן האָבן געזונגען פֿון לײַכטטורעם און דעם פֿאַראָס, נאָר האָט אַ מאָל אַ פּאָעט דערזען אַ גרויסע ליכט ווי אַ בליץ פֿאַר זײַן גאַנג אויף אַ פֿינצטערער נאַכט אין דער מיט פֿון אַ קאָראַל־ים? אויב אַזוי האָט ער געקענט דעם טײַטש פֿון זײַן ליד.

דער **ס***פּריי* האָט געזעגלט שוין שעהען, אָנגעשפּאַנט, אַ פּנים אַנטקעגן אַ שטראָם. שיִער ניט משוגע מיט ספֿק, האָב איך געכאַפּט די קערמע כּדי צו וואָרפֿן איר קאָפּ אַוועק פֿון דער יבשה, ווען פֿלאַמענדיק אַרויס פֿון דעם ים איז געווען די ליכט פֿאָרויס. "עקסקאַליבור!" האָט די "גאַנצע מאַנשאַפֿט" געשריגן, דערפֿרייט, און האָט ווײַטער געזעגלט. דער **ס***פּריי* איז איצט געווען אין אַ באַשיצטן ים אויף גלאַט וואַסער, דאָס ערשטע אַזוינס וואָס דערין איז זי געשוווּמען זינט אָפּפֿאָרן פֿון **ג**יבראַלטאַר, און גאַנץ אַנדערש איז דאָס געווען פֿון די כוואַליעס אין דעם שלעכט באַנאָמענטן "**פּ**אַציפֿיק" **אָ**קעאַן.

דער **פּ**אַציפֿיק איז אפֿשר בסך־הכּל ניט מער טומלדיק ווי אַנדערע אָקעאַנען, כאָטש איך פֿיל זיך זיכער זאָגן אַז ער איז ניט מער פּאַציפֿיש אַחוץ אין נאָמען. ער איז אָפֿט מאָל

גענוג ווילד אין איין אָרט אָדער אַן אַנדערן. איך האָב אַ מאָל געקענט אַ שרײַבער וואָס, נאָכדעם וואָס ער האָט געזאָגט שיינע דיבורים וועגן דעם ים, האָט דורכגעלעבט אַ פּאַציפֿיק־הוראַגאַן און איז געוואָרן אַ גאַנץ אַנדער מענטש. אָבער נאָך אַלעמען, וואָס וואָלט געוואָרן פֿון ים־פּאָעזיע אָן די ווילדע כוואַליעס? דאָ סוף־כּל־סוף איז דער ספּריי געווען אין דער מיט פֿון אַ ים מיט קאָראַל. דעם ים אַלײן האָט מען יאָ געקענט האַלטן פֿאַר גלאַט, נאָר קאָראַל־שטיינער זײַנען שטענדיק רוי, שאַרף, און סכּנהדיק. איך האָב איצט געטרויט אין דעם רחמנות פֿון דעם שאַפֿער פֿון אַלע ריפֿן, און געהאַלטן אַ שאַרפֿן וואַך אין דער זעלבער רגע אויף סכּנות אויף אַלע זײַטן.

זעט נאָר! דער באַריער־ריף און די פֿיל באַפֿאַרבטע וואַסערן באַפֿלעקט אומעטום אַרום מיט פֿאַרכּישופֿטע אינדזלען! איך האָב דערזען צווישן זיי נאָך אַלעמען אַ סך זיכערע האַוונס, אַניט זײַנען מײַנע אויגן קרום געוואָרן. דעם 24סטן איז די שליופּקע, נאָך פֿאָרן איין הונדערט מיט צען מײַלן צו אַ טאָג פֿון סכּנה־פּונקט, איז איצט אַרײַן אין וויטזונטיק־דורכגאַנג, און יענע נאַכט דורכגעזעגלט צווישן די אינדזלען. ווען די זון איז אַרויף אויף צו מאָרגנס האָב איך אַ קוק געטאָן צוריק און חרטה געהאַט וואָס איך בין פֿאַרבײַ אין דער פֿינצטער, ווײַל דער אויסקוק ווײַט אויף הינטן איז גאַנץ פֿאַרשיידן געווען און חנעוודיק.

קאַפּיטל פֿופֿצן

אָנקום אין **פּ**אָרט **ד**עניסאָן, קיניגין־**לאַ**נד — אַ רעדע — זכרונות פֿון קאַפּיטאַן קוק — האַלטן אַ רעדע פֿאַר צדקה אין קוק־**ש**טאָט — אַ גליקלעכער אַנטלויף פֿון אַ קאָראַלריף — **היים־אינדזל**, זונטיק־**אינדזל**, **פֿויגל־אינדזל** — אַן **אַ**מעריקאַנער פּערל־פֿישער — יובֿל אויף **ד**אַנערשטיק־**אינדזל** — אַ נײַע פֿאָן פֿאַר דעם *ספּריי* — **טעלפֿעל־אינדזל** — איבער דעם **א**ינדישן **אָ**קעאַן — **ב**יטל־**א**ינדזל

אויף דעם אינדערפֿרי דעם 26סטן, איז **גלאָ**סטער־**אינדזל** נאָענט געווען און דער *ספּריי* האָט געאַנקערט דעם אָוונט אין **פּ**אָרט **ד**עניסאָן, ווו ליגט אויף אַ בערגל דאָס זיסע קליינע שטעטל פֿון **ב**אָען, דער קומעדיקער רעזאָרט און געזונטאָרט פֿון **ק**יניגין־**לאַ**נד. דאָס לאַנד אומעטום אַרום האָט געהאַט אַ געזונטן אויסזע.

דער האַוון איז געווען גרינג אַרײַנצוקומען, ברייט און זיכער, און האָט אָנגעבאָטן אַ גוטן אַנקער־גרונט. עס איז שטיל געווען אין **ב**אָען ווען דער *ספּריי* איז אָנגעקומען און די גוטע לײַט מיט אַ שעה צו צעפּטרן אויף איר אויף דעם צווייטן אָוונט דאָרט זײַנען געקומען צו דער **ק**ונסטשולע צו רעדן וועגן דער נסיעה, וואָס איז געווען די נײַסטע זאַך. רעקלאַמעס האָבן דערשינען אין די צוויי קליינע צײַטונגען, "**ב**ומעראַנג" און "**נ**ולי **נ**ולי," אין איינעם אַ טאָג פֿריִער און אין דער צווייטער אַ טאָג שפּעטער, וואָס איז געווען אַלץ איינס צו דעם רעדאַקטאָר און, קומען צו דעם, אַלץ איינס צו מיר.

דערצו האָט מען אַרויסגעגעבן פּלאַקאַטן בשפֿע, און געדונגען דעם "בעסטן גלאָק־מענטש" אין **א**ויסטראַליע. נאָר איך וואָלט דעם מנוול געקענט ציִען איבער דעם קיל, מיט גלעקל און אַלץ, ווען ער איז געקומען צו דער טיר פֿון דעם קליינעם האָטעל ווו מײַן קומעדיקער עולם און איך האָבן געגעסן, און מיט זײַן קלאַפּערנדיק גלעקל און טײַוולאָנישע געשרייען האָט ער געמאַכט אַ ליאַרעם וואָס וואָלט אויפֿגעלעבט די טויטע, אַלץ וועגן דער נסיעה פֿון דעם *ספּריי*, פֿון "**ב**אָסטאָן קיין **ב**אָען, די צוויי **ק**לעצלעך אין די וואָגן־רעדער פֿון שאַפֿונג," ווי דער "**ב**ומעראַנג" האָט שפּעטער געזאָגט.

מ"ר **מ**ײַלז, ריכטער, האַוון־מײַסטער, לאַנד־קאָמיסאַר, גאָלד־וועכטער, אוא"וו, איז געווען דער פֿאָרזיצער, און האָט מיך פֿאָרגעשטעלט, איך ווייס ניט פֿאַר וואָס, אַחוץ מיך צו פֿאַרשעמען מיט אַ געפֿיל פֿון גדלותדיק באַרימעניש און צו מאַכן ביטער מײַן לעבן, וואָרן ווי דער הימל ווייסט שוין, האָב איך זיך באַקאַנט געמאַכט מיט יעדן פּאַרשוין אין שטאָט אין דער ערשטער שעה אויף דער יבשה. איך האָב זיי אַלע געקענט שוין מיטן נאָמען, און זיי האָבן אַלע מיך געקענט. אָבער **מ**"ר **מ**ײַלז איז געווען אַ גוטער רעדנער. אין דער אמתן האָב איך אַ פּרווו געטאָן אים אײַנרעדן צו גיין ווײַטער מיט דער גאַנצער מעשׂה בעת איך האָב באַוויזן די בילדער, נאָר דאָס האָט ער זיך אָפּגעזאָגט צו טאָן. איך זאָל דערקלערן אַז דאָס איז געווען אַ רעדע אילוסטרירט מיט אַ סטערעאָפּטיקאָן. די בילדער זײַנען גוטע געווען, נאָר דער לאַמטערן, אַן ענין פֿון דרײַסיק שילינג, איז שרעקלעך געווען, מיט בלויז אַן אייל־לאָמפּ אין זיך.

איך האָב אָפּגעזעגלט אויף צו מאָרגנס איידער די צײַטונגען זײַנען אַרויס, וואָס איך האָב געהאַלטן פֿאַר דער בעסטער זאַך. זיי האָבן ביידע דערשינען מיט פּאָזיטיווע רובריקן,

אָבער, וועגן וואָס זיי האָבן אָנגערופֿן אַ רעדע, אַזוי האָב איך זיך שפּעטער דערוווּסט, און זיי האָבן אויך געהאַט פֿרײַנדלעך דיבורים פֿאַר דעם גלאָק־מענטש.

פֿון פּאָרט דעניסאָן איז די שליופּקע געלאָפֿן פֿאַר דעם שטענדיקן פּאַסאַטווינט און האָט זיך אין גאַנצן ניט אָפּגעשטעלט, טאָג ווי נאַכט, ביז זי האָט דערגרייכט קוק־שטאָט, אויף דעם טײַך אונטערנעמונג, ווו זי איז אָנגעקומען מאָנטיק, דעם 31סטן מײַ, 1897, איידער אַ רוצחישער בלאָז ווינט האָט געשלאָגן דעם ברעג פֿופֿציק מײַלן אַראָפּ פֿאַזע ברעג. אויף אָט דער ברייט־ליניע געפֿינט זיך דער הויכער קאָם און רוקנביין פֿון די פּאַסאַטווינטן, וואָס אַרום קוק־שטאָט בלאָזן אָפֿט אַ בורע.

מע האָט מיך געפֿאָדערט זײַן שטאַרק אָפּגעהיט בײַם נאַוויגירן אויף דעם גאַנג, צו טאַפּן דעם וועג איבערן גרונט. דער גענײטער אָפֿיציר פֿון דעם קרוין־פֿלאָט וואָס האָט מיר פֿירגעלייגט נעמען דעם פּאַסאַזש דורך דעם באַריער־ריף האָט מיר געשריבן אַז זמש אָרלאַנדאָ זעגלט דורך דעם בײַ נאַכט ווי בײַ טאָג, נאָר אַז איך, נאָר מיט זעגלען, וואָלט אַזוי זעגלען אין סכּנה אַרײַן אויף די קאָראַלריפֿן.

דער ספּריי פּאָרט אָפּ פֿון סידני, אויסטראַליע, אין דעם נײַעם אָנצוג זעגלען
געגעבן פֿון קאָמאָדאָר פֿוי פֿון אויסטראַליע
(פֿון אַ פֿאָטאָגראַף)

צווישן אונדז גערעדט, וואָלט געווען שווער צו געפֿינען ווו צו אַנקערן יעדע נאַכט. די שווערע אַרבעט אויך, פֿון גרייטן די שליופּקע אָפּצופֿאָרן יעדן אינדערפֿרי איז פּאַרטיק געווען, האָב איך געהאַפּט, ווען זי איז אַרויס פֿון דעם מאַדזשעלען־דורכגאַס. און דערצו האָבן די בעסטע פֿון די אַדמיראַלשאַפֿט־קאַרטעס דערמיגלעכט האַלטן זעגלען טאָג ווי נאַכט. באמת, מיט אַ גינציקן ווינט און מיטן לויטערן וועטער אין אָט דער צײַט פֿון יאָר, איז דער וועג דורך דעם באַריער־ריף קאַנאַל, דעם אמת זאָגנדיק, קלאָרער ווי אַ הויפּטוועג

אין אַ פֿאַרנומענער שטאָט, און לויט די אַלע שאַנסן ניט אַזוי סכּנהדיק. נאָר צו יענעם וואָס האָט בדעה געהאַט אַזאַ נסיעה וואָלט איך זאָגן, היט זיך אָפּ פֿאַר ריפֿן, טאָג ווי נאַכט, אָדער נאָך אַלץ אויף דער יבשה, זײַט נאָך אַלץ אָפּגעהיט.

"דער *ספּריי* איז געפֿלויגן אַרײַן אין פּאָרט ווי אַ פֿויגל," האָבן געזאָגט די בײַמברעגיקע טאָגיקע צײַטונגען אין קוק־**ש**טאָט דעם אינדערפֿרי נאָך איר אָנקום, "און עס האָט מאָדנע אויסגעזען אַז בלויז איין מענטש איז אויפֿן באָרט צו אַרבעטן מיט דער שיף." דער *ספּריי* האָט איר בעססט געטאָן, אויף זיכער, וואָרן די נאַכט איז נאָענט געווען, און זי האָט זיך געאײַלט צו געפֿינען אַ רואָרט פֿאַרן פֿינצטערניש.

לאַווירנדיק דורך די אַלע שיפֿן אין פּאָרט, האָב איך זי צוגעפֿעסטיקט בײַם זונפֿאַרגאַנג שיִער ניט בײַנאַנד דעם אָנדענק צו **ק**אַפּיטאַן קוק, און אויף צו מאָרגנס בין איך אויף דער יבשה כּדי אויפֿצוזוכן מיט די אויגן די סאַמע שטיינער וואָס דער גרויסער נאַוויגאַטאָר וואָלט געזען, וואָרן איצט בין איך געווען אויף אַ הייליקן אָרט פֿאַר ים־לײַט. נאָר עס האָט זיך אַרויסגעוויזן אַז עס איז דאָ אַ פֿראַגע אין די מוחות פֿון קוק־**ש**טאָט וועגן פּונקט ווו זײַן שיף, די *אונטערנעמונג*, איז געווען געשטעלט אויף איר זײַט אויף רעמאָנטן במשך פֿון זײַן געדענקעוודיקער נסיעה אַרום דער וועלט. עטלעכע האָבן געזאָגט אַז עס איז לגמרי ניט געווען דער אָרט ווו איצט שטייט דער דענקמאָל. מע האָט אַרומגערעדט די טעמע איין אינדערפֿרי ווו איך צופֿעליק בין געווען, און אַ יונגע דאַמע דאָרט, מיט אַ דריי צו מיר ווי אַ מבֿין אויף ים־ענינים, האָט מיט חן געבעטן הערן מײַן מיינונג. נו, איך האָב ניט געקענט זען קיין סיבות ווי אַזוי **ק**אַפּיטאַן **ק**וק, אויב ער האָט באַשלאָסן בײַ זיך אויפֿריכטן זײַן שיף אין לאַנד אַרײַן, וואָלט ניט געקענט אויפֿגראָבן אַ קאַנאַל צו דעם אָרט ווו עס שטייט איצט דער דענקמאָל, וואָלט ער געהאַט אַן אויפֿגראָבער מיט זיך, און שפּעטער דאָס ווידער אָנגעפֿילט; וואָרן **ק**אַפּיטאַן **ק**וק האָט געקענט טאָן שיִער ניט אַבי וואָס, און קיינער האָט אַ מאָל געזאָגט אַז ער האָט ניט מיט זיך קיין אויפֿגראָבער. די יונגע דאַמע האָט מסכּים מיט מיר געווען, און ווי אַ צוגאָב צו דער מעשׂה פֿון דער היסטאָרישער נסיעה, האָט געפֿרעגט צי איך בין געגאַנגען זען דעם פּונקט ווײַטער אַראָפּ אין האַוון ווו דער גרויסער אַרומפֿאָרער איז דערמאָרדעט געוואָרן. דאָס האָט מיר געכאַפּט דעם אָטעם, נאָר אַ שאַרפֿער שולע־בחור איז געקומען פֿאַרבײַ און פֿאַרלײַכטערט מײַן פֿאַרשעמען זיך, וואָרן, ווי בײַ אַלע בחורים, ווען ער האָט געזען אַז מע דאַרף עפּעס וויסן, קען ער דאָס דערלאַנגען. זאָגט ער: "**ק**אַפּיטאַן **ק**וק איז לגמרי ניט דאָ דערמאָרדעט געוואָרן, מאַ'אַם; ער איז דערהרגעט געוואָרן אין **ה**אַפֿריקע: אויפֿגעגעסן פֿון אַ לייב."

דאָ בין איך דערמאָנט געוואָרן אין אָנגעשטרענגטע טעג פֿון אַ מאָל. איך מיין אַז עס איז געווען אין 1866 ווען די אַלטע דאַמפֿשיף *סושיי*, פֿון **ב**אַטאַוויע קיין **ס**ידני, איז אָנגעקומען אין **ק**וק־**ש**טאָט זוכן סקאָרבוט־גראָז, ווי איך האָב שטענדיק געמיינט, און "צופֿעליק" איבערצוגעבן די פּאָסט. אויף איר קראַנקן־בויגן איז געווען דער פֿיבערדיקער איך, און דערפֿאַר האָב איך ניט געזען דעם אָרט ביז איך בין צוריק אויף דעם *ספּריי* מיט איין־און־דרײַסיק יאָרן שפּעטער. און איצט האָב איך געזען קומענדיק אַרײַן אין פּאָרט די פֿיזיש צעבראָכענע גרעבערס פֿון **נ**יי־**ג**ווינעע, בדלות און שטאַרבנדיק. אַ סך זײַנען געשטאָרבן אויפֿן וועג און מע האָט זיי מקבר געווען אין ים. ער וואָלט געווען אַ פֿאַרהאַרטעוועטער מנוול וואָס קען אויף דאָס אָנקוקן און ניט קיין פּרוּוו טאָן זיי צו העלפֿן.

דאָס מיטגעפֿיל פֿון אַלע איז געגאַנגען אַרויס צו די אַלע לײַדנדיקע, נאָר דאָס קלײנע שטעטל איז שוין אָנגעשטרענגט געװען פֿון לאַנגע פֿאָדערונגען אויף זײַן גוטהאַרציקײט. איך האָב געטראַכט װעגן דעם עסק, װעגן דער דאַמעס מתּנה צו מיר אין טאַזמאַניע, װאָס איך האָב זיך צוגעזאָגט אַז איך װעל דאָס האַלטן נאָר װי אַ הלװאה, אָבער איצט האָב איך געפֿונען, און פֿאַרשעמט זיך, אַז איך האָב אַרײַנגעלײגט דאָס געלט. פֿונדעסטװעגן האָבן די גוטע לײַט פֿון קוק־שטאָט געװאָלט הערן אַ מעשׂה פֿון דעם ים, און װי איז אַלץ געגאַנגען מיט דער מאַנשאַפֿט פֿון דעם ספּריי װען קראַנקײט איז געקומען אויפֿן באָרט. װעדליק דעם האָט מען געעפֿנט די קלײנע פּרעסביטעריאַנישע קירך פֿאַר אַ שמועס; אַלע האָבן געשמועסט און געמאַכט אַ רעװוענדיקע הצלחה דערפֿון. ריכטער טשעסטער, דער מאַגיסטראַט, איז געװען דער פֿאָרזיצער פֿון דעם רעדערײַ, האָט עס געמוזט זײַן אַ הצלחה. עס איז ער געװען װאָס האָט צוגענומען דעם אינדזל פֿון נײַ־גװינעע פֿאַר גרויס־בריטאַניע. "װען איך בין געװען אַזוי פֿאַרנומען," האָט ער געזאָגט, "האָב איך צוגענומען דעם גאַנצן חפֿץ." עס איז געװען אַ קלאַנג אין דעם אַרויסזאָג װאָס איז אײַנגענעם אין די אויערן פֿון אַן אַלטן פֿאָרער. נאָר די דײַטשע האָבן אַזאַ טומל געמאַכט איבער דעם ריכטערס רויב, אַז זײ האָבן באַקומען אַ טײל פֿון דער אונטערנעמונג.

נו, איצט בין איך שולדיק צו די גרעבער פֿון קוק־שטאָט פֿאַר דער גרויסער זכיה צוצוגעבן אַ קלײן ביסל צו אַ װערדיקן צװעק, און די גאַנצע שטאָט איז שולדיק געװען צו ריכטער טשעסטער פֿאַר דער אַלגעמײנער שׂימחה. מיט דער עסק אַזוי אָפּגעמאַכט, האָב איך אָפּגעזעגלט דעם 6טן יוני, 1897, נאָך אַלץ צפֿון צו װי פֿריִער.

אָנגעקומען אין אַ רעכט צוציִענדיקן אַנקעראָרט אַן ערך זונפֿאַרגאַנג, דעם 7טן, בין איך געקומען צו דעם קלערמאָנט ליכטשיף אויף דער נאַכט. דאָס איז געװען די אײנציקע צײַט װען דער ספּריי האָט געאַנקערט במשך פֿון דעם גאַנצן פּאַסאַזש דורך דעם באַריער־ריף קאַנאַל, אַחוץ אין פּאָרט דעניסאָן און בײַם טײַך אונטערנעמונג. די סאַמע קומעדיקע נאַכט אָבער (דעם 8טן), האָב איך שטאַרק חרטה געהאַט, אויף אַ רגע, װאָס איך האָב זיך ניט געאַנקערט פֿאַר דעם פֿינצטערניש, װי איך װאָלט גרינג געקענט טאָן, אונטערן אָפּדאַך פֿון אַ קאָראַלריף. עס איז אַזוי געשען. דער ספּריי איז נאָר װאָס פֿאַרבײַ געװען די מ־ריף ליכטשיף, און איבערגעלאָזט די ליכט אַראָפּ אויף הינטן, װען מיט דער פֿולער גיכקײט, מיט די קערשטריקן[א] פֿרײַ, האָט זי זיך אָנגעשלאָגן אויף דעם מ־ריף אַלײן, אויף דעם צפֿונדיקן עק, װוּ איך האָב זיך געריכט זען אַ סיגנאַל.

זי האָט זיך אָבער געשװוּנגען אויף איר פּיאַטע, און מיט נאָך אײן שפּרונג אויף אַן אויפֿפֿלײץ איז זי אַריבער איבער דעם פּלאַטשיקן פּונקט אַזוי גיך אַז איך האָב קוים געקענט װיסן װי אַזוי. דער סיגנאַל איז דאָרט ניט געװען; װײניקסטנס האָב איך אים ניט געזען. איך האָב ניט די צײַט געהאַט אַ קוק צו טאָן נאָך דעם צונויפֿשטויס, און אַװדאי איז דאָס קײנעם ניט אָנגעגאַנגען דעמאָלט, צי איך װאָלט עס געזען צי ניט.

נאָר דאָס האָט איר געגעבן אַ פֿײַנעם אָפּפּאָר־פּונקט קײן קאַפּ־גרײַנװיל, דעם נאָענסטן פּונקט פֿאָרויס. איך האָב געזען די מיאוסע שטײנער אונטער דער שליופּקעס קיל בעת זי פֿאָרט גיך־גיך איבער זײ, און איך האָב צו זיך באַמערקט אַז דער אות **M**, װאָס דערנאָך איז דער נאָמען פֿונעם ריף, איז דער דרײַצנטער אין דעם ענגלישן אַלפֿאַבעט, און אַז דרײַצן, װי באַמערקט מיט יאָרן צוריק, איז נאָך אַלץ געװען מיר אַ מזלדיקער נומער. די

[א] sheets – אי'ה

אײַנװוינער אין קאַפּ־גרינוויל זײַנען פֿאַרנאַנט פֿאַר זײַנען שלעכטע, האָט מען מיר געעצהט פֿאָרן זיי פֿאַרבײַ. דערפֿאַר, פֿון מ־ריף, האָב איך געקערעוועט אויף דער װײַטערער זײַט פֿון די שכנותדיקע אינדזלען, נאָר זיכער צו זײַן. האָפּקענדיק איצט װײַטער, איז דער ספּריי פֿאַרבײַ הײם־אינדזל, בײַ דעם שפּיץ פֿונעם קאַפּ, באַלד נאָך האַלבער נאַכט, און זיך געשטעלט אויף אַ גאַנג מערבֿ צו. אין אַ קורצער צײַט אַרום האָט זי זיך געפֿונען נאָענט צו אַ דאַמפּשיף פֿאָרנדיק דרום צו, טאַפּנדיק איר װעג אין דער פֿינצטער און מאַכנדיק די נאַכט פֿאַראומערט מיט איר אײגענעם שװאַרצן רויך.

פֿון הײם־אינדזל בין איך געפֿאָרן קײן זונטיק־אינדזל, און װען ער איז מיר בײַנאַנד, האָב איך פֿאַרקירצט די זעגלען, װײַל איך האָב ניט געװאָלט אָנקומען בײַ פֿויגל־אינדזל, װײַטער פֿאָרויס, פֿאַר דער טאָגליכט, װײַל דער װינט איז נאָך אַלץ פֿריש געװען און די אינדזלען נידעריקע, מיט סכּנות דאָרט אַרום. מיטװאָך, דעם 9טן יוני, 1897, מיט דער טאָגליכט, איז פֿויגל־אינדזל געװען פּונקט פֿאָרויס, װײַט צװיי מיט אַ האַלב מײַלן, װאָס איך האָב געהאַלטן פֿאַר גענוג נאָענט. אַ שטאַרקער שטראָם האָט געטריבן די שליופּקע פֿאָרויס. איך האָב ניט פֿאַרקירצט די זעגלען פֿאַר דער צײַט די נאַכט! דער ערשטער און אײנציקער אויסטראַלישער קאַנו איז דאָ מיר געװען פֿאַר די אויגן, פֿאָרנדיק אַװעק פֿון דעם קערנלאַנד, מיט אַ שמאַטעדיקן זעגל, פֿאָרנדיק קײן אָט דעם אינדזל.

אַ לאַנגער, דינער פֿיש װאָס איז געשפּרונגען אויפֿן באָרט אין דער נאַכט איז געװען אויף דעם דעק דעם אינדערפֿרי. איך האָב אים געגעסן פֿאַר פֿרישטיק. דער פֿלינקער יאַט איז ניט געװען גרעסער אַרום װי אַ הערינג, װאָס דערויף איז ער גאַנץ ענלעך, אַחוץ װאָס עס איז געװען דרײַ מאָל אַזוי לאַנג, װאָס איז מיר געװען אַלץ בעסער, װאָרן איך האָב שטאַרק ליב פֿרישן הערינג סײַ װי סײַ. אַ גרױסער צאָל פֿישער־פֿייגל זײַנען געװען אַרום דעם טאָג, װאָס איז געװען פֿון די אײַנגעװנעמסטער אויף גאָטס ערד. דער ספּריי, טאַנצנדיק איבער די כװאַליעס, איז אַרײַן אין אַלבאַני־דורכגאַס בעת די זון איז נידעריקער געװאָרן אויף מערבֿ איבער די בערגלעך פֿון אויסטראַליע.

7:30 נאָך מיטאָג איז דער ספּריי, איצט דורך דעם דורכגאַס, געקומען צו אַנקערן אין אַ בוכטעלע אין דעם קערנלאַנד, נאָענט צו אַ פּערל־פֿישערשיף, אָנגערופֿן דעם טאַראַוואַ, װאָס איז שוין דאָרט געװען געאַנקערט. איר קאַפּיטאַן האָט מיך געװיזן פֿונעם דעק פֿון זײַן שיף װוּ זיך צו אַנקערן. פֿאַרטיק דערמיט איז ער תּיכּף געקומען אויפֿן באָרט מיט מיר צו דריקן די הענט. דער טאַראַוואַ איז געװען פֿון קאַליפֿאָרניע, און קאַפּיטאַן דזשאָנז, איר מײַסטער, איז געװען אַן אַמעריקאַנער.

אויף צו מאָרגנס האָט קאַפּיטאַן דזשאָנז געבראַכט אויפֿן באָרט צװיי פּאָרן מהודרדיקע פּערל־שאָלעכצן, די שלמותדיקסטע װאָס איך האָב אַ מאָל געזען. זיי זײַנען מסתּמא געװען די בעסטע זײַנע, װאָרן דזשאָנז אין געװען דאָס סאַמע האַרץ פֿון אַ ים־מאַן. ער האָט מיך פֿאַרזיכערט אַז װאָלט איך נאָר בלײַבן נאָך עטלעכע שעה װעלן עטלעכע פֿרײַנד פֿון נאָענטן סאָמערסעט קומען צו גאַסט, און אײנער פֿון דער מאַנשאַפֿט, קוקנדיק דורך שאָלעכצן אויפֿן דעק, האָט "געטראָפֿן" אַז זיי װעלן. דער אײבערשטורמאַן האָט אויך אַזוי "געטראָפֿן." די פֿרײַנד זײַנען געקומען, װי אַפֿילו דער אונטערשטורמאַן און דער קוכער האָבן "געטראָפֿן" אַז זיי װעלן. זיי זײַנען געװען מ"ר דזשאַרדין, אַ פּיכציִער, באַרימט דורך דעם לאַנד, מיט זײַן משפּחה. מ"רס דזשאַרדין איז געװען די פּלימעניצע פֿון קיניג מאַליעטאָאַ, און קוזינע צו דער שײנער פֿאַאַמו־סאַמי ("מאַכן ברענען דעם ים"),

וואָס איז געקומען אויף דעם ספּריי אין אַפּיאַ. מ"ר דזשאַרדין אַליין איז געווען אַ פֿײַנער מוסטער פֿון אַ שאָטלענדער. מיט דער קליינער משפּחה אַרום אים, איז ער צופֿרידן געווען וווינען אין אָט דעם ווײַטערן אָרט, צונויפֿקלײַבן דעם ווילטאָג פֿון לעבן.

דער פֿאַקט אַז דער טאַראַוואַ איז געבויט געווען אין אַמעריקע האָט דערקלערט ווי אַזוי די מאַנשאַפֿט, מיטן בחור דזשים און די אַנדערע, זײַנען אַזוי גוטע טרעפֿערס. נאָר מאָדנע צו זאָגן האָט מען קיין מאָל ניט געהערט קאַפּיטאַן דזשאָנז אַליין, דער איינציקער אַמעריקאַנער אויפֿן באָרט, טראַפֿן איין מאָל אַפֿילו.

נאָך אַן אײַנגענומען שמועס און געזעגענונג מיט די לײַט פֿון דעם טאַראַוואַ, און מיט מ"ר און מ"רס דזשאַרדין, האָב איך נאָך אַ מאָל אַרויפֿגעצויגן דעם אַנקער און אָפּגעזעגלט קיין דאָנערשטיק-אינדזל, איצט קלאָר פֿאַר די אויגן, אין מיטן קאַנאַל אין טאָרעס-דורכגאָס, ווו איך בין אָנגעקומען אַ ביסל פֿאַר האַלבן טאָג. דאָ איז דער ספּריי געבליבן ביז דעם 24סטן יוני. ווײַל איך בין דער איינציקער אַמעריקאַנער פֿאָרשטייער דאָ אין פּאָרט, איז דער דאָזיקער אָפּהאַלט נייטיק געווען, וואָרן דעם 22סטן איז געווען דער קיניגינס דימענטענעם יובֿל. די צוויי איבעריקע טעג זײַנען געווען, ווי די מאַטראָסן זאָגן, פֿאַר "געזונג."

דערווײַל האָב איך פֿאַרבראַכט אײַנגענעמע טעג אַרום דעם אינדזל. מ"ר דוגלאַס, דער אָרטיקער ריכטער, האָט מיך פֿאַרבעטן אויף אַ קרייס אויף זײַן דאַמפֿשיף אויף איינעם אַ טאָג צווישן די אינדזלען אין טאָרעס-דורכגאָס. דאָס איז געווען אַ וויסנשאַפֿטלעכע עקספּעדיציע אָנגעפֿירט פֿון פּראָפֿעסאָר מאַסאָן ביילי, באָטאַניקער, און מיר זײַנען אַרומגעגאַנגען אומעטום אויף פֿרײַטיק- און שבת-אינדזלען, ווו איך האָב געכאַפּט אַ בליק אויף דער באָטאַניק. פֿרײַלין ביילי, דעם פּראָפֿעסאָרס טאָכטער, איז מיטגעקומען אויף אָט דער עקספּעדיציע, און האָט מיר דערציילט וועגן אַ סך היגע פֿלאַנצן מיט לאַנגע נעמען.

דעם 22סטן איז געווען דער גרויסער טאָג אויף דאָנערשטיק-אינדזל, וואָרן דעמאָלט איז ניט נאָר געווען דער יובֿל, נאָר אַ יובֿל מיט אַ גרויסן אָרטיקן טאַנץ, ווײַל מ"ר דוגלאַס האָט געבראַכט אַ פֿיר הונדערט אָרטיקע קריגסלײַט מיט די פֿרויען און קינדער אַריבער פֿון דעם יאָדערלאַנד, כּדי צו געבן די שׂימחה אַן עכט אָרטיק געפֿיל, וואָרן ווען זיי טוען עפּעס אויף דאָנערשטיק-אינדזל, טוען זיי דאָס מיט אַ רעווע. דער טאַנץ איז געווען על-כּל-פּנים אַ גוואַלדיקע הצלחה. זי איז פֿאָרגעקומען בײַ נאַכט און די אַרטיסטן, באַפּאַרבט מיט פֿאַנטאַסטישע פֿאַרבן, האָבן געטאַנצט צי געשפּרונגען אַרום פֿאַר אַ פֿלאַמענדיקן פֿײַער. עטלעכע זײַנען געווען אויסגעריכט און באַמאָלט ווי פֿייגל און חיות, צווישן זיי אַ סך עמוס און קאַנגאַרוען. איין בחור איז געשפּרונגען ווי אַ זשאַבע. עטלעכע האָבן געהאַט באַמאָלט אויף די קערפּער אַ מענטשלעכן סקעלעט, זײַנען זיי אַרומגעשפּרונגען דראָענדיק, שפּיזן אין די הענט, גרייט אַראָפּצושלאָגן עפּעס אַן אויסגעטראַכטן שׂונא. דער קאַנגאַרו האָט געהאָפּקעט און געטאַנצט מיט אײַנגעבוירענער לײַכטקייט און גראַציע, אַ פֿײַנע אויסשטעלונג. אַלע האָבן געהאַלטן צום טאַקט מיט דער מוזיק, אי קולער, אי כּלים, זײַנען די כּלים (אַ וווּנדער!) געווען שטיקלעך האָלץ, וואָס זיי שלאָגן צוזאַמען, און ביינער ווי טעלערלעך, געהאַלטן אין די דלאָניעס פֿון די הענט און געקנאַקט צוזאַמען מיט אַ טעמפּן קלאַנג. עס איז געווען אַ פֿאָרשטעלונג, אין איינעם פֿאַרווײַלנדיק, פֿלאַמידיק, און גרויליק.

ס'רובֿ פֿון די אײַנגעבוירענע קריגסלײַט וואָס איך האָב געזען אין קיניגין-לאַנד זײַנען געווען בייגעוודיק און גוט-געבויט, נאָר שטענדיק אָפּגעשטעמפּלט מיט אָפּשטויסנדיקע שטריכן, און די פֿרויען זייערע זײַנען געווען, אויב עס איז מיגלעך, נאָך שוידערלעכער.

איך האָב באַמערקט אַז אויף דעם טאָג פֿאַר דעם יובֿל האָבן ניט געפֿאָכעט קיין פֿרעמדע פֿאָנען אין דעם שטאָטגאָרטן אַחוץ די שטערן און שטרײַפֿן, וואָס האָט באַוואַכט דעם אַרײַנגאַנג צוזאַמען מיט דעם בריטישן פֿאָן, און געשוועבט אין אַ סך ערטער, אין דער גרייס פֿון די קלענסטע ביז דער געוויינטלעכער. בײַם רעדן מיט מ"ר דוגלאַס, בין איך אַרויס מיט אַ באַמערקונג וועגן דעם דאָזיקן שבֿח צו מײַן לאַנד. "אָ," האָט ער געזאָגט, "אָט דאָס איז אַ משפּחה-ענין, און מיר האַלטן ניט די שטערן און שטרײַפֿן פֿאַר אַ פֿרעמדער פֿאָן." דער ספּריי אַוודאי האָט באַוויזן איר בעסטן פֿאָנענשטאָף, און האָט אַרויפֿגעצויגן דעם בריטישן גלײַך מיט איר אייגענער איידעלער פֿאָן אַזוי הויך ווי מיגלעך.

דעם 24סטן יוני האָט דער ספּריי, גוט אויסגעריכט אין אַלע פּרטים, אָפּגעזעגלט אויף דער לאַנגער נסיעה פֿאַר זיך, אַראָפּ איבערן אינדישן אָקעאַן. מ"ר דוגלאַס האָט איר געגעבן אַ פֿאָן ווען זי איז אָפּגעפֿאָרן פֿון זײַן אינדזל. דער ספּריי איז איצט געווען פֿאַרבײַ ס'רובֿ פֿון די סכּנות פֿון דעם קאָראַל-ים און טאָרעס-דורכגאַס, וואָס זײַנען ניט קיין זעלטענע, און אַלץ פֿאָרויס פֿון דאָרט איז געווען גרינג זעגלען און אַ גלײַכער גאַנג. דער פּאַסאַטווינט האָט נאָך פֿריש געבלאָזן, און איז איצט געווען פֿאַרלאָזלעך ביזן ברעג פֿון מאַדאַגאַסקאַר, אויב ניט ווײַטער, וואָרן עס איז נאָך געווען פֿרי אין דער צײַט פֿון יאָר.

איך האָב שטאַרק ניט געוואָלט אָנקומען בײַ דעם קאַפּ גוטע האָפֿענונג פֿאַרן מיטן זומער, און איצט איז געווען פֿרי אין ווינטער. איך בין אַ מאָל פֿריִער בײַ דעם דאָזיקן קאַפּ אין יולי, וואָס איז אַוודאי אין מיטן ווינטער דאָרט. די קרעפּקע שיף וואָס איך האָב דעמאָלט קאָמאַנדירט האָט אָנגעטראָפֿן נאָר רציחהדיקע הוראַגאַנען און זי איז שלעכט דורך זיי געקומען. איך האָב איצט ניט געוואָלט קיין ווינטער-בורעס. עס איז ניט געווען וואָס איך האָב מער מורא פֿאַר זיי, ווײַל איך בין אין דעם ספּריי און ניט קיין גרעסערע שיף, נאָר ווײַל מיר איז בעסער לויטערער וועטער אויף יעדן פֿאַל. עס איז אמת אַז מע קען געפֿינען שווערע בורעס בײַ דעם קאַפּ גוטע האָפֿענונג אין די אַלע צײַטן פֿון יאָר, נאָר זומערצײַט זײַנען זיי זעלטענער און געדויערן ניט אַזוי לאַנג. און דערפֿאַר, מיט גענוג צײַט צו דער האַנט מיך צו לאָזן גיין אויף דער יבשה אויף די אינדזלען אויפֿן וועג, האָב איך גענומען אַ גאַנג קיין קילינג קאָקאָס, אַטאָלן, ווײַט זיבן-און-צוואַנציק הונדערט מײַלן. מעסטן דעם אָפּפֿאָר פֿון טעלפּעל-אינדזל, וואָס די שליופּקע איז אים פֿאַרבײַ פֿרי דעם טאָג, האָב איך באַשלאָסן קוקן נאָך טימאָר אויפֿן וועג, אַן אינדזל מיט הויכע בערג.

טעלפּעל-אינדזל האָב איך פֿריִער געזען, נאָר בלויז איין מאָל, און דאָס איז געווען אין דער דאַמפּשיף *סושיי*, וואָס דערויף בין איך "אונטערגעכאַפּט" געווען מיט אַ פֿיבער. ווען זי איז געווען דאָרט פֿאַרבײַ, בין איך גענוג געזונט צו קריכן אויף דעם דעק אַ קוק צו טאָן אויף טעלפּעל-אינדזל. אַפֿילו וואָלט איך דערבײַ געשטאָרבן, וואָלט איך אַ קוק געטאָן אויף יענעם אינדזל. אין יענע טעג זײַנען פֿאַרבײַגייענדיקע שיפֿן געלאַנדט זאַפּאַסן אין אַ הייל אויף דעם אינדזל פֿאַר שיפֿבראָכיקע און צרהדיקע פֿאָרערס. קאַפּיטאַן איירי פֿון דעם *סושיי*, אַ ווױלער מענטש, האָט אַ שיפֿל געשיקט צו דער הייל מיט זײַן צוגאָב צו די אַלגעמיינע זאַפּאַסן. די זאַפּאַסן זײַנען בשלום געלאַנדט און דאָס שיפֿל, בײַם צוריקקער, האָט געבראַכט צוריק פֿון דעם אימפּראָוויזירטן פּאָסטאַמט דאָרט אַ טוץ אָדער מער בריוו,

ס'רובֿ איבערגעלאָזט דאָרט פֿון װאַלפֿישער, מיט דער בקשה אַז די ערשטע שיף אױפֿן װעג אַהײם זאָל זײ מיטטראָגן און זען אַז זײ זײַנען געשטעלט אינעם פּאָסט, װאָס איז געװען דער מינהג בײַ אָט דעם טשיקאַװען פּאָסטאַמט שױן אַ סך יאָרן. עטלעכע פֿון די בריװ צוריקגעבראַכט פֿון אונדזער שיפֿל זאָלן גײן צו **נײַ־ב**עדפֿאָרד, און עטלעכע צו **ש**ײנהאַװן, **מ**אַסאַטשוסעטס.

עס איז דאָ הײַנט אַ סיגנאַל־ליכט אױף **ט**עלפֿעל־**א**ינדזל, און כּסדרדיק פּאָסט־פֿאַרקער מיט די אַנדערע טײלן פֿון דער װעלט, און די שײנע אומזיכערקײט פֿון דעם גורל פֿון די בריװ דאָרט איבערגעלאָזט איז שױן פֿאַרגאַנגען. איך האָב זיך ניט אָפּגעשטעלט בײַ דעם קלײנעם אינדזל, נאָר פֿאָרנדיק נאָענט האָב איך זיך דורכגעגערעדט דורך סיגנאַלן מיט דעם שומר פֿון דער ליכט. זעגלענדיק װײַטער איז די שליופּקע גלײַך אַרײַן אין דעם **אַ**ראַפֿוראַ־ים, װוּ אױף טעג האָט זי געזעגלט אין װאַסער מילכיק װײַס און גרין און פּורפּעלן. עס איז מיר געװען אַ שטיקל גליק װאָס איך בין אַרײַן אינעם ים בײַ דעם לעצטן פֿערטל פֿון דער לבֿנה, מיט דער מעלה אַז אין די פֿינצטערע נעכט האָב איך געקענט זען די פֿאָספֿאָרעסצענץ בײַ נאַכט אין איר פֿולן בלי. דער ים, װוּ די שליופּקע האָט אים געשטערט, האָט אױסגעזען װי אַ שׂרפֿה, אַזױ אַז מיט דער ליכט דערפֿון האָב איך געקענט זען די קלענסטע חפֿצים אױפֿן דעק, און איר נאָכבראָיז איז געװען אַ פֿײַערדיקער סטעשקע.

דעם 25סטן יוני איז די שליופּקע שױן פֿרײַ פֿון די אַלע זאַמדבענק און סכּנות, און האָט געזעגלט אױף אַ גלאַטן ים אַזױ כּסדרדיק װי פֿריִער, נאָר ניט אַזױ גיך. איך האָב אַרױסגענומען דעם פֿלי־דזשיב געמאַכט אין **יואַן פֿ**ערנאַנדעז, און אים אױפֿגעשלאָגן װי אַ ספּינאַקער פֿון דעם שטאַרקסטן יאַמש װאָס **מ**"רס **ס**טיװענסאָן האָט מיר געגעבן אין **ס**אַמאָאַ. דער ספּינאַקער האָט געצױגן װי אַ זעלנער, און דער יאַמש האָט זײַנס געטאָן, איז דער **ס**פּרײ גיכער געפֿאָרן.

עטלעכע טױבן, פֿליִענדיק הײַנט פֿון **א**ױסטראַליע צו די אינדזלען, זײַנען אַריבער דעם **ס**פּרײ. קלענערע פֿײגל האָבן זיך דערזען פֿליִענדיק אין דער פֿאַרקערטער ריכטונג. אין דעם טײל פֿון דעם **אַ**ראַפֿוראַ װוּ איך בין ערשט אָנגעקומען, װוּ עס איז פּלאַטשיק געװען, האָבן ים־שלאַנגען זיך געקאָרטשעט אױף דער אײבערפֿלאַך און זיך איבערגעקערט אָבער און װידער אין די כװאַליעס. בעת די שליופּקע האָט װײַטער געזעגלט, װוּ דער ים איז טיף געװאָרן, זײַנען זײ פֿאַרשװוּנדן געװאָרן. אױפֿן אָקעאַן, װוּ דאָס װאַסער איז בלאָ, איז קײנער פֿון זײ ניט געװען צו געפֿינען.

אין די טעג פֿון שטילן װעטער איז ניט קײן סך צו טאָן אַחוץ לײענען און זיך אָפּרוען אױף דעם **ס**פּרײ, זיך צו פֿאַרגיטיקן אױף װיפֿל עס איז מיגלעך פֿאַר דער שװערער צײַט בײַ **ק**אַפּ־**ה**אָרן, װאָס איז נאָך ניט פֿאַרגעסן געװאָרן, און אָפּצושטעלן דעם **ק**אַפּ **ג**וטע **ה**אָפֿענונג מיט אַ זאַפּאַס פֿון רו. מײַן ים־זשורנאַל איז איצט געװען שיִער ניט דאָס זעלבע פֿון טאָג צו טאָג – עפּעס װי דאָס פֿאַר דעם 26סטן און 27סטן יוני, למשל:

דעם 26סטן יוני, אין דער פֿרי, עס איז אַ ביסל שקװאַליש; שפּעטער אין טאָג, אַ כּסדרדיק װינטל

אױף דעם מעסטער האַלבן טאָג	130 מײַלן
מינוס דער פֿאַרריכטונג פֿאַר דעם פֿאַרזע	10- "
	120 "
צוגאָב פֿאַרן שטראָם	10+ "

" 130

ברייט פֿון אַכטגעבונג האַלבן טאָג, ° 10 ' 23 ד.
די לענג באַצייכן אויף דער קאַרטע.

קוים קיין מוח־אַרבעט אין יענעם זשורנאַל, בין איך זיכער. דעם 27סטן יוני זעט אויס אַ ביסל בעסער, נאָך אַלעמען:

תּחילת הײַנט אַ פֿליפֿיש אויפֿן דעק; געפּרעגלט אים אין פּוטער.
133 מײַלן אויף דעם דריי־מעסטער.
פּאָר פֿאַרזע, מינוס, און פּאָר שטראָם, פּלוס, מיט אַ השערה, כּמעט גלײַך – לאָז עס זײַן.
ברייט פֿון אַכטגעבונג, האַלבן טאָג, ° 10 ' 25 ד.

שוין עטלעכע טעג האָט דער ספּריי געזעגלט מערבֿ צו אויף דער ברייטליניע פֿון °10 '25 ד. ביז אַ האָר. אויב זי איז אַ מאָל אַוועק דערפֿון, במשך פֿון דעם טאָג אָדער נאַכט – וואָס האָט יאָ געקענט געשען – איז זי מאָדנע צו זאָגן צוריק האַלבן טאָג אויף דער זעלבער ליניע. נאָר די גרעסטע ווּיסנשאַפֿט איז געלעגן אין אויסרעכענען די לענג. מײַן צינערנער זייגער, דער איינציקער אויפֿן באָרט, האָט שוין דעמאָלט פֿאַרלוירן דעם מינוטניק, נאָר נאָכדעם וואָס איך האָב אים געזאָדן האָט ער באַוויזן די שעהען, און דאָס האָט געטויגט גענוג גוט אויף אַ לאַנגן מהלך.

דעם 2טן יולי האָט זיך באַוויזן דער גרויסער אינדזל פֿון טימאָר ווײַט אַוועק אויף צפֿון. אויף מאָרגן האָב איך דערזען דאַנאַ־אינדזל, ניט ווײַט אַוועק, און אַ ווינטל איז געקומען יענע נאַכט פֿון דער יבשה, מיטן ריח פֿון בשׂמים אָדער עפּעס אַזוינס פֿון ברעג.

דעם 11טן, מיט די אַלע זעגלען און דער ספּינאַקער בתוכם אויפֿגעשלאָגן, האָט ניטל־אינדזל זיך געלאָזט זען אַן ערך האַלבן טאָג, איין פּונקט אויף דעם רעכטן פֿאָדערבאָרט. פֿאַר נאַכט איז עס געווען בײַ דער זײַט, ווײַט צוויי מיט אַ האַלב מײַלן. דער אויבנאויף פֿון דעם אינדזל האָט אויסגעזען גלאַט פֿאַרקײַלעכט פֿון ים ביז גאָר הויך אין דער מיט. אין קאָנטור איז עס געווען אַזוי גלאַט ווי אַ פֿיש, און אַ לאַנגער ים־אויפֿפּלייץ קײַקלענדיק אַרויף האָט זיך צעבראָכן אויף די זײַטן, ווו עס איז געלעגן ווי אַ שלאָפֿנדיק פֿאַרזעעניש, שטיל אויפֿן ים. עס האָט אַ פּנים געהאַט די מאָסן פֿון אַ וואַלפֿיש, און בעת די שליופּקע האָט געזעגלט פֿאַרבײַ זײַן זײַט ביזן טייל ווו זאָל זײַן דער קאָפּ, איז געווען אַפֿילו אַ נאָזלאָך, אַ בלאָזלאָך דורך אַ גזימס שטיין ווו יעדע אַרײַנקומענדיקע כוואַליע האָט אַרויפֿגעוואָרפֿן אַ זײַל וואַסער, אמתדיק און נאַטירלעך.

עס איז געווען אַ לאַנגע צײַט זינט איך האָב לעצטנס געזען אָט דעם אינדזל, נאָר איך געדענק מײַן צײַטווײַליק באַוווּנדערונג פֿון דעם קאַפּיטאַן פֿון מײַן שיף דעמאָלט, דער *טאַנדזשאָרע*, ווען ער האָט אויסגעזונגען אויף איינעם אַ פֿרימאָרגן, פֿון דעם קוואַרטערדעק ווײַט אויף הינטן, "גיי אַרויף, איינער פֿון אײַך מיט אַ פּאָר אויגן, און גיב אַ קוק אויף ניטל־אינדזל." און טאַקע אַזוי, דאָרט איז דער אינדזל צו דערזען פֿון דעם קיניג־שטאַנג[א]. קאַפּיטאַן מ— האָט אַזוי געמאַכט אַ גרויסן רושם, וואָס ער האָט קיין מאָל ניט אַראָפּגעלאָזט. דער אייבערשטורמאַן, אַ שרעק צו אונדז מאַטראָסן, גייענדיק קיינמאָל ווינט אַרויף פֿון דעם קאַפּיטאַן, האָט זיך איצט גענומען גאָר הכנעהדיק צו דער ווינט־

[א] royal-yard – אי"ה

אַראָפּיקער זײַט. ווען מיר זײַנען אָנגעקומען אין **האָנג־קאָנג** איז דאָרט געווען אַ בריוו אין דער שיפֿס פּאָסט פֿאַר מיר. איך בין געווען אין דעם שיפֿל מיטן קאַפּיטאַן עטלעכע שעהען בעת ער האָט געהאַלטן דעם בריוו. נאָר צי האַלט איר אַז ער קען איבערגעבן אַ בריוו צו אַ מאַטראָס? זיכער ניט, ניט אַפֿילו צו אַן ערשטראַנגיקן מאַטראָס. ווען מיר זײַנען צוריק אויף דער שיף, האָט ער דאָס געגעבן דעם אייבערשטורמאַן; דער אייבערשטורמאַן האָט עס געגעבן דעם צווייטערשטורמאַן, און ער האָט עס גנבֿיש אַוועקגעלייגט אויפֿן אויבן פֿון דעם הייבראָד, ווו איך האָב עס געקענט קריגן.

קאַפּיטל זעכצן

עס האָט געפֿאָדערט אָפּגעהיט נאַוויגירן – דרײַ שעה קערעווען אין דרײַ־און־צוואַנציק טעג – אָנקום אין די קילינג קאָקאָס אינדזלען – אַ טשיקאַווער קאַפּיטל אין גזעלשאַפֿטלעכער געשיכטע – אַ ברוך־הבאָ פֿון די קינדער אויף די אינדזלען – אויפֿראַמען און אויסמאָלן דעם ספּריי אויף דער פּלאַזשע – אַ מוסולמענישער ברכה אויף אַ טעפּל אײַנגעמאַכטס – קילינג ווי אַ גן־עדן – אַן אײַנשטעלערישע אוואַנטורע אין אַ קליין שיפֿל – אַוועק קיין ראָדריגעז – געהאַלטן פֿאַר דעם אַנטיקריסט – דער גובערנאַטאָר באַרויִקט דעם עולמס פּחד – אַ רעדע – אַ קאָנוועגט אין די בערגלעך

צו די קילינג קאָקאָס אינדזלען איז איצט געווען נאָר פֿינף הונדערט און פֿופֿציק מײַלן, נאָר אַפֿילו אין דעם קורצן לויף איז געווען נייטיק צו זײַן גאָר אָפּגעהיט בײַם האַלטן דעם ריכטיקן גאַנג, אָדער איך וואָלט גאַנץ פֿאַרזאַמען די אַטאָל.

דעם 12טן, עטלעכע הונדערטער מײַלן אויף דרום־מערבֿ פֿון ניטל־אינדזל, האָב איך געזען וואָלקנס פֿון די קעגן־פּאַסאַטווינטן פֿליִענדיק אַרויף פֿון דעם דרום־מערבֿ גאָר הויך איבער די געוויינטלעכע ווינטן, וואָס זײַנען שוואַכער געוואָרן די לעצטע פּאָר טעג, בעת אַן אויפֿפֿלייץ שווערער ווי געוויינטלעך האָט אָנגעהויבן קומען פֿון דעם דרום־מערבֿ. אַ ווינטער־בורע האָט זיך ווײַטער געצויגן אין דער ריכטונג פֿון דעם קאַפּ גוטע האָפֿענונג. דערפֿאַר האָב איך געקערעוועט נעענטער צו דעם ווינט, זיך געגעבן צוואַנציק מײַלן צו אַ טאָג בעת עס איז אַזוי ווײַטער געגאַנגען, צוליב דעם שינוי אין שטראָם, און דאָס איז ניט געווען איבער דער מאָס, ווײַל אויף דעם דאָזיקן גאַנג האָב איך געטראָפֿן די קילינג אינדזלען פּונקט פֿאָרויס. דער ערשטער אָנספּקדיקער סימן פֿון יבשה איז אַ באַזוך אויף איינעם אַ פֿרימאָרגן פֿון אַ ווײַסער ים־שוואַלב, וואָס האָט געפֿלאַטערט אַרום דער שיף אין אַ וויסנדיקן אופֿן, און דעמאָלט זיך גענומען צו מערבֿ צו, פֿליִענדיק אין אַ סוחרישן שטייגער. די ים־שוואַלב האָבן די אינדזליאַנער אָנגערופֿן דעם "פּילאָט פֿון קילינג קאָקאָס." ווײַטער האָב איך אָנגעטראָפֿן אַ גרויסן צאָל פֿייגל וואָס כאַפּן פֿיש און קאַמפֿן איבער דעם כאַפּ. מײַן רעכענונג איז געווען פֿאַרטיק און מיט אַ שפּרונג אַרויף האָב איך געזען פֿון האַלבן וועג אַרויף אויף דעם מאַסט קאָקאָס־פּאַלמעס שטייענדיק אינעם וואַסער פֿאָרויס. איך האָב זיך געריכט אַז איך וועט דאָס זען. פֿאָרט האָט עס מיר שטאַרק דערפֿרייט גלײַך ווי אַן עלעקטרישער שאָק. איך האָב זיך געגליטשט אַראָפּ פֿונעם מאַסט, ציטערנדיק מיט די טשיקאַוועסטע געפֿילן, און האָב זיך ניט געקענט אײַנהאַלטן פֿון זיך אַוועקזעצן אויף דעם דעק און זיך איבערגעבן צו די עמאָציעס. בײַ לײַט אין אַ גאַסטצימער אויף דער יבשה וועט דאָס אויסזען אפֿשר שוואַך, אָבער איך דערצייל דאָ די מעשׂה פֿון אַ נסיעה איינער אַליין.

איך האָב ניט אָנגערירט די קערמע, וואָרן מיט דעם שטראָם און דעם אויפֿלויף פֿונעם ים, האָט די שליופּקע זיך געפֿונען בײַם סוף פֿונעם לויף פּונקט אין דער מיט פֿונעם קאַנאַל. די פֿלאָט האָט ניט געקענט בעסער טאָן! איך האָב דעמאָלט אײַנגעצויגן די זעגלען לויט דעם ווינט, גענומען די קערמע, און זי געטריבן די פּאָר מײַלן מער־וויניקער ביז דעם האַוון־לאַנדונגאָרט, ווו איך האָב אַראָפּגעלאָזט דעם אַנקער האַלב פֿיר נאָכמיטאָג, דעם17טן יולי, 1897, דרײַ־און־צוואַנציק טעג פֿון דאָנערשטיק־אינדזל. די לענג פֿונעם לויף איז געווען זיבן־און־צוואַנציק הונדערט מײַלן ווי עס פֿליט אַ קראָ. דאָס וואָלט געווען

אַ נישקשהדיקע נסיעה אויף דעם אַטלאַנטיק. עס איז געווען אַ הנאהדיקער זעגל! במשך פֿון יענע דרײַ־און־צוואַנציק טעג האָב איך ניט פֿאַרבראַכט מער ווי אַ דרײַ שעה בײַ דער קערמע, וואָס רעכנט אַרײַן די צײַט אַרבעטן שווער אַרײַן אין קילינג־האַוון. איך האָב בלויז צוגעבונדן די קערמע און זי געלאָזט פֿאָרן. מיט דער ווינט בײַ דער זײַט אָדער גלײַך פֿון הינטן, איז געווען אַלץ איינס: זי איז שטענדיק געפֿאָרן אויפֿן גאַנג. ניט קיין טייל פֿון דער נסיעה ביז איצט, בסך־הכּל, איז געווען אַזוי שלמותדיק ווי דאָס[א].

די קילינג קאָקאָס אינדזלען, לויט אַדמיראַל פֿיצרוי, ק.פֿ., ליגן צווישן די ברייטן פֿון 11° 50' און 12° 12' ד., און די לענג פֿון 96° 51' און 96° 58' מי. זיי זײַנען אַנטדעקט געווען אין 1608-9 פֿון קאַפּיטאַן וויליאַם קילינג, דעמאָלט אין דעם דינסט פֿון דער מיזרח־אינדיע געזעלשאַפֿט. די דרומדיקע גרופּע באַשטייט פֿון זיבן־און־צוואַנציק... זיבן־אַכט אינדזלען און אינדזלעך אויף דעם אַטאָל, וואָס איז דער סקעלעט פֿון וואָס, אין איינעם אַ טאָג לויט דער געשיכטע פֿון קאַראַלריפֿן, וועט ווערן איין צונויפֿגעהאָפֿטער אינדזל. צפֿון־קילינג האָט ניט קיין האַוון, נאָר זייער זעלטענע באַזוכער, און ניט קיין וויכטיקייט. די דרומדיקע קילינגס זײַנען אין זיך אַ מאָדנע קליינע וועלט, מיט אַן אייגענער ראָמאַנטישער געשיכטע. פֿון צײַט צו צײַט איז געקומען צו גאַסט אַ שווימענדיקער שטאַנג פֿון אַ שיף געפֿלאָגט פֿון אַ הוראַגאַן, אָדער אַ בוים וואָס איז געקומען דרייפֿן דעם גאַנצן וועג פֿון אויסטראַליע, אָדער אַ צרהדיקע אָפּגעוואָרפֿענע שיף, און סוף־כּל־סוף מענטשן. אַ שטיין האָט אַ מאָל אַפֿילו געדרייפֿט ביז קילינג, פֿעסט געהאַלטן אין די וואָרצלען פֿון אַ בוים.

נאָך דער אַנטדעקונג פֿון די אינדזלען פֿון קאַפּיטאַן קילינג, איז זייער ערשטער מערקווערדיקער גאַסט געווען קאַפּיטאַן דזשאָן קלוניס־באָס, וואָס איז אָנגעקומען אין 1814 אין דער שיף *באָרנעאָ*, פֿאָרנדיק קיין אינדיע. קאַפּיטאַן באָס איז צוריקגעקומען מיט צוויי יאָר שפּעטער מיט זײַן ווײַב און משפּחה און זײַן שוויגער, מ"רס דימאָק, און אַכט מאַטראָסן-בעל־מלאָכות, איבערצונעמען די אינדזלען, נאָר זיי האָבן שוין דאָרט געפֿונען איינער אַן אַלכּסנדר הייר, וואָס האָט דערווײַל באַצייכן דעם קליינעם אַטאָל ווי

[א] מ"ר אַנדרו דזשיי. ליטש, אין אַ באַריכט פֿון דעם 21סטן יולי, 1897, דורך גובערנאַטאָר קינערסלי פֿון סינגאַפּור, צו יוסף טשיימבערלין, קאָלאָניאַלער סעקרעטאַר, האָט געזאָגט אין שײַכות מיט דעם *איפּעדזשענײַעס* באַזוך צו דעם אַטאָל: "בעת מיר לאָזן איבער די אָקעאַן־טיפֿן פֿון דעם טיפֿסטן בלאָ און קומען אַרײַן אין דעם קאָראַל־קרײַז, איז דער קאָנטראַסט היפּש שטאַרק געווען. די העלע פֿאַרבן פֿון די וובאַסערן, דורכזעעוודיק מער ווי דרײַסיק פֿוס אין דער טיף, אַ מאָל פּורפּעלן, אַ מאָל דער בלאָסטע הימל־בלאָ, און אַ מאָל גרין, מיט די ווײַסע קאַמען פֿון די כוואַליעס בליצן אונטער אַ גלאַנציקער זון, די אַרומרינגלענדיקע ... פּאַלמע־באַדעקטע אינדזלען, די אײַנרײַסן דערצווישן אויף דרום ניט צו דערזען, די ווײַסע זאַמד־פּלאַזשעס און די ווײַסערע אײַנרײַסן ווו ברעכערס האָבן זיך באַוויזן, און צום סוף, דער לאַגון אַליין, אַ זיבן־אַכט מײַלן אין דער ברייט פֿון צפֿון דרום צו, פֿון אַ פֿינף־זעקס פֿון מיזרח מערבֿ צו, האָבן פֿאָרגעשטעלט אַ בילד קיין מאָל ניט צו פֿאַרגעסן. נאָך אַ קליינעם אָפּהאַלט, איז מ"ר סידני ראָס, דער עלטסטער זון פֿון מ"ר דזשאָרדזש ראָס, געקומען זיך זען מיט אונדז און באַלד דערנאָך, צוזאַמען מיט דעם דאָקטער און אַן אַנדער אָפֿיציר, זײַנען מיר אויף דער יבשה

"בײַם אָנקום בײַ דעם לאַנדונג־דאָק, האָבן מיר געפֿונען, אַרויסגעצויגן פֿאַר אויפֿראַמען, אוא"וו, דעם ספּריי פֿון באָסטאָן, אַ יאַל פֿון 12.70 ברוטאָ־טאָנען, דער פֿאַרמאָג פֿון קאַפּיטאַן יהושע סלאָקום. ער איז אָנגעקומען אויפֿן אינדזל דעם 17טן יולי, דרײַ־און־צוואַנציק טעג אַרויס פֿון דאָנערשטיק־אינדזל. דער אויסערגעוויינטלעכער אָפּגעזונדערטער פֿאָרער איז אָפּגעפֿאָרן פֿון באָסטאָן מיט אַ צוויי יאָר צוריק איינער אַליין, אַריבער צו גיבראַלטאַר, געזעגלט אַראָפּ צו קאַפּ־האָרן, ווײַטער דורך דעם מאַדזשעלען־דורכגאָס קיין די געזעלשאַפֿט־אינדזלען, פֿון דאָרט קיין אויסטראַליע, און דורך דעם טאָרעס־דורכגאָס ביז דאָנערשטיק־אינדזל." – ס'ה

עפּעס אַ גן־עדן פֿאַר אַ האַרעם מאַלײַזישע נקבֿות וואָס ער האָט איבערגעבראַכט פֿונעם אַפֿריקאַנישן ברעג. געגנוג מאָדנע איז געווען באָסעס אייגענער ברודער וואָס האָט אַריבערגעפֿירט הייר און זײַן רעדל נקבֿות צו די אינדזלען, אומוויסיק פֿון קאַפּיטאַן דזשאָנזעס פּלענער צו באַזעצן די קליינע וועלט. איז דערפֿאַר הייר דאָרט געווען מיט זײַן אויסריכט, גלײַך ווי ער האָט אין זינען בלײַבן דאָרט.

בײַ זיין פֿריִערדיקן אָנקום, אָבער, האָט באָס צוגענאָגלט דעם ענגלישן פֿאָן צו אַ מאַסט אויף האָרסבורג־אינדזל, איינעם פֿון דער גרופּע. נאָך צוויי יאָר האָבן שמאַטעס דערפֿון נאָך אַלץ געפֿלאַטערט אינעם ווינט, און זײַנע מאַטראָסן, מיט חשק, האָבן אָנגעהויבן תּיכּף די אינוואַזיע פֿון דער נײַער מלוכה זי צו נעמען אין רשות, נקבֿות און אַלץ. די כּוחות פֿון פֿערציק נקבֿות, מיט נאָר איין מאַנצביל בראָש פֿון זיי, איז ניט גענוג געווען אַוועקצוטרײַבן אַכט קרעפּקע מאַטראָסן צוריק אין ים אַרײַן[א].

פֿון דעמאָלט אָן איז אַלץ שווער געגאַנגען פֿאַר הייר. ער און ראָס האָבן זיך ניט גוט געפֿירט ווי שכנים. די אינדזלען זײַנען צו קליין געווען און צו נאָענט פֿאַר פֿאַרשוינען אַזוי שטאַרק פֿאַרשיידן. הייר האָט געהאַט אַ "גוזמא געלט," און וואָלט מסתּמא געקענט ווויל וווינען אין לאָנדאָן, נאָר ער איז אַ מאָל געווען דער גובערנאַטאָר פֿון אַ ווילדער קאָלאָניע אין באָרנעאָ, און האָט זיך ניט געקענט בלײַבן מיט דעם שטוביקן לעבן געפֿאָדערט פֿון נודנער ציוויליזאַציע. און דערפֿאַר האָט ער זיך אָנגעהאַלטן אין דעם אַטאָל מיט די פֿערציק נקבֿות זײַנע, ציִענדיק זיך ביסלעכווײַז צוריק פֿאַר ראָס און זײַנע קרעפּקע לײַט, ביז סוף־כּל־סוף האָט ער זיך געפֿונען מיט דעם האַרעם אויף דעם קליינעם אינדזל וואָס ביז הײַנט רופֿט מען דאָס אָן תּפֿיסה־אינדזל, ווו, ווי בלאָבאָרד, האָט ער אײַנגעשפּאַרט די ווײַבער אין אַ שלאָס. דער קאַנאַל צווישן די אינדזלען איז ענג געווען, דאָס וואַסער ניט טיף, און די אַכט שאָטישע מאַטראָסן האָבן געטראָגן לאַנגע שטיוול. הייר איז איצט צערודערט געוואָרן. ער האָט געפּרוּווט מאַכן אַ פּשרה מיט ראָס און אַנדערע לוקסוסן, נאָר אָט די זאַכן האָבן נאָר אַלץ ערגער געמאַכט. אויפֿן טאָג נאָך דעם ערשטן מאָל פּראַוועט סאַנקט־אַנדרו אויפֿן אינדזל, האָט הייר, אויפֿגעגעסן מיט גרימצאָרן און מער ניט רעדן מיטן קאַפּיטאַן, אַ שרײַב געטאָן אַ צעטל צו אים וואָס זאָגט, "טײַערער ראָס: איך האָב געמיינט, ווען איך האָב געשיקט ראָם און געבראָטענעם חזיר צו דײַנע מאַטראָסן, אַז זיי וואָלטן בלײַבן אַוועק פֿון מײַן בלומענגאָרטן." ווי אַן ענטפֿער האָט דער קאַפּיטאַן, ברענענדיק מיט אויפֿגעקאָכטקייט, געשריגן פֿון דער מיט פֿונעם אינדזל ווו ער איז געשטאַנען, "הער נאָר, דאָרט, אויף תּפֿיסה־אינדזל! דו, הייר, צי ווייסטו ניט אַז ראָם און געבראָטענער חזיר זײַנען ניט קיין גן־עדן בײַ מאַטראָסן?" הייר האָט שפּעטער געזאָגט אַז מע האָט געקענט הערן דעם קאַפּיטאַנס רעווען אַריבער ביז דזשאַווע.

דער אומגעזעצלעכער אַנשטאַלט איז זיך באַלד צעפֿאַלן געוואָרן ווען די נקבֿות האָבן איבערגעלאָזט תּפֿיסה־אינדזל און זיך געשטעלט אונטערן רשות פֿון ראָס. הייר איז דעמאָלט געגאַנגען קיין באַטאַוויע, ווו ער איז געשטאָרבן.

דער ערשטער רושם מײַנער בײַם לאַנדן איז געווען אַז דער פֿאַרברעך פֿון קינדערמאָרד איז נאָך ניט געקומען צו די קילינג קאָקאָס אינדזלען. "די קינדער זײַנען אַלע

[א] אין די באַריכטן אין פֿינדלייס "האַנטבוך פֿון זעגלערײַ" וועגן עטלעכע פֿון די געשעענישן איז דאָ אַ כראָנאָלאָגישע סתּירה. איך ניץ דאָ די באַריכטן צונויפֿגעזאַמלט פֿון די אייניקלעך פֿון דעם אַלטן קאַפּיטאַן און פֿון אָרטיקע פֿאַרצייכענישן. — ס'ה

געקומען אײַך צו באַגריסן," האָט דערקלערט **מ**"ר **ר**אָס, בעת זיי האָבן זיך צונויפֿגעזאַמלט בײַ דעם דאָק, הונדערטער פֿון זיי, אין אַלע עלטערס און גרייסן. די לײַט אין אָט דעם לאַנד זײַנען אַלע געווען אַ ביסל שעמעוודיק, נאָר יונג ווי אַלט, זײַנען זיי קיין מאָל ניט פֿאַרבײַ אַ טיר אָדער געזען עמעצן גיין פֿאַרבײַ זייער טיר אָן אַ באַגריסונג. אין זייערע מוזיקאַלישע קולער פֿלעגן זיי זאָגן, "צי גייסטו שפּאַצירן?" ("דזשאַלאַן, דזשאַלאַן?") "צי ווילסטו מיטגיין?" פֿלעגט מען ענטפֿערן.

דער ספּריי אויף דער יבשה כּדי צו אָנפֿאַרבן איר אונטן[א] אין די קילינג **א**ינדזלען
(פֿון אַ פֿאָטאָ)

אויף אַ לאַנגער צײַט נאָך מײַן אָנקום האָבן די קינדער געהאַלטן די "שיף מיט איין מענטש" מיט חשד און פּחד. אַן אָרטיקער איז אַוועקגעבלאָזן געוואָרן אויפֿן ים מיט אַ סך יאָרן צוריק, און זיי האָבן געגעבן אָנצוהערן אַז אפֿשר איז ער געווען איבערגעביטן פֿון שוואַרץ אויף ווײַס און איז צוריק אין דער שליופּקע. אויף אַ לאַנגער ווײַלע האָט מען ענג באַטראַכט יעדע באַוועגונג מײַנע. זיי זײַנען דער עיקר געווען אינטערעסאַנט אין וואָס איך עס. אויף איינעם אַ טאָג, נאָכדעם וואָס איך האָב אָנגעפֿאַרבט דעם אונטן פֿון דער שליופּקע מיט שטיינקוילן־סמאָלע און אַנדערע זאַכן, און בעת איך האָב וועטשערע געגעסן, מיט דעם באַזונדערן פֿאַרגעניגן פֿון אָזשענע־אײַנגעמאַכטס, האָב איך געהערט אַ גערודער, און דערנאָך אַ געשריי און אַ געלאַף, בעת די קינדער זײַנען אַוועקגעלאָפֿן און געשריגן: "דער קאַפּיטאַן עסט שטיינקוילן־סמאָלע! דער קאַפּיטאַן עסט שטיינקוילן־סמאָלע!" נאָר זיי

[א] boot-topping – אי'ה

האָבן זיך באַלד דערװיסן אַז אָט די "שטײנקױלן־סמאָלע" האָט גאָר אַ גוטן טעם, און אַז איך האָב געבראַכט מיט זיך אַ היפּש ביסל דערפֿון. אַן אַנדער טאָג װען איך האָב דיק געשמירט אַ ים־ביסקװיט מיט דעם פֿאַר אַן אױסגעטשוכעט קינד, האָב איך זײ געהערט שעפּטשען, "טשוט־טשוט!" װאָס איז טײַטש אַז אַ הײַפּיש האָט געביסן מײַן האַנט, װאָס זײ האָבן דערזען איז געװען קרום. פֿון דעמאָלט אָן האָבן זײ מיך געהאַלטן פֿאַר אַ העלד, און איך האָב ניט געהאַט גענוג פֿינגער פֿאַר די אַלע קלײנע העלאױגיקע פּיצלעך װאָס האָבן געװאָלט כאַפּן זײ און מיטגײן אַרום מיט מיר. פֿריִער, װען איך האָב אַרױסגעשטעקט אַ האַנט און געזאָגט, "קומט!", װאָלטן זײ מיך אױסמײַדן און נעמען זיך צו דעם נאָענסטן הױז, און זאָגן, "דינגין" ("ס'איז קאַלט"), אָדער "אודזשאַן" ("ס'װעט קומען אַ רעגן"). נאָר זײ האָבן שױן אָנגענומען אַז איך בין ניט דער צוריקגעקומענער גײַסט פֿון דעם פֿאַרלוירענעם שװאַרצן, און איך האָב געהאַט אַ סך פֿרײַנד אױף דעם אינדזל, אָדער אין רעגן אָדער אין דער זון.

מיט אַ טאָג דערנאָך, װען איך האָב געפּרוּװט שלעפּן די שליופּקע און געפֿונען אַז זי איז פֿעסט געהאַלטן אינעם זאַמד, האָבן די קינדער אַלע געפּאַטשט מיט די הענט און אױסגעשריגן אַז אַ *קפּעטינג* (קראַב) האָט זי געהאַלטן בײַם קיל, און די קלײנע **אָ**פֿיליע, אין עלטער אַ צען־עלף יאָר, האָט געשריבן אין דעם **ס**פּרײס לאָגהעפֿט:

מיטן גאַנצן כּוח אַ הונדערט מענער
האָבן אױף דער הײבראָד געשלעפּט!
דעם קאַבל האָט זיך צעשײדט אין שטיקער;
די שיף, זי רירט זיך ניט פֿון אָרט;
װאָרן, קינד, איז דאָס טאַקע מאָדנע געװען:
דעם קיל האָט פֿעסט אַ גרױסער קפּעטינג געהאַלטן.

צי דאָס איז אמת צי ניט, האָט מען באַשלאָסן אַז דער **מ**וסולמענישער גײַסטלעכער, **ס**אַמאַ דער **ע**מים, פֿאַר דעם לױן פֿון אַ טעפּל אײַנגעמאַכטס, זאָל בעטן בײַ **מ**חמד, ער זאָל בענטשן די נסיעה און מאַכן דעם קראַב אָפּלאָזן דער שליופּקעס קיל, װאָס עס האָט יאָ געטאָן, אױב עס האָט אַ מאָל אים יאָ געהאַלטן, און זי איז געשװוּמען אױף דעם סאַמע קומעדיקן צופֿלײץ.

דעם 22סטן יולי איז אָנגעקומען **זמש א**יפּעדזשעניע, מיט **מ**"ר **ר**יכטער **אַ**נדרו **ד**זשײ. **ל**יטש און געריכט־באַאַמטער אױפֿן באָרט, אױף אַ קאָנטראָליר־טור צװישן די **ד**ורכגאָס־ײִשובֿים, װאָס צו זײ געהערט **ק**ילינג **ק**אָקאָס, צו מישפּטן טענות און פֿאַרברעכערײַ, אױב עס זײַנען פֿאַראַן אַזױנע. זײ האָבן געפֿונען דעם **ס**פּרײ אַרױסגעשלעפּט אױף דער יבשה און צוגעבונדן צו אַ קאָקאָס־פּאַלמע. נאָר אין די **ק**ילינג **א**ינדזלען איז ניט געװען קײן אָנקלאָגן זינד דעם טאָג װען **ה**ײר איז אָפּגעפֿאָרן, װאָרן די **ב**אָסעס זײַנען זיך שטענדיק באַגאַנגען מיט די אינדזליאַנער װי די אײגענע משפּחה.

אױב עס איז פֿאַראַן אַ גן־עדן אױף אָט דער װעלט, איז דאָס **ק**ילינג. עס איז ניט געװען פֿאַראַן קײן ענינים פֿאַר אַדװאָקאַטן, אָבער מע האָט עפּעס געמוזט טאָן, װאָרן דאָ זײַנען געװען צװײ שיפֿן אין פּאָרט, אַ גרױסע קריגשיף און דער **ס**פּרײ. אַנשטאָט אַ פּראָצעס האָט מען אַראַנזשירט אַ טאַנץ, און די אַלע אָפֿיצירן װאָס האָבן געקענט איבערלאָזן די שיפֿן זײַנען געקומען אױף דער יבשה. יעדער אײנער פֿון דעם אינדזל איז געקומען, אַלט און יונג, און דעם גובערנאַטאָרס גרױסער זאַל איז אָנגעפֿילט געװען מיט לײַט. אַלע װאָס

קענען שטיין אויף די פֿיס האָבן געטאַנצט, בעת די עופֿעלעך זײַנען געלעגן אין הויפֿנס אין די ווינקלען פֿונעם צימער, צופֿרידן אָנצוקוקן. מײַן קליינע פֿרײַנדין אָפּיליע האָט געטאַנצט מיט דעם ריכטער. פֿאַר מוזיק האָבן צוויי פֿידלען געקוויטשעט אָבער און ווידער דעם גוטן אַלטן ניגון, "מיר גייען ניט אַהיים ביז מאָרגן." און עס איז געווען אַזוי.

די נקבֿות אין די קילינגס טוען ניט די גאַנצע האָרעוואַניע, אַנדערש פֿון אַ סך ערטער אויף דער אָ נסיעה. עס וואָלט דערפֿרייען דאָס האַרץ פֿון אַ פֿועגישער פֿרוי צו זען דעם שעף פֿון קילינג אַרויף אין אַ קאָקאָס־פּאַלמע. אַחוץ דער פֿעיִקייט אַרויפֿקלעטערן אויף ביימער, האָבן די מענער פֿון קילינג געבויט מהודרדיק געפֿורעמטע קאַנוען. ווײַט די בעסטע מײַסטערשאַפֿט אין בויען שיפֿלעך וואָס איך האָב געזען במשך פֿון דער נסיעה איז געווען דאָ. אַ סך געניטע מעכאַניקערס האָבן געווינט אונטער די פּאַלמעס פֿון קילינג, און דער זשום פֿון דער באַנדזעג און דער קלאַנג פֿון דער קאָוואַדלע האָבן זיך געלאָזט הערן פֿון פֿרימאָרגן ביז אין דער נאַכט. די ערשטע שאָטישע באַזעצערס האָבן דאָרט איבערגעלאָזט דעם כּוח פֿון צפֿונדיק בלוט און די ירושה פֿון סטאַבילער אַרבעט. קיין גוטוויליקע געזעלשאַפֿט האָט ניט געטאָן אַזוי פֿיל ווי דער איידעלער קאַפּיטאַן ראָס, און זײַנע זין וואָס האָבן זיך געהאַלטן בײַ זײַן משל פֿון התמדה און שפּאָרעוודיקייט.

אַדמיראַל פֿיצרוי פֿון דעם ביגל, וואָס איז אַ מאָל געווען דאָ, ווו אַ סך זאַכן זײַנען פֿאַרקערט, האָט גערעדט פֿון "די דאָזיקע אויסנעמיקע כאָטש קליינע אינדזלען, ווו קראַבן עסן קאָקאָס, פֿיש עסן קאָראַל, הינט כאַפּן פֿיש, מענטשן רײַטן אויף טשערעפּאַכעס, און שאָלן זײַנען סכּנהדיקע פּאַסטקעס," און האָט צוגעגעבן אַז ס'רובֿ פֿון די ים־פֿייגל זיצן אויף די סידעלעס אויף צווײַגן, און אַ סך שטשורעס נעסטן אויפֿן אויבן פֿון די פּאַלמעס.

מיט מײַן שיף שוין רעמאָנטירט, האָב איך באַשלאָסן זי אָנצולאָדן מיט דעם באַרימטן ריזיקן טרידאַקנע־שאָל[א] פֿון קילינג, דאָ צו געפֿינען אין די נאָענטע פּלאַטשיקע וואַסערן. און פּונקט דאָ, אין אויגנגרייך פֿונעם דאָרף, בין איך נאָענט געקומען צו פֿאַרלירן "די מאַנשאַפֿט פֿון דעם ספּריי" – ניט צוליב אַרײַנטרעטן אין אַ פּאַסטקע־שאָל, אָבער, נאָר פֿון זײַן ניט אָפּגעהיט מיט די פּרטים פֿון אַ פֿאָר איבערן האַוון אין אַ שיפֿל. איך האָב געזעגלט איבער ימים; איך האָב זינט דעמאָלט געענדיקט אַ גאַנג איבער זיי אַלע, און געזעגלט אַרום דער גאַנצער וועלט אָן קומען אַזוי נאָענט צו אַ טויטפֿאַל ווי אויף דעם דאָזיקן פֿאָר איבער אַ לאַגון, ווו איך האָב זיך אָנגעטרויט צו אַ צווייטן, און ער, שוואַכער בשׂר־ודם וואָס ער איז געווען, האָט מסתּמא אַלץ אָנגעטרויט צו מיר. נאָר ווי דאָס זאָל ניט זײַן, האָב איך זיך געפֿונען מיט אַן אומבאַקלערטן אַפֿריקאַנישן נעגער אין אַ וואַקלדיק שיפֿל מיט אַ פֿאַרפֿוילטן זעגל, וואָס איז אַוועקגעבלאָזן געוואָרן אין מײַן קאַנאַל אין אַ שקוואַל, וואָס האָט אונדז געשיקט דרייפֿן אָפּהענטיק אויפֿן ים, ווו מיר וואָלטן זיכער תּיכּף פֿאַרלירן גיין. מיטן גאַנצן אָקעאַן פֿאַר אונדז ווינט־אַראָפּ, בין איך צערודערט געוואָרן צו געפֿינען, בעת מיר דרייפֿן ווײַטער, אַז עס איז ניטאָ אויפֿן באָרט קיין לאָפּעטע צי רודער! פֿאַרשטייט זיך אַז דאָרט איז געווען אַן אַנקער, נאָר ניט גענוג שטריק צוצובינדן אַ קאַץ, און מיר זײַנען שוין געווען אויף טיף וואַסער. מיט אַ שטיק גרויס מזל אָבער איז דאָרט געווען אַ סלופּ. ניצנדיק דאָס ווי אַ לאָפּעטע מיטן גאַנצן כּוח, און מיט דעם קלענסטן צופֿעליקן חסרון אין דעם ווינט ווי אַ הילף, איז די פּאַסטקע פֿון אַ שיפֿל געאַרבעט געוואָרן צוריק אין פּלאַטשיק וואַסער, ווו מיר האָבן געקענט דערגרייכן דעם אונטן און עס

[א] tricadna shell – אי'ה

אָנשטויסן אויף דער יבשה. מיט אַפֿריקע, דער נאָענטסטער ברעג ווינט־אַראָפּ, וועט דרײַ טויזנט מײַלן, מיט ניט אַפֿילו קיין טראָפּן וואַסער אינעם שיפֿל, און אַ דאַרן און הונגעריקן נעגער – נו, וואַרפֿן גורל ווי מע וויל, וואָלט די מאַנשאַפֿט פֿון דעם *ספּריי* באַלד געוואָרן שווער צו געפֿינען. שוין איבעריק צו זאָגן אַז איך האָב ניט נאָך אַ מאָל אַזוי ריזיקירט. די טרינידאַקנע האָב איך שפּעטער געקראָגן מיט אַ זיכער שיפֿל, דרײַסיק פֿון זיי האָבן גענומען דעם אָרט פֿון דרײַ טאָנען בעטאָנבאַלאַסט, וואָס איך האָב געוואָרפֿן איבער דער זײַט צו מאַכן אָרט און געבן שווימיקייט.

קאַפּיטאַן סלאָקום דרייפֿט אין ים אַרײַן

דעם 22סטן אויגוסט האָט דער קפּעטינג, אָדער אַבי וואָס כאַפּנדיק די שליופּקע אין די אינדזלען, האָט אָפּגעלאָזט דעם אָנהאַלט, און זי איז געשווונגען אַרויס אויפֿן ים אונטער די אַלע זעגלען, נאָך אַ מאָל אויפֿן וועג אַהיים. אַרויף אויף אַ פּאָר שווערע קײַקלערס אויף דעם קאַנט פֿונעם אַטאָל, איז זי פֿרײַ געקומען פֿון די בליצנדיקע ריפֿן. לאַנג פֿאַר דער נאַכט איז קילינג קאָקאָס, מיט די טויזנט נשמות, אַזוי ריין אין לעבן ווי איז מיגלעך בײַ שוואַכע בשׂר־ודמס, אַרויס פֿון אויגנגרייך אויף הינטן. ווײַט פֿון די אויגן, זאָג איך, נאָר ניט ווײַט פֿונעם האַרצן.

דער ים איז געווען טומלדיק און האָט שווער געוואַשן איבער דעם ספּריי ווען זי זעגלט ווינט־אַרויף, אויפֿן גאַנג קיין דעם אינדזל ראָדריגעז, וואָס האָט געבראַכט די כוואַליעס אויף דער זײַט. דער אמתער גאַנג צו דעם אינדזל איז געווען מערבֿ בײַ דרום, איין פֿערטל דרום, און די ווײַטקייט איז געווען נײַנצן הונדערט מײַלן; נאָר איך האָב געקערעוועט אַ היפּש ביסל ווינט־אַרויף פֿון דעם, אַרײַנצורעכענען דעם הייב פֿון ים און אַנדערע אָנשטויסן ווינט־אַראָפּ. מײַן שליופּקע אויף דעם דאָזיקן גאַנג איז געלאָפֿן אונטער אײַנגעריפֿטע זעגלען אויף טעג. נאַטירלעך איז מיר נימאס געוואָרן די אייביקע באַוועגונג פֿונעם ים און מער ווי אַלץ, די באַנעצונג אויף מיר יעדעס מאָל וואָס איך בין אַרויס אויפֿן דעק. מיט אָט דעם שווערן וועטער איז דער ספּריי אַ פּנים הינטערשטעליק אויפֿן גאַנג. ווייניקסטנס האָב איך צוגערעכנט די אומשטאַנדן צו אַ סתּירה אין דעם דריי־מעסטער, וואָס האָט באַוויזן, פֿופֿצן טעג אַרויס פֿון קילינג, אַ חילוק פֿון איין הונדערט און פֿופֿציק מײַלן צווישן דעם דרייער און דעם טויט־רעכענען בײַ מיר אין קאָפּ, האָב איך דערפֿאַר געהאַלטן אַן אויג קוקנדיק נאָך דער יבשה. אַן ערך זונפֿאַרגאַנג דעם טאָג האָב איך געקענט זען אַ רעדל וואָלקנס וואָס האָבן זיך ניט גערירט פֿון אָרט פּונקט פֿאָרויס, בעת די אַנדערע וואָלקנס שווימען ווײַטער; דאָס איז געווען אַ סימן פֿון עפּעס. אום האַלבער נאַכט, בעת די שליופּקע זעגלט ווײַטער, האָט אַ שוואַרצער חפֿץ זיך באַוויזן ווו איך האָב געזען די שטילע וואָלקנס. עס איז נאָך אַלץ געווען ווײַט אַוועק, נאָר עס האָט ניט געקענט קיין טעות זײַן: דאָס איז דער הויכער אינדזל פֿון ראָדריגעז. איך האָב אַרײַנגעצויגן דעם פּאַטענט־מעסטער, וואָס איך האָב בוקסירט מער ווי אַ מינהג ווי אַ נייטיקייט, וואָרן איך האָב זיך שוין לאַנג פֿריִער געלערנט דעם ספּרייס שטייגערס. אויב עס איז דאָ איין זאַך קלאָרער ווי אַלץ אַנדערש אין דער אָ נסיעה, איז דאָס געווען אַז מע קען זי אָנטרויען דורכצוקומען בשלום און ריכטיק, כאָטש אין דער זעלבער רגע בין איך שטענדיק גרייט געשטאַנען זי פֿרײַ צו לאָזן. אָפֿיצירן וואָס זײַנען צו זיכער בײַ זיך און "ווייסן אַלץ ווי אַ בוך," זײַנען די, האָב איך באַמערקט, וואָס צעשטערן מערסטע שיפֿן און פֿאַרלירן מערסטע לעבנס. די סיבה פֿאַר דעם טעות אין דעם מעסטער איז געווען ניט קיין זעלטענע, דאָס הייסט, זיך אָנשטויסן אויף עפּעס אַ גרויסן פֿיש; צוויי פֿון די פֿיר פֿליגל זײַנען געווען צעדריקט צי אָנגעבויגן, מסתּמא די אַרבעט פֿון אַ הײַפֿיש. ווײַל איך בין זיכער וועגן דער שליופּקעס פּאָזיציע, האָב איך זיך אַוועקגעלייגט צו רוען און צו טראַכטן, און צוליב דעם איז מיר געוואָרן רעכט לײַכטער. מיט דער טאָגליכט איז דער אינדזל געווען אויף דער זײַט, ווײַט אַ דרײַ מײַלן. ער האָט אַ האַרטן צעוועטערטן אויסזע דאָרט, גאַנץ עלנט, ווײַט אַרויס אין דעם אינדישן אָקעאַן, ווי אַ דרייפֿנדיק לאַנד. די זײַט ווינט־אַרויף אין ניט געווען צוצִיענדיק, נאָר אויף דער זײַן ווינט־אַראָפּ איז געווען אַ גוטער פּאָרט, און איך האָב זיך ווײַטער געשלאָגן נאָענט צו דעם ווינט דערצו. אַ פּילאָט איז אַרויסגעקומען מיך צו נעמען אַרײַן אין דעם אינעווייניקסטן האַוון, וואָס מע דערגרייכט דורך אַן ענגן קאַנאַל דורך די קאָראַלריפֿן.

עס איז געווען עפּעס טשיקאַוועס אויף די אַלע אינדזלען, אַז שטיקער ממשות האַלט מען פֿאַר פֿאַנטאַזיע, און אין דער זעלבער רגע, ווערן אוממשמעותדיקס באַשטימטע פֿאַקטן. און אַזוי איז געשען דאָ אַז דער גוטער אַבאַט, מיט עטלעכע טעג פֿריִער, האָט דערציילט זײַנע לײַט וועגן דעם אָנקום פֿון דעם אַנטיקריסט, און ווען זיי האָבן געזען דעם ספּריי זעגלען אַרײַן אין האַוון, גאַנץ ווײַס ווי אַ פֿעדער פֿאַר אַ בורע ווינט, און אַרויף ווי זי לויפֿר אויף דער פּלאַזשע, און מיט נאָר איין מענטש אויפֿן באָרט, האָבן זיי געשריגן,

"אַ רחמנות אױף אונדז, דאָס איז ער, און ער איז געקומען אין אַ שיפֿל!" װאָס לױט מיר װאָלט געװען דער אומגלײבלעכסטער אופֿן קומען. פֿונדעסטװעגן איז די נײַעס געפֿלױגן אַרום און אַרום. דער גובערנאַטאָר פֿון דעם אינדזל, מ"ר ראָבערטס, איז תּיכּף געקומען זען װאָס טוט זיך, װאָרן די קלײנע שטאָט איז געװאָרן גאַנץ טומלדיק. אײן זקנה, װען זי האָט געהערט װעגן מײַן אָנקום, איז גיך געגאַנגען אַהײם און זיך אײַנגעשפּאַרט. װען זי האָט געהערט אַז איך בין טאַקע אױף איר גאַס, האָט זי באַריקאַדירט די טירן, און איז ניט אַרױסגעקומען כּל־זמן איך בין נאָך אױף דעם אינדזל, װאָס האָט אַכט טעג געדױערט. גובערנאַטאָר ראָבערטס און זײַן משפּחה האָבן זיך ניט געטײלט אין דער מורא פֿון די לײַט, נאָר זײַנען געקומען אױפֿן באָרט פֿון דעם דאָק, װוּ די שליופּקע איז געװען צוגעפּעסטיקט, און זײער משל האָט אױך געבראַכט אַנדערע. דעם גובערנאַטאָרס יונגע ייִנגלעך האָבן תּיכּף רשות גענומען פֿון דעם ספּרייס שיפֿל, און מײַן באַזוך האָט געקאָסט זײַן עקסצעלענץ, אַחוץ דער גרױסער גאַסטפֿרײַנדלעכקײט צו מיר, דאָס בױען פֿון אַ שיפֿל פֿאַר זײ, גלײַך װי דאָס װאָס געהערט צו דעם ספּריי.

מײַן ערשטער טאָג אין אָט דעם לאַנד פֿון צװאָג איז מיר געװען װי אַ בײַקע. אױף אַ סך טעג האָב איך באַקוקט די קאַרטעס און גערעכנט די צײַט פֿון אָנקום אױף דעם אָרט, גלײַך װי אײנער װאָס װאַרט אױף זײַן אַרײַנגאַנג אין די אינדזלען פֿון די געבענטשטע, דאָס געהאַלטן פֿאַר דעם סוף פֿון דעם לעצטן לאַנגן לױף, פֿריקרע געמאַכט איבער דוחק אין אַ סך זאַכן װאָס פֿון דעמאָלט אָן האָב איך געקענט גוט צושטעלן. און קוקט נאָר, אָט איז די שליופּקע, אָנגעקומען און צוגעפּעסטיקט צו אַ דאָק אין ראָדריגעז. דעם ערשטן אָװנט אױף דער יבשה, אין דעם לאַנד פֿון סערװעטקעס און קרישטאָל, האָב איך געזען פֿאַר זיך נאָך אַלץ די שדים פֿון פּאַקוליענישע האַנטעכער און קופּלען מיט אָפּגעשלאָגענע אױערן. אַנשטאָט געװאָרפֿן װערן אױפֿן ים, אָבער, װי איז גאַנץ מיגלעך געװען, בין איך דאָ געװען אין אַ העלן זאַל, אַרומגערינגלט מיט בלישטשענדיקער חכמה, בײַ װאַרמעס מיט דעם גובערנאַטאָר פֿון דעם אינדזל! "אַלאַדין," האָב איך געשריגן, "װוּ איז דײַן לאָמפּ? מײַן פֿישערס־לאַמטערן, װאָס איך האָב געקראָגן אין גלאָסטער, האָט מיר בעסערס באַװיזן װי אַ מאָל באַװיזן בײַ דײַן פֿאַררײכערטן אַלטן ברענער."

דעם צװײטן טאָג אין פּאָרט איז פֿאַרבראַכט געװען מיט געסט. מ"רס ראָבערטס מיט די קינדער זײַנען געקומען צו "דריקן די הענט," האָבן זײ געזאָגט, "מיט דעם ספּריי." קײנער האָט איצט ניט קײן מורא געהאַט פֿאַר קומען אױפֿן באָרט אַחוץ דער נעבעכדיקער זקנה, װאָס האָט נאָך געהאַלטן אַז דער ספּריי האָט דעם אַנטיקריסט אין דעם טריום, אױב ער איז ניט טאַקע שױן אױף דער יבשה. דער גובערנאַטאָר האָט דעם אָװנט מכבד געװען, און האָט גוטהאַרציק געבעטן דעם "צעשטערער פֿון דער װעלט" צו רעדן פֿאַר זיך אַלײן. אַזױ האָט ער געטאָן, אָנגעגעבן שטאַרק אומגעצױמט װעגן די סכּנות פֿון דעם ים (װאָס, לױטן שטײגער פֿון אַ סך פֿון די ברעכיקסטע בשׂר־ודמס, װאָלט ער גלאַט געמאַכט, אױב ער איז יאָ געװען דער שאַפֿער); אױך מיט חפֿצים פֿון ליכט און פֿינצטערניש האָט ער פֿאַרגעשטעלט אױף דער װאַנט בילדער פֿון די ערטער און לענדער װוּ ער איז געװען במשך פֿון דער נסיעה (גאָרנישט ענלעך אױף די לענדער װאָס ער אַלײן װאָלט געשאַפֿן), און װעגן די לײַט געזען, װילדע און אַנדערע, װאָס האָבן אָפֿט געקרעכצט פֿון "אַ בײזע װעלט! אַ בײזע װעלט!" װען דאָס איז געװען פֿאַרטיק האָט זײַן עקסצעלענץ דער גובערנאַטאָר, מיט דיבורים פֿון דאַנק, אַרױסגעגעבן מטבעות גאָלד.

אויף מאָרגן בין איך מיטגעגאַנגען מיט זײַן עקסצעלענץ און דער משפּחה אויף אַ באַזוך צו סאַנקט־גאַבריעל, וואָס איז געווען אַרײַן אין לאַנד, אין די בערגלעך. דער גוטער אַבאַט פֿון סאַנקט־גאַבריעל האָט אונדז קיניגלעך פֿאַרווײַלט אין דעם קאָנווענט, און מיר זײַנען געבליבן זײַנע געסט ביזן קומעדיקן טאָג. בעת איך בין אָפּגעגאַנגען פֿון זײַן אָרט, האָט דער אַבאַט געזאָגט, "קאַפּיטאַן, איך האַלדז אײַך, און וואָסערע רעליגיע זאָלט ניט זײַן אײַערע, ווינטש איך אײַך הצלחה אויף אײַער נסיעה, און אַז אונדזער גואל קריסטוס זאָל שטענדיק זײַן מיט אײַך!" צו די ווערטער פֿון אָט דעם גוטער מענטש האָב איך נאָר געקענט זאָגן, "מײַן טײַערער אַבאַט, וואָלטן די אַלע גײַסטלעכע געווען אַזוי ברייטהאַרציק, וואָלט געווען ווייניקערער בלוטפֿאַרגאָס אויף דער וועלט."

אויף ראָדריגעז קען מען איצט געפֿינען יעדע באַקוועמלעכקייט בײַם קריגן ריין און געזונט וואַסער ביז אַבי אַ מאָס, ווײַל גובערנאַטאָר ראָבערטס האָט געהאַט געבויט אַ רעזערוווּאַר אין די בערגלעך איבער דער שטאָט, און געשטעלט רערן ביז דעם דאָק, ווּו, ווען איך בין דאָרט געווען, איז געווען פֿינף מיט אַ האַלב פֿיס וואַסער בײַם צופֿלייץ. אין פֿריִערדיקע יאָרן האָט מען געניצט ברונעם־וואַסער, און פֿון דעם איז געקומען קרענק, מער־ווייניקער. רינדערנס קען מען קריגן אויף וויפֿל מע וויל אויף דעם אינדזל, צו אַ מאָסיקן פּרײַז. באַטאַטעס זײַנען שפֿעדיק געווען און ביליק; דעם גרויסן זאַק פֿון זיי, וואָס איך האָב דאָרט געקויפֿט פֿאַר אַ פֿיר שילינגען, האָט געדויערט אויסערגעווײנטלעך לאַנג. איך האָב זיי פּשוט אַוועקגעשטעקט אין דער שליופֿקעס טרוקענעם טריום. צווישן פֿרוכטן זײַנען מילגרוימען די העכסט שפֿעדיק; פֿאַר צוויי שילינגען האָב איך געקראָגן אַ גרויסן זאַק פֿון זיי, אַזוי פֿיל ווי אַן אייזל קען טראָגן פֿון דעם סאָד, וואָס אַגבֿ איז געפֿלאַנצט געוואָרן פֿון די נאַטור אַליין.

קאַפּיטל זיבעצן

באַשטעטיקט פֿאַר געזונט אין מאָריטיוס — זעגלען די נסיעה אָבער און װידער אין דער אָפּערע — אַ נײַ־אַנטדעקטע פֿלאַנץ מיט אַ נאָמען לכּבֿוד דעם ספּרײס שעף — אַ פּאַרטיע יונגע דאַמעס זעגלען — אַ ביװואַק אױפֿן דעק — אַ װאַרעמע באַגריסונג אין דורבאַן — אַ פֿרײַנדלעכער דורכפֿאַרהער פֿון מ"ר הענרי מ. סטאַנלי — דרײַ קלוגע באָערס זוכן אַ דערװײַז אַז די ערד איז פֿלאַטשיק — אָפּפֿאָרן פֿון דרום אַפֿריקע

דעם 16טן סעפּטעמבער, נאָך אַכט רויִקע טעג אויף ראָדריגעז, לאַנד פֿון שפֿע אין מיטן ים, האָב איך אָפּגעזעגלט, און בין אָנגעקומען דעם 19טן אין מאָריטיוס, געאַנקערט אַן ערך האַלבן טאָג אין קאַראַנטין. די שליופּקע איז בוקסירט אַרײַן געװוען דעם זעלבן טאָג מיט דעם דאָקטערס מאָטאָרשיף, נאָכדעם װאָס ער איז צופֿרידן געװוען אַז איך האָב צוגערופֿן די גאַנצע מאַנשאַפֿט צו קאָנטראָלירן. דערװעגן האָט ער אַ פּנים ספֿקות געהאַט ביז ער האָט איבערגעקוקט די אַלע פּאַפּירן, װאָס האָט געפֿאָדערט אַ מאַנשאַפֿט פֿון איין מענטש בסך־הכּל פֿון פּאָרט צו פּאָרט במשך פֿון דער נסיעה. װען ער האָט געפֿונען אַז איך בין גענוג געזונט צו קומען אַזוי װײַט אײנער אַלײן, האָט ער מיר געגעבן דערלויב אָן קײן װײַטערער צערעמאָניע. עס איז געבליבן נאָך אַן אָפֿיציעלער באַזוך אײדער דער ספּריי זאָל קענען קומען אַרײַן װײַטער אין האַװן. דער גובערנאַטאָר פֿון ראָדריגעז, װאָס האָט מיר גוטהאַרציק געגעבן, אַחוץ דעם געװײנטלעכן פּאָסט, פּריװאַטע בריװ פֿון פֿאָרשטעלונג צו פֿרײַנד, האָט מיר געזאָגט אַז איך זאָל באַגעגענען ערשט מ"ר דזשענקינס פֿון דעם פּאָסטאַמט, אַ גוטער מענטש. "װי גײט עס אײַך, מ"ר דזשענקינס?" האָב איך געשריגן װען זײַן שיפֿל איז געקומען בײַנאַנד. "איר קענט מיך ניט," האָט ער געזאָגט. "װי אַזוי ניט?" האָב איך געענטפֿערט. "פֿון װאַנען קומט די שליופּקע?" "פֿון אַרום דער װעלט," האָב איך נאָך אַ מאָל געענטפֿערט, גאָר פֿײַערלעך. "און אײנער אַלײן?" "יאָ, פֿאַר װאָס ניט?" "און איר קענט מיך?" "מיט דרײַ טױזנט יאָר צוריק," האָב איך געשריגן, "װען איר און איך האָבן געהאַט הײסערע אַרבעט װי איצט" (איצט איז הײס געװוען אַפֿילו). "דעמאָלט זײַט איר געװוען דזשענקינסאָן, נאָר אויב איר האָט געביטן דעם נאָמען, האַלט איך אײַך ניט שולדיק אין דעם." מ"ר דזשענקינס, געדולדיק נפֿש, האָט מסכּים געװוען אויף דעם װיצל, װאָס האָט גוט באַדינט דעם ספּריי, װײַל צוליב דער דאָזיקער מעשׂה איז די ידיעה אַרומגעגאַנגען אַז זאָל עמעצער קומען אויפֿן באָרט בײַ נאַכט װעט דער טײַװל אים תּיכּף פֿאַרכאַפּן. אַזוי האָב איך געקענט איבערלאָזן דעם ספּריי אָן האָבן מורא אַז מע װעט זי באַראַבעװען. מע האָט יאָ אַרײַנגעבראָכן אין דער קאַבינע, נאָר דאָס איז געשען בײַ טאָג, און די גנבֿים האָבן געקראָגן בלויז אַ קעסטל גערײכערטע הערינג אײדער "טאָם" לעדסאָן, אײנער פֿון די פּאָרט־באַאַמטע, האָט זײ געכאַפּט בשעת־מעשׂה, אַזוי צו זאָגן, און זײ געשיקט אין תּפֿיסה. װאָס איז געװוען אָפּמוטיקנדיק צו די קלײנע גנבֿים, װאָרן זײ האָבן מער מורא געהאַט פֿאַר לעדסאָן װי פֿאַר דעם טײַװל אַלײן. אַפֿילו מאַמאָדע האַדזשי אײַוב, װאָס איז געװוען דער טאָג־װעכטער אויפֿן באָרט — ביז אַ לײדיק קעסטל איז אַראָפּגעפֿאַלן אין דער קאַבינע און אים שטאַרק איבערגעשראָקן — האָט זיך אָפּגעזאָגט די שטעלע בײַ נאַכט, אָדער אַפֿילו ניט ביז פֿאַרנאַכט. "סאַהיב," האָט ער געשריגן, "ס'איז גאָר ניט נײטיק," און װאָס ער האָט געזאָגט איז גאַנץ אמת געװוען.

אין **מאָ**ריטיוס, ווו איך האָב אײַנגעאָטעמט אַ לאַנגן אָטעם, האָט דער **ספּריי** גערוט די פֿליגלען, אין דעם סעזאָן פֿון לויטערן וועטער. די שוועריקייטן פֿון דער נסיעה, אויב אַזוינע זײַנען פֿאַראַן, האָבן געניטע אָפֿיצירן גערעכנט פֿאַר נײַן צענטלעך פֿאַרטיק, און פֿאָרט ווי ניט איז האָב איך ניט געקענט פֿאַרגעסן אַז די **פֿ**אַראייניקטע **ש**טאַטן זײַנען נאָך אַלץ ווײַט אַוועק.

דער **ספּריי** אין **מאָ**ריטיוס

די גוטהאַרציקע לײַט פֿון **מאָ**ריטיוס, כּדי מיך צו דערפֿרייען און מאַכן רײַכער, האָבן אויסגעריכט די אָפּערע, וואָס זיי האָבן געגעבן דעם נאָמען "*שיף פּאַנטײַ*[א]." אַלע דעקן און ניט קיין אונטן איז אָט די שיף געווען, נאָר זי איז געווען אַזוי שטײַף ווי אַ קלויסטער. זיי האָבן מיך פֿרײַ געלאָזט מיט אים בעת איך האָב גערעדט וועגן דעם **ספּריי**ס אַוואַנטורעס. זײַן **כּבֿוד** דער מײַאָר האָט מיך פֿאָרגעשטעלט צו זײַן **ע**קסצעלענץ דעם גובערנאַטאָר פֿון דעם קאָרמע־דעק[ב] פֿון דעם *פּאַנטײַ*. אויך אַזוי האָט מע מיך פֿאָרגעשטעלט צו אונדזער גוטן קאָנסול, **ג**ענעראַל **ד**זשאָן **פּ.** **ק**אַמפּבעל, וואָס האָט מיך שוין פֿאָרגעשטעלט צו זײַן **ע**קסצעלענץ; איך בין גוט באַקאַנט געוואָרן, און איצט האָב געמוזט זעגלען די נסיעה נאָך אַ מאָל. ווי איך בין דורכגעקומען מיט דער מעשׂה ווייס איך קוים. עס איז געווען אַ הייסע נאַכט, און איך האָב געקענט דערשטיקן דעם שנײַדער וואָס האָט געשאַפֿן דעם מאַנטל

[א] גווינעע־הון – **ס'ה**

[ב] poop-deck – א'ה

וואָס איך האָב די נאַכט געטראָגן. דער ליבהאַרציקער גובערנאַטאָר האָט געזען ווי איך האָב מײַנס אויפֿגעטאָן זיך אויסריכטן ווי אַ יבשה־מאַטראָס, האָט ער מיך פֿאַרבעטן צו דעם רעגירונג־הויז אין רעדויִט, ווו איך האָב זיך געפֿונען צווישן פֿרײַנד.

עס איז נאָך אַלץ ווינטער געווען בײַ דעם שטורמישן קאַפּ גוטע האָפֿענונג, נאָר לאָזט די שטורעמס פֿײַפֿן דאָרט. איך האָב באַשלאָסן דאָס אויסצוּוואַרטן אין מילדערן מאָריטיוס, גיין זען רויז־בערגל, קורי־פעפּע, און אַנדערע ערטער אויף דעם אינדזל. איך האָב פֿאַרבראַכט אַ טאָג מיט דעם עלטערן מ"ר ראָבערטס, פֿאָטער פֿון גובערנאַטאָר ראָבערטס פֿון ראָדריגעז, און מיט זײַנע פֿרײַנד, די זייער רעווערענד פֿאָטערס אָ'לאָפֿלין און מקקאַרטי. צוריק צו דעם ספּריי דורך דער גרויסע בלומען־וואַרעמהויז נאָענט צו מאָקאַ; דער בעל־הבית דאָרט האָט פונקט דעם אינדערפֿרי אַנטדעקט אַ נײַ און שטאַרק געוויקס און ווי אַ גרויסן כּבֿוד צו מיר האָט עס אַ נאָמען געגעבן "סלאָקום," וואָס ער האָט געזאָגט איז שוין לאַטײַניש און האָט אים אָפּגעשפּאָרט שאַפֿן אַ וואָרט, און דער גוטער באָטאַניקער האָט אויסגעזען צופֿרידן וואָס איך בין אַהערגעקומען. ווי אַנדערש איז אַלץ אין פֿאַרשיידענע לענדער! אין באָסטאָן, מאַסאַטשוסעטס, האָב איך געהערט, האָט אַ הער דעמאָלט באַצאָלט דרײַסיק טויזנט דאָלאַר, מע זאָל געבן אַ בלום אַ נאָמען נאָך זײַן ווײַב, און עס איז ניט געווען קיין גרויסער בלום דערצו, בעת "סלאָקום" איז געקומען אומזיסט און איז געווען גרעסער ווי אַ פּיטער־בוריק!

מע האָט מיך קיניגלעך פֿאַרווײַלט אין מאָקאַ, ווי אויך אין רעדויִט און אַנדערע ערטער – איין מאָל פֿון זיבן יונגע דאַמעס, וואָס מיט זיי האָב איך גערעדט וועגן מײַן ניט־קענען אָפּגעבן זייער גאַסטפֿרײַנדלעכקייט אַחוץ אין דעם בידנעם אופֿן זיי אַלע נעמען זעגלען אויף דער שליופּקע. "די סאַמע זאַך! די סאַמע זאַך!" האָבן זיי אַלע געשריגן. "אויב אַזוי, זאָגט מיר ווען," האָב איך געזאָגט, אַזוי ניכנעדיק ווי משה. "מאָרגן!" האָבן זיי אַלע געשריגן. "און, מומע, מיר מעגן גיין, יאָ, און מיר וועלן זיך גוט אויפֿפֿירן אַ גאַנצע וואָך דערנאָך, מומע! זאָג יאָ, מומע טײַערע!" דאָס אַלץ נאָך זאָגן "מאָרגן," וואָרן די מיידלעך אין מאָריטיוס זײַנען נאָך אַלעמען די זעלבע ווי אונדזערע מיידלעך אין אַמעריקע. און זייער טײַערע מומע האָט געזאָגט "איך אויך" מער־ווייניקער ווי אַבי אַ גוטע מומע וואָלט דאָס געזאָגט אין מײַן אייגן לאַנד.

איך בין דעמאָלט געווען אין אַ קלעם, ווײַל עס איז מיר אײַנגעפֿאַלן אַז אויף דעם סאַמע "מאָרגן" האָט מען מיך פֿאַרבעטן עסן וואַרמעס מיט דעם האַוון־מײַסטער, קאַפּיטאַן ווילסאָן. אָבער איך האָב געזאָגט צו זיך, "דער ספּריי וועט גיך לויפֿן אַרויס אין אַ טומלדיקן ים; די יונגע דאַמעס וועלן זײַן ים־קראַנק און זיך גוט פֿאַרווײַלן, און איך וועל אַרײַנקומען בײַ צײַטנס פֿאַר דעם וואַרמעס נאָך אַלעמען." נאָר עס איז ניט געשען אַזוי. מיר האָבן געזעגלט שיִער ניט אַרויס פֿון אויגנגרייך פֿון מאָריטיוס, און זיי זײַנען פּשוט אויפֿגעשטאַנען און געלאַכט אויף די כוואַליעס קײַקלענדיק זיך אויפֿן באָרט, בעת איך בין בײַ דער קערמע און געזוכט דעם שלעכטסטן וועטער אַרום, און דערציילט מעשׂיות צו דער מומע וועגן ים־שלאַנגען און וואַלפֿישן. נאָר זי, די טײַערע דאַמע, ווען איך בין פֿאַרטיק געווען מיט מעשׂיות פֿון פֿאַרזעענישן, האָט נאָר דערמאָנט אַ קויש פּראָוויאַנט וואָס זיי האָבן מיטגעבראַכט, גענוג צו קלעקן אויף אַ וואָך, וואָרן איך האָב זיי דערקלערט וועגן מײַן בידנעם סטואַרד.

וואָס מער דער ספּריי האָט געפּרוּווט מאַכן די יונגע דאַמעס ים־קראַנק, אַלץ מער האָבן זיי געפּאַטשט מיט די הענט און געזאָגט, "ווי שיין דאָס איז!" און "ווי שיין זי שווימט אויפֿן ים!" און "ווי שיין זעט אויס אונדזער אינדזל פֿון דער ווײַטנס!" און נאָך האָבן זיי געשריגן, "ווײַטער!" מיר זײַנען געווען פֿופֿצן מײַלן אָדער מער אַרויס אויפֿן ים איידער זיי האָבן אויפֿגעהערט שרײַען מיט חשק, "ווײַטער!" דעמאָלט האָט די שליופּקע זיך אַרומגעדרייט, האָב איך נאָך אַלץ געהאָפֿט קומען צוריק אין פּאָרט לוִיס בײַ צײַטנס פֿאַר מײַן צונויפֿטרעף. דער ספּריי איז גיך אָנגעקומען בײַ דעם אינדזל, און איז געפֿלויגן פּאַזע ברעג גענוג גיך, אָבער איך האָב אַ טעות געהאַט קערעווען בײַ דעם ברעג אויפֿן וועג אַהיים, וואָרן ווען מיר זײַנען געקומען לעבן טאָמבאָ־בוכטע, האָט זי פֿאַרכּישופֿט מײַן מאַנשאַפֿט. "אָ, לאָמיר זיך דאָ אַנקערן!" האָבן זיי געשריגן. קיין מאַטראָס אויף דער וועלט וואָלט זיי ניט ניין געזאָגט. די שליופּקע איז געקומען צו אַנקער אין צען מינוט אַרום, ווי זיי האָבן געוואָלט, און אַ יונגער מאַן אויף דער סקאַלע דערלעבן, מאַכנדיק מיטן הוט, האָט געשריגן, "לאַנג לעבן דעם ספּריי!" די פּאַסאַזשירן האָבן געזאָגט, "מומע, מעגן מיר גיין שווימען אין דעם אינדנבראָך פּאַזע ברעג?" פּונקט דעמאָלט איז דעם האַוון־מײַסטערס מאָטאָרשיפֿל געקומען פֿאַר די אויגן, קומענדיק זיך מיט אונדז צו טרעפֿן; נאָר עס איז געווען שוין צו שפּעט צו ברענגען די שליופּקע צו פּאָרט לוִיס יענע נאַכט. דאָס מאָטאָרשיפֿל איז יאָ געקומען בײַ צײַטנס אָבער צו לאַנדן מײַן מאַנשאַפֿט כּדי צו גיין שווימען, אָבער זיי האָבן פֿעסט באַשלאָסן ניט איבערצולאָזן די שיף. דערווײַל האָב איך צוגעגרייט אַ דאַך איבערן דעק מיט די זעגלען, און אַ בענגאַלישער באַדינער האָט אויסגעסדרט דעם אָוונט־מאָלצײַט. יענע נאַכט האָט דער ספּריי גערינט אין טאָמבאָ־בוכטע מיט איר טײַערן פֿראַכט. אויף צו מאָרגנס, גאַנץ פֿרי, איידער די שטערן אַפֿילו זײַנען אַוועק, האָב איך זיך אויפֿגעכאַפּט צו דעם קלאַנג פֿון מאָליען זיך אויפֿן דעק.

די פּאָרט־אָפֿיצירס מאָטאָרשיפֿל האָט זיך נאָך אַ מאָל באַוויזן שפּעטער אין דער פֿרי, דאָס מאָל מיט קאַפּיטאַן ווילסאָן אַליין אויפֿן באָרט, אַ פּרוּוו צו טאָן ברענגען דעם ספּריי אַרײַן אין פּאָרט, וואָרן ער האָט געהערט פֿון אונדזער פֿאַרלעגנהייט. עס איז כּדאַי געווען צו הערן פֿון אַ פֿרײַנד ווי ערנסט האָט דער גוטער האַוון־מײַסטער אין מאָריטיוס געזאָגט, "איך וועל געפֿינען דעם ספּריי און זי ברענגען אַרײַן אין פּאָרט." אַ פֿריילעכע מאַנשאַפֿט האָט ער געפֿונען אויף איר. זיי האָבן געקענט אויפֿשלאָגן די זעגלען ווי אַלטע מאַטראָסן, און זיי צופּאַסן צו דעם ווינט. זיי האָבן געקענט דערציילן אַלץ וועגן דער שיפֿס "דעקלעד"[א]," און מע האָט געמוזט זען ווי זיי צושטעלן אַ טשעפּיק[ב] צו דעם דזשיב. ווי די טיפּסטע פֿון טיף־וואַסער־מאַטראָסן, האָבן זיי געקענט וואַרפֿן דאָס בלײַ, און — ווי איך האָף צו זען מאָריטיוס נאָך אַ מאָל! — האָט אַבי איינע פֿון זיי געקענט אָפּשטעלן די שליופּקע בײַם לאַווירן[ג]. קיין שיף האָט ניט געהאַט אַ שענערע מאַנשאַפֿט.

די דאָזיקע נסיעה איז געווען דאָס געשעעניש אין פּאָרט לוִיס; עפּעס ווי יונגע דאַמעס זעגלען אַפֿילו אַרום דעם האַוון איז קוים געווען צו הערן.

ווען זי איז געווען אין מאָריטיוס האָט מען דעם ספּריי אָנגעבאָטן די נוץ פֿון דעם מיליטער־דאָק אומזיסט, און זי איז גאַנץ רעמאָנטירט געווען פֿון די פּאָרט־אויטאָריטעטן.

[א] hoods – אי'ה

[ב] bonnet – אי'ה

[ג] "... put the sloop in stays." – אי'ה

איך קום אויך אַ סך אַנדערע פֿרײַנד אַ דאַנק פֿאַר אַלערליי זאַכן נייטיק אויף דער אָ נסיעה געשטעלט אויפֿן באָרט, אַרײַנגערעכנט אין זיי זעק צוקער פֿון עטלעכע פֿון די באַרימטע פּלאַנטאַציעס.

דער גינציקער סעזאָן איז איצט אָנגעקומען, און ווייל אויסגעריכט האָט דער **ספּריי** אָפּגעזעגלט דעם 26סטן אָקטאָבער. ווײַל איך בין אָפּגעפֿאָרן מיט אַ לײַכטן ווינט איז דער אינדזל נאָר פּאַמעלעך אַוועק אויף הינטן, און אויף מאָרגן האָב איך נאָך געקענט זען דעם רויט־בּרוינלעכן באַרג לעבן **מאָקאַ**. דער **ספּריי** איז אָנגעקומען אויף מאָרגן בײַ **גאַלעץ**, **רעוניאָן**, איז אַ פּילאָט אַרויסגעקומען און צו איר גערעדט. איך האָב אים איבערגעגעבן אַ צײַטונג פֿון **מאָריטיוס** און בין ווײַטער געפֿאָרן, וואָרן די קײַקלערס זײַנען שווער געלאָפֿן דעמאָלט, און עס איז ניט מיגלעך געווען לאַנדן. פֿון **רעוניאָן** האָב איך אויסגערעכנט אַ גאַנג קיין **קאַפּ־סאַנקט־מאַריע**, **מאַדאַגאַסקאַר**.

די שליופּקע איז געקומען נאָענט צו די גרענעצן פֿון דעם פּאַסאַטווינט, און דאָס שטאַרקע ווינטל, וואָס האָט זי געטראָגן מיט פֿרײַע קערשטריקן די סך טויזנטער מײַלן פֿון **זאַמד־קאַפּ**, **אויסטראַליע**, איז שוואַכער געוואָרן טאָג בײַ טאָג, ביז דעם 30סטן אָקטאָבער, ווען עס איז גאַנץ שטיל געוואָרן, און אַן אומבאַוועגלעכער ים האָט זי געהאַלטן אין אַ פֿאַרשטילטער וועלט. איך האָב די זעגלען צונויפֿגעוויקלט דעם אָוונט, זיך אַוועקגעזעצט אויפֿן דעק, און גוט פֿאַרבראַכט די ריזיקע שטילקייט פֿון דער נאַכט.

דעם 31סטן אָקטאָבער איז אַ לײַכט ווינטל אַרויפֿגעשפּרונגען פֿון דעם מיזרח־צפֿונמיזרח, און די שליופּקע איז פֿאַרבײַ **קאַפּ־סאַנקט־מאַריע** אַן ערך האַלבן טאָג. אויף דעם 6טן, 7טן, 8טן, און 9טן נאָוועמבער, אין דעם **מאָזאַמביק־קאַנאַל**, האָט זי איבערגעלעבט אַ שווערע בורע ווינט פֿון דעם דרום־מערבֿ. דאָ האָט דער **ספּריי** אַזוי פֿיל געליטן ווי אין ערגעץ אַנדערש, אַחוץ בײַ **קאַפּ־האָרן**. דער דונער און בליץ פֿאַר דעם שטורעם זײַנען גאָר שווער געווען. פֿון דאָרט ביז די שליופּקע איז אָנגעקומען לעבן דעם ברעג **אַפֿריקע**, האָט זי אָנגעטראָפֿן אַ ריי בורעס ווינט, וואָס האָבן זי געטריבן אין אַ סך ריכטונגען, נאָר דעם 17טן נאָוועמבער איז זי אָנגעקומען אין **פּאָרט־נאַטאַל**.

אָט דער מחיהדיקער אָרט איז דער מיסחר־צענטער פֿון דער "**גאָרטן־קאָלאָניע**," ווײַל **דורבאַן** אַליין, די שטאָט, איז געווען דער המשך פֿון אַ גאָרטן. דער סיגנאַליסט פֿון דעם אָפּריס־סטאַנציע האָט אײַנגעמאָלדן דעם **ספּריי** ווען זי איז געווען ווײַט פֿופֿצן מײַלן. דער ווינט איז שטאַרקער געוואָרן, און ווען זי איז געווען אינעווייניק פֿון אַכט מײַלן, האָט ער געזאָגט: "דער **ספּריי** פֿאַרקירצט די זעגלען, גענומען אַ ריף אין דעם הויפּטזעגל און אים צוגעשטעלט אין צען מינוטן. איין מענטש טוט די גאַנצע אַרבעט."

דאָס שטיק נײַעס איז אַרויסגעגעבן געווען אין דרײַ מינוטן אַרום אין אַ **דורבאַן** מאָרגן־זשורנאַל, וואָס מע האָט מיר געגעבן ווען איך בין אָנגעקומען אין פּאָרט. איך האָב ניט געקענט באַשטימען די צײַט פֿאַר נעמען אַ ריף אין דעם זעגל, וואָרן, ווי איך האָב פֿריִער דערמאָנט, איז דער מינוטניק פֿאַרלוירן פֿון מײַן זייגער. איך האָב נאָר געוווּסט אַז איך האָב געריפֿט אַזוי גיך ווי איך האָב געקענט.

די זעלבע צײַטונג, אין באַמערקונגען וועגן דער נסיעה, האָט געזאָגט: "האַלטן אין זינען דעם שטורמישן וועטער וואָס האָט געהערשט אויפֿן ברעג במשך פֿון די פֿאַרגאַנגענע עטלעכע וואָכן, האָט דער **ספּריי** געמוזט האָבן גאָר אַ שטורמישן פּאַסאַזש פֿון **מאָריטיוס** קיין **נאַטאַל**." אָן ספֿק וואָלט אַ מאַטראָס אין אַבי אַ שיף געהאַלטן דעם וועטער פֿאַר

שטורמיש, נאָר דאָס האָט דעם ספּריי ניט מער געשטערט ווי דער אָפּהאַלט וואָס קומט געוויינטלעך מיט ווינטן פֿון פֿאָרויס.

די פֿראַגע, ווי אַזוי האָב איך געזעגלט די שליופּקע איינער אַליין, אָפּט געפֿרעגט, איז אפֿשר ווייל געענטפֿערט געוועזן פֿון אַ דורבאַן צײַטונג. איך וואָלט אויסמײַדן איבערגעבן דעם רעדאַקטאָרס ווערטער אויב נאָר פֿאַר דער סיבה וואָס אומשׂכלדיקע אָפּשאַצונגען האָט מען געמאַכט וועגן דעם סכום פֿעיִקייט און כּוח נייטיק צו זעגלען אַ שליופּקע אַפֿילו פֿון דעם ספּרייס קליינער גרייס. איך האָב געהערט פֿון אַ מענטש וואָס האַלט זיך פֿאַר אַ מאַטראָס אַז "עס וועט פֿאָדערן דרײַ מענטשן צו טאָן וואָס מע האַלט" אַז איך האָב דאָס אַליין געטאָן, און וואָס איך האָב געפֿונען גאַנץ גרינג צו טאָן אָבער און ווידער. און איך האָב געהערט אַנדערע ענלעכע אומשׂכלדיקע באַמערקונגען, מיטן צוגאָב אַז איך וואָלט זיך אַרבעטן ביז טויט. נאָר אָט איז וואָס די דורבאַן צײַטונג האָט געזאָגט:

> ווי קורץ דערמאָנט נעכטן, איז דער ספּריי, מיט אַ מאַנשאַפֿט פֿון איין מענטש, אָנגעקומען דאָ אין פּאָרט נעכטן נאָך מיטאָג, אויף איר נסיעה אַרום דער וועלט. דער ספּריי האָט געמאַכט גאָר אַ רושמדיקן אַרײַנקום אין נאַטאַל. איר קאָמאַנדיר האָט זײַן שיף געזעגלט פּונקט אַרויף אין דעם קאַנאַל פֿאַרבײַ דעם הויפּטדאָק, און אַראָפּגעלאָזט דעם אַנקער לעבן דעם אַלטן פֿאַרלויפֿער אין דער ריטשקע, איידער עס איז געווען אַ געלעגנהייט קומען אויפֿן באָרט. דער ספּריי איז נאַטירלעך געווען אַ חפֿץ פֿון גרויסער נײַגעריקייט צו די לײַט אויף דעם פּונקט, און איר אָנקום האָט באַטראַכט אַ גרויסער עולם. דער געניטער אופֿן ווי קאַפּיטאַן סלאָקום האָט זײַן שיף געקערעוועט צווישן די שיפֿן אין דעם וואַסער־וועג איז געווען מחיהדיק צו זען.

דער ספּריי זעגלט ניט צווישן גרינע, ווען זי איז געקומען צו נאַטאַל. ווען זי איז געקומען נאָענט צו דעם פּאָרט, איז די פּילאָט־שיף, אַ פֿײַנע, געניטע דאַמף־ציִער, געקומען זי צו טרעפֿן, און געפֿירט דעם וועג אַרײַן איבער דער זאַמדבאַנק, וואָרן עס האָט געבלאָזן אַ שאַרפֿע בורע און איז צו טומלדיק געווען צו בוקסירן בשלום די שליופּקע. די קונץ בײַ פֿאָרן אַרײַן האָב איך זיך געלערנט דורך באַטראַכטן דעם דאַמפֿער: פּשוט בלײַבן ווינט־אַרויף אין דעם קאַנאַל און נעמען די קײַקלערס אויף הינטן.

איך האָב געפֿונען אַז דורבאַן האָט אונטערגעשטיצט צוויי יאַכטקלובן, ביידע גאָר פֿירנעמעריש. איך האָב זיך באַגעגנט מיט די אַלע מיטגלידער פֿון ביידע קלובן, און האָט געזעגלט אין דער ערשט־ראַנגיקער יאַכטע פֿלאָרענץ פֿון דעם קיניגלעכן נאַטאַל, מיט קאַפּיטאַן ספּראַדבראַו און דער רעכט בכּבֿודיקן הערשל עסקאָמב, שעף פֿון דער קאָלאָניע. דער יאַכטעס צענטער־ברעט האָט געאַקערט בראָזדעס דורך די בלאָטע־בענק, ווו, לויט מ"ר עסקאָמב, האָט ספּראַדבראַו שפּעטער געפּלאַנצט קאַרטאָפֿל. דער פֿלאָרענץ, אָבער, האָט געוווּנען פֿאַרמעסטן בעת זי אַקערט דעם קאַפּיטאַנס לאַנד. נאָך זעגלען אויף דעם פֿלאָרענץ, האָט מ"ר עסקאָמב אָנגעבאָטן זעגלען דעם ספּריי אַרום דעם קאַפּ גוטע האָפֿענונג פֿאַר מיר, און דערמאָנט זײַן באַרימטע קריבעדזש־ברעט ווי אַ מיטל צו פֿאַרברענגען די שעהען. ספּראַדבראַו, ווי אַן אָפּענטפֿער, האָט מיך געוואָרנט. האָט ער געזאָגט, "איר וועט פֿאַרשפּילן די שליופּקע איידער איר זײַט אַרום דעם קאַפּ." אַנדערע

האָבן געמיינט אַז עס איז קוים מיגלעך אַז דער שעף פֿון **נ**אַטאַל וועט שפּילן קריבעדזש בײַ דעם **ק**אַפּ **ג**וטע **ה**אָפֿענונג אַפֿילו צו געווינען דעם **ס**פּריי.

קאַפּיטאַן יהושע **ס**לאָקום

עס איז מיר געווען אַן ענין וואָס דערמיט צו שטאָלצירן אין **ד**רום **אַ**פֿריקע צו געפֿינען אַז **אַ**מעריקאַנישער הומאָר איז געווען גוט געשאַצט, און איינער פֿון די בעסטע **אַ**מעריקאַנישע מעשׂיות וואָס איך האָב אַ מאָל געהערט האָט דער שעף מיר דערציילט. אין דעם **ק**יניגלעכן **ה**אָטעל איין טאָג, עסן מיט **ק**אָלאָנעל **ס**אַונדערסאָן, **מ.פּ.**, זײַן זון, און **ל**ייטענאַנט **ט**יפּינג, האָב איך זיך באַגעגנט מיט **מ**"ר **ס**טאַנלי. דער גרויסער פֿאָרשער איז נאָר וואָס געקומען פֿון **פּ**רעטאָריע, און האָט שוין שיִער ניט געפּאַסעוועט **פּ**רעזידענט **ק**רוגער מיט זײַן בײַסיקער פען. וואָס האָט ניט קיין סך באַטײַט, וואָרן יעדער מאַכט חוזק פֿון **א**וּום **פּ**אַול, און קיינער אויף דער וועלט האָט ניט אַ פּנים אָנגענומען דעם וויִץ בעסער ווי ער, ניט אַפֿילו דער **ס**ולטאַן פֿון **ט**ערקײַ אַליין. דער קאָלאָנעל האָט מיך באַקאַנט געמאַכט מיט דעם פֿאָרשער, און איך האָב לאַווירט ענג אויפֿן ווינט פֿאַמעלעך צו פֿאָרן, וואָרן **מ**"ר **ס**טאַנלי אַליין איז אַ מאָל געווען אַ שיף־מאַן – אויף דעם **נ**יאַנזע, מיין איך – און אַוודאי האָב איך געוואָלט זיך באַוויזן אין דעם בעסטן אופֿן פֿאַר אַ מענטש מיט זײַנע איבערלעבונגען. ער האָט מיך אָפּגעהיט באַטראַכט און געזאָגט, "אַזאַ משל פֿון געדולד!" "געדולד איז אַלץ וואָס איז נייטיק," האָב איך געבאָטן ווי אַן ענטפֿער. ער האָט דעמאָלט געפֿרעגט צי מײַן שיף האָט וואַסערפֿעסטע אָפּטיילן. איך האָב דערקלערט אַז זי איז אומעטום וואַסערפֿעסט און די גאַנצע זאַך איז איין אָפּטייל. "און וואָס, זאָל זי זיך אָנשלאָגן אין אַ שטיין?" האָט ער געפֿרעגט. "אָפּטיילן וואָלטן זי ניט ראַטעווען אויב זי שלאָגט זיך אָן אין די שטיינער אויף איר גאַנג," האָב איך געזאָגט, און צוגעגעבן, "מע מוז זי האַלטן אַוועק פֿון די שטיינער." נאָך אַ לאַנגער פּויזע האָט **מ**"ר **ס**טאַנלי געפֿרעגט, "און וואָס, זאָל אַ שפּאַגע דורכשטעכן איר קאָרפּוס מיט דעם שווערד?" זיכער האָב איך דאָס געהאַלטן צווישן די סכּנות פֿונעם ים, צוזאַמען מיטן שאַנס פֿון אַ בליץ־קלאַפּ. אינעם פֿאַל פֿון דער שפּאַגע, האָב איך אָנגעבאָטן זאָגן אַז "ערשט, פֿאַרפֿעסטיקט די שווערד." דער קאָלאָנעל האָט מיך פֿאַרבעטן עסן מיט דער פּאַרטיע אויף מאָרגן, כּדי ווײַטער אַרומצורעדן דעם ענין, און אַזוי האָב איך די הנאה געהאַט זיך זען מיט **מ**"ר **ס**טאַנלי אַ

צווייט מאָל, אָבער איך האָב באַקומען מער ניט קיין עצות וועגן נאַוויגאַציע פֿון דעם באַרימטן פֿאָרשער.

עס קלינגט מאָדנע צו הערן געלערנטע און פּאָליטיקערס טענהן אַז די וועלט איז פֿלאַטשיק, אָבער עס איז אַ פֿאַקט אַז דרײַ בּאָערס, אין די גוטע לאַסקעס פֿון פּרעזידענט קרוגער, האָבן צוגעגרייט אַן אַרבעט אונטערצושטיצן די דאָזיקע טענה. בעת איך בין געווען אין דורבאַן זײַנען זיי געקומען פֿון פּרעטאָריע קריגן דאַטן פֿון מיר, און זיי האָבן אויסגעזען ווי דערקוטשעט ווען איך האָב זיי געזאָגט אַז מײַנע איבערלעבונגען געבן ניט קיין דערווײַז פֿון דעם. מיט דער עצה צו פֿרעגן בײַ עפּעס אַ שד פֿון דער טונקעלער תּקופֿה ווי פֿאָרשונג, בין איך געגאַנגען אויף דער יבשה, און איבערגעלאָזט די דרײַ חכמים באַקוקן דעם ספּרייס גאַנג אויף אַ וועלט־קאַרטע, וואָס אָבער האָט בײַ זיי לגמרי ניט געטויגט, וואָרן זי איז געווען אַ מערקאַטאָר־פּרויעקציע, און כּל־הווה איז עס "פֿלאַטשיק" געווען. אויף צו מאָרגן האָב איך אָנגעטראָפֿן איינעם פֿון דער פּאַרטיע באַקליידט ווי אַ גײַסטלעכער און טראָגנדיק אַ גרויסע ביבל, ניט אַנדערש פֿון דער וואָס איך האָב געלייענט. ער האָט מיך קאָנפֿראָנטירט און געזאָגט, "אויב איר האָט דרך־ערץ פֿאַר גאָטס וואָרט, מוזט איר אָנערקענען אַז די וועלט איז אַ פֿלאַטשיקע." "אויב גאָטס וואָרט שטייט אויף אַ פֿלאַטשיקער וועלט –" האָב איך אָנגעהויבן. "וואָס!" האָט ער געשריגן, פֿאַרלוירן געגאַנגען אין אויפֿרודערונג, און מאַכנדיק גלײַך ווי ער וועט מיך דורכשטעכן מיט אַ שפּיז[א]. "וואָס!" האָט ער געשריגן מיט דערשטוינונג און גרימצאָרן, בעת איז בין געשפּרונגען אין אַ זײַט אויסצומײַדן דעם אויסגעטראַכטן וואָפֿן. וואָלט דער דאָזיקער גוטער נאָר פֿאַרפֿירטער פֿאַנאַטיקער פֿאַרמאָגט אַן אמתן וואָפֿן, וואָלט די מאַנשאַפֿט פֿון דעם ספּריי געשטאָרבן ווי אַ מאַרטירער פונקט אויפֿן אָרט. אויף מאָרגן, ווען איך האָב אים געזען איבער דער גאַס, האָב איך זיך פֿאַרנייגט און געמאַכט בויגנס מיט די הענט. ער האָט געענטפֿערט מיט אַ גלאַטער, שווימענדיקער באַוועגונג מיט זײַנע הענט, צו ווײַזן אַז "די וועלט איז פֿלאַטשיק." אַ בראַשור פֿון אָט די טראַנסוואַאַל געאָגראַפֿן, מיט טענות פֿון מקורים אי הויכע אי נידעריקע צו באַווײַזן זייער טעאָריע, האָט מען מיר אָפּגעשיקט מיטן פּאָסט איידער איך האָב אָפּגעזעגלט פֿון אַפֿריקע אויף דעם לעצטן עטאַפּ אַרום דער וועלט.

בעת איך שלאָף באַשרײַבן דאָס עם־הארצות פֿון די דאָזיקע געלערנטע, באַוווּנדער איך שטאַרק זייער פֿיזיקאַלישע מענערשאַפֿט. אַ סך וואָס איך האָב געזען, פֿון אָנהייב ביזן סוף, פֿון דעם טראַנסוואַאַל און די באָערס איז געווען צו באַוווּנדערן. עס איז ברייט דערקענט אַז זיי זײַנען די שווערסטע קעמפֿערס, און אַזוי ברייטהאַרציק מיט די געפֿאַלענע ווי גבֿורהדיק פֿאַר די שׂונאים. עכטער עקשנותדיקער פֿאָראורטל צווישן זיי געפֿינט זיך נאָר אין דעם אַלטוואַרג, און וועט נאַטירלעך שטאַרבן, און אַזוי אויך אפֿשר לאַנג איידער מיר אַליין ווערן פֿרײַ פֿון פֿאָראורטל. דערציִונג אין דעם טראַנסוואַאַל איז לגמרי ניט אָפּגעלאָזן, און מע לערנט ענגליש אויך מיט האָלענדיש צו אַלע וואָס קענען ביידע אויספֿירן; נאָר דער אָפּצאָל איז שווער אויף ענגלישע לערנביכער, און צוליב נייטיקייט בלײַבן די אָרעמע לײַט מיט טראַנסוואַאַל האָלענדיש און זייער פֿלאַטשיקער וועלט, גלײַך ווי אין סאַמאָאַ און אַנדערע אינדזלען האָט אַ טעותדיקע פּאָליטיק געהאַלטן די אָרטיקע נאָר מיט קאַנאַקאַ[ב]?.

[א] assagai – אי'ה

[ב] Kanaka: שוואַרצאַרבעטער – אי'ה

איך בין געגאַנגען צו גאַסט בײַ אַ סך עפּנטלעכע שולעס אין **ד**ורבאַן און הנאה געהאַט זיך באַגעגענען מיט אַ סך קלוגע קינדער.

נאָר אַלע גוטע זאַכן דאַרפֿן האָבן אַ סוף, און דעם 14טן דעצעמבער, 1897, האָט די "מאַנשאַפֿט" פֿון דעם **ספּ**ריי, נאָך גוט פֿאַרברענגען אין **נ**אַטאַל, געצויגן דער שליופּקעס שיפֿל אויפֿן דעק און אָפּגעזעגלט מיט דעם פֿרימאָרגן־ווינט פֿון דעם לאַנד, וואָס האָט זי געטראָגן פֿרײַ פֿון דעם זאַמדבאַנק, און נאָך אַ מאָל איז זי געווען "אַוועק אַליין," ווי מע זאָגט אין **א**ויסטראַליע.

קאַפּיטל אַכצן

אַרום דעם "קאַפּ פֿון שטורעמס" אין די אַלטע צייַטן – אַ שווערער ניטל – דער ספּריי איז צוגעבונדן אויף דרייַ חדשים רוען אין קאַפּשטאָט – פֿאָרן מיט דער באַן צו דעם טראַנסוואַאַל – פּרעזידענט קרוגערס מאָדנע באַשרייַבונג פֿון דעם ספּרייס נסיעה – זייַנע תּמציתדיקע ווערטלעך – בכּבֿודיקע געסט אויף דעם ספּריי – קאָקאָס־פֿיברעס ווי אַ הענגשלאָס – העפֿלעכקייטן פֿון דעם אַדמיראַל פֿון דער קיניגינס פֿלאָט – אַוועק קיין סאַנקט־העלענע – דאָס לאַנד לאָזט זיך דערזען

דער קאַפּ גוטע האָפֿענונג איז איצט געווען דער אָנזעעוודיקסטער פּונקט פֿאַרבייַ צו פֿאָרן. פֿון טיש־בוכטע האָב איך זיך געקענט פֿאַרלאָזן אויף דער הילף פֿון פֿרישע פּאַסאַטווינטן, און דערנאָך וועט דער ספּריי זייַן שיִער ניט אין דער היים. אויפֿן ערשטן טאָג אַרויס פֿון דורבאַן איז עס שטיל געוואָרן, און איך בין געזעסן טראַכטן וועגן די דאָזיקע זאַכן און דעם סוף פֿון דער נסיעה. די ווייַטקייט ביז טיש־בוכטע, וווּ איך האָב בדעה געהאַט זיך אַרייַנצוכאַפּן, איז געווען אַן ערך אַכט הונדערט מייַלן אויף וואָס וועט אפֿשר זייַן אַ טומלדיקן ים. די פֿרייִקע פּאָרטוגעזישע נאַוויגאַטאָרן, געבענטשט מיט געדולד, האָבן פֿאַרבראַכט מער ווי נייַן־און־זעכציק יאָרן קעמפֿן פֿאָרן אַרום דעם דאָזיקן קאַפּ איידער זיי זייַנען געקומען ביז אַלגאָאַ־בוכטע, און דאָרט האָט די מאַנשאַפֿט זיך צעבונטעוועט. זיי האָבן געלאַנדט אויף אַ קליינעם אינדזל, איצט אָנגערופֿן סאַנטאַ קרוז, ווו זיי האָבן פֿרומערהייט אויפֿגעשטעלט דעם צלם און געשווירן אַז זיי וועלן דורכשנייַדן דעם קאַפּיטאַנס האַלדז אויב ער פּרוּווט זעגלען ווייַטער. ווייַטער פֿון דאָרט, האָבן זיי געמיינט, איז געווען דער קאַנט פֿון דער וועלט, וואָס זיי אויך האָבן געהאַלטן פֿאַר פֿלאַטשיק, און צוליב מורא האָבן אַז זייער שיף וועט זעגלען איבערן קאַנט, האָבן זיי געצוווּנגען קאַפּיטאַן דיאַז, זייער קאָמאַנדיר, זעגלען צוריק אויפֿן זעלבן וועג, אַלע דערפֿרייט איבער דער מאָס קומען נאָך אַ מאָל אין דער היים. אין אַ יאָר אַרום, זאָגט מען, האָט וואַסקאָ דאַ גאַמאַ געזעגלט הצלחהדיק אַרום דעם "קאַפּ פֿון שטורעמס," ווי מע האָט דעמאָלט אָנגערופֿן דעם קאַפּ גוטע האָפֿענונג, און אַנטדעקט נאַטאַל אויף ניטל־ אָדער נאַטאַל־טאָג, פֿון וואַנען דער נאָמען. פֿון דאָרט קיין אינדיע איז גרינג געווען.

בורעס ווינט קערנדיק זיך אַרום דעם קאַפּ זייַנען איצט אַפֿילו געקומען גענוג אָפֿט, איינע, אין דורכשניט, יעדע זעקס־און־דרייַסיק שעהען, נאָר איין בורע איז געווען פּונקט ווי די אַלע אַנדערע, מיט ניט קיין ערנסטערער פּעולה ווי בלאָזן דעם ספּריי ווייַטער אויפֿן גאַנג ווען עס איז גינציק געווען, אָדער זי בלאָזן צוריק אַ ביסל ווען זי קומט פֿון פֿאָרויס. אויף ניטל, 1897, בין איך געקומען צו דעם שפּיץ קאַפּ. אויף דעם דאָזיקן טאָג האָט דער ספּריי געפּרוּווט איבערקערן זיך, און זי האָט מיר געגעבן יעדע סיבה צו גלייבן אַז זי וועט דאָס דורכפֿירן איידער עס קומט די נאַכט. זי האָט אָנגעהויבן גאָר פֿרי אין דער פֿרי זיך אַרומצוּוואַרפֿן אין גאָר אַן אויסערגעוויינטלעכן שטייגער, און איך מוז דאָ פֿאַרשרייַבן אַז ווען איך בין געווען אויפֿן עק פֿון דעם פֿאָדערבאָרט־מאַסט נעמען אַ ריף אין דעם דזשיב, האָט זי מיך אייַנגעטונקען אונטערן וואַסער דרייַ מאָל, ווי אַ ניטל־מתּנה. איך בין נאַס געוואָרן און האָב דאָס גאָר ניט ליב געהאַט: קיין מאָל ניט אין קיין אַנדער ים בין איך אייַנגעטונקען געוואָרן מער ווי איין מאָל אין דעם קורצן מהלך פֿון, אַ שטייגער, דרייַ מינוטן. אַ גרויסע ענגלישע דאַמפֿשיף פֿאָרנדיק פֿאַרבייַ האָט אויפֿגעהויבן דעם סיגנאַל,

"אַ פֿריילעכן ניטל אײַך." איך מיין אַז דער קאַפּיטאַן איז אַ וויצלער געווען; זײַן אייגענע שיף האָט געהאַלטן אין וואַרפֿן איר פּראָפּעלער אַרויס פֿון וואַסער.

אין צוויי טעג אַרום איז דער *ספּריי*, ווען זי האָט צוריקגעקראָגן די ווײַטקייט פֿאַרלוירן אין דער בורע, פֿאַרבײַ קאַפּ **אַ**גולהאַס צוזאַמען מיט דער דאַמפֿשיף **ש**אָ*טלאַנדער*, איצט מיט אַ גינציקן ווינט. דער ליכט־אויפֿזעער אויף **אַ**גולהאַס האָט זיך אויסגעביטן סיגנאַלן מיט דעם *ספּריי* בעת זי איז פֿאַרבײַגעפֿאָרן, און שפּעטער האָט ער מיר געשריבן אין **נ**יו־**י**אָרק, מיך ווינטשעוואַניעס אויף ענדיקן די נסיעה. ער האָט אַ פּנים געהאַלטן אַז דער פֿאַל פֿון צוויי שיפֿן פֿון אַזוי פֿאַרשיידענע מינים פֿאָרנדיק פֿאַרבײַ זײַן קאַפּ צוזאַמען איז ווערט אַ בילד אויף קאַנווע, און ער האָט דאָס געשטעלט אין וועג אַרײַן. אַזוי האָב איך פֿאַרשטאַנען פֿון זײַן בריוו. בײַ עלנטע סטאַנציעס ווי דאָס ווערן הערצער אויפֿנעמיק און מיטפֿילנדיק, און פּאָעטיש אַפֿילו. דאָס דאָזיקע געפֿיל האָט מען דעם *ספּריי* באַוויזן פּאַזע אַ סך שווערע ברעגן, און לייענען אַזעלכע גוטהאַרציקע סיגנאַלן אַרויסגעוואָרפֿן צו איר האָט מיר געגעבן אַ געפֿיל אַז איך קום דער וועלט אַ גרויסן דאַנק.

נאָך אַ בורע ווינט איז געקומען אַראָפּ אויף דעם *ספּריי* פֿון דעם מערבֿ ווען זי איז געווען פֿאַרבײַ קאַפּ **אַ**גולהאַס, נאָר יענע האָט זי אויסגעמיטן דורך קומען אַרײַן אין **ס**ימאָנס־**ב**וכטע. ווען דאָס איז שוואַכער געוואָרן האָט זי זיך געשלאָגן אַרום דעם קאַפּ **ג**וטע **ה**אָפֿענונג, וווּ מע זאָגט דער *פֿליִענדיקער האָלענדער* זעגלט נאָך אַלץ. די נסיעה האָט דעמאָלט אויסגעזען ווי שיִער ניט פֿאַרטיק; פֿון דעמאָלט אָן האָב איך געוווּסט אַז אַלץ אָדער שיִער ניט אַלץ, וועט גיין גלאַט[א].

דאָ בין איך אַריבער איבער דער שיידליניע אין דעם וועטער. אויף צפֿון איז ער געווען קלאָר און אײַנגעזעסן, בעת אויף דרום איז ער געווען פֿײַכט מיט שקוואַלן, מיט גענוג אָפֿט אַ פֿאַרפֿירערישער בורע, ווי איך איידער געזאָגט. פֿון דעם אַנומלטיקן שווערן וועטער איז דער *ספּריי* געלאָפֿן אַרײַן אין שטילקייט אונטער **ט**יש־**ב**אַרג, וווּ זי איז רויִק געלעגן ביז די ברייטהאַרציקע זון איז געקומען אַרויף איבערן לאַנד און געצויגן אַ ווינטל אַרײַן פֿון דעם ים.

די דאַמף־צישיף **אַ**לערט, אַרויס זוכנדיק נאָך שיפֿן, איז געקומען צו דעם *ספּריי* לעבן דעם **ל**ייבס **ט**יליק, און אַנשטאָט אַ גרעסערער שיף, האָט זי בוקסירט זי אַרײַן אין פּאָרט. אויף אַ גלאַטן ים איז זי געקומען צו אַנקער אין דער בוכטע לעבן דער שטאָט **ק**אַפּשטאָט, וווּ זי איז געבליבן איין טאָג, פּשוט כּדי צו רוען פֿרײַ פֿון דעם האַוועניש פֿון געשעפֿט. דער גוטער האַוון־מײַסטער האָט געשיקט זײַן דאַמפֿשיפֿל צו נעמען די שליופּקע תּיכּף צו אַ לאַנדונגפּלאַץ בײַ דעם דאָק, נאָר מיר איז בעסער געווען בלײַבן נאָך אַ טאָג איינער אַליין, אין דער שטילקייט פֿון אַ גלאַטן ים, גוט פֿאַרברענגען דעם צוריקבליק אויף דעם פּאַסאַזש פֿון די צוויי גרויסע קאַפּן. אויף צו מאָרגנס האָט דער *ספּריי* געזעגלט אַרײַן אין די **אַ**לפֿרעד **ט**רוקן־**ד**אָקן, וווּ זי איז געבליבן אַ דרײַ חדשים צוגעזען פֿון די פּאָרט־אויטאָריטעטן, בעת איך בין אַרומגעפֿאָרן אין לאַנד פֿון **ס**ימאָנס־**ש**טאָט ביז **פּ**רעטאָריע, מיט אַן אומזיסטן באַן־פּאַס טוס פֿאָרן אומעטום לאַנד, אַ מתּנה פֿון דער קאָלאָניע־רעגירונג.

[א] קיין עין־הרע – אי"ה

די נסיעה צו קימבערלי, דזשאָהאַנעסבורג, און פּרעטאָריע איז געווען אַן אײַנגענעמע. אין דעם לעצט דערמאָנטן אָרט האָב איך זיך באַגעגנט מיט מ"ר קרוגער, דעם פּרעזידענט פֿון טראַנסוואַאַל. זײַן עקסצעלענץ האָט מיך געגעבן אַ העפֿלעך באַגריסט, נאָר מײַן פֿרײַנד, ריכטער בייערס, דער הער וואָס האָט מיך פֿאָרגעשטעלט, ווען ער האָט דערמאָנט אַז איך בין אויף אַ נסיעה אַרום דער וועלט, האָט אומוויסיק שטאַרק באַליידיקט דעם געאַכפּערטן פּאָליטיקער, וואָס דערוועגן האָבן מיר ביידע חרטה געהאַט. מ"ר קרוגער האָט רעכט שאַרף פֿאַרריכט דעם ריכטער, אים דערמאָנט אַז די וועלט איז פּלאַטשיק. "איר מיינט ניט *אַרום* דער וועלט," האָט דער פּרעזידענט געזאָגט; "דאָס איז אוממיגלעך! איר מיינט *אויף* דער וועלט. אוממיגלעך!" האָט ער געזאָגט, "אוממיגלעך!" און קיין וואָרט מער האָט ער ניט אַרויסגעזאָגט אָדער צו דעם ריכטער אָדער צו מיר. דער ריכטער האָט געקוקט אויף מיר און איך האָב געקוקט אויף דעם ריכטער, וואָס האָט געזאָלט פֿאַרשטאַנען ווי ער שטייט, אַזוי צו זאָגן, און מ"ר קרוגער האָט געקוקט בייז אויף אונדז ביידע. מײַן פֿרײַנד דער ריכטער האָט אויסגעזען ווי פֿאַרשעמט, נאָר איך בין דערפֿרייט געווען; דאָס געשעעניש האָט מיך דערפֿרייט מער ווי אַבי וואָס אַנדערש וואָס וואָלט אפֿשר געקענט געשען. עס איז געווען אַ קלומפּ וויסן אויסגעגראָבן פֿון אוום פּאַול, און עטלעכע פֿון זײַנע ווערטלעך זײַנען באַרימט געווען. וועגן די ענגלישע האָט ער געזאָגט, "ערשט האָבן זיי צוגענומען מײַן מאַנטל און דערנאָך מײַנע הויזן." ער האָט אויך געזאָגט, "דינאַמיט איז דער גרונטשטיין פֿון דער דרום אַפֿריקע רעפּובליק." בלויז אומבאַקלערטע לײַט האַלטן פּרעזידענט קרוגער פֿאַר נודנע.

וויצבילד געדרוקט אין דעם קאַפּשטאָט "סאָווע" דעם 5טן מאַרץ, 1898, אין שײַכות מיט אַן אַרטיקל וועגן קאַפּיטאַן סלאָקומס נסיעה קיין פּרעטאָריע

באַלד נאָך מײַן אָנקום אויף דעם קאַפּ, האָט מ"ר קרוגערס פֿרײַנד קאָלאָנעל סאַונדערסאָן[א], וואָס איז געקומען פֿון דורבאַן מיט אַ ווײַלע צוריק, מיך פֿאַרבעטן צו נײַלענדער ווײַנגאָרטן, ווו איך האָב זיך באַגעגנט מיט אַ סך אײַנגענעמע מענטשן. זײַן עקסצעלענץ סער אַלפֿרעד מילנער, דער גובערנאַטאָר, האָט געפֿונען די צײַט קומען אויפֿן

[א] קאָלאָנעל סאַונדערסאָן איז געווען מ"ר קרוגערס סאַמע בעסטער פֿרײַנד, צוליב דעם וואָס ער האָט געעצהט דעם פּרעזידענט אויפֿצוהערן מאָנטירן האַרמאַטן. – ס'ה

באָרט מיט אַ פּאַרטיע. דער גובערנאַטאָר, נאָך אַן איבערקוק אויף דעם דעק, האָט אַ זיצאָרט געפֿונען אויף אַ קאַסטן אין מײַן קאַבינע; די דאַמע מוריעל איז געזעסן אויף אַ פֿעסל, און די דאַמע סאַונדערסאָן איז געזעסן לעבן דעם שקיפּער בײַ דער קערמע, בעת דער קאָלאָנעל, מיט זײַן קאָדאַק־אַפּאַראַט, אַוועק אין דעם שיפֿל, האָט פֿאָטאָס געכאַפּט פֿון דער שליופּקע און אירע חשובֿע געסט. ד"ר דוד גיל, דער קיניגלעכער אַסטראָנאָם, וואָס איז געוועןן אין אָט דער פּאַרטיע, האָט מיך פֿאַרבעטן אויף מאָרגן צו דער באַרימטער קאַפּ־אָבסערוואַטאָריע. איין שעה מיט ד"ר גיל איז געוועןן איין שעה צווישן די שטערן. זײַנע אַנטדעקונגען אין שטערן־פֿאָטאָגראַפֿיע זײַנען גוט באַקאַנט. ער האָט מיר באַוויזן דעם גרויסן אַסטראָנאָמישן זייגער אין דער אָבסערוואַטאָריע, און איך האָב אים באַוויזן דעם צינערנעם זייגער פֿון דעם ספּריי, און מיר האָבן דורכגערעדט די טעמע פֿון סטאַנדאַרטצײַט אויפֿן ים, און ווי מע געפֿינט דאָס פֿון דעם דעק פֿון אַ קלײנער שליופּקע אָן שום הילף פֿון אַבי אַ מין זייגער. שפּעטער האָט מען אָנגעזאָגט אַז ד"ר גיל וועט זײַן דער פֿאָרזיצער פֿאַר אַ רעדע וועגן דער נסיעה פֿון דעם ספּריי: דאָס אַליין האָט פֿאַר מיר פֿאַרזיכערט אַ פֿולן עולם. דער זאַל איז אײַנגעפּאַקט געוועןן, און אַ סך האָבן ניט געקענט קומען אַרײַן. אָט די הצלחה האָט מיר געבראַכט גענוג געלט פֿאַר די אַלע נייטיקייטן אין פּאָרט און פֿאַר דעם פֿאָרן אַהיים.

נאָך באַזוכן קימבערלי און פּרעטאָריע, און געפֿינען דעם ספּריי גאַנץ געזונט אין די דאָקן, בין איך צוריקגעגאַנגען צו ווּוּסטער און וועלינגטאָן, שטעט באַרימט פֿאַר די קאָלעדזשן און סעמינאַרן, וואָס איך בין זיי פֿאַרבײַ אויפֿן וועג אַהער, נאָך אַלץ פֿאָרן ווי דער גאַסט פֿון דער קאָלאָניע. די דאַמעס אין אָט די אַנשטאַלטן פֿון דערציִונג האָבן געוואָלט וויסן ווי אַזוי מע זעגלט אײנער אַלײן אַרום דער וועלט, וואָס איך האָב געהאַלטן פֿאַר אַ סימן פֿאַר מער ים־מײַסטערינס אין דער צוקונפֿט ווי ים־מײַסטערס. דאָס וועט נאָך פֿאָרקומען אויב מיר מאַנצבילן האַלטן אין זאָגן מיר "קענען ניט."

קאַפּיטאַן סלאָקום, סער אַלפֿרעד מילנער (מיטן צילינדער), און קאָלאָנעל סאַונדערסאָן, מ.פּ., אויפֿן פּאָדערבאָרט פֿון דעם ספּריי אין קאַפּשטאָט

אויף די פֿליינען אין אַפֿריקע בין איך פֿאַרבײַ הונדערטער מײַלן רײַך נאָר נאָך פּוסט לאַנד, אַחוץ קוסטאַרניק, וואָס דערויף האָבן סטאַדעס שאָף זיך געפּאַשעט. די קוסטן זײַנען געוואַקסן אַן ערך צעשיידט די לענג פֿון אַ שאָף, און זיי, האָב איך געמיינט, זײַנען געווען טאַקע לאַנג אין גוף; נאָר נאָך אַלץ האָבן אַלע געפֿונען אַן אָרט. מײַן בענקשאַפֿט נאָך אַן אָנהאַלט אויף דער יבשה האָט מיך דאָ געכאַפּט, ווו אַזוי פֿיל דערפֿון איז פּוסט געלעגן; נאָר אַנשטאָט בלײַבן צו פֿלאַנצן וועלדער און צוריקברענגען געוויקסן, בין איך צוריק צו דעם ספּריי אין די אַלפֿרעד דאָקן, ווו איך האָב זי געפֿונען וואַרטן אויף מיר, אַלץ ווי עס דאַרף צו זײַן, פּונקט ווי איך האָב זי איבערגעלאָזט.

מע האָט מיך אָפֿט געפֿרעגט ווי אַזוי איז געווען אַז מײַן שיף און דאָס גאַנצע געצײַג זײַנען ניט באַגנבֿעט געוואָרן אין די אַלע פּאָרטן ווו איך האָב זי איבערגעלאָזט אויף טעג אָן שום וועכטער. עס איז פּשוט אַזוי געווען: דער ספּריי האָט זיך קוים געפֿונען צווישן גנבֿים. בײַ די קילינג אינדזלען, בײַ ראָדריגעז, און בײַ אַ סך אַנדערע אַזעלכע ערטער, האָט אַ בינטל קאָקאָס־פֿיברע אין דער שליסללאָך, צו באַווײַזן אַז דער בעל־הבית איז אַוועק, האָט אַלץ פֿאַרזיכערט קעגן אַפֿילו אַ גיריקן בליק. נאָר ווען איך בין געקומען צו אַ גרויסן אינדזל נעענטער צו דער היים, האָב איך געדאַרפֿט שטאַרקע שלעסער; די ערשטע נאַכט אין פּאָרט זײַנען זאַכן וואָס איך האָב איבערגעלאָזט אומבאַדעקט פֿאַרשוווּנדן געוואָרן, גלײַך ווי דער דעק, ווו זיי זײַנען אַוועקגעשטעלט געווען, איז ריין געוואַשן פֿון דעם ים.

אַן אײַנגענעמער באַזוך פֿון אַדמיראַל סער הערשל ראַוסאָן פֿון דער קיניגלעכער פֿלאָט און זײַן משפּחה האָבן געענדיקט דעם ספּרייס גזעזעלשאַפֿטלעכע פֿאַרבינדונגען מיט דעם קאַפּ גוטע האָפֿענונג. דער אַדמיראַל, דעמאָלט אָנפֿירער פֿון דעם דרום אַפֿריקע עסקאַדראָן, און איצט די גרויסע קאַנאַל־פֿלאָט, האָט אַרויסגעוויזן דעם גרעסטן אינטערעס אין דעם קליינעם ספּריי און איר אויפֿפֿירונג לעבן קאַפּ־האָרן, ווו ער איז ניט געווען קיין פֿולקומער פֿרעמדער. איך מוז זיך מודה זײַן אַז איך בין דערפֿרייט געווען מיט דעם שטראָם פֿון אַדמיראַל ראַוסאָנס פֿראַגעס, און אַז איך האָב געפֿונען כּדאַי עטלעכע פֿון זײַנע פֿירלייגן, ניט קוקנדיק אויף דעם גרויסן אונטערשייד צווישן די אייגענע קאָמאַנדעס.

דעם 26סטן מאַרץ, 1898, האָט דער ספּריי אָפּגעזעגלט פֿון דרום אַפֿריקע, דאָס לאַנד פֿון ווײַטקייטן און ריינער לופֿט, ווו זי האָט פֿאַרבראַכט אַן אײַנגענעמע און רוּחדיקע צײַט. דער דאַמף־צישיף טיגרע האָט זי בוקסירט אויפֿן ים פֿון איר געוויינטלעכן אַנקער־אָרט בײַ די אַלפֿרעד דאָקן, און זי געגעבן אַ גוטן אָנהייב. דאָס לײַכטע פֿרימאָרגן־ווינטל, וואָס האָט קוים אָנגעפֿילט אירע זעגלען ווען דער ציִער האָט אָפּגעלאָזט דעם בוקסיר־שטריק, איז באַלד גאַנץ געשטאָרבן, און זי איבערגעלאָזט רײַטנדיק איבער אַ שווערן אויפֿפֿלייץ, מיט טיש־באַרג און די הויכע שפּיצן פֿון דעם קאַפּ גוטע האָפֿענונג קלאָר פֿאַר די אויגן. אויף אַ ווײַלע האָט די גראַנדיעזע פּאַנאָראַמע געאַרבעט צו פֿאַרלײַכטערן די נודנעקייט. איינער פֿון די אַלטע אַרומשיפֿערס (סער פֿראַנציס דרייק, מיין איך), ווען ער האָט ערשט דערזען דעם פּראַכטיקן הויפֿן, האָט געזונגען, "ס'איז די שענסטע זאַך און פּראַכטיקסטער קאַפּ וואָס איך האָב געזען אינעם גאַנצן אַרומנעם פֿון דער וועלט."

דער אויסבליק איז זיכער גאָר שיין געווען, נאָר מע וויל ניט הײַען זיך צו לאַנג עפּעס צו באַקוקן אין אַ שטילקייט, און עס האָט מיך דערפֿרייט צו באַמערקן, סוף־כּל־סוף, דעם

קורץ אויפֿהייבנדיקן ים, אַ פֿאַרשפּיל צו דעם ווינט וואָס איז געקומען אויפֿן צווייטן טאָג. ים־הינט האָבן געשפּילט אַרום דעם ספּריי דעם גאַנצן טאָג, איידער עס איז געקומען דאָס ווינטל, און געקוקט מיט גרויסע אויגן ווען דעם אָוונט איז זי מער ניט געזעסן ווי אַ פֿוילער פֿויגל מיט פֿאַרלייגטע פֿליגלען. זיי האָבן זיך איצט געזעגנט, און דער ספּריי האָט געזעגלט ווײַטער ביז די הויכע שפּיצן פֿון די בערג זײַנען אַרויס פֿון אויגנגרייך און די וועלט האָט זיך געביטן פֿון בלויז אַ ברייטן אויסבליק אויף דער ליכט פֿון אַ נסיעה אַהיים. ים־חזירים און דעלפֿינען, און יענע אַנדערע פֿיש וואָס קענען גרינג שווימען איין הונדערט און פֿופֿציק מײַלן צו אַ טאָג, זײַנען געווען איר באַלייטערס אויף עטלעכע טעג. דער ווינט איז געקומען פֿון דעם דרום־מיזרח; דאָס איז געווען גוט גינציק פֿאַר דעם ספּריי, און זי איז ווײַטער געלאָפֿן כּסדר מיט איר בעסטער גיכקייט, בעת איך האָב זיך אײַנגעטונקען אין די נײַע ביכער וואָס מע האָט מיר געגעבן בײַ דעם קאַפּ, האָב איך געלייענט טאָג ווי נאַכט. דעם 30סטן מאַרץ איז פֿאַר מיר געווען אַ תּענית לכּבֿוד זיי. איך האָב ווײַטער געלייענט, אומוויסיק פֿון הונגער אָדער ווינט אָדער ים, האָב איך געמיינט אַז אַלץ גייט גוט, ביז מיט איין מאָל האָט אַ כוואַליע זיך געקײַקלט איבערן הינטערבאָרט און פּליושקעט חוצפּהדיק אַרײַן אין דער קאַבינע, דורכגעווייקט דאָס סאַמע בוך וואָס איך לייען. עס איז קלאָר געווען שוין צײַט צו נעמען אַ ריף, אַזוי אַז זי זאָל זיך ניט טאָפּטשען אויף איר גאַנג.

"לייענען טאָג ווי נאַכט"

דעם 31סטן מאַרץ איז דער פֿרישער דרום־מיזרחדיקער ווינט געקומען און געבליבן. דער ספּריי איז געלאָפֿן אונטער אַ הויפּטזעגל מיט איין ריף, אַ גאַנצן דזשיב, און דערצו אַ פֿלי־דזשיב אויפֿגעשלאָגן אויף דעם ווײַלימאַ יאַמש, בעת איך האָב געהאַלטן אין לייענען

סטיווענסאָנס מחיהדיקן "**אינלאַנדישע נ**סיעה." די שליופּקע האָט איצט געטאָן איר אַרבעט גלאַט, קוים קײַקלען זיך, נאָר פּשוט שפּרינגען ווײַטער צווישן די ווײַסע פערד, מיט אַ טויזנט טיאָפּקענדיקע ים־חזירים ווי באַלייטערס אויף אַלע זײַטן. זי איז נאָך אַ מאָל צווישן די אַלטע פרײַנד, די פליי־פיש, אינטערעסאַנטע אײַנוווינערס אין ים. שיסנדיק אַרויס פון די כוואַליעס ווי פײַלן, און מיט אויסגעשטרעקטע פליגלען, האָבן זיי געזעגלט אויף דעם ווינט אין גראַציעזע בויגנס, און דעמאָלט פאַלנדיק אַראָפּ נאָך אַ מאָל ביז זיי רירן אָן די קאַמען פון די כוואַליעס, כּדי צו באַנעצן די דעליקאַטע פליגלען און פליִען ווײַטער. זיי האָבן זיך גוט פאַרווײַלט דעם גאַנצן טאָג. איינער פון די הנאהדיקע בליקן אויפן ים אויף אַ העלן טאָג איז דאָס כּסדרדיק פליִען פון אָט די אינטערעסאַנטע פיש.

מע האָט ניט געקענט עלנט זײַן אויף אַזאַ ים. און דערצו האָט דאָס לייענען פון מחיהדיקע אַוואַנטורעס פאַרשטאַרקט די סצענע. איך בין איצט געווען אויף דעם **ס**פרײַ און אויף דעם **א**ואַז[א] אין דעם *אַרעטוזאַ* אין דער זעלבער רגע. און אַזוי האָט דער **ס**פרײַ אויסגעציילט די מײַלן, מיט אַ גוטן לויף יעדן טאָג ביז דעם 11טן אַפּריל, וואָס איז געקומען שיִער ניט איידער איך האָב געוווּסט. גאָר פרי דעם אינדערפרי בין איך אויפגעוועקט געוואָרן פון דעם זעלטענעם פויגל, דער טעלפּעל, מיט זײַן גרילציק קוואַקען, וואָס איך האָב תּיכּף דערקענט ווי אַ רוף אויפן דעק; עס איז געווען ווי צו זאָגן, "שקיפּער, ס'איז דאָ לאַנד צו דערזען." איך בין גיך אַרויסגעשפּרונגען, און כּך־הווה, ווײַט פאָרויס אין דעם אומקלאָרן פאַרנאַכט, ווײַט אַ צוואַנציק מײַלן, איז געווען **ס**אַנקט־**ה**עלענע.

מײַן ערשטער אימפּולס איז געווען אויסצושרײַען, "אָ, אַזאַ פלעק אויף דער ים!" אין דער אמתן איז עס נײַן מײַלן אין דער לענג און צוויי טויזנט אַכט הונדערט מיט דרײַ־און־צוואַנציק פוס אין דער הייך. איך האָב דערלאַנגט נאָך אַ פלאַש פאָרטווײַן פון דעם שענקל און געגומען אַ לאַנגן שלונג פון אים ווי אַ לחיים צו מײַן אומזעעוודיקן שטורמאַן — דער פּילאָט פון דעם *פינטאַ*.

[א] River Oise – אי'ה

קאַפּיטל נײַנצן

אויף דעם אינדזל פֿון נאַפּאָלעאָנס גלות – צוויי רעדעס – אַ גאַסט אין דעם שד־צימער אין פּלאַנטאַציע־הויז – אַן עקסקורסיע צו היסטאָרישן לאַנגוואַלד – קאַווע אין דעם שאָלעכץ, און אַ ציג דאָס צו צעקנאַקן – דעם ספּרייס שלעכט מזל מיט חיות – אַ פֿאָראורטייל קעגן קליינע הינט – אַ שטשור, די באָסטאָנער שפּין, און דער קאַניבאַל גריל – אויפֿשטײַג אינדזל

עס איז געווען אַן ערך האַלבן טאָג ווען דער ספּריי איז געקומען אַנקערן אין דזשיימזשטאָט, און "די גאַנצע מאַנשאַפֿט" איז תּיכּף געגאַנגען אויף דער יבשה אָפּצוגעבן כּבֿוד צו זײַן עקסצעלענץ דער גובערנאַטאָר פֿון דעם אינדזל, סער ר. אַ. סטערנדייל. זײַן עקסצעלענץ, ווען איך האָב געלאַנדט, האָט באַמערקט אַז הײַנט צו טאָג איז נאָר זעלטן וואָס אַן אַרומשיפֿער איז צו אים געקומען, און ער האָט מיך פֿרײַנדלעך באַגריסט און אַראַנזשירט אַז איך זאָל האַלטן אַ רעדע וועגן דער נסיעה, ערשט אין דעם גאָרטן־זאַל פֿאַר די לײַט פֿון דזשיימזשטאָט, און דערנאָך אין פּלאַנטאַציע־הויז – דעם גובערנאַטאָרס וווינונג, אין די בערגלעך ווײַט אַ מײַל צוויי – פֿאַר זײַן עקסצעלענץ און די אָפֿיצירן פֿון דעם גאַריזאָן און די פֿרײַנד זייערע. מ"ר פּול, אונדזער בכּבֿודיקער קאָנסול, האָט מיך פֿאָרגעשטעלט אין דעם שלאָס, און במשך פֿון זײַנע באַמערקונגען האָט ער געטענהט אַז דער ים־שלאַנג איז געווען אַ יאַנקי.

רעכט קיניגלעך האָט דער גובערנאַטאָר פֿאַרווײַלט די מאַנשאַפֿט פֿון דעם ספּריי. איך בין געבליבן אַ פּאָר טעג אין פּלאַנטאַציע־הויז, און ווײַל איינער פֿון די צימערן אין דעם גבֿירישן הויז, וואָס מע רופֿט אים אָן דער "מערבֿ־צימער," איז באַוווינט מיט שדים, האָט דער הויז־באַדינער, לויט דעם באַפֿעל פֿון זײַן עקסצעלענץ, מיר דאָרט אײַנגעשטעלט – ווי אַ פּרינץ. באמת, זיך צו פֿאַרזיכערן אַז מע האָט ניט געהאַט קיין טעות, איז זײַן עקסצעלענץ אַליין שפּעטער געקומען צו זען אַז איך בין אין דעם ריכטיקן צימער, און מיר צו דערציילן אַלץ וועגן די שדים וואָס ער האָט געזען אָדער געהערט וועגן זיי. ער האָט אַנטדעקט אַלע אַחוץ איינעם, און בײַ ווינטשן מיר אײַנגענעמע חלומות, האָט ער ווײַטער געהאָפֿט אַז דער אומבאַקאַנטער וועט מיר אָפּגעבן דעם כּבֿוד פֿון קומען צו גאַסט. במשך פֿון וואָס בלײַבט פֿון דער נאַכט האָב איך געלאָזט דאָס ליכטל ברענען, און אָפֿט אַרויסגעקוקט פֿון אונטער די קאָלדרעס, געטראַכט אַז אפֿשר וועל איך זיך באַגעגענען מיט דעם גרויסן נאַפּאָלעאָן פּנים־אל־פּנים; אָבער איך האָב געזען נאָר מעבל, און די פּאָדקאָווע איבער דער טיר אַנטקעגן מײַן בעט.

סאַנקט־העלענע איז געווען אַן אינדזל פֿון טראַגעדיעס – טראַגעדיעס וואָס זײַנען פֿאַרגעסן געוואָרן אין די יללות איבער דעם קאָרסיקען. אויף דעם צווייטן טאָג פֿון מײַן באַזוך האָט דער גובערנאַטאָר מיך גענומען אויף די קאַרעטע־וועגן דורך די אויסדרייען איבערן אינדזל. בײַ איין פּונקט אין אונדזער פֿאָר האָט דער וועג, בײַם שלענגלענדיק זיך אַרום די קאַמען און יאַרן, געפֿורעמט אַ שלמותדיקן "W" אינעווייניק פֿון עטלעכע יאַרדן. די וועגן, כאָטש געדרייטע און שטאָציקע, זײַנען נישקשה גוט, און איך בין באַרושמט געוואָרן מיט דעם סכום אַרבעט אַרײַן אין זייער אויסבוי. די לופֿט אין די הייכן איז קיל געווען און דערפֿרישנדיק. מע זאָגט אַז, זינט דער צײַט ווען מע קוקט קרום אויף אויפֿהענגען צוליב פֿאַרברעכערישע קלייניקייטן, איז קיינער דאָרט ניט געשטאָרבן, אַחוץ צוליב אַראָפּפֿאַלן פֿון די סקאַלעס אין דער זיקנה, אָדער צעדריקט פֿון שטיינער

קײַקלענדיק זיך אַראָפּ אויף זײ פֿון די שטאָציקע בערג! מכשפֿות זײַנען אַ מאָל געווען אָנהאַלטנדיק אויף סאַנקט־העלענע, ווי בײַ אונדז אין אַמעריקע אין די טעג פֿון קאָטאָן מאַטהער. הײַנט צו טאָג איז פֿאַרברעכערײַ זעלטן אויף דעם אינדזל. בעת איך בין דאָרט געווען, האָבן די יורידישע אָפּיצירן געגעבן גובערנאַטאָר סטערנדייל אַ פּאָר ווײַסע הענטשקעס, ווי אַן אָנערקענונג אַז קײן אײנציקער פֿאַרברעך־פֿאַל איז ניט געקומען פֿאַר דעם געריכט דאָס יאָר.

צוריק אין דזשיימזשטאָט פֿון דעם גובערנאַטאָרס הויז, בין איך געפֿאָרן מיט מ"ר קלאַרק, מײַנעם אַ לאַנדסמאַן, צו "לאַנגוואַלד," נאַפּאָלעאָנס וווינונג. מ. מאָרילאָ, דער פֿראַנצײזישער קאָנסול־אַגענט, האַלט דעם אָרט לײַטיש און די געבײַדעס גוט אויפֿגעהאַלטן. זײַן משפּחה, אַ ווײַב און דערוואַקסענע טעכטער, זײַנען אָרטיקע, מיט מאַנירן הײפֿיש און ראַפֿינירט, פֿאַרברענגט דאָ טעג, חדשים, און יאָרן פֿון צופֿרידנקייט, כאָטש זײ האָבן קײן מאָל ניט געזען די וועלט איבער דער האָריזאָנט פֿון סאַנקט־העלענע.

דעם 20סטן אַפּריל איז דער ספּריי נאָך אַ מאָל גרייט פֿאַרן ים. אײדער איך בין געגאַנגען אויפֿן באָרט האָב איך געגעסן אָנבײַסן מיט דעם גובערנאַטאָר און זײַן משפּחה אין דעם שלאָס. די דאַמע סטערנדייל האָט פֿרי אין דער פֿרי געשיקט אַ פֿרוכטקוכן פֿון פּלאַנטאַציע־הויז מיטצונעמען אויף דער נסיעה. עס איז אַ גרויסער געווען, אַ הויכער, און איך האָב נאָר אַ ביסל פֿון אים געגעסן, האָב איך געמיינט, נאָר עס האָט ניט אויסגעהאַלטן אַזוי לאַנג ווי איך האָב געהאָפֿט. איך האָב דאָס לעצטע שטיקל געגעסן צוזאַמען מיט מײַן ערשטן טעפּל קאַווע אין אַנטיגואַ, מערבֿ־אינדיע, וואָס איז געווען נאָך אַלעמען שוין אײן מאָל אַ רעקאָרד. דער פֿרוכטקוכן וואָס מײַן שוועסטער האָט מיר געמאַכט אויף דעם קלײנעם אינדזל אין דער פֿונדי־בוכטע, בײַם אָנהייב פֿון דער נסיעה, האָט אויסגעהאַלטן אַן ערך די זעלבע צײַט, דאָס הייסט, צוויי־און־פֿערציק טעג.

נאָכן אָנבײַסן האָט מען צוגעגרייט דעם קיניגלעכן פּאָסט פֿאַר אויפֿשטײַג, דעם אינדזל וואָס קומט איצט אויף מײַן גאַנג. דערנאָך זײַנען מ"ר פּול און זײַן טאָכטער געקומען אויף דעם ספּריי פֿאַר אַ געזעגענונג־באַזוך, און מיר געבראַכט אַ קויש פֿרוכטן. עס איז געווען שפּעט אין אָוונט אײדער דער אַנקער איז אַרויף, און איך בין אָפּגעפֿאָרן מערבֿ צו, אָן חשק איבערצולאָזן די נײַע פֿרײַנד. נאָר פֿרישע ווינטן האָבן נאָך אַ מאָל אָנגעפֿילט דער שליופּקעס זעגלען, און איך האָב באַקוקט די סיגנאַל־ליכט בײַ פּלאַנטאַציע־הויז, דעם גובערנאַטאָרס געזעגענונג־סיגנאַל צו דעם ספּריי, ביז דער אינדזל ווערט פֿאַרשוווּנדן אין דעם פֿינצטערניש אויף הינטן און איז אײנס געוואָרן מיט דער נאַכט, און האַלבע נאַכט איז די ליכט אַלײן פֿאַרשוווּנדן געוואָרן אונטער דעם האָריזאָנט.

ווען דער אינדערפֿרי איז געקומען איז געווען ניט קײן לאַנד צו דערזען, נאָר דער טאָג איז געגאַנגען ווי די טעג פֿריִער, אַחוץ אײן קלײן געשעעניש. גובערנאַטאָר סטערנדייל האָט מיר געגעבן אַ זאַק קאַווע אין די שאָלן, און קלאַרק, דער אַמעריקאַנער, אין אַ בייזן מאָמענט, האָט אַוועקגעשטעלט אַ ציג אויפֿן באָרט, "כּדי צו בוצקען דעם זאַק און אײַלן די קאַווע־בעבלעך אַרויס פֿון די שויטן." ער האָט פֿירגעלייגט אַז די חיה, ווי אַ צוגאָב צו זײַן ניצלעך, וועט זײַן אַזוי גוט־פֿרײַנדלעך ווי אַ הונט. איך האָב זיך באַלד דערוווּסט אַז מײַן זעגלען־באַלייטער, אָט דער מין הונט מיט הערנער, מוז מען אין גאַנצן צובינדן. דעם טעות וואָס איך האָב געהאַט איז געווען וואָס איך האָב אים ניט צוגעקייטלט צו דעם מאַסט, אַנשטאָט אים צובינדן ניט אַזוי זיכער מיט גראָז־שטריקן, וואָס איך האָב

זיך דערוווּסט מיט קאַסטן. אַחוץ דעם ערשטן טאָג, איידער די חיה איז צוגעוויינט געוואָרן צום ים, האָב איך ניט געהאַט קיין מנוחת־הנפֿש. דערנאָך, אָנגעשטעלט פֿון אַ טבֿע געבוירן אפֿשר פֿון זײַן פֿאַשע, האָט דער דאָזיקער פֿאַרגוּפֿונג פֿון בייזקייט געהאַלטן בײַם אויפֿעסן אַלץ פֿון דעם פֿלײַ־דזשיב צו די הינטערבאָרט־הייבשטאַנגען[א]. ער איז געווען דער ערגסטער ים־גזלן וואָס איך האָב באַגעגנט במשך פֿון דער גאַנצער נסיעה. ער האָט אָנגעהויבן מיט זײַנע פֿאַרוויסטונגען מיט עסן מײַן קאַרטע פֿון דער מערבֿ־אינדיע אויף איינעם אַ טאָג אין דער קאַבינע, בעת איך האָב געאַרבעט אויף פֿאָרנט, ווען איך האָב געמיינט אַז דאָס באַשעפֿעניש איז זיכער צוגעבונדן געווען אויפֿן דעק בײַ די פּאָמפּעס. אַ שאָד! עס איז ניט געווען פֿאַראַן אַ שטריק אויף דער שליופּקע באַוואָרנט קעגן דער ציגס שרעקלעכע ציין!"

עס איז געווען קלאָר פֿונעם סאַמע אָנהייב אַז דאָס מזל מײַנס איז שלעכט געווען לגבי חיות אויפֿן באָרט. עס איז געווען דער בוים־קראַב פֿון די קילינג אינדזלען. באַלד ווי ער האָט אַרויסגעשטעקט אַ קלעמערל אַרויס פֿון עם תּפֿיסה־קאַסטן, איז מײַן ים־רעקל, וואָס איז געהאַנגען צו דערגרייכן, צעריסן געוואָרן אין פּאַסן. אויפֿגעמונטערט פֿון אָט דער הצלחה, האָט עס אָפֿן צעשמעטערט דאָס קעסטל און אַנטלאָפֿן אין דער קאַבינע אַרײַן, האָט עס זאַכן צעריסן אין אַלגעמיין, און צום סוף מיך געסטראַשעט מיט טויט אין דעם פֿינצטערניש. איך האָב געהאַט געהאָפֿט ברענגען דאָס באַשעפֿעניש אַהיים אַ לעבעדיקער, אָבער דאָס איז ניט געווען מיגלעך. דערנאָך האָט דער ציג אויפֿגעגעסן מײַן שטרויענעם הוט, און דערפֿאַר האָב איך ניט געהאַט וואָס צו טראָגן אויפֿן קאָפּ אויף דער יבשה ווען איך בין אַרײַן אין אַ פּאָרט. די דאָזיקע לעצטע אומפֿרײַנדלעכע טוּונג האָב באַשטימט זײַן גורל. דעם 27סטן אַפּריל איז דער ספּריי אָנגעקומען בײַ אויפֿשטײַג, וואָס איז באַזעצט געווען פֿון דער מאַנשאַפֿט פֿון אַ קריגשיף, און דער באָצמאַן[ב] פֿונעם אינדזל איז געקומען אויפֿן באָרט. ווען ער איז אַרויס פֿון שיפֿל איז דער בונטאַרישער ציג אַרײַן דערין, און זיך געשטעלט אַנטקעגן דעם באָצמאַן און דער מאַנשאַפֿט. איך האָב זיי תּיכף געדונגען צו לאַנדן דעם מנוול, וואָס זיי האָבן געטאָן מיט חשק, און דאָרט איז עס אַרײַן אין די הענט פֿון אַ היפּש פֿײַנעם שאָטלענדער, און עס איז אַ סבֿרא אַז עס וועט קיין מאָל ניט אַנטלויפֿן. עס איז מיר באַשערט געווען זעגלען נאָך אַ מאָל אַרײַן אין די טיפֿן פֿון עלנטקייט, נאָר די דאָזיקע איבערלעבונגען האָבן ניט געהאַט קיין שלעכטע פּעולה אויף מיר; פֿאַרקערט, איז אַ געפֿיל פֿון באַרעמהאַרציקייט און גוטן ווילן אַפֿילו געוואַקסן שטאַרקער אין מײַן טבֿע צוליב דעם איבערטראַכטן אָט די פּראַקטיקע שעהען אויפֿן ים.

אין דער עלנטקייט פֿון דעם כמאַרנעם לאַנד אַרום קאַפּ־האָרן, האָב איך זיך געפֿונען אַז איך קען ניט פֿאַרטראָגן נעמען אַפֿילו איין לעבן פֿון דער וועלט, אַחוץ בזי פֿאַרטיידיקן זיך, און בײַם זעגלען איז אָט דער שטריך פֿון דער טבֿע פֿון אַ נזיר געוואַקסן ביז די דערמאָנונג פֿון דערהרגענען חיות פֿאַר עסנוואַרג איז מיר עקלדיק געוואָרן. מילא וויפֿל איך וואָלט געגעסן אַ הינדל־געדישעכץ דערנאָך אין סאַמאָאַ, האָט דער נײַער איך זיך געבונטעוועט מיט דעם געדאַנק דאָרט פֿירגעלייגט פֿון ברענגען הינער צו דערהרגענען פֿאַר עסן במשך פֿון דער נסיעה, און מ"רס סטיווענסאָן, ווען זי האָט געהערט מײַן

[א] stern-davits – א'ה

[ב] boatswain/bosn – א'ה

פּראָטעסט, האָט מסכּים געווען מיט מיר דערויף אַז צו דערהרגענען די באַלייטערס אויף מײַן נסיעה און זיי עסן וואָלטן טאַקע געווען נאָענט צו מאָרד און מענטשן־פֿרעסערײַ.

וואָס שייך שטוב־חיות, איז ניט געווען קיין אָרט פֿאַר אַן איידעלן גרויסן הונט אויף דעם **ספּריי** אויף אַזאַ לאַנגער נסיעה, און אַ קליינער הויפֿהונט איז פֿאַרבונדן אין מײַן מוח שוין יאָרן מיט דעם וואַסערשרעק. איך האָב אַליין געזען אַ מאָל דעם טויט פֿון אַ פֿײַנעם יונגן **ד**ײַטש פֿון יענער שוידערלעכער קרענק, און אַן ערך אין דער זעלבער צײַט געהערט פֿון דעם טויט, אויך צוליב וואַסערשרעק, פֿון דעם יונגן הער וואָס האָט נאָר וואָס פֿאַרשריבן פֿאַר מיר פֿאַרזיכערונג אויף זײַן געזעלשאַפֿטס ביכער. איך האָב געזען די גאַנצע מאַנשאַפֿט פֿון אַ שיף יאָגנדיק זיך אַרויף אין דעם געשטריק אויסצומײַדן אַ הונט וואָס לויפֿט משוגענערהייט אַרום די דעקן. עס וואָלט געטויגט גאַנץ ניט, האָב איך געטראַכט, אַז די מאַנשאַפֿט פֿון דעם **ספּריי** זאָל זיך ריזיקירן מיט אַ הונט, און מיט אָט די יושרדיקע פֿאָראורטלען פֿעסט געשטעמפּלט אין מוח, האָב איך, האָב איך מורא, אומגעדולדיק געענטפֿערט צו אָפֿט די פֿראַגע, "צי האָט איר ניט קיין הונט!" מיט "איך און דער הונט וואָלטן ניט לאַנג געבליבן אויף דעם זעלבן שיפֿל, אין אַלע זינען." אַ קאַץ וואָלט געווען אַן אומשעדלעכע חיה, רעכן איך, נאָר עס איז ניט געווען וואָס צו טאָן אויפֿן באָרט פֿאַר אַ קעצל, און זיי זײַנען צום בעסטן ניט־חבֿרותאדיקע חיות. באמת איז אַ שטשור געקומען אויף מײַן שיף אין די קילינג **ק**אָקאָס **א**ינדזלען, און נאָך איינער בײַ **ר**אָדריגעז, צוזאַמען מיט אַ פּערציק־פּיסל וואָס האָט זיך אַוועקגעשטעלט אין דעם טריום, נאָר איינער פֿון זיי האָב איך אַרויסגעטריבן פֿון דער שיף און דעם צווייטן האָב איך פֿאַרכאַפּט. אַזוי איז דאָס געווען: פֿאַר דעם ערשטן, מיט טירחה אָן אַ סוף, האָב איך געשאַפֿן אַ פּאַסטקע, מיט דער בדעה אים צו כאַפּן און צעשטערן; נאָר דער כיטרער נאָגער, ניט אָפּגענאַרט צו ווערן, האָט פֿאַרשטאַנען דעם רמז און זיך גענומען אויף דער יבשה דעם זעלבן טאָג ווען דער חפֿץ איז פֿאַרטיק געווען.

עס איז, לויט טראַדיציע, אַ שטאַרק פֿאַרזיכערנדיקער סימן, צו געפֿינען שטשורעס קומען אַרײַן אויף אַ שיף, און איך האָב געמיינט אַז איך וועט פֿאַרטראָגן דעם וויסנדיקן פֿון **ר**אָדריגעז; נאָר אַ ריס אין דיסציפּלין האָט באַשלאָסן דעם ענין קעגן אים. בעת איך האָב געשלאָפֿן איין נאַכט, מיט דער שיף זעגלענדיק ווײַטער, האָט ער באַשלאָסן צו גיין צו פֿוס איבער מיר, ערשט אויפֿן אויבן פֿון קאָפּ, וואָס דערוועגן בין איך שטענדיק זייער שפּירעוודיק. איך שלאָף לײַכט. איידער זײַן חוצפּה האָט אים געבראַכט ביז מײַן נאָז אַפֿילו, האָב איך געשריגן "שטשור!" און אים געכאַפּט מיטן עק און געוואָרפֿן אַרויס פֿון דער קאַבינע־טיר אין ים אַרײַן.

און וואָס שייך דעם פּערציק־פּיסל, האָב איך ניט געוווּסט אַז עס איז דאָ געווען ביז דער צרהדיקער אינסעקט, גאַנץ פּיס און סם, האָט אָנגעהויבן בײַ מײַן קאָפּ, ווי דער שטשור, און מיך אויפֿגעוועקט מיט אַ שאַרפֿן ביס אויף מײַן סקאַלפּ. וואָס איז מיר אויך ניט צו פֿאַרטראָגן. נאָך עטלעכע אָנווענדונגען פֿון נאַפֿט האָט דער פֿאַרסמטער ביס, ערשט ווייטיקדיק, מיך מער ניט געשטערט.

פֿון דעמאָלט אָן אויף אַ ווײַלע האָט קיין לעבעדיקע זאַך ניט געשטערט מײַן איינזײַן; ניט קיין אינסעקט אַפֿילו איז געווען צו געפֿינען אויף מײַן שיף, אַחוץ דעם שפּין און זײַנע פֿרוי, פֿון **ב**אָסטאָן, איצט מיט אַ משפּחה יונגע שפּינען. גאָרנישט, זאָג איך, ביז זעגלען אַראָפּ אויף דעם לעצטן טייל פֿון דעם **א**ינדישער **אָ**קעאַן, ווו קאָמאַרן זײַנען געקומען אין

הונדערטער פֿון דעם רעגן־װאַסער שװער אַראָפּ פֿון הימל. פּשוט איז אַ פֿאַס רעגן־װאַסער געשטאַנען אױפֿן דעק פֿינף טעג, מײן איך, אין דער זון, און דעמאָלט האָט זיך אָנגעהױבן די מוזיק. איך האָב תּיכּף דערקענט דעם קלאַנג; עס איז געװען דער זעלבער צו הערן פֿון **אַ**לאַסקע ביז **נ**יו־**אָ**רלעאַנס.

אַן אַנדער מאָל אין **ק**אַפּשטאָט, בײַם װאַרמעס אין אַ רעסטאָראַן, בין איך שטאַרק געפֿעלן געװאָרן מיט דעם געזאַנג פֿון אַ גריל, און **מ**"ר **ב**ראַנסקאָם, מײַן גאַסטגעבער, האָט זיך אָנגעבאָטן פֿאַרכאַפּן פֿאַר מיר אַ פּאָר פֿון זײ. מע האָט זײ געשיקט אױפֿן באָרט אױף מאָרגן אין אַ קעסטל באַצײכנט, "**פּ**לוטאָ און **ב**אַנדיט." איך האָב זײ אַװעקגעשטעלט אין דעם קאָמפּאַס־קעסטל אין זײער אײגן נורעדיק קעסטל און זײ דאָרט איבערגעלאָזט אָן עסן ביז איך בין שױן אױפֿן ים – עטלעכע טעג. איך האָב קײן מאָל ניט געהערט פֿון אַ גריל עסן. עס האָט זיך אױסגעװיזן אַז **פּ**לוטאָ איז געװען אַ קאַניבאַל, װאָרן נאָר די פֿליגלען פֿון דעם נעבעכדיקן **ב**אַנדיט זײַנען צו זען װען איך האָב געעפֿנט דאָס דעקל, ליגנדיק צעבראָכן אױף דער פּאַדלאָגע פֿון דעם תּפֿיסה־קעסטל. מיט **פּ**לוטאָ אַלײן אַפֿילו איז אױך שװער געגאַנגען, װאָרן ער איז געלעגן אױפֿן רוקן, האַרב און שטײַף, װעט ער קײן מאָל ניט טשיריקען נאָך אַ מאָל.

אױפֿשטײַג **א**ינדזל, װוּ דער ציג איז געבליבן אױף הפֿקר, רופֿט מען אָן דעם **ש**טײנערנעם **פֿ**ריגאַט, ק.**פֿ**., און האַלט אים פֿאַר "טענדער"[א] צו דער **ד**רום **אַ**פֿריקע **ע**סקאַדראָן. עס ליגט אין 7°, '35 דרום־ברײט און 14°, '25 מערבֿ לענג, פּונקט אין דעם האַרץ פֿון די דרום־מיזרחדיקע פּאַסאַטװינטן, און אַן ערך אַכט הונדערט מיט פֿערציק מײַלן פֿון דעם ברעג פֿון **ל**יבעריע. עס איז אַ מעסע װולקאַנישער שטאָף, אַרױפֿגעװאָרפֿן פֿון דעם אָקעאַן־געלעגער ביז אַ הײך פֿון צװײ טױזנט אַכט הונדערט און אַכצן פֿוס בײַ דעם העכסטן פּונקט איבערן ים־שפּיגל. עס איז אַ סטראַטעגישער אָרט און האָט געהערט צו **ג**רױס־**ב**ריטאַניע אײדער עס איז קאַלט געװאָרן. אין דער באַגרענעצטער נאָר רײַכער ערד אױפֿן אױבן פֿונעם אינדזל, צװישן די װאָלקנס, האָט געװעקס אָנגעהױבן שפּראָצן, און אַ ביסל װיסנשאַפֿטלעכע ערדאַרבעט האָט מען דורכגעפֿירט אונטערן אױפֿזע פֿון אַ הער פֿון **ק**אַנאַדע. דערצו האָט מען געפּאַשעט עטלעכע פֿיך און שאָף פֿאַר דעם גאַרניזאָנס עסערײַ. אָפּלײגן װאַסער טוט מען אױף אַ גרױסן פֿאַרנעם. בקיצור, אָט דער הױפֿן אַש און לאַװע־שטײן איז גוט צוגעשטעלט און באַפֿעסטיקט, און װאָלט געקענט אױסהאַלטן אַ באַלעגערונג.

באַלד נאָך דעם אָנקום פֿון דעם **ס**פּרײ האָב איך באַקומען אַ צעטל פֿון **ק**אַפּיטאַן **ב**לאַקסלאַנד, דער קאָמענדאַנט פֿון דעם אינדזל, װאָס דערין האָט ער מיר אַ דאַנק איבערגעגעבן פֿאַר דעם קיניגלעכן פּאָסט געבראַכט פֿון **ס**אַנקט־**ה**עלענע, און מיך פֿאַרבעטן אױף אָנבײַסן מיט אים און דער פֿרױ און שװעסטער בײַ דער הױפּטקװאַרטיר, ניט װײַט אַװעק. איך דאַרף ניט זאָגן אַז איך האָב תּיכּף אָנגענומען דעם קאַפּיטאַנס גאַסטפֿרײַנדלעכקײט. אַ קאַרעטע האָט געװאַרט בײַ דעם דאָק װען איך האָב געלאַנדט, און אַ מאַטראָס מיט אַ ברײטן שמאָך האָט פֿאַװאָליע געפֿירט דאָס פֿערד באַרג־אַרױף צו דעם קאַפּיטאַנס הױז, גלײַך װי איך בין געװען אַ לאָרד פֿון דער אַדמיראַלשאַפֿט און אַ גובערנאַטאָר דערצו; און ער האָט עס גלײַך אַזױ פֿאַװאָליע געפֿירט באַרג־אַראָפּ װען איך בין צוריקגעגאַנגען. אױף מאָרגן בין איך געגאַנגען זען דעם שפּיץ אין די װאָלקנס, מיט

[א] tender: אַ זאַפּאַס־שיף – אי"ה

דער זעלבער קאָמאַנדע צו דער האַנט, און דעם זעלבן אַלטן מאַטראָס פֿירנדיק דאָס פֿערד. עס איז מסתּמא ניט קיין מענטש אויף דעם אינדזל פּונקט דעמאָלט וואָס קען גיין בעסער צו פֿוס ווי איך. דער מאַטראָס האָט דאָס געוווּסט. צום סוף האָב איך פֿירגעלייגט אַז מיר זאָלן איבערבײַטן די ערטער. "לאָמיך נעמען די צוים," האָב איך געזאָגט, "דאָס פֿערד זאָל זיך ניט צעספּוזשען." "**ג**רויסער **ש**טיינערנער **פֿ**ריגאַט!" האָט ער אויסגערופֿן, און זיך צעלאַכט, "דאָס דאָזיק' פֿערד וואָלט זיך ניט צעספּוזשען גיכער ווי אַ טשערעפּאַכע. אויב איך וואָלט אים ניט שווער געשלעפּט, וואָלטן מיר קיין מאָל ניט קומען אַרײַן אין פּאָרט." איך בין געגאַנגען צו פֿוס ס'רובֿ פֿונעם וועג איבער די שטאָציקע ערטער, און דערנאָך איז מײַן וועגווײַזער, אַ שלמותדיקער מאַטראָס, מײַן פֿרײַנד געוואָרן. ווען איך בין אָנגעקומען אויפֿן אויבן פֿון דעם אינדזל האָב איך זיך באַקאַנט געמאַכט מיט **מ**"ר **ש**אַנק, דעם פֿאַרמער פֿון **ק**אַנאַדע, און זײַן שוועסטער, וואָס וווינען גאָר געמיטלעך אין אַ הויז צווישן די שטיינער, אַזוי נורעדיק ווי אַ פֿײַפֿער, און גלײַך אַזוי בשלום. ער האָט מיך אַרומגעפֿירט איבער דער פֿערמע, דורך אַ טונעל וואָס פֿירט פֿון איין פֿעלד ביז דעם צווייטן, צעשיידט פֿון אַן אומגרייכלעכן קאַם פֿונעם באַרג. **מ**"ר **ש**אַנק האָט מיר געזאָגט אַז ער האָט פֿאַרלוירן אַ סך קי און בוקעס און אָקסן, און אויך שאָף, דורך סיבות איבער די שטאָציקע סקאַלעס און תּהומען. איין קו, האָט ער געזאָגט, וואָלט אַ מאָל אָפּשטויסן אַ צווייטער פּונקט איבער אַ תּהום ביז צעשטערונג, און וואָלט גיין ווײַטער פּאַשען זיך גאַנץ ניט געאַרט. עס האָט זיך געדאַכט אַז די חיות אויף דער אינדזל־פֿערמע, ווי מענטשן אויף דער גאָרער וועלט, האָבן עס געפֿונען צו קליין.

דעם 26סטן אַפּריל, בעת איך בין געווען אויף דער יבשה, זײַנען געקומען קײַקלערס וואָס מאַכן אוממיגלעך לאַנצירן אַ שיפֿל. אָבער ווײַל די שליופּקע איז פֿעסט צוגעבונדן צו אַ בויע אין טיפֿן וואַסער אַרויס פֿון די ברעכערס, איז זי זיכער געווען, בעת איך, אין דער בעסטער קוואַרטיר, האָב זיך צוגעהערט צו גוט־דערציילטע מעשׂיות פֿון די אָפֿיצירן פֿון דעם **ש**טיינערנעם **פֿ**ריגאַט. דעם אָוונט אויף דעם 29סטן, מיטן ים פֿאַרשטילט, בין איך געגאַנגען אויפֿן באָרט און אָנגעהויבן די צוגרייטונגען אָפּצופֿאָרן פֿרי אויף מאָרגן אויף מײַן נסיעה, האָבן דער באָצמאַן פֿונעם אינדזל און זײַנע לײַט מיר געגעבן אַ האַרציקן דרוק מיט דער האַנט ווען איך האָב געהאַלטן בײַם גיין אויפֿן באָרט פֿונעם דאָק.

צוליב וויסנשאַפֿטלעכע סיבות האָב איך פֿירגעלייגט אין מיטן אָקעאַן די פּינקטלעכסטע אויספֿאָרשונג לגבי דער מאַנשאַפֿט פֿון דעם **ס**פּריי. זייער ווייניק האָבן זיך אַנטקעגנגעשטעלט דערצו, און אפֿשר נאָר ווייניקע וועלן אַזוי טאָן אַ מאָל אין דער צוקונפֿט; נאָר לטובֿת די ווייניקע וואָס וועלן זיך אַזוי שטעלן, האָב איך געוווּנטשן פֿעסטשטעלן איבער אַלע ספֿקות אַז עס איז גאָר ניט נייטיק אויף אַן עקספּעדיציע מיט אַ שליופּקע אַרום דער וועלט צו האָבן מער ווי איין מענטש פֿאַר דער מאַנשאַפֿט, בסך־הכּל, און אַז דער **ס**פּריי זעגלט מיט בלויז איין מענטש אויפֿן באָרט. אַזוי איז עס געווען אַז לויט אַן אָפּמאַך האָט **ל**ייטענאַנט **אָ**דלער, דער עקזעקוטיוו־אָפֿיציר, אויסגערייכערט די שליופּקע אין דער פֿרי, פּונקט פֿאַר דער צײַט אָפּצוזעגלען, געמאַכט פֿאַר אוממיגלעך אַז נאָך אַ פֿאַרשוין וווינט באַהאַלטן אונטן, און דערוויזן אַז נאָר איין פֿאַרשוין איז געווען אויפֿן באָרט בײַ איר אָנקום. אַן אַטעסטאַט אין דעם ערך, אַחוץ די אָפֿיציעלע דאָקומענטן פֿון די סך קאָנסולאַטן, געזונט־אַמטן, און צאָלאַמטן, זאָלן אויסזען בײַ אַ סך איבעריק צו זײַן; אָבער אָט די מעשׂה פֿון דער נסיעה וועט אפֿשר פֿאַלן אַרײַן אין די הענט פֿון די ניט

באַקאַנט מיט אַזעלכע אַמטן, און פֿון זייערע אופֿנים קאָנטראָלירן אַז אַ שיפֿס פּאַפּירן, און איבער אַלץ, די געזונט־באַשטעטיקונגען, זײַנען אַלע ווי זיי געהערן זײַן.

מיט דעם לייטענאַנטס אַטעסטאַט אין אָרדענונג, האָט דער ספּריי, מיט חשק, איצט אָנגעפֿילט די זעגלען און געזעגלט פֿרײַ פֿון די ים־דערשלאָגענע שטיינער, און די פּאַסאַטווינטן, אײַנגענעם קיל און דערפֿרישענדיק, האָבן זי געשיקט פֿליִענדיק אויפֿן גאַנג. דעם 8טן מײַ איז זי אויפֿן וועג אַהיים אַריבער איבער איר שפּור פֿון דעם 2טן אָקטאָבער, 1895, אויף דער אַרויסגייענדיקער נסיעה. זי איז פֿאַרבײַ **פֿ**ערנאַנדאָ דע **נ**אָראָניע אין דער נאַכט, פֿאַרבײַ עטלעכע מײַלן אויף דרום פֿון אים, און אַזוי האָב איך ניט געזען דעם אינדזל. איך האָב געפֿילט באַפֿרידיקונג מיטן וויסן אַז דער ספּריי האָט אַרומגערינגלט דעם גלאָבוס, און אַפֿילו ווי אַן אַוואַנטורע איינער אַליין בין איך גאַנץ ניט אָפּגעמוטיקט לגבי איר ניצלעכקייט, און האָט געזאָגט צו זיך אַליין, "אַבי וואָס זאָל איצט ניט געשען, איז די אָ נסיעה איצט פֿאַרשריבן." אַ סוף איז באַצייכנט געוואָרן.

קאַפּיטל צוואַנציק

אין דעם גינציקן שטראָם לעבן קאַפּ־סאַנקט־ראָקיי, בראַזיל – צעטומלט לגבי דער שפּאַניש־אַמעריקאַנישער מלחמה – אַן אויסבײַט סיגנאַלן מיט דער קריגשיף אָרעגאָן – בײַ דרײַפּוסעס תּפֿיסה אויף טײַוולס אינדזל – דער פּאָלאַר־שטערן באַווײַזט זיך נאָך אַ מאָל צו דעם ספּריי – די ליכט אויף טרינידאַד – אַ חנעוודיק פֿאָרשטעלן צו גרענאַדאַ – רעדעס פֿאַר פֿרײַנדלעכע צוהערערס

דעם 10טן מײַ איז געקומען אַ גרויסע שינוי אין דעם מצבֿ פֿונעם ים; עס האָט ניט געקענט זײַן קיין ספֿק לגבי מײַן לענג איצט, אויב אַ מאָל איז געווען עפּעס אַזוינס. מאָדנע און לאַנג פֿאַרגעסענע שטראָמען־רונצלען האָבן זיך אָנגעטאַפּט אויף דער שליופּקעס זײַטן ווי דאַנקבאַרע מוזיק; דער ניגון האָט אָפּגעשטעלט דעם רודער, און איך בין געזעסן און זיך שטיל צוגעהערט צו איר בעת דער ספּריי איז ווײַטער אויף איר גאַנג. פֿון די דאָזיקע שטראָמען־רונצלען בין איך איצט זיכער אַז זי איז לעבן קאַפּ־סאַנקט־ראָקיי און האָט זיך אָנגעטראָפֿן אויף דעם שטראָם וואָס קערט זיך אַרום יענעם קאַפּ. די פּאַסאַטווינטן, ווי מיר אַלטע ים־לײַט זאָגן, שאַפֿן דעם דאָזיקן שטראָם, וועמענס גאַנג פֿון דאָ ווײַטער פֿאָרויס, איז באַהערשט געווען פֿון די ברעגן פֿון בראַזיל, גאַיאַנע, ווענעזועלע, און ווי עטלעכע וואָלטן צוגעבן, דער מאָנראָ־דאָקטרין.

די פּאַסאַטן האָבן שוין אַ ווײַלע פֿריש געבלאָזן, און דער שטראָם, איצט זײַן שטאַרקסטער, איז געקומען ביז פֿערציק מײַלן צו אַ טאָג. דאָס, צוגערעכנט צו דער שליופּקעס לויף לויט דעם דריי־מעסטער, האָט געגעבן אַ פֿײַנע אַרבעט פֿאַרן טאָג פֿון איין הונדערט און אַכציק מײַלן אויף עטלעכע טעג נאָך דער ריי; איך האָב גאָרנישט ניט געזען פֿון דעם ברעג פֿון בראַזיל, כאָטש איך בין ניט געווען ווײַט אַוועק און בין שטענדיק געווען אין דעם בראַזיל־שטראָם.

איך האָב ניט געוווּסט אַז מע האָט דעקלאַרירט מלחמה מיט שפּאַניע, און אַז אפֿשר איז מיגלעך געווען פּונקט דאָרט זיך באַגעגענען מיט דעם שׂונא און ווערן פֿאַרכאַפּט. אַ סך האָבן מיר געזאָגט אין קאַפּשטאָט אַז לויט זייער מיינונג איז מלחמה ניט אויסצומײַדן, און זיי האָבן געזאָגט: "דער שפּאַניער וועט אײַך כאַפּן! דער שפּאַניער וועט אײַך כאַפּן!" צו דעם אַלץ האָב איך נאָר געקענט זאָגן אַז אַפֿילו אַזוי, וואָלט ער ניט קיין סך קריגן. אַפֿילו מיט דער היץ איבער דעם בראָך פֿון דעם מײַן האָב איך ניט געמיינט אַז עס וועט קומען מלחמה, נאָר איך בין ניט קיין פּאָליטיקער. באמת האָב איך קוים געגעבן קיין ערנסט טראַכטן איבערן ענין ווען, דעם 14טן מײַ, פּונקט אויף צפֿון פֿון דעם עקוואַטאָר, און נאָענט צו דער לענג פֿון דעם טײַך אַמאַזאָן, האָב איך ערשט דערזען אַ מאַסט, מיט די שטערן און שטרײַפֿן שוועבנדיק אויף אים, גלײַך ווי אַרויסגעשטעקט פֿון ים, און דערנאָך זיך גיך באַווײַזנדיק אויף דעם האָריזאָנט, ווי אַ ציטאַדעל, דער אָרעגאָן! בעת זי איז נעענטער געקומען האָב איך געזען אַז די גרויסע שיף באַווײַזט דעם סיגנאַל "CBT," וואָס איז טײַטש "צי זײַנען דאָ אַרום קריגשיפֿן?" פּונקט אונטער אָט די פֿאָנען, און גרעסער ווי דעם הויפּטזעגל אויף דעם ספּריי, ווי עס האָט אויסגעזען, איז געווען די געלסטע שפּאַנישער פֿאָן וואָס איך האָב אַ מאָל געזען. עס האָט מיר געבראַכט קאָשמאַרן אויף אַ לאַנגער ווײַלע דערנאָך, ווען איך האָב דערוועגן געטראַכט אין די חלומות.

דער אָרעגאָן פֿאָרט פֿאַרבײַ דעם ספּריי

איך האָב ניט געקענט דערקענען דעם **אָ**רעגאָנס סיגנאַלן ביז זי איז פֿאַרבײַ, ווו איך האָב זיי געקענט בעסער לייענען, וואָרן זי איז געווען ווײַט צוויי מײַלן, און איך האָב ניט געהאַט קיין בינאָקל. ווען איך האָב געלייענט אירע פֿאָנען האָב איך אויפֿגעהויבן דעם סיגנאַל "ניין," וואָרן איך האָב ניט געזען קיין **ש**פּאַנישע קריגשיפֿן; איך האָב ניט געזוכט אַזוינע. מײַן לעצטער סיגנאַל, "לאָמיר בלײַבן צוזאַמען זיך צו פֿאַרטיידיקן," האָט **ק**אַפּיטאַן **ק**לאַרק אַ פּנים ניט געהאַלטן פֿאַר נייטיק. אפֿשר זײַנען מײַנע קליינע פֿאָנען ניט געווען צו דערזען; סײַ ווי סײַ איז דער **אָ**רעגאָן ווײַטער געפֿאָרן אין אַן אײַלעניש, זוכנדיק נאָך **ש**פּאַנישע קריגשיפֿן, ווי איך האָב זיך שפּעטער דערוווּסט. דעם **אָ**רעגאָנס גרויסע פֿאָן איז אַראָפּגעצויגן געוואָרן דרײַ מאָל צו דעם **ס**פּרייס אַראָפּגעצויגענער פֿאָן בעת זי איז ווײַטער געפֿאָרן. ביידע זײַנען געפֿאָרן איבער דעם עקוואַטאָר מיט נאָר אַ פּאָר שעה צוריק. איך האָב יענע נאַכט לאַנג געטראַכט וועגן די שאַנסן פֿון מלחמה־סכּנות קומען איצט אויף דעם **ס**פּריי נאָכדעם וואָס זי האָט זיך אַרויסגעדרייט פֿון אַלע, אָדער שיִער ניט אַלע ים־סכּנות, נאָר סוף־כּל־סוף האָט אַ שטאַרקע האָפֿענונג באַהערשט מײַן פּחד.

דעם 17טן מײַ איז דער **ס**פּריי אַרויס פֿון אַ שטורעם פֿאַרטאָג, און געזען **ט**ײַוולס **א**ינדזל, צוויי פּונקטן אויף דעם ווינט־אַראָפּיקן פֿאָדערבאָרט, ניט ווײַט אַוועק. דער ווינט האָט נאָך געבלאָזן שטאַרק אויף דער יבשה. איך האָב קלאָר געקענט זען די טונקל־גראָע געבײַדעס אויף דעם אינדזל ווען די שליופּקע איז אים בײַנאַנד. ניט קיין פֿאָן צי סימן פֿון לעבן איז געווען צו זען אויף דעם כמאַרנעם אָרט.

שפּעטער אין טאָג איז אַ **פֿ**ראַנצייזישער באַרק, מיט דעם ווינט אויף דער לינקער זײַט, פֿאָרנדיק קיין **ק**ײַען, אַרײַן אין אויגנגרייך, ענג מיט דעם ווינט. זי איז גיך אַוועקגעפֿאַלן ווינט־אַראָפּ, איז דער **ס**פּריי אויך געווען ענג מיט דעם ווינט, און מיט אַ סך זעגלען צו קריגן אַ ווײַטקייט, מיט דעם ווינד אויף דער רעכטער זײַט, צוליב דעם וואָס אַ שווערן אָנפֿלייץ האָט זי אין דער נאַכט געוואָרפֿן צו נאָענט צו דער יבשה, און איצט האָב איך געהאַט אין זינען בעטן זיך נאָך אַ שינוי אין דעם מצבֿ פֿונעם ווינט. איך האָב שוין גענאָסן מײַן חלק פֿון גינציקע ווינטן איבער די גרויסע אָקעאַנען, און איך האָב זיך

געפֿרעגט צי עס וואָלט געווען יושרדיק צו האָבן דעם ווינט אָנפֿילנדיק מײַנע זעגלען בעת דער **פֿ**ראַנצויז פֿאָרט אין דער פֿאַרקערטער ריכטונג. אַ שטראָם פֿון פֿאָרויס, וואָס דערקעגן האָט ער געקעמפֿט, צוזאַמען מיט אַ שוואַכן ווינט איז אים געווען גענוג שלעכט. און אַזוי האָב איך נאָר געקענט זאָגן אין האַרצן, "**א**ייבערשטער, לאָז אַלץ ווי עס איז, נאָר העלף מער ניט דעם **פֿ**ראַנצויז פונקט איצט, וואָרן וואָס וועט אים העלפֿן וועט מיך צעשטערן!"

איך האָב געדענקט אַז ווי אַ בחור האָב איך געהערט אַ קאַפּיטאַן אָפֿט זאָגן אין אַ תּפֿילה־בציבור אַז ווי אַן ענטפֿער צו זײַן אייגענער תּפֿילה איז דער ווינט אַריבער פֿון דרום־מיזרח ביז צפֿון־מערבֿ, וואָס איז אים שטאַרק געפֿעלן. ער איז געווען אַ גוטער, נאָר האָט דאָס געהייכט און געקריינט דעם **א**ַרכיטעקט – דער **ה**ערשער פֿון די ווינטן און די כוואַליעס? און דערצו איז דאָס ניט געווען קיין פֿאַסאַטווינט, ווי איך געדענק דאָס, וואָס האָט זיך געביטן פֿאַר אים, נאָר פֿון די בײַטעוודיקע וואָס ווען זיך בײַטן ווען מע בעט, אויב מע בעט גענוג לאַנג. צוריק גערעדט איז אפֿשר דעם מענטשנס ברודער ניט געפֿאָרן אין דער צווייטער ריכטונג, אַליין גוט צופֿרידן מיט אַ גינציקן ווינט, וואָס וואָלט געווען גאַנץ אַנדערש[א].

פֿאַר דעם 18טן מײַ, 1898, איז אָנגעשריבן מיט אַ גרויסער האַנטשריפֿט אין דעם **ס**פּרייס לאָגבוך: "הײַנט בײַ נאַכט, אין דער ברייט פֿון 7° 13´ צפֿון, דאָס ערשטע מאָל אין שיִער ניט דרײַ יאָר, זע איך דעם פּאָלאַר־שטערן." אויף דעם קומעדיקן טאָג האָט דער **ס**פּריי רעקאָרדירט איין הונדערט מיט זיבן־און־פֿערציק מײַלן. צו דעם רעכן איך צו פֿינף־און־דרײַסיק מײַלן צוליב דעם שטראָם וואָס קערט זי פֿאָרויס. דעם 20סטן מײַ, אום זונפֿאַרגאַנג האָט זיך דערזען דער אינדזל **ט**אָבאַגאָ, בײַ דעם **א**ָרינאָקאָ, אויף מערבֿ בײַ צפֿון, ווײַט צוויי־און־צוואַנציק מײַלן. דער **ס**פּריי האָט זיך גיך געצויגן אַהיים. שפּעט אין דער נאַכט, לויפֿנדיק פֿרײַ פֿאַזע ברעג פֿון **ט**אָבאַגאָ, מיט נאָך אַ פֿרישן ווינט, בין איך אויפֿגעשראָקן געוואָרן פֿון דעם פּלוצעמדיקן בליץ פֿון ברעכערס פֿאָרויס אויף לינקס און ניט ווײַט אַוועק. איך האָב זיך תּיכּף גענומען אַוועק פֿונעם ברעג און דעמאָלט אַ דריי געטאָן, צו דעם אינדזל צו. האָב איך זיך באַלד דערנאָך געפֿונען נאָענט צו דער יבשה, האָב איך נאָך אַ דריי געטאָן אַוועק פֿון ברעג, נאָר מיט קוים אַ בײַט אין דער ריכטונג צו דער סכּנה. ווװהין איך האָב ניט געזאָלט זעגלען איז קלאָר געווען אַז אויב די שליופּקע זאָל יאָ אויסמײַדן די שטיינער אַפֿילו, וואָלט זי קוים־קוים קומען אַרויס, און איך האָב דאָס באַטראַכט אומרויִק בעת זי האָט געקעמפֿט קעגן דעם שטראָם, און שטענדיק פֿאַרלוירן גרונט. אַזוי איז דער ענין געבליבן שעה נאָך שעה, בעת איך האָב באַטראַכט די בליצן ליכט אַרויפֿגעוואָרפֿן אַזוי כּסדרדיק ווי דער טאַקט פֿון די לאַנגע ים־אָנפֿלייצן, און אַלע מאָל האָבן זיי אויסגעזען ווי אַ ביסל נעענטער און נעענטער. עס איז אַ פּנים געווען אַ קאָראַלריף – דערוועגן נאָב איך ניט געהאַט דעם מינדסטן ספֿק – און אַ שלעכטער ריף דערצו. נאָך ערגער, עס זײַנען אפֿשר פֿאַראַן אַנדערע ריפֿן פֿאָרויס פֿורעמענדיק אַ בוכטע וואָס אַרײַן אין איר וועט דער שטראָם מיך אַרײַנשאַרן, און ווו איך וואָלט זיך געפֿינען אין אַ פֿאַסטקע און סוף־כּל־סוף צעשטערט ווערן. איך האָב ניט געזעגלט אין אָט די וואַסערן זינט איך בין געווען אַ בחור, און באַקלאָגט דעם טאָג ווען איך האָב דערלויבט

[א] דער **ב**יסקופּ פֿון **מ**עלבורן (אַ ברכה אויף זײַן לערע) האָט זיך אָפּגעזאָגט פֿון באַשטעטיקן אַ טאָג פֿאַר תּפֿילות נאָך רעגן, האָט ער זײַנע לײַט פֿירגעלייגט אָפּשפּאָרן וואַסער במשך פֿון דעם רעגן־סעזאָן. ענלעך דערויף, זשאַלעוועט אַ נאַוויגאַטאָר דעם ווינט, האַלטנדיק זיך ווינט־אַרויף אויב מיגלעך. – **ס'ה**

אויפֿן באָרט די ציג װאָס האָט אויפֿגעגעסן מײַן קאַרטע. איך האָב אָנגעשטרענגט די זכרונות פֿון ים־װויסן, פֿון שיפֿבראָכן אויף געזונקענע ריפֿן, און פֿון ים־גזלנים װאָס באַהאַלטן זיך צװישן די קאָראַלריפֿן װוּ אַנדערע שיפֿן קומען ניט, נאָר אַלץ װאָס איך האָב געקענט געדענקען גילט ניט צו דעם אינדזל פֿון טאָבאַגאָ, אַחוץ דער אײנציקער שיפֿבראָך פֿון ראָבינסאָן קרוסאָס שיף אין דעם ראָמאַן, װאָס האָט נאָר זײער װײניקע אינפֿאָרמאַציע װעגן ריפֿן. איך האָב נאָר געדענקט אַז אין קרוסאָס פֿאַל האָט ער טרוקן געהאַלטן דעם פּולװער. "נאָר דאָ קראַכט זי נאָך אַ מאָל," האָב איך געשריגן, "און װי נאָענט איז איצט דער בליץ! שיִער ניט אויפֿן באָרט איז געװען דער לעצטער ברעכער! נאָר דו װעסט פֿאָרן פֿאַרבײַ, ספּרײ, דו אַלט מײדל! ס'איז איצט אויף דער זײַט! אײן פֿלײץ מער! און אָ, נאָך אײנער אַזױנער װעט פֿרײַ לאָזן דײַן ריפּן און קיל!" און איך האָב זי געגעבן אַ פּאַטש אויף דעם הינטן[א], שטאָלצירט מיט איר לעצטער אײדעלער טירחה שפּרינגען פֿרײַ פֿון דער סכּנה, װען אַ כװאַליע גרעסער װי די אַנדערע האָט זי געװאָרפֿן העכער װי פֿריִער, און כּך־הװה, פֿון דעם שפּיץ פֿון איר איז אַנטפּלעקט געװאָרן דעם גאַנצן ריף. איך בין צוריקגעפֿאַלן אויף אַ בײגל שטריק, אָן װערטער און דערשטױנט, ניט דערשלאָגן, נאָר שטאַרק דערפֿרײט. אַלאַדינס לאָמפּ! מײַן אײגענער פֿישערס לאַמטערן! עס איז געװען די גרױסע דרײליכט אויף דעם אינדזל טרינידאַד, װײַט דרײַסיק מײַלן, װאַרפֿנדיק בליצן איבער די כװאַליעס, װאָס האָט מיך אָפּגענאַרט! דער קײַלעך פֿון דער ליכט האָט זיך איצט געטונקט בײַם האָריזאָנט, און װי גלענצנדיק איז געװען זי צו דערזען! נאָר, טײַערער פֿאָטער נעפּטון, װי איך לעב, נאָך אַ לאַנג לעבן אויפֿן ים, און אַ סך דערפֿון צװישן קאָראַלן, װאָלט איך געמאַכט אַ פֿײַערלעכע דעקלאַראַציע צו דעם דאָזיקן ריף! במשך פֿון דעם איבעריקס פֿון דער נאַכט האָב איך געזען אויסגעטראַכטע ריפֿן, און װײַל איך האָב ניט געקענט װיסן צי אויף אַ רגע װעט די שליופּקע זיך אָנשלאָגן אויף אַן אמתדיקן, האָב איך לאַװירט אַהין און צוריק ביז טאָגליכט, אַזױ נאָענט װי מיגלעך אויף דעם זעלבן גאַנג, אַלץ איבער דוחק אין אַ קאַרטע. איך װאָלט געקענט צונאָגלען דעם פּעלץ פֿון דער סאַנקט־העלענע ציג אויף דעם דעק.

מײַן גאַנג איצט איז געװען קײן גרענאַדאַ, מיט פּאָסט פֿון מאָריטיוס. אַן ערך האַלבע נאַכט, דעם 22סטן מײַ, בין איך אָנגעקומען בײַ דעם אינדזל און אַראָפּגעלאָזט דעם אַנקער אין די ים־װעגן לעבן דער שטאָט פֿון סאַנקט־דזשאָרדזש, אַרײַן אין דעם אינעװײניקסטן האַװן מיט טאָגליכט אין דער פֿרי דעם 23סטן, װאָס האָט געמאַכט צװײ־און־פֿערציק טעג זעגלען פֿון דעם קאַפּ גוטע האָפֿענונג. עס איז געװען אַ גוטער לױף, און איך האָב האָנאָר אָפּגעגעבן דעם פּילאָט פֿון דעם *פּינטאַ*.

די דאַמע ברוס, אין אַ צעטל צו דעם ספּרײ אין פּאָרט לויִס, האָט געזאָגט אַז גרענאַדאַ איז אַ שײנער אינדזל, און זי האָפֿט אַז די שליופּקע זאָל דאָרט אָנקומען אויף דער נסיעה אַהײם. װען דער ספּרײ איז אָנגעקומען דאָרט האָב איך געפֿונען אַז מע האָט זיך שטאַרק געריכט אויף איר. "װי אַזױ?" האָב איך געפֿרעגט. "אָ, מיר האָבן געהערט אַז איר זײַט געװען אין מאָריטיוס," האָבן זײ געזאָגט, "און פֿון מאָריטיוס, נאָכדעם װאָס איר האָט זיך באַקאַנט געמאַכט מיט סער טשאַרלס ברוס, אונדזער אַלטער גובערנאַטאָר, האָבן מיר געװוּסט אַז איר װעט קומען צו גרענאַדאַ." װאָס איז געװען אַ חנעװדיקער אַרײַנפֿיר, און האָט מיך פֿאַרבינדן מיט לײַט כּדאַי צו באַקענען.

[א] transom – אי'ה

דער ספּריי האָט אָפּגעזעגלט פֿון גרענאַדאַ דעם 28סטן מײַ, און איז געפֿאָרן ווײַטער ווינט־אַראָפּ פֿון די אַנטיליס, און אָנגעקומען בײַ דעם אינדזל דאָמיניקאַ דעם 30סטן, ווו, ווײַל איך האָב בעסער ניט געוווּסט, האָב איך זיך געאַנקערט אויף דעם קאַראַנטין־גרונט, וואָרן איך האָב נאָך אַלץ ניט געהאַט קיין קאַרטע פֿון די אינדזלען, איז עס מיר ניט געראָטן איינע קריגן אין גרענאַדאַ אַפֿילו. דאָ האָב איך ניט נאָר באַגעגנט ווײַטערע אַנטוישונג אין דעם ענין, אָבער אויך געסטראַשעט געוואָרן מיט אַ שטראָף צוליב מײַן טעות מיטן אַנקערן. עס זײַנען ניט געווען קיין שיפֿן אָדער בײַ דעם קאַראַנטין אָדער אין די געשעפֿטלעכע ים־וועגן, און איך האָב ניט געקענט דערקענען קיין נפֿקא־מינה וועגן ווו איך זאָל זיך אַנקערן. אָבער אַ נעגער, אַ מין אונטער־האַוונמײַסטער וואָס איז אַהערגעקומען, האָט געהאַלטן אַז דאָס איז יאָ וויכטיק, און ער האָט מיך געהייסן זיך נעמען צו דעם צווייטן אַנקער־אָרט, וואָס, דעם אמת זאָגנדיק, איך האָב שוין אויסגעפֿאָרשט און וואָס איז מיר ניט געפֿעלן, צוליב דעם שווערן אויפֿפֿלייץ דאָרט פֿונעם ים. און דערפֿאַר, אַנשטאָט שפּרינגענדיק צו די זעגלען זיך צו באַוועגן די רגע, האָב איך געזאָגט אַז איך וועט פּשוט אָפּפֿאָרן באַלד ווי איך קען קריגן אַ קאַרטע, וואָס איך האָב זיך געבעטן אַז ער וועט שיקן עמעצן קריגן איינע פֿאַר מיר. "אָבער איך זאָג אַז איר מוז' זיך באַוועגן איידער איר קריגט אַבי וואָס," האָט ער עקשנותדיק געזאָגט, און הויך אויף אַ קול, אַזוי אַז די אַלע לײַט אויפֿן ברעג זאָלן אים קענען הערן, האָט ער צוגעגעבן, "און פּונקט איצט!" דעמאָלט איז ער שטאַרק אין כּעס געפֿאַלן, ווען די לײַט אויפֿן ברעג האָבן געכיכעט צו זען די מאַנשאַפֿט פֿון דעם ספּריי זיצנדיק רויִק בײַ דעם שיצוואַל[א] אַנשטאָט אויפֿשלאָגן די זעגלען. "איך זאָג אײַך, איז דאָס דער קאַראַנטין" האָט ער געשריגן, רעכט העכער ווי פֿריִער. "דאָס איז גוט, גענעראַל," האָב איך געענטפֿערט; "איך וויל סײַ ווי סײַ זײַן אונטער אַ קאַראַנטין." "איר זײַט גערעכט, שעף," האָט עמעצער אויף דער פּלאַזשע אויסגעשריגן, "טאַקע גערעכט, האַלט זיך אונטער אַ קאַראַנטין," בעת אַנדערע האָבן געשריגן צו דעם געהילף, ער זאָל "צווינגען דעם ווײַסן פּראָסטער ער זאָל זיך אַוועקנעמען פֿון דאָרט." זיי זײַנען געווען מער־ווייניקער גלײַך צעשיידט אויף דעם אינדזל, פֿאַר מיר און קעגן מיר. דער מענטש וואָס איז געווען אַזוי אויפֿגערעגט מיטן ענין האָט עס אָפּגעלאָזט ווען ער איז געוווּיר געוואָרן אַז איך וויל זײַן אונטער אַ קאַראַנטין, און ער האָט צוגעשיקט נאָך אַ גאָר וויכטיקן האַלב־ווײַסן, וואָס איז באַלד געקומען בײַנאַנד, קראָכמאַליעט פֿון קאָפּ ביז די פֿיס. ער איז געשטאַנען אין דעם שיפֿל אַזוי אויפֿגעהאָדערט ווי אַ קלאַפּטער וואַסער אַרויס פֿון אַ פּאָמפּע – אַ וווּנדער פֿון וויכטיקייט. "קאַרטעס!" האָב איך געשריגן, באַלד ווי זײַן קראַגן האָט זיך באַוויזן איבער דער שליופּקעס פּאַרענטש; "צי האָט איר קאַרטעס?" "ניין, סער," האָט ער געענטפֿערט מיט גוט־פֿאַרשטײַפֿטן חשיבֿות; "ניין, סער; קאַרט'ס וואַקסן ניט דאָ אויפֿן אינדזל." איך האָב ניט קיין ספֿקות געהאַט וועגן דער דאָזיקער ידיעה, און האָב תּיכּף אַרויפֿגעצויגן דעם אַנקער, וואָס איך האָב בדעה געהאַט צו טאָן פֿונעם אָנהייב, און בין גיך געפֿאָרן קיין סאַנקט־דזשאָן, אַנטיגואַ, ווו איך בין אָנגעקומען דעם 1טן יוני, זעגלענדיק גאָר אָפּגעהיט דעם גאַנצן וועג אין מיטן קאַנאַל.

דער ספּריי, שטענדיק מיט גוטע באַלייטערס, האָט זיך איצט אָנגעטראָפֿן מיט די פּאָרט־אָפֿיצירנס דאַמפּשיפֿל בײַם אַרײַנגאַנג צו דעם האַוון, מיט סער פֿראַנציס פֿלעמינג, גובערנאַטאָר פֿון די ווינט־אַראָפּיקע אינדזלען אויפֿן באָרט, וואָס האָט דערפֿרייט די

[א] bulwark – אי'ה

"גאַנצע מאַנשאַפֿט" און געפֿאָדערט דעם אָנפֿירנדיקן אָפֿיציר בוקסירן מײַן שיף אַרײַן אין פּאָרט. אויף מאָרגן זײַנען זײַן עקסצעלענץ און די דאַמע פֿלעמינג, צוזאַמען מיט קאַפּיטאַן בור, ק.פּ., געקומען צו מיר צו גאַסט. דאָס געריכטהויז איז מיר אָנגעבאָטן אומזיסט אין אַנטיגואַ, ווי אַזוי אין גרענאַדאַ, און אין יעדן אָרט האָט אַ גאָר קלוגער עולם אָנגעפֿילט דעם זאַל זיך צוצוהערן צו אַ רעדע וועגן די ימים וואָס דער ספּריי איז אַריבער געווען און די לענדער וווּ זי האָט אָפּגעשטאַט אַ וויזיט.

קאַפּיטל איין־און־צוואַנציק

דערלויבעניש צו פֿאָרן אַהיים – אין דעם שטילן פּאַס – אַ ים באַדעקט מיט סאַרגאַסאָ – דער דזשיב־שטיצדראָט צעשיידט זיך אין אַ בורע – באַגריסט פֿון אַ טאָרנאַדאָ בײַ פֿײַער־אינדזל – אַן איבערבײַט אין פּלענער – אָנקום אין ניופּאָרט – דער סוף פֿון אַ קרייס פֿון מער ווי זעקס־און־פֿערציק טויזנט מײַלן – דער ספּריי נאָך אַ מאָל אין שײנהאַוון

דעם 4טן יוני, 1898, האָט דער ספּריי באַקומען דערלויב פֿון דעם קאָנסולאַט פֿון די פֿאַראייניקטע שטאַטן, און איר ליצענץ צו זעגלען מיט נאָר איינעם אויפֿן באָרט, אַרום דער וועלט אַפֿילו, האָט זי צוריקבאַקומען דאָס לעצטע מאָל. דער קאָנסול פֿון די פֿאַראייניקטע שטאַטן, מ"ר גועיג, איידער ער האָט מיר איבערגעגעבן דאָס פּאַפּיר, האָט ער אויף אים אָנגעשריבן, ווי גענעראַל ראָבערטס האָט געטאָן אין קאַפּשטאָט, אַ קורצע באַשרײַבונג פֿון דער נסיעה. דער דאָקומענט איז מיט דער צײַט געקומען צו דעם פֿינאַנץ־אָפּטייל אין וואַשינגטאָן, ד.ק.

דעם 5טן יוני, 1898 האָט דער ספּריי געזעגלט קיין אַ היים־פּאָרט, ערשט אויף אַ גאַנג דירעקט קיין קאַפּ האַטעראַס. דעם 8טן יוני איז זי געפֿאָרן אונטער דער זון פֿון דרום צפֿון צו; דער ווינקל פֿון דער זון איבערן עקוואַטאָר דעם טאָג איז געווען °22, '54 און די ברייט פֿון דעם ספּריי איז געווען פּונקט די זעלבע אַ ביסל פֿאַרן האַלבן טאָג. אַ סך האַלטן אַז עס איז הייס איבער דער מאָס פּונקט אונטער דער זון. עס איז ניט דווקא אַזוי. דעם אמת זאָגנדיק שטייט דער טערמאָמעטער ביז אַ מדרגה אויסצוהאַלטן אַלע מאָל ווען עס זײַנען דאָ אַ ווינטל און רונצלען אויפֿן ים, פּונקט אונטער דער זון אַפֿילו. עס איז אָפֿט מאָל הייסער אין שטעט און אויף זאַמדיקע פּלאַזשעס אין העכערע ברייטן.

דער ספּריי האָט פֿריילעך געדונערט אַהיים איצט, מיט איר געוויינטלעך גוט לויף, ווען מיט אַ מאָל האָט זי אָנגעטראָפֿן אויף די פֿערד־ברייטן[א], און איר זעגל האָט שלאַף געפּלאַטערט אין דער שטילקייט. איך האָב שיִער ניט פֿאַרגעסן אָט דעם שטילן פּאַס, אָדער דאָס געהאַלטן פֿאַר אַ מיטאָס. איך האָב עס איצט געפֿונען אַן אמתדיקס, און שווער פֿאַרבײַ צו קומען. וואָס איז ווי עס געהערט צו זײַן, וואָרן נאָך די אַלע סכּנות פֿון דעם ים, דעם שטויב־שטורעם בײַם ברעג אַפֿריקע, דעם "בלוט־רעגן" אין אויסטראַליע, און דער ריזיקע פֿון מלחמה נאָענט צו דער היים, וואָלט געפֿעלט אַ נאַטירלעכע איבערלעבונג אָן דער שטילקייט פֿון די פֿערד־ברייטן. סײַ ווי סײַ איז איצט גאַנץ פּאַסיק געווען אַ פֿילאָסאָפֿישע געדאַנקען־קייט, אַניט וואָלט מען געווען אויס געדולט שיִער ניט בײַם מויל פֿונעם האַוון. דער זמן פֿון איר פּראָבע איז געווען אַכט טעג. אָוונט נאָך אָוונט במשך פֿון אָט דער צײַט האָב איך געלייענט מיט דער ליכט פֿון אַ ליכטל אויפֿן דעק. עס איז לגמרי ניט געווען קיין ווינט, און דער ים איז גלאַט געוואָרן און נודנע. אויף דריטן טעג האָב איך געזען אַ פֿול־געשטריקטע שיף אויף דעם האָריזאָנט, אויך גאַנץ פֿאַרשטילט.

סאַרגאַסאָ, צעשיידט איבערן ים אין הײַפֿלעך, אָדער אויסגעצויגן טשיקאַווע ווינט־אַראָפּ אין ענגע פּאַסן, האָבן זיך איצט צונויפֿגעזאַמלט אין גרויסע פֿעלדער, מיט מאָדנע ים־חיות, קליינע און גרויסע, שווימענדיק אַרײַן און אַרויס, איז די טשיקאַוועסטע צווישן זיי געווען אַ פּיצינק ים־פֿערדל וואָס איך האָב פֿאַרכאַפּט און אַהיים געבראַכט אויפֿגעהיט

[א] horse latitudes – אי'ה

אין אַ פֿלעשל. אָבער דעם 18טן יוני האָט אַ בורע אָנגעהויבן בלאָזן פֿון דעם דרום־מערבֿ, און די סאַרגאַסאָ איז נאָך אַ מאָל צעשפּרייט געוואָרן אין פּאַסן און געסלעך.

אויף אָט דעם טאָג איז באַלד געקומען אַ ווינט געגוג און מער. מע וואָלט געקענט זאָגן דאָס זעלבע לגבי דעם ים. דער *ספּריי* איז געווען אין דער מיט פֿון דעם טומלדיקן גאָלפֿשטראָם אַליין. זי איז געשפּרונגען ווי אַ ים־חזיר איבער די אומרויִקע כוואַליעס. גלײַך ווי זי וויל אָפּשפּאָרן צײַט, האָט זי אויסגעזען ווי זי רירט אָן נאָר די שפּיצן. מיט אַ פּלוצעמדיקן שאָק און אָנשטרענג האָט איר געשטריק אָנגעהויבן קאַליע ווערן. ערשט איז אַוועקגעגאַנגען דער פּאַס פֿון דעם הויפּט־קערשטריק[א], און דערנאָך איז דער שפּיציקער קערשטריק־בלאָק[ב] צעבראָכן געוואָרן פֿון דעם אויבן־הייבשטאַנג[ג]. עס איז געקומען די צײַט פֿאַר ריפֿן און רעמאָנטירן, און דערפֿאַר, ווען "די גאַנצע מאַנשאַפֿט" איז געקומען אויפֿן דעק, האָב איך אָנגעהויבן דערמיט.

דער 19טער יוני איז פֿײַן געווען, נאָר דעם אינדערפֿרי דעם 20סטן האָט געבלאָזן נאָך אַ בורע, צוזאַמען מיט אַ קווער־ים וואָס וואַרפֿט זיך אַרום און אַלץ געטרייסלט גאָר טומלדיק. פּונקט ווען איך האָב געהאַלטן בײַ אַראָפּציִען זעגלען, האָט זיך צעבראָכן דער דזשיב־־שטיצדראָט[ד] בײַם אויבן פֿונעם מאַסט, און איז אַרײַנגעפֿאַלן, דזשיב און אַלץ, אַרײַן אין ים. עס האָט מיך געמאַכט פֿילן גאַנץ מאָדנע צו זען דעם בײַכיקן זעגל אַראָפּפֿאַלן, און ווו ער איז געווען מיט אַ מאָל צו זען נאָר אָפּנקייט. אָבער איך בין געווען אויפֿן פֿאָדערבאָרט, און גענוג געהאַלטן דעם קאָפּ דאָס אַרײַנצוציִען מיט דער ערשטער כוואַליע וואָס קומט קײַקלענדיק פֿאַרבײַ, איידער עס איז צעריסן געוואָרן אָדער געכאַפּט אונטערן אונטן פֿון דער שליופּקע. איך האָב געפֿונען פֿון דעם סכום אַרבעט אויפֿגעטאָן אין דרײַ מינוטן אָדער גיכער, אַז איך האָב גאַנץ ניט געוואָרן שטײַף־געגלידערט אויף דער נסיעה; סײַ ווי סײַ איז דער סקאָבוט ניט אָנגעקומען, און איצט בלויז עטלעכע גראַדן פֿון דער היים האָב איך געמיינט אַז איך קען ענדיקן די נסיעה אָן שום הילף פֿון אַ דאָקטער. יאָ, בין איך נאָך אַלץ געזונט, און איך האָב געקענט לעבעדיק האָפּקען אַרום דעם דעק, נאָר קען איך אויפֿשטײַגן? דער גרויסער קיניג **נ**עפּטון האָט מיך איצט שווער אויסגעפּרוווט, וואָרן מיט דעם שטיצדראָט אַוועק האָט דער מאַסט אַליין זיך אַרומגעוואָרפֿן ווי אַ ראָר, און עס איז ניט גרינג געווען אַרויפֿשטײַגן אויף אים; אָבער איך האָב צעשטעלט אַ טריץ־אַפּאַראַט[ה] און דעם שטיצדראָט שטײַף געשטעלט פֿונעם מאַסט־אויבן, וואָרן איך האָב געהאַט אויפֿן באָרט איבעריקע בלאָקן און שטריק דאָס אויסצוריכטן, און דער דזשיב, מיט איין ריף, איז באַלד ציִען נאָך אַ מאָל ווי אַ "קעמפֿער" אַהיים. אויב דעם *ספּרייס* מאַסט וואָלט ניט געווען פֿעסט צוגעשטעלט, אָבער, וואָלט געווען "**ד**זשאָן **ו**ואַלקער" ווען דער שטיצדראָט איז צעבראָכן געוואָרן. גוטע אַרבעט בײַם בויען מײַן שיף איז מיר שטענדיק גוט צו נוץ געקומען.

דעם 23סטן יוני בין איך סוף־כּל־סוף געוואָרן מיד, מיד, מיד פֿון פֿאַרשטערנדיקע שקוואַלן און אומרויִקע שטיינערנע ימים. איך האָב ניט געהאַט געזען קיין שיף גאַנצע טעג, ווו איך האָב זיך געריכט אויף דער געזעלשאַפֿט פֿון אַ שקונע צוויי פֿון צײַט צו צײַט.

[א] main-sheet strap – א'ה

[ב] peak halyard-block – א'ה

[ג] gaff – א'ה

[ד] jibstay – א'ה

[ה] gun-tackle purchase – א'ה

וואָס שייך דעם פּײַפֿן פֿון דעם ווינט אין דעם געשטריק, און דעם פּליושקען פֿון די כוואַליעס אויף דער שליופּקעס זײַטן, איז דאָס געווען גענוג גוט לויט זײַן שטייגער, און מיר וואָלטן ניט געקענט עפּעס טאָן אָן דעם, דער ספּריי און איך; אָבער עס איז געווען אַזוי פֿיל איצט פֿון דעם, און עס האָט אַזוי לאַנג געדויערט! יענעם האַלבן טאָג איז אויף אונדז געקומען אַ ווינטערדיקער שטורעם פֿון דעם צפֿון־מערבֿ. אין דעם גאָלפֿשטראָם, אַזוי שפּעט אין יוני האָבן

דער ספּריי אין דעם שטורעם בײַ ניו־יאָרק

האָגלשטיינער געשלאָגן דעם ספּריי, און בליץ איז כּסדר אַראָפּ פֿון די וואָלקנס, ניט באַזונדערע בליצן נאָר שיִער ניט אין כּסדרדיקע שטראָמען. מיט אַ סך קורץ לאַווירן אָבער, טאָג ווי נאַכט, האָב איך געאַרבעט די שליופּקע נעענטער צום ברעג, ווּ, דעם 25סטן יוני, לעבן פֿײַער־אינדזל, איז זי אַרײַנגעפֿאַלן אין דעם טאָרנאַדאָ וואָס מיט אַ שעה פֿריִער איז געפֿלויגן דורך שטאָט ניו־יאָרק מיט בליץ וואָס האָט צעשטערט געבײַדעס און

געוואָרפֿן ביימער אַרום אין שפּענדלעך; שיפֿן אין די דאָקן אַפֿילו האָבן צעבראָכן די פֿעסטשטריקן און זיך אָנגעשלאָגן אין אַנדערע שיפֿן, מיט אַ סך שאָדן. עס איז געווען דער קלימאַקס־שטורעם פֿון דער נסיעה, אָבער איך האָב דערזען זײַן גאָר קלאָרע טבֿע בײַ צײַטנס צו האָבן אַלץ אויפֿן באָרט נורעדיק, און אים באַגריסן מיט נאַקעטע סטויפֿן. אַפֿילו אַזוי האָט די שליופּקע געציטערט ווען עס האָט זי אָנגעשלאָגן, און זי האָט זיך אומווילק געגייגט טיף אויף איר זײַט, נאָר מיט אַ דריי ווינט־אַרויף, און מיט אַ ים־אַנקער פֿאָרויס, האָט זי זיך צו רעכט געשטעלט מיטן פּנים צו דעם שטורעם. אין דער מיט פֿון דער בורע האָב איך ניט געקענט מער טאָן ווי אָנקוקן, וואָרן וואָס איז אַ מענטש אין אַ שטורעם אַזאַ? איך האָב געהאַט געזען איין עלעקטרישן שטורעם אויף דער נסיעה, בײַ דעם ברעג פֿון מאַדאַגאַסקאַר, נאָר דאָס איז אַנדערש געווען. דאָ בלײַבן די בליצן לענגער און זײַנען אַרײַנגעפֿאַלן אין ים אומעטום אַרום. ביז איצט בין איך געפֿאָרן קיין ניו־יאָרק, נאָר ווען אַלץ האָט זיך געענדיקט בין איך אויפֿגעשטאַנען, אויפֿגעשלאָגן זעגלען, און געדרייט די שליופּקע אַרום פֿון רעכטן־ ביזן לינקן־לאַוויר, צו זוכן אַ רויִקן האַוון איבערצוטראַכטן דעם ענין; און אַזוי, מיט פֿאַרקירצטן זעגל, איז זי נעענטער געפֿאָרן צו דעם ברעג פֿון לאַנג־אינדזל, בעת איך בין געזעסן און געקלערט און באַטראַכט די ליכט פֿון די ברעג־שיפֿן, וואָס האָבן איצט זיך אָנגעהויבן באַוויזן. הירהורים וועגן דער שיִער ניט פֿאַרענדיקטער נסיעה האָבן זיך מיר איצט געגנבֿעט אַרײַן אין מוח; אַ סך ניגונים וואָס איך האָב געזשומען אָבער און ווידער זײַנען מיר צוריקגעקומען נאָך אַ מאָל. איך האָב זיך געפֿונען איבערחזרן פֿראַגמענטן פֿון אַ הימען אָפּט געזונגען פֿון אַ טײַערער קריסטין אין שיינהאַוון בעת איך האָב איבערגעבויט דעם ספּריי. עס איז מיר נאָך אַ מאָל און דאָס לעצטע מאָל אַרײַן אין די אויערן, מיט טיפֿער פֿײַערלעכקייט, דער מעטאַפֿאָרישער הימען:

> פֿון כוואַליעס און ווינט בין איך געוואָרפֿן און געטריבן.

און ווײַטער:

> נאָר נאָך אַלץ קען מײַן קליינע שיף אויסהאַלטן
> די שטורמישע כוואַליעס און צעבושעוועטע ווינטן.

נאָך אָט דעם שטורעם האָב איך געזען דעם פּילאָט פֿון דעם *פּינטאַ* מער ניט.

די איבערלעבונגען פֿון דער נסיעה פֿון דעם *ספּריי*, צעשפּרייט איבער דרײַ יאָר, זײַנען מיר געווען ווי לייענען אַ בוך, איינס וואָס איז אַלץ מער און מער אינטערעסאַנט מיט יעדן זײַטל, ביז איך בין איצט געקומען צו דער לעצטער זײַט פֿון אַלע, און איינע אינטערעסאַנטער ווי די אַלע אַנדערע.

ווען עס איז געקומען טאָגליכט האָב איך געזען אַז דער ים האָט זײַן קאָליר געביטן פֿון טונקל־גרין אויף ליכטיק. איך האָב אַ וואָרף געטאָן מיט דעם טיף־בלײַ און געפֿונען דעם אונטן אין דרײַצן קלאַפֿטער. איך האָב באַלד דערנאָך דערזען דאָס לאַנד, עטלעכע מײַלן אויף מיזרח פֿון פֿײַער־אינדזל, און זעגלען פֿון דאָרט מיט אַן אײַנגענעם ווינטל פֿאַזע ברעג, בין איך געפֿאָרן קיין ניופּאָרט. דער וועטער נאָך דער רציחהדיקער בורע איז אויסערגעוויינטלעך שיין געווען. דער *ספּריי* איז אַרום מאָנטאָק־פּונקט פֿרי נאָך מיטאָג; פּונקט־יהודית איז געקומען אויף דער זײַט בײַם פֿאַרנאַכט; דערנאָך איז זי פֿאַרבײַ ביבער־עק. זעגלען ווײַטער האָט זי נאָך איין מער סכּנה אויסצומײַדן – מע האָט מינירט דעם האַוון אין ניופּאָרט. דער *ספּריי* האָט זיך צוגעטוליעט צו די שטיינער, ווו ניט פֿרײַנד און ניט שׂונא קען ניט קומען אויף זיי ווײַל זיי ליגן טיף אין וואַסער, און ווו זי וועט ניט שטערן

די װעכטער־שיף אין דעם קאַנאַל. עס איז געװען אַן ענג שטיקל אַרבעט, נאָר גענוג זיכער כּל־זמן זי האַלט זיך נאָענט צו די שטײנער און ניט די מינעס. װען איך בין גיך פֿאַרבײַ אַ נידעריקן פֿונק לעבן דער װעכטער־שיף, דער טײַערער אַלטער *דעקסטער*, װאָס איך האָב גוט באַקאַנט, האָט אײנער אױפֿן באָרט דאָרט אױסגעזונגען, "דאָרט פֿאָרט אַ שיף!" איך האָב תּיכּף אַרױפֿגעװאָרפֿן אַ ליכט און געהערט דעם אױסרוף, "ספּריי, דאָרט!" עס איז געװען דאָס קול פֿון אַ פֿרײַנד און איך האָב געװוּסט אַז קײן פֿרײַנד װאָלטן ניט שיסן אױף דעם ספּריי. איך האָב לױז געמאַכט דעם הױפּט־קערשטריק[א] איצט, און דער ספּריי האָט זיך געדרײט צו די סיגנאַל־ליכט אין דעם אינעװײניקסטן האַװן. סוף־כּל־סוף איז זי אָנגעקומען בשלום אין פּאָרט, און דאָרט, אײנס אַ זײגער אין דער פֿרי, דעם 27סטן יוני, 1898, אַראָפּגעלאָזט איר אַנקער, נאָך דער נסיעה פֿון מער װי זעקס־און־פֿערציק טױזנט מײַלן אַרום דער װעלט, אַװעק דרײַ יאָר און צװײ חדשים, מיט צװײ איבעריקע טעג פֿאַר אַרױפֿקומען.

צי איז אַלץ גוט און װױל געװען מיט דער מאַנשאַפֿט? בין איך ניט אַזױ? איך האָב באַקומען אַ סך רװח פֿון דער נסיעה. איך האָב אַפֿילו אָנגעלײגט װאָג, און באמת בין איך שװערער מיט אײן פֿונט זינט איך בין אָפּגעפֿאָרן פֿון **באָסטאָן**. װאָס שײך דעם עלטערן זיך, הערט נאָר, איז דער קאָנטראָלקנאָפּ פֿון מײַן לעבן צוריקגעדרײט געװאָרן ביז די פֿרײַנד מײַנע האָבן אַלע געזאָגט, "סלאָקום איז נאָך אַ מאָל אַ יונגער." און אַזױ בין איך געװען, װײניקסטנס ייִנגער מיט צען יאָר פֿון דעם טאָג װען איך האָב אַראָפּגעהאַקט דעם ערשטן בױם פֿאַרן בױען דעם ספּריי.

@@מײַן שיף איז אױך געװען אין אַ בעסערן מצבֿ װי װען זי האָט אָפּגעזעגלט פֿון **באָסטאָן** אױף איר לאַנגער נסיעה. זי איז נאָך געװען אַזױ שטאַרק װי אַ נוס, און אַזױ פֿעסט װי די בעסטע שיף װאָס שװימט. קײן טראָפּן איז ניט גערונען אַרײַן אין איר – ניט קײן אײנציקער טראָפּן! די פּאָמפּע, װאָס איך האָב קױם גענוצט פֿאַרן אָנקום אין **אױסטראַליע**, האָב איך ניט צעגעשטעלט זינט דעמאָלט.

דער ערשטער נאָמען אין דעם ספּרייס גאַסט־העפֿטל אין דעם הײמפּאָרט איז אָנגעשריבן געװאָרן פֿון יענעם װאָס האָט שטענדיק געזאָגט, "דער ספּריי װעט צוריקקומען." דער ספּריי איז ניט געװען גאַנץ צופֿרידן, ביז איך האָב זי געזעגלט אַרום צו איר געבױרן־אָרט, **שײַנהאַװן**, **מאַסאַטשוסעטס**, נאָך װײַטער. איך אַלײן האָט אַ חשק געהאַט קומען צוריק צו דעם אָרט פֿון דעם סאַמע אָנהײב, פֿון װאַנען, װי איך האָב געזאָגט, װוּ איך האָב באַנײַט דעם עלטער. איז, דעם 3טן יולי, מיט אַ גינציקן װינט, האָט זי שײן געטאַנצט אַרום דעם ברעג און אַרױף אױף דעם **טײַך־אַ**קושנעט קײן **שײַנהאַװן**, װוּ איך האָב זי צוגעפֿעסטיקט צו דעם צעדערן סטױפּ אַרײַנגעשטעלט אין דעם ברעג זי צו האַלטן בײַם ערשטן לאַנצירן. נעענטער צו איר הײם האָב איך זי ניט געקענט ברענגען.

אױב דער ספּריי האָט ניט אַנטדעקט קײן קאָנטינענטן אױף דער אָ נסיעה, איז דאָס געװען צוליב דעם װאָס עס זײַנען מער ניט פֿאַראַן קאָנטינענטן צו אַנטדעקן; זי האָט ניט געזוכט נײַע װעלטן, אָדער געזעגלט צו שמועסן װעגן די סכּנות אױף דעם ים. מע האָט אַ סך גערעדט לשון־הרע װעגן דעם ים. צו געפֿינען דעם װעג צו שױן־אַנטדעקטע לענדער איז אַ גוטע זאַך, און דער ספּריי האָט די אַנטדעקונג געמאַכט אַז דער ערגסטער ים אַפֿילו איז ניט אַזױ שרעקלעך צו אַ גוט־אױסגעריכטער שיף. ניט קײן קיניג, ניט קײן לאַנד,

[א] mainsheet – אי'ה

לגמרי ניט קיין אויצאַרניע האָבן שטײַער באַצאָלט פֿאַר דער נסיעה פֿון דעם **ס**פּריי, און זי האָט אויפֿגעטאָן אַלץ וואָס זי האָט אונטערגענומען צו טאָן.

צו זײַן הצלחהדיק אָבער אין אַבי וואָס, דאַרף מען פֿאַרשטיין זײַן אַרבעט און זיך צוגרייטן אויף יעדן נויטפֿאַל. איך זע, ווען איך קוק צוריק אויף מײַן אייגענעם קליינעם אויפֿטו, אַ געצײַג מיט פּשוטע סטאָליער־כּלים, אַ צינערנעם זייגערל, און עטלעכע טעפּעך־קנאָפּקעס, ניט קיין סך, צו פֿאַרגרינגערן דעם פֿירנעם ווי אויבן דערמאָנט אין דער מעשׂה. נאָר איבער אַלץ מוז מען אַרײַנרעכענען יאָרן פֿון דערציִונג, ווו איך האָב שטודירט פֿלײַסיק **ב**עפּטונס געזעצן, און די דאָזיקע געזעצן האָב איך געפּרוּווט פֿאָלגן בײַם זעגלען איבער די ימים; עס איז כּדאַי געווען.

און איצט, אָן פֿאַרמאַטערן די פֿרײַנד, האָף איך, מיט פּרטימדיקע וויסנשאַפֿטלעכע באַשרײַבונגען, טעאָריעס, אָדער אויספֿירן, וועל איך נאָר זאָגן אַז איך האָב געפּרוּווט דערציילן בלויז די מעשׂה פֿון דער אַוואַנטורע אַליין. דאָס געענדיקט אין מײַן אייגענעם שוואַכן שטייגער, האָב איך צוגעפֿעסטיקט די שיף, זיכער געמאַכט די קאַבלען, און און איבערגעלאָזט די שליופּקע **ס**פּריי לעת־עתּה בשלום אין פּאָרט.

[סוף]

נאָך אַ מאָל צוגעבונדן צו דעם אַלטן סטויפּ אין **שיינהאַוון**

הוספֿה

די ליניעס און זעגל־פּלאַן פֿון דעם ספּריי

[זײַן הוספֿה גיט דעם לייענער די פּרטימדיקע פּלענער פֿאַר דער שיף, אירע זעגלען און שטריקן, און אויפֿבוי. עס איז טאַקע אינטערעסאַנט, נאָר היפּש טעכניש, און גאָר שווער איבערצוזעצן. זײַט מיר מוחל וואָס איך לאָז דאָס אין אַ זײַט. ווײַל עס איז גרינג צו טאָן און וועט אפֿשר העלפֿן פֿאַרשטיין, גיב איך דאָ די עטלעכע צייכענונגען פֿון דער שיף און די זעגלען.]

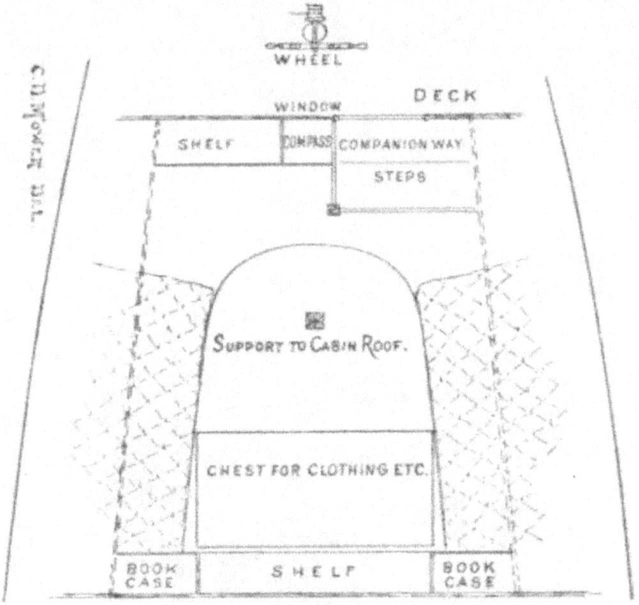

פּלאַן פֿון דער הינטערשטער קאַבינע פֿון דעם ספּריי

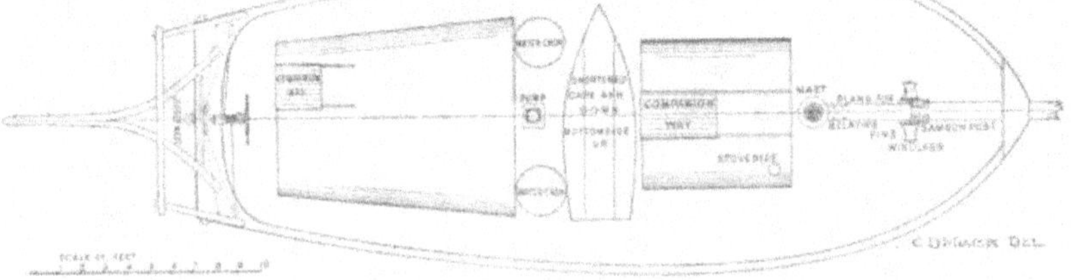

דעק־פּלאַן פֿון דעם ספּריי

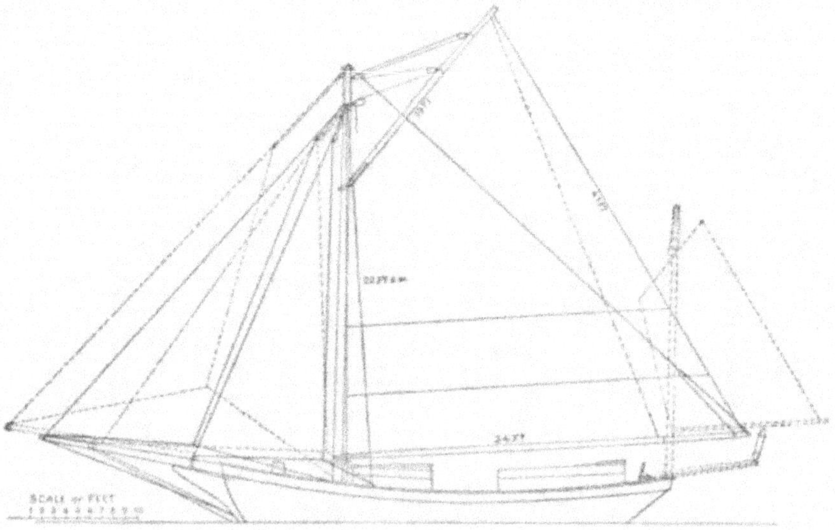

זעגל־פּלאַן פֿון דעם ספּריי

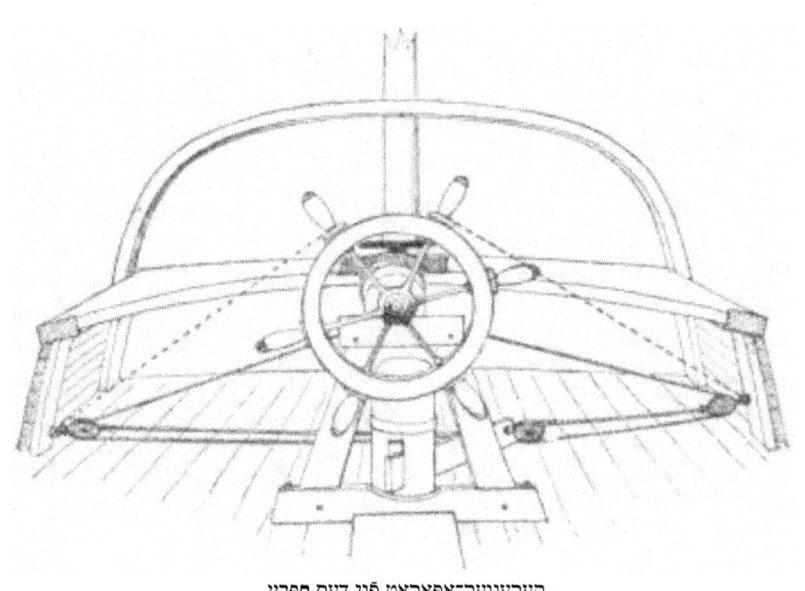

קערעווער־אַפּאַראַט פֿון דעם ספּריי

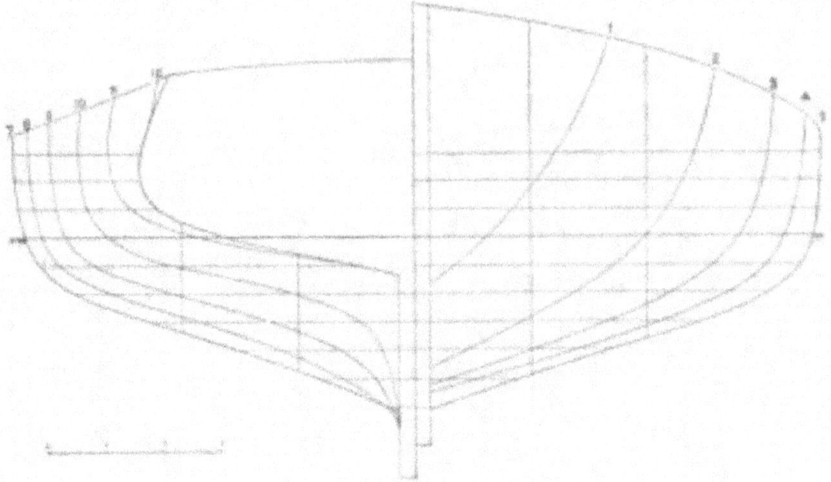

קאָרפּוס־פּלאַן פֿון דעם ספּרײ

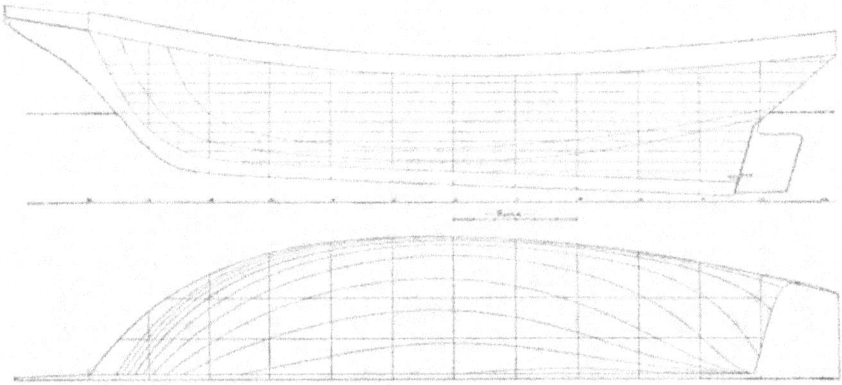

די ליניעס פֿון דעם ספּרײ

www.ingramcontent.com/pod-product-compliance
Lightning Source LLC
Chambersburg PA
CBHW070735020526
44118CB00035B/1364
* 9 7 8 0 9 9 8 0 4 9 7 3 1 *